本书研究获 国家现代农业（柑橘）产业技术体系建设专项经费
华中农业大学国家重点学科农业经济管理建设经费 资助

本书出版得到 湖北农村发展研究中心
现代农业产业发展研究中心 开放基金资助

农业经济管理国家重点学科

农业与农村经济发展系列研究

中国柑橘出口贸易及其可持续性研究

祁春节 等◎著

科学出版社

北京

内 容 简 介

在加入世界贸易组织谈判的过程中，农产品贸易一直是多边谈判的关键领域，其中柑橘贸易问题尤其突出。国内柑橘产业和市场是否将受到严重影响和冲击，一时成为国内人们议论的热点话题，有"狼来了"、"与狼共舞"之说。13 年过去了，实践证明，我国柑橘产业是成功抵御国外柑橘冲击的主要农业产业之一。随着中国国家工业化和城市化进程的迈进，包括劳动力在内的农业投入要素的成本将不断攀升，在新的形势下，对中国柑橘产业是否具有国际竞争力、柑橘出口比较优势是否具有可持续性等进行研究，显得十分重要。全书共分 7 个部分，每一部分独立成篇，对中国柑橘出口贸易及可持续性等多个方面进行系统研究，并为提高中国柑橘产业国际竞争力和扩大柑橘出口提出了相应的政策与建议。这些研究成果对于促进中国柑橘产业经济、出口贸易的学术研究，为相关政府管理部门提供政策咨询服务等发挥着积极的作用。

本书可供从事农林经济及管理，尤其是园艺产业经济问题的专家与学者和高等院校有关专业的师生参阅，也可供各级政府有关管理部门领导干部、有关企事业单位的主管及从事农业产业化经营、农产品出口贸易等的管理者参考。

图书在版编目 (CIP) 数据

中国柑橘出口贸易及其可持续性研究 / 祁春节著.
—北京：科学出版社，2015
（农业与农村经济发展系列研究）
ISBN 978-7-03-043665-8

Ⅰ.①中⋯　Ⅱ.①祁⋯　Ⅲ.①柑桔类–出口贸易–经济可持续发展–研究–中国　Ⅳ.①F752.652.3

中国版本图书馆 CIP 数据核字（2015）第 0466166 号

责任编辑：林　剑 / 责任校对：邹慧卿
责任印制：徐晓晨 / 封面设计：王　浩

科 学 出 版 社 出版
北京东黄城根北街 16 号
邮政编码：100717
http://www.sciencep.com

北京京华虎彩印刷有限公司 印刷
科学出版社发行　各地新华书店经销

*

2015 年 1 月第 一 版　开本：720×1000　1/16
2017 年 1 月第二次印刷　印张：26 3/4
字数：520 000

定价：**168.00 元**

（如有印装质量问题，我社负责调换）

总　序

农业是国民经济中最重要的产业部门，其经济管理问题错综复杂。农业经济管理学科肩负着研究农业经济管理发展规律并寻求解决方略的责任和使命，在众多的学科中具有相对独立而特殊的作用和地位。

华中农业大学农业经济管理学科是国家重点学科，挂靠在华中农业大学经济管理学院和土地管理学院。长期以来，学科点坚持以学科建设为龙头，以人才培养为根本，以科学研究和服务于农业经济发展为己任，紧紧围绕农民、农业和农村发展中出现的重点、热点和难点问题开展理论与实践研究，21世纪以来，先后承担完成国家自然科学基金项目23项，国家哲学社会科学基金项目23项，产出了一大批优秀的研究成果，获得省部级以上优秀科研成果奖励35项，丰富了我国农业经济理论，并为农业和农村经济发展作出了贡献。

近年来，学科点加大了资源整合力度，进一步凝练了学科方向，集中围绕"农业经济理论与政策"、"农产品贸易与营销"、"土地资源与经济"和"农业产业与农村发展"等研究领域开展了系统和深入的研究，尤其是将农业经济理论与农民、农业和农村实际紧密联系，开展跨学科交叉研究。依托挂靠在经济管理学院和土地管理学院的国家现代农业柑橘产业技术体系产业经济功能研究室、国家现代农业油菜产业技术体系产业经济功能研究室、国家现代农业大宗蔬菜产业技术体系产业经济功能研究室和国家现代农业食用菌产业技术体系产业经济功能研究室等四个国家现代农业产业技术体系产业经济功能研究室，形成了较为稳定的产业经济研究团队和研究特色。

为了更好地总结和展示我们在农业经济管理领域的研究成果，出版了这套农业经济管理国家重点学科《农业与农村经济发展系列研究》丛书。丛书当中既包含宏观经济政策分析的研究，也包含产业、企业、市场和区域等微观层面的研究。其中，一部分是国家自然科学基金和国家哲学社会科学基金项目的结题成果，一部分是区域经济或产业经济发展的研究报告，还有一部分是青年学者的理论探索，每一本著作都倾注了作者的心血。

本丛书的出版，一是希望能为本学科的发展奉献一份绵薄之力；二是希望求教于农业经济管理学科同行，以使本学科的研究更加规范；三是对作者辛勤工作的肯定，同时也是对关心和支持本学科发展的各级领导和同行的感谢。

李崇光

2010 年 4 月

前　言

柑橘类水果是世界第一大水果。21世纪以来，凡是适宜栽培柑橘的国家和地区都在积极发展柑橘类水果，世界柑橘产量保持增长态势，尤其是一些发展中国家产量迅速增加，国际市场竞争激烈。作为柑橘原产地之一，中国的柑橘种植历史悠久，也是种植面积最广、经济地位最重要的果树之一，为广大主产区的农民增收、就业促进和生态环境改善等方面作出了重要贡献。

本书是在华中农业大学园艺经济研究所部分科研成果和学位论文的基础上修改、补充、加工而成的。全书分为七个篇。

第一篇，中国柑橘生产成本变动及其对出口的影响（撰写人张玉、祁春节）。本篇系统研究了柑橘的生产成本结构发生的变化，对我国不同地区的柑橘生产成本存在着差异及柑橘生产成本对其出口的影响进行了研究，并从营销理念和营销战略、科技研发与转化、机械化作业、投入结构、政府支持、管理与出口渠道等方面提出降低生产成本，促进柑橘出口的对策建议。

第二篇，中国–东盟水果贸易的竞争性与互补性研究（撰写人李树丽、祁春节）。本篇对近十年来中国–东盟水果贸易的现状展开分析与论述，并在此基础上归纳了双方水果贸易竞争性与互补性特征；通过运用显示性比较优势指数（RCA）、相对贸易优势指数（RTA）、综合贸易互补系数（OBC）、贸易结合度指数（TCD）对其竞争性与互补性进行了实证检验和详细分析，针对性地提出了提高我国水果竞争优势和促进双方水果贸易发展的策略。

第三篇，中国柑橘产品出口结构及其风险研究（撰写人刘文俊、祁春节）。本篇综合运用多种指标、模型实证分析中国柑橘产品的出口贸易结构，从出口品种结构、期间、模式及市场结构四方面分析了中国柑橘产品出口结构变化，对降低柑橘产品出口结构风险，促进柑橘产品出口贸易竞争力的提升提供了对策建议。

第四篇，欧盟柑橘市场分析及中国出口机会研究（撰写人杨淼淼、祁春节）。本篇从中国柑橘出口企业的角度，围绕出口目标市场——欧盟柑橘市场的特征，研究中国柑橘出口欧盟的机会，并从中国柑橘的优势、劣势及其开拓欧盟市场所面临的机会和挑战四个方面，对中国柑橘出口欧盟市场的潜力进行SWOT分析，提出了扩大出口的意见和措施。

第五篇，西亚地区柑橘鲜果市场分析及中国出口潜力研究（撰写人李秋萍、祁春节）。本篇通过构建引力模型，分析了影响中国对西亚地区出口柑橘鲜果的因素，然后测算了中国对西亚各国的柑橘鲜果的出口贸易潜力；基于研究结论，从柑橘生产方面、柑橘营销方面和扩大对西亚的出口方面提出了若干政策建议。

第六篇，中国柑橘产业国际竞争力动态：基于出口和成本的分析（撰写人刘铮、祁春节）。本篇运用国际经济学、国际贸易和产业经济学的相关理论，构建了柑橘国际竞争力的研究框架；然后利用该框架对中国柑橘国际竞争力进行全面的评价和分析，提出了提升中国柑橘产业国际竞争力的政策建议。

第七篇，我国柑橘出口比较优势及其可持续性研究（撰写人陈正坤、祁春节）。本篇采取理论分析与实证分析相结合、定性分析与定量分析相结合，以及描述统计、计量模型分析等多种方法，解释有关柑橘出口比较优势及其可持续性规律，提出了增强我国柑橘出口比较优势的政策建议。

本书数据主要来源于 FAO 数据库、联合国贸易数据库、中国农业统计资料、中国统计年鉴、中国海关统计年鉴、农产品成本收益资料汇编等。在数据收集与处理、内容对照数据的更新、研究结论的重新解释方面，都凝结着本书编写人员日日夜夜的汗水和心血。参加数据收集与计算的人员付出了艰辛的努力，在此深表谢意！

本书在撰写过程中，得到了华中农业大学科学技术发展研究院、研究生院、经济管理学院等相关部门的大力支持，得到了很多同仁和朋友的支持和帮助。本书的出版得到了华中农业大学国家重点学科农业经济管理建设经费和国家现代农业（柑橘）产业技术体系建设专项经费的资助。另外，本书的撰写过程参考了大量的文献资料，在此对文献的作者一并表示感谢。

由于知识视野和研究水平有限，书中难免存在疏漏，敬请同行专家、学者及广大读者不吝赐教，提出批评与意见。

祁春节

2014 年 7 月 7 日

目　录

第一篇　中国柑橘生产成本变动及其对出口的影响

第二篇　中国–东盟水果贸易的竞争性与互补性研究

第三篇　中国柑橘产品出口结构及其风险研究

第四篇 欧盟柑橘市场分析及中国出口机会研究

第五篇　西亚地区柑橘鲜果市场分析及中国出口潜力研究

第六篇　中国柑橘产业国际竞争力动态：
基于出口和成本的分析

第七篇　我国柑橘出口比较优势及其可持续性研究

第一篇 中国柑橘生产成本变动及其对出口的影响

篇 首 语

中国是世界柑橘原产地之一，也是世界第一大柑橘种植国和第二大生产国。柑橘是中国栽培面积最广、经济地位最重要的果树之一。2007 年中国柑橘产量已达到 1961.71 万吨，占世界柑橘总产量的比例为 17% 左右，但中国不是柑橘鲜果出口大国。中国柑橘鲜食果品 90% 以上集中在国内市场销售，所以其出口还有很大的提升空间。拓展国际市场、扩大柑橘鲜果出口对于解决"三农"问题具有现实意义。

柑橘在国际市场上的竞争力取决于柑橘的品质和出售价格。一方面，提高柑橘品质的努力会反映在柑橘生产成本水平及其结构中；另一方面，柑橘出售价格的构成主体是其生产成本。生产成本越高，出售价格也会相应变高。既然柑橘的生产成本对其出口具有重要的影响，那么就有必要在学术上探讨以下问题：在农业生产资料和人工费用快速上涨的今天，柑橘的生产成本结构发生了怎样的变化？我国不同地区的柑橘生产成本有着怎样的差异？柑橘生产成本对其出口的影响到底有多大？作者围绕以上现实问题进行了比较深入的研究。

本篇按照逻辑顺序分为 6 章。研究内容及其结论如下。

第 1 章引出问题，对国内外相关研究作出综述，确定研究内容、研究方法和技术路线，指出本研究可能的创新之处和存在的不足。

第 2 章界定柑橘生产成本的概念和构成，并在此基础上核算中国柑橘生产成本，分析柑橘单位生产成本变动和结构变动，总结柑橘生产成本变动的规律及原因。研究表明：我国柑橘单位面积成本水平呈现出随时间变化而持续上升的趋势。另外，物质与服务费用和人工成本是柑橘生产成本的最主要构成部分，而直接费用是物质与服务费用的最主要的构成部分。

第 3 章首先选取中部地区的湖北、湖南两省和东部地区的浙江、福建和广东三省作为研究样本，采用 glm 过程对各省柑橘生产成本的非均衡数据进行方差分析。然后基于面板数据设计成本差异分解模型，确定造成地区间生产成本差异的主要因素，并比较分析造成中部和东部产橘大省生产成本差异的主要原因。研究表明：不同地区影响柑橘生产成本的主要因素不同。一些相同的因素在两个地区各自的模型估计结果中其弹性系数呈现大小不一、符号不一的情况。我国的柑橘生产还处于小规模经营状态，人工成本、化肥投入费用对两个地区的生产成本都起着很大的作用。

第4章对单位生产成本与出口价格进行描述性统计，进一步使用单位根检验和 ARIMA 模型分析柑橘生产成本序列的平稳性和趋势，使用小波分解和多尺度分析研究柑橘出口价格序列的波动特征，并比较分析两个序列的频谱特征。分析表明：尽管两个序列的频谱图的幅度有一定差别，但它们的频谱图特征类似，两个时间序列都存在一个波动异常点，除此波动异常点之外，波动幅度都比较稳定。另外，出口价格的波动较生产成本剧烈。

第5章基于 ARMAX 模型建立误差修正模型（ECM）测算柑橘生产成本对其出口价格的影响，进一步结合多尺度分析和 VAR 模型提出多分辨VAR（MVAR）的建模思路，并对柑橘出口价格进行多分辨脉冲响应与多分辨方差分解，以分析柑橘生产成本对其出口价格的冲击作用。研究表明：生产成本对出口价格影响显著，通过降低生产成本可以降低我国柑橘的出口价格。生产成本与出口价格之间存在协整关系，可以通过控制影响生产成本的因素来调节出口价格，避免其变动过大。

第6章在总结前文的基础上，从营销理念和营销战略、科技研发与转化、机械化作业、投入结构、政府支持、管理与出口渠道等方面提出降低生产成本、促进柑橘出口的对策建议。

第1章
中国柑橘生产成本变动研究的意义

1.1 问题的提出

柑橘类水果是世界公认的保健产品，其营养价值、药用价值和保健价值都很高。柑橘类水果在世界范围内分布广泛，作为全球第一大水果，在全球农产品贸易中占有十分重要的地位。在过去的 20 年里，世界柑橘产量增长很快，尤其是发展中国家产量增长迅速。20 世纪 80 年代初，世界柑橘产量为 5300 万吨，10 年后达到近 9000 万吨，增长 69.8%，近年已突破 1 亿吨。至 2007 年，全球种植柑橘的国家有 140 多个，世界 65% 的柑橘产于发展中国家。柑橘产出增长最快的主要是中国和巴西[①]。

中国是世界柑橘原产地之一，有 4000 多年的栽培历史。柑橘是中国栽培面积最广、经济地位最重要的果树之一，在中国南方主产区农村经济中具有重要的地位，为促进农民增收、扩大城乡居民就业和改善生态环境作出了积极贡献。当今，我国已成为世界第一大柑橘种植国和第二大生产国。自 1984 年水果流通体制改革以来，柑橘总产量持续快速增长，1984 年中国柑橘产量为185.2 万吨，2007 年已达到 1961.71 万吨，占世界柑橘总产量的比例由 3% 上升到 17% 左右，在国际市场上的地位日益凸显。近年来，我国柑橘产业除了产量和种植面积不断增长外，柑橘品质也在不断提高，品种结构也有所改善。并且随着我国经济的持续增长、人民生活水平的不断提高，对柑橘产品的需求也在逐渐上升。在加入世界贸易组织（WTO）的进程中，我国柑橘产业面临的巨大挑战一直被社会各界所关注。当初人们普遍认为加入 WTO 后中国柑橘产业将面临巨大冲击。而据联合国统计司统计，从 2002 年到 2007 年，我国柑橘出口量增加了 1.6 倍。

---

① 资料来源于 FAD 数据库。

尽管我国柑橘产业已取得了许多可喜的成就，但仍存在很多隐患：第一，中国柑橘单产水平低于世界平均水平，中国柑橘年产量位居世界第二主要是因为种植面积的增加。第二，我国柑橘果品除橘瓣罐头以出口为主之外，其余鲜食果品绝大部分集中在国内市场销售。此外，我国以宽皮柑橘为主、中熟品种为主、鲜食品种为主的品种结构，使柑橘在短时期内涌向国内市场，造成季节性、结构性的供大于求，柑橘"卖难"现象时有发生，极大地损害了橘农的利益并降低了橘农提高果品质量的积极性。第三，作为世界第二大柑橘主产国的中国在世界出口中并未领先，这说明我国柑橘的竞争力不强。

鉴于以上诸多问题，提高我国柑橘的单产水平、降低柑橘的生产成本，以及提高柑橘产业的竞争力成为亟待解决的问题。

柑橘是劳动密集型产品，我国具有丰富的劳动力资源，劳动成本相对低廉，因此我国柑橘在生产成本上较之其他国家具有比较优势。然而这种成本优势并没有转化为竞争优势。我国是柑橘生产大国，却不是柑橘鲜果出口大国，因此，拓展国际市场、扩大柑橘鲜果出口具有重大的意义。柑橘在国际市场上的竞争力取决于柑橘的品质和出售价格。一方面，提高柑橘品质的努力会反映在柑橘生产成本水平及其结构中；另一方面，柑橘出售价格的主要构成主体是其生产成本，一般来说，生产成本越高，出售价格也会相应变高。因此，柑橘的生产成本对其出口具有重要的影响，可以说柑橘出口竞争力的基础是其生产成本。鉴于柑橘生产成本的重要性，有必要在学术上探讨以下问题：在农业生产资料和人工费用快速上涨的今天，柑橘的生产成本结构发生了怎样的变化？我国不同地区的柑橘生产成本有着怎样的差异？柑橘生产成本对其出口的影响到底有多大？以下研究重点回答以上问题。

1.2　国内外研究综述

1.2.1　有关农产品生产成本的研究综述

在1977年和1978年，Shearer对美国中西部地区的有机农场种植业的生产成本和收益做了研究，对施用有机肥和化肥的两种生产模式的成本收益进行比较，详细测算了有机肥和化肥的生产效益。Cooke和Sundquist（1989）测算了美国玉米生产的成本效率，指出生产规模越大，玉米成本效率越高。Chaudhry（2001）在分析原棉生产成本时提到，国际棉花咨询委员会连续30年对原棉的生产成本进行调查研究，每三年出版一份研究报告。2001年度报告指出，在以色列生产1公顷棉花是最昂贵的，成本超过了3161美元；在叙利亚和美国的灌溉区每公顷的生产成本超过了2000美元。这导致很多国家退出棉花生产的原因不是低产出而是高成本。Paul等（2002）运用基于成本函数的生产模型度量美国农业生产中化学物质投入的成本和收益。Nehring等（2006）认为，和城市有关的农业活动的散布提高了受城市影响区域的农产品的生产成本。通过检验美国农场成本的调查数据发现，城市的影响将中心玉米带上的传统农场在1998~2002年的每公顷总可变成本提高了8%以上。受城市影响的农场的技术效率也要低于城市农场。

我国学者对农产品生产成本作了大量的研究，主要集中在以下领域。

1. 关于农产品生产成本构成的研究

路南（2000）指出，可以用三种方式划分我国种植业的生产成本。一是把生产成本划分为物质费用成本和用工费用成本；二是划分为直接成本和间接成本；三是划分为与增产有关的物质费用成本和与省工有关的物质费用及用工费用成本。郑少峰（2002）按经济内容性质将农产品成本划分为劳动对象方面的费用、劳动手段方面的费用和活劳动方面的费用三大类，具体到要素层面可以划分为外购材料、外购动力、人工费用、折旧费、土地承包费、利息费用、税金、环境成本和其他支出九类。张桂林等（2003）分析了美国谷物的成本，它由直接成本和分摊成本构成。其中，直接成本是直接用于某种作物生产而支出的成本，分摊成本是整个农场生产过程中共同耗费的各种成本按照一定比例分摊到某种作物中的部分。庞守林（2006）把农产品的生产成本分为固定成本和变动成本，把土地费、机械折旧费、机械作业费、修理费、成本外支出等与产量无关的成本视为固定成本，其余与产量直接相关的成本视为变动成本。

2. 关于农产品生产成本核算方法的研究

郑州粮食学院课题组（1997）认为，以往我国粮食生产成本核算漏掉了固定资产折旧和劳动报酬两个方面，提出应把农民的自用粮食看做是劳动报酬。牟彬（1998）认为，由于目前对土地机会成本没有统一评价的标准，建议用农业税来代替土地的价值。李向红（1998）在研究中国粮食比较优势问题时，按照国内资源成本系数法对国内资源成本的估计要求，分别测算了种子、劳动的影子价格和土地的机会成本。万劲松（2002）认为，我国现行的农产品成本核算体系存在缺陷，在设置农产品成本核算指标体系时应考虑到农业生产经营方式的普遍特点，要符合我国农业生产的特点，应及时反映农业生产和农村经济情况变化的需要。耿红莉（2003）利用概率优势分析法，对北京主要竞争省区生猪成本变动优势进行了比较。李桦等（2006）采用因素分析法对陕西的苹果生产成本进行了分析。

3. 关于农产品生产成本影响因素的分析

黄季焜和马恒运（2000）认为，农产品成本的高低取决于产量、总成本投入，而这两个指标又取决于其他许多因素，如种植规模、土地肥力、技术水平和复种指数等。中国大部分农作物生产成本高的原因之一是种植业规模小、劳动力投入成本大。司伟和王秀清（2004）运用成本分解模型估测了农户经营规模、单产（综合反映技术水平及自然条件）和生产要素价格等因素对中国糖料生产成本地区间差异的影响程度。研究结果表明，单产、劳动力工价和税收对甘蔗生产成本的地区差异具有显著影响，单产、经营规模、劳动力工价和税收对甜菜生产成本的地区差异具有显著影响。柴斌峰等（2007）测算了成本要素对东北春玉米区、黄淮海夏玉米区和西南山地丘陵玉米区的生产成本差异的影响程度。研究结果表明，用工作价、种子秧苗费、间接费用和化肥费对各地区的成本有较大的影响，但是由于各地区资源、地理环境、人地关系和科技水平的差异，各因素的作用力大小方向不一。

1.2.2 有关柑橘产业经济的研究综述

关于从经济学的角度来研究柑橘产业发展问题的最早文献已无法进行考证，但国外对于柑橘产业的经济研究分析一直都十分重视。Miller 和 Glantz（1988）在研究气候变化对柑橘产业影响时指出，气候特征及它们的多样性直接或间接地影响了那些气候依赖型的柑橘生产者的经济竞争力。Fairchild（1990）在研究柑橘出口市场时指出，对于美国的柑橘出口促进项目来说，除非被促进出口的柑橘产品与同类竞争产品具有差别性，或是其价格低于同类竞争产品，否则柑橘出口促进项目的长期效果是很有限的。尽管如此，成功地扩大了需求的柑橘出口促进项目能使橘农和别国的市场营销人员获利，并能促进扩大生产和竞争。Spreen 等（1996）在研究北美贸易自由协定对美国进口墨西哥橙汁的影响时，通过建立线性模型分离了关税减让和比索贬值对其影响。Perry 和 Woods（1995）在分析后过渡经济期中古巴的柑橘生产时指出，世界柑橘主产国需具备如下条件：适宜的气候、充足的适宜种植柑橘的土地、先进的技术、充裕的劳动力、足够的融资及易进入市场。Ozkan 等（2004）采用访谈的方式对土耳其安塔利亚省的 105 个柑橘农场进行调研，研究了橘、柠檬和红橘在生产过程中的能耗要求及成本收益率。研究结果表明，柠檬是能耗最高的产品；化肥是最主要的能量输入（主要是氮），占 49.68%，其次为柴油（30.79%）；在被调研的三种柑橘水果中，橙的成本收益率最高，其次为柠檬。因此，对于橘农来说，在该区域种植橙的回报率是最高的。Mcgregor（2007）指出，决定一个岛国成功出口园艺产品的容量的因素可以归结为如下五类：为既定的市场生产产品的适宜的农业条件并且拥有可以接近国际机场或海港的条件；针对目标市场的、具有合理的竞争性货运费率的、可用的空运或海运容量；私人部门的市场容量；隔离害虫（特别是果蝇）并管理；能够解决植物检疫或其他市场进入问题。此外，美国农业部（FAS）每年都有各个国家柑橘的年度或半年度报告，主要从生产、贸易、消费、政策方面研究各国柑橘产业发展状况。联合国粮食及农业组织的出版物中有不少文献对柑橘类水果及其加工品进行了专门研究。国内外大量关于柑橘类产品的研究，说明了对柑橘产业进行经济分析和政策研究的重要性。

国内对柑橘产业的经济分析是从 20 世纪 90 年代后才开始的。邓伯勋（2000）剖析了我国柑橘"卖难"的原因，认为应通过调整品种结构，走科技化、产业化的道路来发展我国的柑橘业。文泽富（2005）指出，国外柑橘营销具有"大"（广告宣传势头大）、"稳"（周年供应价格稳）、"高"（分级包装质量高）、"全"（柑橘协会功能全）的特点，对我国柑橘市场开拓具有极好的借鉴意义。谢金峰（2002）从产业结构调整的视角，提出柑橘产业结构优化的框架主要是优化柑橘业的种植业、壮大柑橘业的加工业及大力繁荣柑橘业的服务业，从而增强我国柑橘产业的竞争力。廖苑腾（2006）采用典型调查、专家座谈和农户调查的方式，从永春芦柑发展的资源条件入手，探讨了永春芦柑可持续发展的基本思路和具体措施。余学军（2006）运用波特的"钻石"模型测算了我国柑橘产业的国际竞争力指数，研究结果显示，我国的柑橘鲜果中，只有宽皮橘具有一定的竞争优势，整个柑橘产业国际竞争力的表现与我国柑橘大国的地位极不相称。邓秀新（2004）指出，我国柑橘产业还存在较多的问题，如单产水平较低、成熟期过于集中、鲜食比例偏大、出口比例较低等。

在我国，关于柑橘产业经济方面的论文很多都集中在对我国柑橘产业的比较研究上，如《中美两国柑橘产业的比较研究》《中国柑橘业与世界柑橘业的比较研究》《中美柑橘生产成本核算方法拟合的实证研究》《我国柑橘国际竞争力的比较优势分析》《我国柑橘产业比较优势分析》等。

由于不同省份气候条件、土壤条件的不同，各地区柑橘产业在发展过程中面临的问题也不同，于是出现了较多的研究各地区柑橘产业发展的文献。如单杨等（2003）分析了湖南省柑橘产业的发展现状与存在的问题，认为湖南省应重点发展加工专业型和加工鲜食兼用型品种，大力发展罐头、果汁、饮料、果冻等加工业。

此外，还有部分探讨柑橘加工和柑橘商品化处理组织运作的文章，如《试论我国柑橘加工业发展方向》（吴厚玖等，2006）、《我国柑橘商品化处理的组织运作特点、弊端及对策》（邓军蓉和何坪华，2006）、《中国柑橘工业的现状、发展趋势与对策》（单杨，2008）等。

第2章
中国柑橘生产成本的趋势与现状

本章界定了本研究中柑橘生产成本的概念和核算方式，并对生产成本进行了细分；研究了柑橘生产成本的趋势与现状；分析了柑橘生产成本的结构及变动，最后解释了柑橘生产成本的变化特征。

2.1　柑橘生产成本的概念及构成

2.1.1　柑橘生产成本的概念界定

成本有会计成本和经济成本之分。会计成本是显性成本，是因生产商品而发生的一切账面上的货币开支，如购买化肥、农药、苗木、农机等生产资料，以及雇佣劳动和租用土地等的费用。经济成本是显性成本与隐性成本之和。隐性成本可以用机会成本来表示，如在柑橘生产过程中，家庭的劳动投入就是隐性成本。本书将着重分析经济成本。

柑橘生产成本是指生产柑橘所需的各种费用总和。我国 2004 年实施的新的农产品成本核算体系将总成本划分为生产成本和土地成本两类。由于在柑橘生产过程中，土地是主要投入要素之一，因此，本书将土地成本划入广义生产成本的范畴。为区别起见，将指标体系中未包含土地成本的生产成本称为狭义的生产成本。如无特殊说明，本书所提到的柑橘生产成本即广义的生产成本。

按照归属对象，可以将柑橘生产成本分为单位产品生产成本和单位面积生产成本。前者指生产一个单位重量柑橘所投入的各种要素成本，如每千克柑橘生产成本；后者指单位面积的柑橘生产所需的各种投入要素的成本，如每亩①柑橘生产成本。两者的理论关系可表示为：单位产品生产成本 = 单位面积生产成本/单位面积产量。

①　1 亩 ≈ 666.7 平方米。

2.1.2 柑橘生产成本的构成

按照投入要素在柑橘生产过程中所起的作用不同，将柑橘生产成本分为物质与服务费用、人工成本、土地成本和成本外支出四部分。其中，物质与服务费用又可分为直接费用和间接费用。直接费用是指直接生产柑橘而支付的、可以直接计入柑橘生产成本中去的费用，包括当年投入生产的种子费、化肥费、农家肥费、农药费、租赁作业费、燃料动力费、技术服务费、工具材料费、修理维护费等。间接费用是指与柑橘直接生产过程有关、但需要分摊才能计入柑橘生产成本的费用（祁春节，2001），包括固定资产折旧、税金、保险费、管理费、财务费和销售费。用工作价（正文中其他部分都用"人工成本"来表示用工作价）是指柑橘生产过程中用于活劳动投入方面的折价与报酬，包括家庭用工折价和雇工费用。土地成本是指用于柑橘生产所耗费的土地价值，包括流转地租金和自营地折租。成本外支出是我国所独有的一个费用项目，包括村提留费、乡统筹费、两工支出费及其他成本外支出。

柑橘生产成本的具体构成如图 2-1 所示。

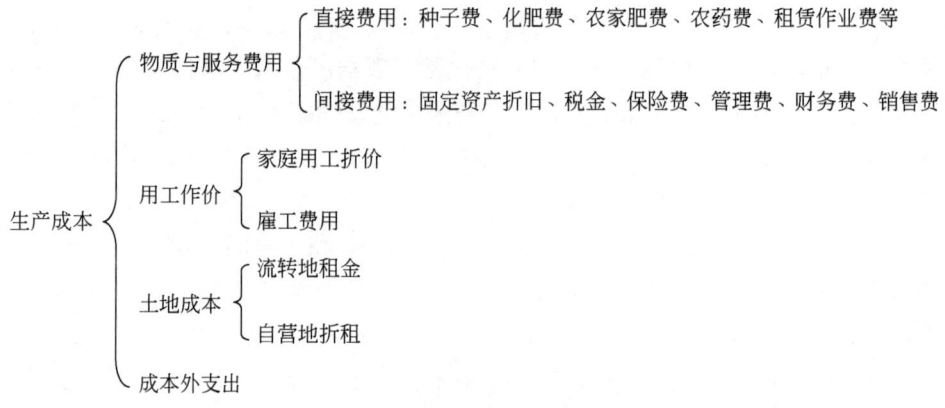

图 2-1　柑橘生产成本结构图

资料来源：根据 2004～2007 年《全国农产品成本收益资料汇编》整理而得

2.2　柑橘生产成本的核算

我国传统的农产品生产成本核算体系自新中国成立以来经历了多次调整，仅 1990～2007 年就经历了两次调整。为了保证数据的可比性，本书按照 2004 年新的成本核算体系将数据进行了相应的调整。2004 年至今，柑橘生产成本的构成如图 2-1 所示，可以归纳如下：生产成本＝直接费用＋间接费用＋人工成本＋土地成本＋成本外支出。其中，税金是间接费用的组成部分，土地成本是生产成本的一个独立项目。1998～2003 年，生产成本是由直接费用、间接费用、人工成本、期间费用、税金和成本外支出 6 部分构成的。其中，期间费用＝土地承包费＋管理费＋销售费＋财务费。因此，将期间费用中的土地承包费单独列为土地成本，而将其他三项及税金列入间接费用，此时，生产成本＝直接费用＋间接费用（调整后的）＋人工成本＋土地成本＋成本外支出，与 2004 年的成本核算体系的统计口径保持一致。1991～1997 年，《全国农产品成本收益资料汇编》没有统计期间费用，生产成本是由直接费用、间接费用、人工成本、税金和成本外支出 5 部分构成的，税金作为独立的一项进行统计。为保持统计口径的一致，将税金列入间接成本。此时，生产成本＝直接费用＋间接费用（调整后的）＋人工成本＋土地成本＋成本外支出。由于《全国农产品成本收益资料汇编》（1991）没有统计柑橘的土地成本，并且无法找到其他水果土地成本作为替代，因此本书采用插值的方式计算缺失的土地成本。1990 年柑橘生产成本的其他统计指标与 1991～1997 年的一致。因此，1990 年的柑橘生产成本与 1991 年的表达方式相似：生产成本＝直接费用＋间接费用（调整后的）＋人工成本＋土地成本＋成本外支出。

2.3 柑橘生产成本变动

按照国际上通用的分类标准，柑橘属水果包括甜橙、宽皮柑橘、柠檬和酸橙、葡萄柚和柚，以及其他柑橘类水果。由于我国柑橘生产以宽皮柑橘为主，考虑到数据的可获得性及本研究的目的，本书将柑橘的研究范围限定为宽皮柑橘[①]，并选取 1990～2007 年的《全国农产品成本收益资料汇编》中关于柑橘成本的调查统计数据分析我国柑橘生产成本的结构及其变动情况。

2.3.1 单位生产成本变动

1. 单位面积成本

单位面积生产成本的变化可以反映单位土地资源的成本效益率和稀缺程度的变化。单位面积成本越高，说明使用单位土地的成本越高、效益下降，也说

---

① 《全国农产品成本收益资料汇编》中仅将柑橘分为柑和桔两类进行统计，桔大体上可以代表宽皮柑橘。

明土地资源的稀缺性增加（辛毅，2003）。按当年价格计算，我国柑橘生产的单位面积成本从 1990 年的每亩 874.93 元增加到 2006 年的每亩 2165.65 元，增加了 1.47 倍，年均增幅达 5.83%。其中，物质与服务费用从 1990 年的每亩 512.97 元增加到 2006 年的每亩 859.50 元，增加了 0.68 倍，年均增幅 3.28%，在生产成本中所占的比例由 1990 年的 58.63% 下降到 39.69%，下降了约 19 个百分点。人工成本按当年全国统一劳动日工价计算，由 1990 年的每亩 244.76 元增加到 2006 年的 1191.42 元，增加了 3.87 倍，年均增幅达 10.40%，增幅如此大的原因主要在于 2006 年人工成本的大幅上升。20 世纪 90 年代初期和近几年土地成本相对较高，其他年份土地成本处于较低水平；成本外支出作为生产成本必不可少的构成部分，在生产成本中占的比例较小，1996 年达最高，占生产成本的 8.60%。各指标具体数据见表 2-1。

表 2-1　每亩柑橘平均生产成本构成

年份	生产成本/（元/亩）	物质与服务费用		人工成本		土地成本		成本外支出	
		金额/（元/亩）	比例%	金额/（元/亩）	比例%	金额/（元/亩）	比例%	金额/（元/亩）	比例%
1990	874.93	512.97	58.63	244.76	27.97	114.64 *	13.10	2.56	0.29
1991	795.57	413.47	51.97	196.13	24.65	176.15	22.14	9.82	1.23
1992	977.17	523.67	53.59	252.31	25.82	195.34	19.99	5.85	0.60
1993	943.55	531.21	56.30	355.84	37.71	40.64	4.31	15.86	1.68
1994	939.24	503.9	53.65	359.09	38.23	65.33	6.96	10.92	1.16
1995	1117.48	593.89	53.15	504.80	45.17	7.08	0.63	11.71	1.05
1996	1358.93	679.09	49.97	515.07	37.90	47.85	3.52	116.92	8.60
1997	943.66	457.98	48.53	440.00	46.63	25.3	2.68	20.38	2.16
1998	694.25	371.07	53.45	277.06	39.91	8.54	1.23	37.58	5.41
1999	1466.59	947.64	64.62	489.72	33.39	19.26	1.31	9.97	0.68
2000	901.86	484.92	53.77	376.00	41.69	12.62	1.40	28.32	3.14
2001	1139.17	668.32	58.67	408.72	35.88	30.7	2.69	31.43	2.76
2002	1278.47	762.56	59.65	449.00	35.12	60.25	4.71	6.66	0.52
2003	1188.39	648.69	54.59	479.36	40.34	53.75	4.52	6.59	0.55
2004	1418.46	840.50	59.25	415.88	29.32	159.99	11.28	2.09	0.15
2005	1505.95	896.74	59.55	492.83	32.73	115.07	7.64	1.31	0.09
2006	2165.65	859.50	39.69	1191.42	55.01	113.80	5.25	0.93	0.04

＊数据由作者估算而得

注：1994～1997 年没有统计土地成本而仅统计了每亩平均负担，因此用每亩平均负担来代替

资料来源：根据历年《全国农产品成本收益资料汇编》中相关数据整理而得

自 1990 年以来我国柑橘单位面积成本变动大体经历了以下 4 个阶段：

（1）低成本平稳阶段。1990～1994 年我国柑橘每亩生产成本分别为 874.93 元、795.57 元、977.17 元、943.55 元和 939.24 元，增长率分别为 -9.07%、22.83%、-3.44% 和 -0.46%，年均增长率为 1.79%，比 1990～2006 年的年均增长率低 4.04 个百分点。

（2）剧烈波动阶段。在 1995～2000 年，柑橘每亩生产成本波动较大，经历了先升后降、再升再降的过程。1995 年的成本为 1117.48 元，1996 年上升到 1358.9 元，1997 年突然降低至 943.66 元，1998 年进一步降低至 694.25 元。此后在 1999 年上升至 1466.59 元，较之上一年增幅达 110%。

（3）小幅度波动阶段。2001～2003 年每亩生产成本分别为 1139.17 元、1278.47 元和 1188.39 元。尽管各年成本的变化幅度不大，但成本处于相对较高的水平。

（4）高成本加速增长阶段。2004～2006 年每亩生产成本分别为 1418.46 元、1505.95 元和 2165.65 元，增幅分别为 6.17% 和 43.81%。2006 年生产成本的增长主要来自于人工成本的上升，它已取代物质与服务费用成为占生产成本比例最大的项目。

2. 单位产品成本

单位产品成本的高低主要取决于单位面积产量和单位面积生产成本，可以反映单位面积生产成本的变动。按当年价格计算，我国柑橘生产的单位产品成本由 1990 年的 0.61 元/千克增加到 2006 年的 1.37 元/千克，增加了 1.25 倍，年均增幅 5.19%。其中，物质与服务费用由 1990 年的 0.36 元/千克上升到 2006 年的 0.54 元/千克，增加了 0.5 倍，年均增长 2.57%，在生产成本中所占的比例由 59.02% 下降到了 39.42%；人工成本由 1990 年的 0.17 元/千克上升到 2006 年的 0.75 元/千克，增加了 3.41 倍，年均增幅达 9.72%，在生产成本中所占的比例由 27.87% 上升到了 54.74%；土地成本相对较小，最高为 1992 年，每千克 0.11 元，大多数年份都在 0.05 元/千克以下。2005 年以前，单位产品成本的主要构成部分是物质与服务费用，其次为人工成本，再次为土地成本。

单位产品成本变动特征和单位面积成本变动大致相似，经历了三个阶段：1990～1995 年的低成本平稳阶段、1996～2003 年的剧烈波动阶段、2004～2006 年的高成本加速增长阶段（图 2-2）。第一和第三阶段的变动特征和单位面积成本的变动特征相同，第二阶段略有不同。变动的差异主要是因为单位产品成本除了取决于单位面积成本外，还取决于单产水平。例如，1998 年，由于生产成本的下降幅度小于产量下降的幅度，导致单位面积成本较上一年下降而单位产品成本较上一年上升。类似的还有 1994 年、1995 年和 2002 年。

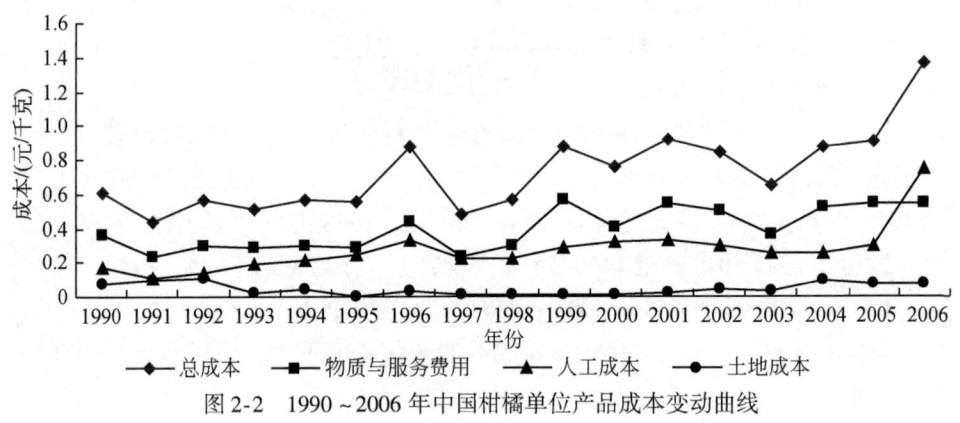

图 2-2　1990~2006 年中国柑橘单位产品成本变动曲线

2.3.2　柑橘生产成本结构变动分析

1. 单位面积成本总体结构分析

从图 2-3 可见，单位面积生产成本呈现上升的总趋势。物质与服务费用和人工成本是柑橘生产成本的主要构成部分，占生产成本的 80% 左右，这说明我国柑橘的单位面积成本主要受物质与服务费用和人工成本的影响。物质与服务费用的变动幅度较大且与单位面积成本的变动一致，人工成本的波动相对要小些。但 2006 年人工成本急剧上升，这是由用工量和用工价格的共同上升所致。用工价格的急剧上升，对劳动密集型的柑橘产业提出了严峻的挑战。因为历年来我国柑橘鲜果主要靠价格竞争力占领国外市场，而这种价格竞争力主要来自于我国低廉的劳动力成本。因此，如何降低人工成本从而降低生产成本已

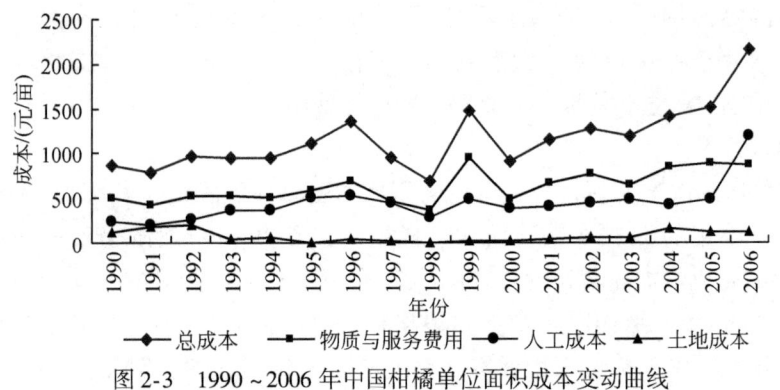

图 2-3　1990~2006 年中国柑橘单位面积成本变动曲线

成为柑橘产业亟待解决的问题。相较于物质与服务费用和人工成本，土地成本在单位面积成本中所占比例较小且变化幅度不大。1994～2004年期间，土地成本较低，近年来呈上升趋势，这说明我国耕地的稀缺性在增加。

2. 物质与服务费用的变动特征

中国农产品成本调查的成本收益核算资料所指的物质与服务费用是由种子费、化肥费、农家肥费、农药费、租赁作业费、燃料动力费、技术服务费、工具材料费、修理维护费、固定资产折旧、税金、保险费、管理费、财务费和销售费等15项构成。由于种子费、租赁作业费、燃料动力费、技术服务费、工具材料费、修理维护费、固定资产折旧、保险费、管理费、财务费和销售费等都很小，因此此处选取占总物质与服务费用67%～81%的化肥、农家肥、农药和税金这四个重要组成部分进行研究。这四个指标在物质与服务费用中所占的比例见表2-2。

表2-2　四个重要构成部分在物质与服务费用中所占比例

年份	物质与服务费用/（元/亩）	总和百分比/%	肥料/%			农药/%	税金/%
			化肥	农家肥	合计		
1990	512.97	74.85	26.02	12.84	38.86	22.03	13.97
1991	413.47	71.54	26.86	8.00	34.86	21.00	15.68
1992	523.67	63.24	24.54	11.05	35.59	17.13	10.53
1993	531.21	76.36	25.70	9.50	35.20	29.78	11.39
1994	503.9	72.40	28.90	11.59	40.49	22.61	9.31
1995	593.89	67.80	32.39	4.70	37.09	19.84	10.87
1996	679.09	77.76	40.11	3.73	43.84	23.05	10.86
1997	457.98	75.01	32.08	9.26	41.34	23.70	9.98
1998	371.07	79.81	35.69	11.68	47.37	18.51	13.93
1999	947.64	86.92	28.93	11.11	40.04	24.88	22.00
2000	484.92	86.34	30.07	13.27	43.34	23.95	19.05
2001	668.32	80.64	29.00	9.81	38.81	28.09	13.75
2002	762.56	87.21	31.35	13.16	44.51	30.13	12.57
2003	648.69	87.69	38.33	13.15	51.48	33.14	3.08
2004	840.5	80.73	47.14	9.78	56.92	22.87	0.93
2005	896.74	83.11	53.01	17.09	70.10	13.01	0.00
2006	859.5	82.16	22.65	27.11	49.76	32.40	0.00

资料来源：根据历年《全国农产品成本收益资料汇编》中的相关数据整理而成

总体来看，物质与服务费用中直接费用始终占最大比例。肥料费（包括化肥费和农家肥费）在物质与服务费用中所占比重最大，变化范围为 34.86% ～ 70.10%。肥料费所占比例经历了 1990～1993 年的轻微波动阶段后，在 1994～2001 年 M 形波动状态，较上一阶段波动幅度要大一些；之后，肥料费所占比例开始急剧上升，由 2002 年的 44.51% 上升到 2005 年的最高值 70.10% 后再降至 2006 年的 49.76%。2005 年的单产高于 2004 年和 2006 年，说明肥料的投入有利于单产的增加。除 2006 年外，化肥的投入费用远大于农家肥的投入费用，一方面是由于橘农在柑橘生产过程中比较依赖于使用化肥；另一方面是由于化肥的价格在持续上涨。总的来说，肥料费所占比例是呈上升趋势的，说明肥料是柑橘生产过程中非常重要的投入要素。

农药在物质与服务费用中所占比例仅次于化肥，每年气候变化所引发的病虫害危害程度不一，使得在柑橘生产过程中农药的投入变动较大。大多数年份，农药投入在物质与服务费用中所占的比例稳定在 20% 左右，这意味着提高我国柑橘产品安全性的任务依然艰巨。2005 年农药投入所占比例仅为 13.01%，该比例的下降是由农药投入费用的降低和物质与服务费用的上升共同造成的。

税金作为物质与服务费用的一个重要组成部分，所占比例稳定在 13% 左右。1999 年和 2000 年税金比例高达 22% 和 19.05%，前者是由税金的急速上涨造成的（1999 年的税金为 208.5 元/亩），后者是由物质费用的下降造成的。自 2000 年国家提出农业税费改革后，很多省份全面实施农业税费改革试点工作，使得柑橘税金由 2002 年的 95.84 元/亩降低至 2003 年的 19.95 元/亩，随后降低至 2004 年的 7.8 元/亩。自 2005 年，柑橘税金全面取消。

3. 人工成本的变动特征

2004 年新的全国农产品成本收益调查核算指标中的人工成本除了有"用工作价"这项指标外，还详细地划分为"家庭用工折价"和"雇工费用"两个指标。1998～2003 年没有单独统计"家庭用工折价"和"雇工费用"，但统计了"雇工天数"和"雇工工价"，所以在这期间，采用如下的方式计算家庭用工折价和雇工费用：雇工费用=雇工天数×雇工工价，家庭用工折价=用工作价－雇工费用。由于 1998 年以前，仅仅只统计了"用工作价"，没有统计任何可以将其细化的指标，所以此处仅选取 1998～2006 年的相关人工成本数据进行分析。

从图 2-4 可以看到，人工成本在 1998～2000 年经历了先升后降之后，于 2001 年开始步入缓慢增长阶段，2004 年开始进入加速增长阶段，于 2006 年达最高水平 1191.2 元/亩。在 1999～2005 年，人工成本相对稳定，平均水平为

444.5 元/亩。1998 年仅为 277.06 元/亩，这是由当年的洪灾造成的。受洪灾影响，某些柑橘主产省的橘农无法及时采摘柑橘，使得雇工成本大幅下降，而雇工工价一般高出家庭用工工价很多，从而使得人工成本大幅下滑。

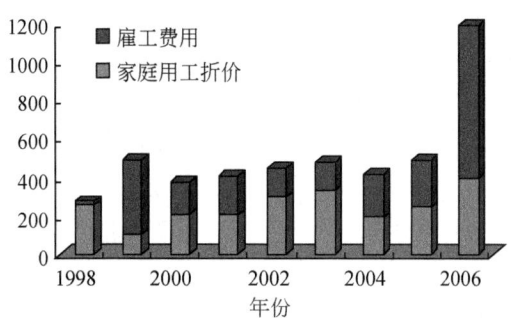

图 2-4　人工成本中家庭用工折价和雇工费用的变动（单位：元/亩）

家庭用工折价的波动较大，1999 年仅为 101.92 元/亩，这主要是由过低的家庭用工工价引起的，因为 1999 年每亩的家庭用工工价仅为 3.23 元/日。近年来，家庭用工工价逐年上升，已由 2000 年的 6.55 元/日上升到 2006 年的 16.90 元/日。

从图 2-5 可以看到，柑橘生产以家庭用工为主、雇工为辅，这是由中国柑橘生产的小农经营的特征决定的。但在 2006 年，雇工用量超过了家庭用工量，因为大量的青壮年劳动力流入发达城市，使得在家务农的妇女或老弱劳动力只得在农忙季节雇佣他人来帮助他们进行柑橘生产。

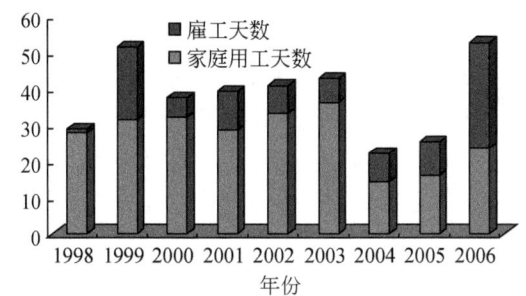

图 2-5　人工成本中家庭用工天数和雇工天数的变动（单位：日/亩）

2.3.3　柑橘生产成本变动的规律总结及原因分析

第一，我国柑橘生产的单位面积成本水平呈现随时间变化而持续上升的趋势。这说明为维持单位土地上柑橘的产出水平，在单位土地投入的费用在逐渐增加，这反映了我国耕地的稀缺性在突出。这与我国耕地面积持续减少的国情是相符的。

第二，在多数年份，我国柑橘单位生产成本呈现出规律性变化，即如果前一年的生产成本较低，则后一年成本就会有所上升。这种有规律的现象表明，我国柑橘生产成本受到某种力量的调控。这种力量一方面来自于政府为增加橘农收入而作的调控；另一方面来自于橘农根据上一年的市场需求和收益所作的相应的生产调整。

第三，物质与服务费用和人工成本是柑橘生产成本的最主要构成部分，占生产成本的80%左右，说明物质与服务费用和人工成本水平的上升是造成生产成本上升的主要原因。这是因为，我国柑橘产业属于劳动密集型产业，在柑橘生产过程中，嫁接、整枝、修剪和果实采摘等都需要大量的劳动力，加之柑橘产业的机械化程度很低，使得对劳动的需求较大。而在柑橘的生产过程中，为保证柑橘的产量和质量，生产要素的投入是必不可少的，所以物质与服务费用也是构成柑橘生产成本的主要因素。

第四，直接费用是物质与服务费用的最主要的构成部分，特别是化肥费和农药费。而属于间接费用的管理费、保险费、销售费等微乎其微。总的来说，较高的物质与服务费用是由较高的化肥和农药投入造成的。因此，合理和针对性地进行培肥和喷药可以降低化肥和农药的投入费用，这意味着物质与服务费用具有较大的下降空间。也就是说，调整投入结构可以降低我国柑橘生产成本。

第五，2006年人工成本急剧上升。这说明，随着我国经济水平的提高，农产品生产成本中供给弹性较大的物质生产要素所占比例逐渐下降，而供给弹性较少的劳动要素所占比例逐渐提高。这主要是因为随着我国打工热潮进入白热化，大量的农业劳动力（特别是青壮年劳动力）流入广东、深圳、上海等发达城市，使得农业劳动力供给价格相对上升。

第3章
中国柑橘生产成本的地区差异

目前，国内各产橘大省都共同面临着来自国际市场的激烈竞争。如何通过对柑橘成本的分析来达到寻求降低柑橘成本的有效途径，如何通过整合各地资源促进各地区之间进行有效合作以共同应对来自国际市场的压力，这是各产橘大省共同关注的一个重要问题。本章首先比较了各产橘大省的成本，然后根据针对平行数据的回归模型揭示了中部和东部产橘大省成本差异的原因，并进一步解释了其中的原因。

3.1 中国柑橘成本区域比较

我国柑橘的生产，目前主要集中在福建、湖北、湖南、广东、浙江、江西、四川等省份。本章选择中部地区的湖北和湖南，东部地区的浙江、福建和广东来分析生产成本的地区差异。从单位面积来看，湖北、湖南生产成本较低，浙江的成本水平略高于湖北和湖南，但低于全国平均水平。福建和广东的成本水平较高，位于全国平均水平之上。广东无论是物质与服务费用、人工成本还是土地成本都高于其他四个省份。从表3-1可知，2006年湖北省的柑橘生产成本最低，但是其利润不高，成本利润率仅为51.02%。广东的柑橘生产成本最高，但是其成本利润率达到了174.43%，湖南的柑橘生产成本与湖北省差异不大，但是其成本利润率是最高的，达到了257.15%。仅通过一年的数据或许很难揭示各产橘大省生产成本之间的差异，因此有必要观察以上各省份相关的时间序列数据并作进一步分析。

表 3-1　2006 年各柑橘主产省柑橘生产成本构成

省份	单位面积成本/(元/亩)				成本利润率/%
	生产成本	物质与服务费用	人工成本	土地成本	
浙江	1630.47	896.6	553.4	180.47	182.13

省份	单位面积成本/(元/亩)				成本利润率/%
	生产成本	物质与服务费用	人工成本	土地成本	
福建	2370.19	785.84	1513.43	70.92	48.40
湖北	1228.88	363.76	733.45	126.67	51.02
湖南	1232.6	594.05	588.55	50.00	257.15
广东	2688.45	1659.6	790.79	238.06	174.43

资料来源：根据2007年《全国农产品成本收益资料汇编》中相关数据整理而得

采用统计方法进一步比较五个产橘大省生产成本在1990~2006年的差异。多组资料均数比较一般采用方差分析的方法，SAS软件中能实现方差分析功能的过程有anova过程和glm过程。由于各产橘大省生产成本资料数据有部分缺失（表3-2），因此采用可以对非均衡数据进行方差分析的glm过程。glm过程执行以最小二乘法进行模型拟合的功能。此过程可以实现的统计学方法有回归分析、方差分析、协方差分析、多元方差分析及偏相关分析。glm过程对数据的分析处理均在一般线性模型的框架下进行，反应变量可以为一个或多个连续型变量，自变量可为连续型，也可为离散型。

表3-2　实证期各柑橘主产省份生产成本　　（单位：元/亩）

年份	全国平均	湖北	湖南	浙江	福建	广东
1990	760.29	545.19	417.94	818.95	650.72	1085.81
1991	619.42	596.87	562.36	—	517.66	—
1992	781.83	871.33	879.98	719.17		650.98
1993	902.91	863.05	527.64	991.26		961.60
1994	873.91	852.29	661.06	1319.74		1028.37
1995	1110.4	1477.71	883.17	1435.11		1189.92
1996	1311.08	1881.57	—	1625.42		1372.9
1997	918.36	1027.78	971.28	1117.95	—	—
1998	685.71	545.19		1316.31		
1999	1447.33	586.88	—	1216.82	2890.98	1094.42
2000	889.24	553.21	796.84	574.26	2168.32	—
2001	1108.47	768.05	—	980.35	2446.15	987.97
2002	1218.22	454.34	992.65	912.53	2688.72	1038.42
2003	1134.64	560.73	902.27	962.92	2152	1095.24
2004	1258.47	487.05	901.64	1282.36	1557.84	1915.22

年份	全国平均	湖北	湖南	浙江	福建	广东
2005	1390.88	865.05	714.82	1209.79	1148.97	2154.46
2006	2051.85	1102.21	1182.6	1450	2299.27	2450.39

注：由于各地区多数年份土地成本缺失，所以此处生产成本不包括土地成本，即狭义的生产成本。本章成本区域差异模型参数估计时使用的生产成本数据均为狭义的生产成本

资料来源同表3-1

统计表明，共有6个水平和86个观测值。在SAS8.0软件中实现glm过程并整理输出结果（表3-3）。

表3-3　柑橘主产省份生产成本地区差异方差分析表

差异来源	自由度	平方和	均方	F值	概率
组间	5	8 652 741.68	1 730 548.34	8.77	<0.0001
组内	80	15 779 268.32	197 240.85		
全体样本	85	24 432 010.00			

表3-3中的均方由对应行的平方和除以对应行的自由度得到，F值由组间均方除以组内均方得到。用F值与1相比较，若F值接近1，则说明各组均数间的差异没有统计学意义，若F值远大于1，则说明各组均数间的差异有统计学意义。F值8.77对应的概率值接近于0，表明柑橘主产省份生产成本存在显著的地区差异。表3-4是glm过程对地区间成本差异两两对比的结果及95%双侧显著性检验结果。柑橘生产成本比较及检验结果表明，在95%的置信水平上，福建与其他4省份及全国平均水平存在显著差异；广东与福建、湖北及湖南存在显著差异；浙江仅与福建存在显著差异；湖北与广东、福建存在显著差异；湖南与广东、福建存在显著差异。由此可见，中部地区和东部地区产橘大省的生产成本存在差异。

造成地区间成本差异的因素有很多，如各地区资源、自然条件、人地关系及人文环境的差异等，这些差异使得不同地区的柑橘生产对要素投入的要求存在差异。因此，因地制宜、合理的要素投入，可以有效地降低生产成本，促进橘农增产增收。表3-4根据针对平行数据的回归模型揭示了造成中部和东部产橘大省成本差异的因素，并进一步解释了其中的原因。

表3-4　地区间成本差异对比及显著检验

水平A	—	水平B	组内均值差	95%置信水平下限	95%置信水平上限	是否显著
福建	—	广东	542.4	170.6	914.1	***

水平 A	—	水平 B	组内均值差	95%置信水平下限	95%置信水平上限	是否显著
福建	—	浙江	731.3	375	1087.5	***
福建	—	全国平均	766	413.8	1118.2	***
福建	—	湖北	1026.3	674	1378.5	***
福建	—	湖南	1052.5	680.7	1424.3	***
广东	—	福建	−542.4	−914.1	−170.6	***
广东	—	浙江	188.9	−141.2	518.9	
广东	—	全国平均	223.6	−102	549.2	
广东	—	湖北	483.9	158.2	809.5	***
广东	—	湖南	510.1	163.4	856.8	***
浙江	—	福建	−731.3	−1087.5	−375	***
浙江	—	广东	−188.9	−518.9	141.2	
浙江	—	全国平均	34.7	−273.1	342.6	
浙江	—	湖北	295	−12.8	602.9	
浙江	—	湖南	321.3	−8.8	651.3	
全国平均	—	福建	−766	−1118.2	−413.8	***
全国平均	—	广东	−223.6	−549.2	102	
全国平均	—	浙江	−34.7	−342.6	273.1	
全国平均	—	湖北	260.3	−42.9	563.4	
全国平均	—	湖南	286.5	−39.1	612.1	
湖北	—	福建	−1026.3	−1378.5	−674	***
湖北	—	广东	−483.9	−809.5	−158.2	***
湖北	—	浙江	−295	−602.9	12.8	
湖北	—	全国平均	−260.3	−563.4	42.9	
湖北	—	湖南	26.2	−299.4	351.9	
湖南	—	福建	−1052.5	−1424.3	−680.7	***
湖南	—	广东	−510.1	−856.8	−163.4	***
湖南	—	浙江	−321.3	−651.3	8.8	
湖南	—	全国平均	−286.5	−612.1	39.1	
湖南	—	湖北	−26.2	−351.9	299.4	

***在95%的置信水平上显著

3.2　模型的设定与数据说明

地区间的成本差异是由多种因素造成的，包括地区间要素价格差别、规模经济、技术水平等。司伟和王秀清（2004）在分析糖料作物成本差异时，将单位产品成本差异作为被解释变量，单产差异、种植规模差异、单位产品税收差异、用工工价差异、单位种子价格差异、单位化肥价格差异和单位畜工价格差异作为解释变量，构建了对数线性模型。构建对数模型的原因在于，对解释变量和被解释变量取对数后，回归后得到的系数是弹性系数，能够更好地通过衡量各投入要素的差异对成本差异的影响程度来估计各项因素的影响程度。由于是跟全国平均值相比，所以是相对的，只是反映与全国平均水平相比成本高低的原因和影响程度。以下是他们给出的模型，其中，cst 表示单位成本差异；yld 表示单产差异；scl 表示种植规模差异；tax 表示单位产品税收差异；lab 表示用工工价差异；sed 表示单位种子秧苗价格差异；fert 和 btl 分别表示单位化肥价格差异和单位畜工价格差异。

$$\ln \text{cst} = \beta_0 + \beta_1 \ln \text{yld} + \beta_2 \ln \text{scl} + \beta_3 \ln \text{lab} + \beta_4 \ln \text{tax} + \beta_5 \ln \text{sed} + \beta_6 \ln \text{fert} + \beta_7 \ln \text{btl} + u$$

本节在该模型的基础上，加入地区虚拟变量来衡量地区间的差异。通过引入虚拟变量将以上模型改进为面板数据模型。使用面板数据既可以增加样本容量，又可以降低序列的自相关性。该模型实际上是通过分析各项影响因素的差异对成本差异的影响来间接地估计各项因素的影响程度。线性对数模型如下：

$$\ln \text{cst} = f(\cdot) + Dg(\cdot) + \alpha t + \varepsilon \tag{3-1}$$

式中，

$$f(\cdot) = \beta_0 + \beta_1 \ln \text{yld} + \beta_2 \ln \text{lab} + \beta_3 \ln \text{fert}_1 + \beta_4 \ln \text{fert}_2 + \beta_5 \ln \text{che} + \beta_6 \ln \text{other} \tag{3-2}$$

$$g(\cdot) = \beta_1 + \beta_8 \ln \text{yld} + \beta_9 \ln \text{lab} + \beta_{10} \ln \text{fert}_1 + \beta_{11} \ln \text{fert}_2 + \beta_{12} \ln \text{che} + \beta_{13} \ln \text{other} \tag{3-3}$$

变量含义如下：cst 表示每亩成本差异；yld 表示单产差异；lab 表示每亩用工成本（由于 2004 年以后的统计资料中不再涉及地区工价，研究中采用了统一工价的人工成本）的差异；fert1 和 fert2 分别表示每亩化肥和农家肥费用差异；che 表示每亩农药费用差异；other 表示其他间接费用，即除税金外的间接费用，包括管理费用、固定资产折旧、保险费、销售费用等；D 表示地区变量，D=0 表示中部地区，D=1 表示东部地区；t 表示时间变量，实证期为 1990～2006 年，令 t 的取值区间为 [-8, 8]。由于某些年份数据缺失，所以引入时间变量 t，分离了时间变量 t 对成本差异的作用，消除了数据缺失对模型参数估计的影响。研究的数据来源于原国家计划委员会价格司编写的《全国农产品成本收益资料汇编》（1991～2007）中的数据。在估算模型参数时，数据作了如下调整：成本差异＝某地区每亩成本−各地区每亩成本的平均值，本章其他变量作类似调整。

3.3 模型的估计与结果

对调整后的数据的平方取对数。在实证研究中，选择中部地区的湖北省和湖南省，东部地区的浙江省、福建省和广东省作为样本。为了增加样本容量并降低其中异方差和自相关性的影响，使用面板数据估计模型参数，共 69 个样本。使用 Eviews 3.1 软件估计模型，并采用 White 异方差技术降低异方差对模型参数估计的影响。估计结果如表 3-5 所示。

表 3-5 参数 OLS 估计结果

Variable	Coefficient	Std. Error	t-Statistic	Prob.
yld	0.0851	0.2086	0.4080	0.6849
lab	0.3454	0.1279	2.7008	0.0092
fert1	0.1469	0.1591	0.9232	0.3600
fert2	0.0876	0.1447	0.6057	0.5472
che	0.1982	0.1923	1.0309	0.3072
other	−0.0928	0.1641	−0.5658	0.5739
t	0.0687	0.0485	1.4181	0.1619
$D \cdot$ yld	−0.3084	0.2346	−1.3142	0.1943
$D \cdot$ lab	−0.0366	0.1889	−0.1937	0.8472
$D \cdot$ fert1	0.3715	0.2150	1.7277	0.0898
$D \cdot$ fert2	0.0227	0.1709	0.1326	0.8950
$D \cdot$ che	−0.1317	0.2124	−0.6198	0.5380
$D \cdot$ other	0.1315	0.1928	0.6820	0.4981
D	0.9910	2.8742	0.3448	0.7316
C	3.9630	2.5220	1.5714	0.1219
R-squared	0.5838	Akaike info criterion		3.8714
Adjusted R-squared	0.4759	Schwarz criterion		4.3571
Log likelihood	−118.5633	DW stat		1.5230

以上 OLS 参数估计的效果并不理想，采用 WLS 方法估计模型的参数，使

用 OLS 估计产生的残差倒数作为权重序列构造权重矩阵，估计结果见表 3-6。

表 3-6　参数 GLS 估计结果 1

Variable	Coefficient	Std. Error	t-Statistic	Prob.
yld	0.1440	0.0569	2.5309	0.0143
lab	0.2255	0.0566	3.9873	0.0002
fert1	0.1630	0.0291	5.5959	0.0000
fert2	0.1247	0.0462	2.6982	0.0093
che	0.1755	0.0366	4.7962	0.0000
other	0.0067	0.0388	0.1715	0.8645
t	0.0692	0.0121	5.7299	0.0000
D×yld	−0.4184	0.0580	−7.2111	0.0000
D×lab	0.0574	0.0675	0.8500	0.3991
D×fert1	0.4290	0.0339	12.6686	0.0000
D×fert2	0.0234	0.0508	0.4604	0.6471
D×che	−0.0809	0.0650	−1.2456	0.2183
D×other	0.0572	0.0540	1.0593	0.2942
D	0.9829	0.7813	1.2580	0.2138
C	3.6052	0.6457	5.5830	0.0000
R-squared	0.9999	Akaike info criterion		6.8765
Adjusted R-squared	0.9999	Schwarz criterion		7.3622
Log likelihood	−222.2390	DW stat		0.5606

以上 WLS 参数估计的效果仍然不理想，使用 GLS 估计产生的残差倒数的平方作为权重序列构造权重矩阵，估计结果见表 3-7。

表 3-7　参数 GLS 估计结果 2

Variable	Coefficient	Std. Error	t-Statistic	Prob.
yld	0.1833	0.0319	5.7478	0.0000
lab	0.2427	0.0375	6.4660	0.0000
fert1	0.1941	0.0061	31.9080	0.0000
fert2	0.0898	0.0338	2.6550	0.0104
che	0.1657	0.0153	10.8520	0.0000
other	−0.0177	0.0277	−0.6384	0.5259
t	0.0628	0.0040	15.6530	0.0000

Variable	Coefficient	Std. Error	t-Statistic	Prob.
$D\times$yld	−0.4683	0.0332	−14.0961	0.0000
$D\times$lab	0.0680	0.0411	1.6538	0.1040
$D\times$fert1	0.4072	0.0054	75.6560	0.0000
$D\times$fert2	0.0453	0.0340	1.3308	0.1889
$D\times$che	−0.1439	0.0436	−3.3020	0.0017
$D\times$other	0.0774	0.0279	2.7769	0.0075
D	2.0127	0.4014	5.0140	0.0000
C	3.1418	0.2505	12.5440	0.0000
R-squared	1.0000	Akaike info criterion		−17.8875
Adjusted R-squared	1.0000	Schwarz criterion		−17.4018
Log likelihood	632.1194	DW stat		2.2444

以上 GLS 参数估计的效果，无论统计学效果还是经济意义基本满足研究需要，说明使用 GLS 方法时选择权重很重要，目前还没确定权矩阵的统一标准，需要根据具体研究反复试验。对以上参数估计结果按照地区进行分解（表3-8）。除时间变量 t 和截距项外，其他参数值是各影响因素对成本差异的弹性。

表 3-8　中部和东部成本分解模型参数对比

变量	参数	中部地区参数值	参数	东部地区参数值
yld	β_1	0.1833	$\beta_1+\beta_8$	−0.2850
lab	β_2	0.2427	$\beta_2+\beta_9$	0.3107
fert1	β_3	0.1941	$\beta_3+\beta_{10}$	0.6012
fert2*	β_4	0.0898	$\beta_4+\beta_{11}$	0.1351
che	β_5	0.1657	$\beta_5+\beta_{12}$	0.0218
other*	β_6	−0.0177	$\beta_6+\beta_{13}$	0.0597
t	α	0.0628	α	0.0628
C	β_0	3.1418	$\beta_0+\beta_7$	5.1545

注：模型中的 $D\times$fert2 变量在 10% 的水平下不显著，可以认为该变量前的系数等于 0，所以东部和西部的 fert2 变量系数相等，等于 0.0898，其他间接费用变量并不显著，以下将不对其进行分析

1）中部地区柑橘生产成本差异的影响因素分析

从表 3-7 中可以看到，中部地区的模型估计结果中的绝大多数系数都很显著，且方程的回归效果和整个方程的显著性很好。模型的计量结果表明，在中

部柑橘主产区中，单产差异、人工成本差异、化肥投入费用差异、农家肥投入费用差异、农药投入费用差异对该地区柑橘生产成本有正的影响。其中，除农家肥投入费用差异外，其他几个因素对生产成本的影响都比较显著，其系数都大于0.1。人工成本差异的弹性系数最大，为0.243，说明人工成本是影响中部地区柑橘生产成本的最主要的因素。由于我们采用的是统一工价的人工成本，因此人工成本的差异主要是由雇工工价的差异和用工量的差异造成的，从而间接地反映了我国中部地区机械化水平不高。单产是技术水平、要素投入和自然条件的综合。中部地区柑橘单产差异对成本影响的弹性为正，说明中部地区单产越高，柑橘的单位成本越高，造成这种现象的原因可能是我国中部地区柑橘单产的提高主要来自于要素投入的增加。化肥投入费用差异和农药费用投入差异的弹性系数分别是0.194和0.166，说明在柑橘的生产过程中，必须要有一定量的化肥和农药的投入来保证单位面积上的产量。相较而言，农家肥的影响相对较小，这可能是因为对于中部地区的农户来说，农家肥是自产的，价格相对较低的缘故。

2）东部地区柑橘生产成本差异的影响因素分析

从表3-8可以看到，人工成本差异、化肥投入费用差异、农家肥投入费用差异、农药投入费用差异对该地区柑橘生产成本有正的影响，而单产差异对该地区生产成本有负的影响。在这些要素中，化肥投入费用差异对东部地区柑橘生产成本的影响最大，其弹性系数为0.601，化肥投入费用影响如此大的原因一方面在于东部地区的土壤肥力相对中部地区要弱些，为保证产出，需要在单位面积上投入更多的化肥；另一方面在于东部地区的生活水平和经济水平都远远高于中部地区，因此东部地区的生产资料价格要高出许多。人工成本差异对柑橘生产成本的弹性系数为0.311。一方面是由于经济水平较高的东部地区的雇工工价要高一些，另一方面是因为东部地区丘陵地带较多，只能多用人工劳作。单产差异对生产成本的影响较大且为负，弹性为−0.285。也就是说，单产越高，单位生产成本越低，这说明东部地区单产的提高主要是由技术进步推动的，技术进步带来的成本的降低远大于要素投入增加所带来的成本的增加。农药投入费用差异、农家肥投入费用差异和其他间接费用差异对成本差异的影响都较小，说明这两个因素对东部地区生产成本和全国平均水平生产成本的影响的差异并不大。

3）中部和东部地区生产成本影响因素的对比分析

由表3-8可知，在不同的柑橘生产区，影响柑橘生产成本的主要因素及其弹性系数的大小和符号不一。在中部地区，对生产成本影响程度最大的是人工成本，而东部地区则是化肥投入费用。影响两个地区生产成本的重要因素的不同体现了这两个地区的土地资源和柑橘生产活动的特征，如化肥投入成本在东部地区的作用就远大于在中部地区的作用。单产差异对中部和东部地区生产成本影响的作用相反。中部地区柑橘单产影响成本差异的弹性为正，为0.1833。而东部地区柑橘的单产影响成本差异的弹性为负，为-0.2850。这说明，造成单产提高的因素不同。农家肥费用投入差异对中部地区和东部地区生产成本的弹性为0.0898，说明农家肥费用投入对这两个地区生产成本的影响较小。

3.4　结论与讨论

第一，不同地区影响生产成本的重要因素不同。影响中部地区生产成本的主要因素按影响程度依次是用工作价、化肥、单产和农药；而影响东部地区生产成本的主要因素则依次是化肥、用工作价和单产。这表明，在各地区的柑橘生产中，造成生产成本地区差异的原因与我国各地区的土地资源、雇工价格、生产资料价格及科技水平有较大的关系。因此，政府应加大宏观调控力度，如降低生产资料价格、在技术落后的地区将柑橘科研技术转化为实际生产力等方式来降低生产成本。

第二，一些相同的因素在两个地区各自的模型估计结果中其弹性系数呈现大小不一、符号不一的情况。例如，东部地区化肥费的弹性系数就比中部地区的大得多；中部地区化肥投入费用的弹性系数为正，而东部地区的弹性系数为负。这主要是由各地区的地理环境、土地资源、农村务农人口状况及科技水平的差异引起的。因此，提高橘农素质、加大科技推广力度，有利于降低柑橘生产成本。

第三，人工成本、化肥投入费用对两个地区的生产成本都起着很大的作用。这表明，我国的柑橘生产还处于小规模经营状态。在我国大多数地区，柑橘生产还属于粗放型生产，主要依赖传统的农业生产技术，从柑橘的施肥、喷药、灌溉、除草到剪枝、采摘等基本都是采用人工劳作的方式，机械化程度很低。因此，提高我国柑橘生产的机械化程度有利于降低我国柑橘的生产成本。

造成各地区成本差异的原因有很多，但是本章仅从经济学角度在模型中引入了影响生产成本地区差异的因素。影响生产成本的非经济因素还可能包括气候、土壤性质、耕作习惯等。但是以上因素在量化上比较困难，考虑到气候、土壤性质、耕作习惯与地理位置有很大关系，本章这些非经济因素的影响归入区域虚拟变量中。进一步的研究可以通过在模型中引入气候、土壤性质、耕作习惯等变量来提高模型的解释力。

第4章
柑橘生产成本与出口价格的
时间序列分析

时间序列分析是基于随机过程和数理统计理论的一种动态数据处理的统计方法。本章在详细研究中国柑橘生产成本构成及地区差异的基础上，运用时间序列分析中的 ARIMA (p, n, q) 模型和谱分析方法及小波分析理论研究了柑橘生产成本和出口价格序列所遵从的统计规律，以便进一步建立实证模型。

4.1　生产成本与出口价格的描述性统计

通过调整将每亩成本转化为每千克产品的单位成本，将以美元表示的出口单价转化为以人民币计算的单价（表4-1）。通过计算生产成本占出口价格的比重可知，1989～1997 年该比重呈现下降趋势，但是 1997 年以后这一比重出现上涨。实证期内，生产成本的均值为 0.7112 元/千克，最大值为 2006 年的 1.3659 元/千克，最小值为 1991 年的 0.4365 元/千克，序列的标准差等于 0.2362 元/千克，序列离散度等于 0.3321；出口价格的均值等于 2.699 元/千克，最大值为 1994 年的 3.9088 元/千克，最小值为 1989 年的 1.8662 元/千克，序列的标准差等于 0.6354 元/千克，序列离散度等于 0.2354。比较生产成本序列和出口价格序列各自的离散度，发现生产成本的离散程度大于出口价格的离散程度。

表 4-1　生产成本与出口价格数据表

年份	生产成本/(元/千克)	出口价格/(元/千克)	生产成本在出口价格中的比重/%
1989	0.4700	1.8662	25.18
1990	0.6097	2.2802	26.74
1991	0.4365	2.9397	14.85
1992	0.5581	2.9693	18.80

年份	生产成本/(元/千克)	出口价格/(元/千克)	生产成本在出口价格中的比重/%
1993	0.5064	2.7828	18.20
1994	0.5600	3.9088	14.33
1995	0.5500	3.8500	14.29
1996	0.8728	3.8302	22.79
1997	0.4807	3.1512	15.26
1998	0.5604	2.5081	22.34
1999	0.8753	2.1672	40.39
2000	0.7558	2.0929	36.11
2001	0.9188	2.1557	42.62
2002	0.8405	2.2542	37.29
2003	0.6534	2.1853	29.90
2004	0.8737	2.4210	36.09
2005	0.9144	2.4556	37.24
2006	1.3659	2.7640	49.42

资料来源：由作者根据历年《全国农产品成本收益资料汇编》和联合国粮农组织数据库计算得到

4.2 柑橘生产成本的时间序列分析

4.2.1 平稳性分析

以下是 1989～2006 年中国柑橘生产成本序列的趋势图（图 4-1）[①]。

采用 ADF 单位根检验分析序列的平稳性。ADF 单位根检验方法通过在回归方程中加入因变量的滞后差分项来控制高阶序列相关（表 4-2）。ADF 单位根检验的模型有以下 3 种形式：

$$\Delta y_t = \gamma y_{t-1} + \sum_{i=1}^{p} \beta_i \Delta y_{t-i} + u_t,$$

$$\Delta y_t = \gamma y_{t-1} + \alpha + \sum_{i=1}^{p} \beta_i \Delta y_{t-i} + u_t,$$

$$\Delta y_t = \gamma y_{t-1} + \alpha + \delta t + \sum_{i=1}^{p} \beta_i \Delta y_{t-i} + u_t。$$

---

① 本节分析了每亩生产成本的时间序列，下文还将对每千克产品单位成本进行分析。

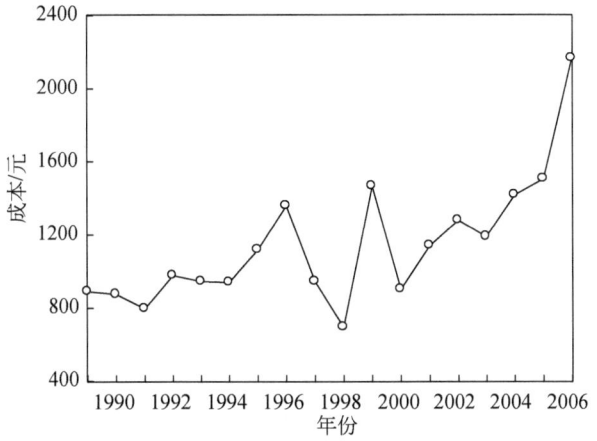

图 4-1　每亩生产成本的趋势图

表 4-2　原始序列单位根检验表

变量	ADF 检验	最佳检验类型	滞后阶数	显著水平（临界值）
cost	−1.1135	含常数项	0	10%（−2.6672）
cost	−2.9388	含线性趋势项和常数项	0	10%（−3.2964）
cost	0.6615	不含线性趋势项和常数项	0	10%（−1.6262）
cost	0.0371	含常数项	1	10%（−2.6745）
cost	−1.7229	含线性趋势项和常数项	1	10%（−3.3086）
cost	1.2448	不含线性趋势项和常数项	1	10%（−1.6269）

如表 4-2 所示，柑橘生产成本序列是含有单位根的非平稳序列。

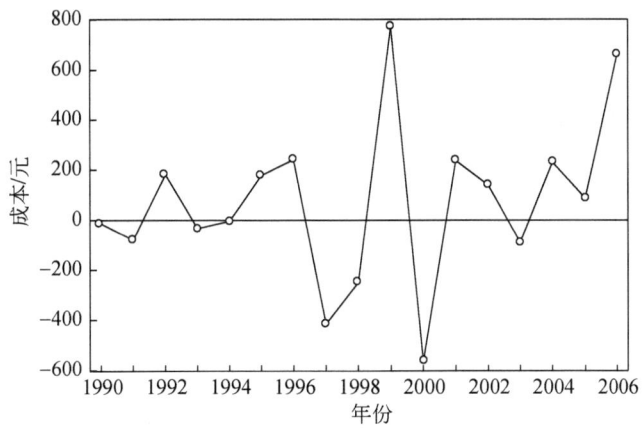

图 4-2　柑橘生产成本一阶差分序列图

由表 4-3 和图 4-2 可知，成本序列单位根检验模型应选择如下形式，ADF检验方程参数估计结果见表 4-4，t 值通过了显著性检验，其中 R^2 等于 0.6599，DW 值等于 1.9159。

表 4-3　一阶差分序列单位根检验表

变量	ADF 检验	最佳检验类型	滞后阶数	显著水平（临界值）
Δcost	−5.6407	含常数项	0	1%（−3.9228）
Δcost	−5.8405	含线性趋势项和常数项	0	1%（−4.6712）
Δcost	−5.4207	不含线性趋势项和常数项	0	1%（−2.7275）

$$\Delta^2 \mathrm{cost}_t = \gamma \Delta \mathrm{cost}_{t-1} + u_t \tag{4-1}$$

表 4-4　ADF 检验方程参数估计

参数	参数值	标准误	t 值	P 值
γ	−1.4623	0.269756	−5.420695	0.0001

由单位根检验可以认为成本变量的一阶差分在 1% 的置信水平上是平稳的，因此原序列为一阶单整序列。因此使用 ARIMA（p，1，q）过程来分析柑橘生产成本趋势的变化特征。

4.2.2　基于 ARIMA 模型的趋势分析

时间序列 u_t 滞后 k 阶的自相关系数：

$$r_k = \sum_{t=k+1}^{T}(u_1 - \bar{u})(u_{t-k} - \bar{u}) \Big/ \sum_{u=1}^{T}(u_t - \bar{u})^2$$

偏自相关系数是指给定时间序列 u_{t-1}，u_{t-2}，$\cdots$，u_{t-k} 的条件下，u_t 与 u_{t-k} 之间的条件相关性。假设偏自相关系数用 $\varphi_{k,k}$ 来表示。在滞后 p 阶时，偏自相关系数的计算公式如下，$k=1$ 时，$\varphi_{1,1}=r_1$；$k>1$ 时，$\varphi_{k,k} = \left(r_k - \sum_{j=1}^{k-1}\varphi_{k-1,j}r_{k-j}\right) \Big/ \left(1 - \sum_{j=1}^{k-1}\varphi_{k-1,j}r_{k-j}\right)$。据此计算柑橘生产成本时间序列的自相关系数和偏自相关系数（表 4-5）。

表 4-5　自相关系数和偏自相关系数表

滞后期	自相关系数	偏自相关系数	Q 统计量	P 值
1	−0.403	−0.403	3.2850	0.070
2	−0.068	−0.276	3.3859	0.184

滞后期	自相关系数	偏自相关系数	Q 统计量	P 值
3	0.270	0.160	5.0737	0.166
4	−0.126	0.070	5.4659	0.243
5	0.040	0.093	5.5092	0.357
6	−0.173	−0.256	6.3924	0.381

根据表 4-5 可以推断柑橘生产成本序列为 ARIMA（2，1，2）过程。经过调整将模型设定为如下形式：

$$\Delta \text{cost}_t = \phi_2 \Delta \text{cost}_{t-1} + \phi_2 \Delta \text{cost}_{t-2} \varepsilon_t + \theta_1 \varepsilon_{t-1} + \theta_2 \varepsilon_{t-2} \qquad (4\text{-}2)$$

使用 Eviews3.1 模拟柑橘生产成本的趋势特征，在参数估计之前，采用 White 方法降低可能存在的异方差影响。AR 特征根的倒数分别为 $-0.29-0.89i$ 和 $-0.29+0.89i$，MA 特征根分别为 $-0.13-0.94i$ 和 $-0.13+0.94i$，所以估计有效。

表4-6 参数估计表

Variable	Coefficient	Std. Error	t-Statistic	Prob.
AR（1）	−0.587873	0.133526	−4.402678	0.0011
AR（2）	−0.877451	0.179703	−4.882788	0.0005
MA（1）	0.260602	0.065352	3.987679	0.0021
MA（2）	0.900090	0.056502	15.93019	0.0000
R-squared	0.396724	Akaike info criterion		14.52070
Adjusted R-squared	0.232194	Schwarz criterion		14.70951
Log likelihood	−104.9052	DW stat		2.212784

由表 4-6 估计的参数结果写出如下模型形式：

$$\widehat{\Delta \text{cost}_t} = -0.5879 \, \widehat{\Delta \text{cost}_{t-1}} - 0.8775 \, \widehat{\Delta \text{cost}_{t-2}} + \varepsilon_t + 0.2606 \varepsilon_{t-1} + 0.9001 \varepsilon_{t-2} \qquad (4\text{-}3)$$

所以，模型还原后的最终形式如下：

$$\widehat{\text{cost}_t} = 0.4121 \, \widehat{\text{cost}_{t-1}} - 0.2896 \, \widehat{\Delta \text{cost}_{t-2}} + 0.8775 \, \widehat{\text{cost}_{t-3}} \\ + \varepsilon_t + 0.2606 \varepsilon_{t-1} + 0.9001 \varepsilon_{t-2} \qquad (4\text{-}4)$$

对柑橘生产成本的一阶差分序列进行趋势分析，模拟值和真实值见图 4-3。

根据一阶差分序列可以得到每亩柑橘生产成本的模拟值，如图 4-4 所示。以上分析表明，滞后两期柑橘生产成本增量对当期柑橘生产成本增量的影响是

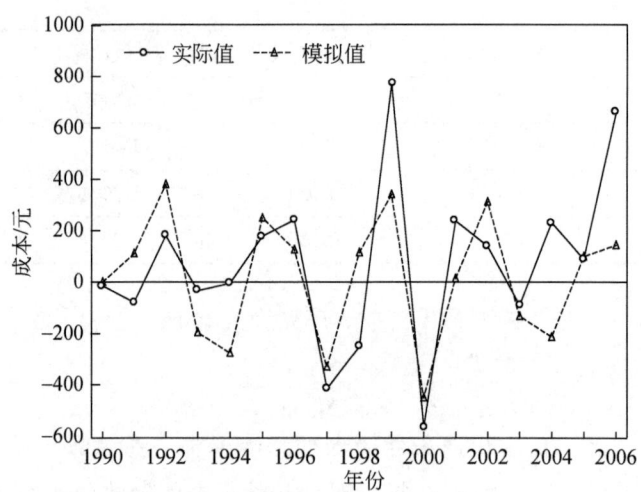

图 4-3　柑橘生产成本的一阶差分趋势模拟

负向的。滞后一期和滞后三期的柑橘生产成本对当期生产成本的影响是正向的，滞后两期的生产成本对当期生产成本的影响是负向的。模型揭示了生产成本及其增量存在着明显的"路径依赖"特征，因此，通过分析生产成本序列本身就可以把握其变动规律。

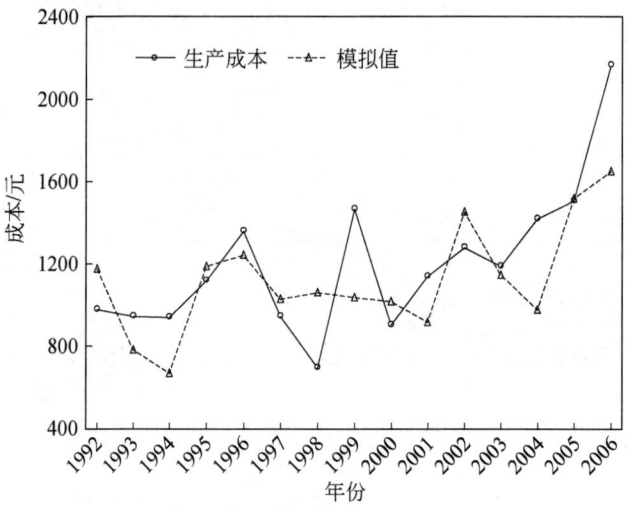

图 4-4　每亩生产成本模拟值及真实值

4.3 柑橘出口价格的小波分析

4.3.1 小波变换

小波分析是一种窗口的大小固定、形状可变的时频局部化信号分析方法，即在时间序列的低频部分具有较高的频率分辨率和较低的时间分辨率，在时间序列的高频部分具有较高的时间分辨率和较低的频率分辨率。这样，在符合不确定原理的基础上，实现了对时间序列的精细分析。这个过程相当于对变量的概貌部分进行宏观观察，而对变量的细节部分进行小范围的微观观察。

设 $\Psi(t) \in L^2(R)$，其 Fourier 变换为 $\hat{\Psi}(\omega)$。当 $\hat{\Psi}(\omega)$ 满足容许条件：

$$C_\Psi = \int_R \frac{|\hat{\Psi}(\omega)|}{\omega} \mathrm{d}w < \infty \tag{4-5}$$

此时，称 $\Psi(t)$ 为基小波。由容许条件可以推论出：基小波 $\Psi(t)$ 至少必须满足 $\hat{\Psi}(0) = 0$，也即 $\int \Psi(t)\mathrm{d}t = 0$。也就是说，$\hat{\Psi}(\omega)$ 必须具有带通性质。

将基小波经伸缩和平移得到的小波序列，称为子小波：

$$\Psi_{(a,b)}(t) = \frac{1}{\sqrt{|a|}} \Psi\left(\frac{t-b}{a}\right) \quad a, b \in R; \ a \neq 0 \tag{4-6}$$

式中，a 为伸缩因子或尺度因子，b 为平移因子。

信号 $f(t)$ 的小波变换定义为

$$W_\Psi f(a, b) = \frac{1}{\sqrt{|a|}} \int_{-\infty}^{+\infty} f(t) \hat{\Psi}\left(\frac{t-b}{a}\right) \mathrm{d}t \tag{4-7}$$

如果 $\Psi(t)$ 满足相容条件，可对信号 $f(t)$ 进行重构

$$f(t) = C_\Psi^{-1} \iint_{R^2} W_\Psi f(a, b) \Psi_{a,b}(t) \frac{\mathrm{d}a\mathrm{d}b}{a^2} \tag{4-8}$$

为了方便在 Matlab6.0 中计算，将连续小波离散化。取 $a = a_0^m$，$b = nb_0 a_0^m$，$a_0 > 1$，$b_0 \in R$，则信号 $f(t)$ 的离散小波变换为

$$W_\Psi f_{(m,n)} = a_0^{-\frac{m}{2}} \int_{-\infty}^{+\infty} f(t) \hat{\Psi}(a_0^{-m}t - nb_0) \mathrm{d}t \tag{4-9}$$

当 $a_0 = 2$，$b_0 = 1$ 时，上式变为二进小波变换：

$$W_\Psi f_{(m,n)} = 2_0^{-m} \int_{-\infty}^{+\infty} f(t) \hat{\Psi}(2^{-m}t - n) \mathrm{d}t \tag{4-10}$$

不同的频率成分在时域上的取样步长是可调的，高频者采样步长小，对应小的 m 值；低频者采样步长大，对应大的 m 值。于是小波变换实现了窗口的

大小固定，形状可变的时频局部化。

4.3.2　多尺度分析

Meyer 于 1986 年创造性地构造了具有一定衰减性的光滑函数，其二进制伸缩与平移构成 $L^2(R)$ 的规范正交基。1988 年 Mallat 在构造正交小波基时提出了多尺度分析的概念，从空间的概念上形象地说明了小波的多尺度特性，将之前的所有正交小波基构造法统一起来，给出了正交小波的构造方法及正交小波变换的快速算法，即 Mallat 算法。

对于每个 $f(t) \in L^2(R)$ 由小波 Ψ 可得到相应的"小波级数"，表示如下：

$$f(t) = \sum_{j, k} C_{j, k} \Psi_{j, k}(t) \tag{4-11}$$

若 $\{\Psi_{j, k}\}$ 构成 Riesz 基，并令 $W_j = \mathrm{span} < \psi_{j, k} k \in zz >$，表示 $\psi_{i, k}$ 线性张成的闭空间。显然

$$L^2(IR) = \sum_{j \in z} \dot{W_j} = \cdots \oplus W_{-1} \oplus W_0 \oplus W_1 + \cdots \tag{4-12}$$

相应地，任何实空间上平方可积的信号都有如下唯一分解：

$$f(t) = \sum_{j \in z} g_j(t) \quad g_j(t) \in W_j \tag{4-13}$$

在以上 $L^2(IR)$ 的 W_j 直和基础上引入多尺度分析，令

$$V_j = W_{j+1} + W_{j+2} + \cdots \quad j \in zz \tag{4-14}$$

V_j 具有如下重要性质：① $\cdots \supset V_{-1} \supset V_0 \supset V_1 \supset \cdots$；② $\bigcap\limits_{j \in zz} V_j = \{0\}$；$\overline{\bigcup\limits_{j \in zz} V_j} = L^2(R)$；③ $f(t) \in V_j \Leftrightarrow f(2t) \in V_{j-1}$；④ $V_j = V_{j+1} + W_{j+1}$ $j \in zz$；⑤ $f(t) \in V_0 \Rightarrow f(t-k) \in V_0$ $k \in zz$；⑥ 存在尺度函数 $\varphi(t) \in V_0$，使得 $\{\varphi_k(t) = \varphi(t-k) \quad k \in z\}$ 是 V_0 的 Riesz 基。

由性质④可知，如果 $f(t) \in L^2(R)$，又假设 $f(t) \in V_0$，则 $V_0 = V_1 + W_1$，相应的 $f(t) = f_1(t) + g_1(t)$；若分解不令人满意，那么，根据 $V_1 = V_2 + W_2$，相应的 $f(t) = f_2(t) + g_2(t) + g_1(t)$，如此反复，直到令人满意为止。此时，

$$f(t) = f_m(t) + g_m(t) + g_{m-1}(t) + \cdots + g_1(t) \tag{4-15}$$

4.3.3　出口价格的分解

采用 Matlab 工具箱中的 Db 小波函数族进行小波分解，经过调试选择其中的 Db30 函数。将出口价格分解为低频部分（近似部分）和高频部分（细节部分）。以下是原始出口价格序列和重构后的出口价格序列（图4-5），比较可知

小波分解并没有使价格序列的信息丢失。

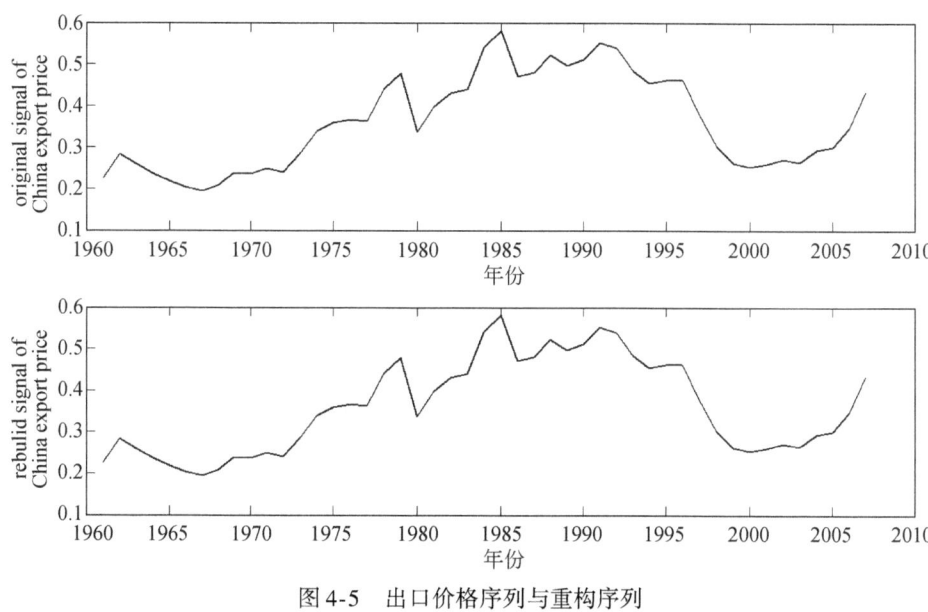

图 4-5　出口价格序列与重构序列

　　将价格序列的低频和高频部分分开，可以有效抑制和防止高频对低频序列的干扰。进一步检验高频序列的性质，作出其概率密度函数的图形（图 4-7），从而可知高频部分十分接近白噪声序列，可以认为它是随机扰动项。图 4-6 中高频部分振幅较大的区域集中在 1980~1990 年，说明这段时间出口价格波动较大。

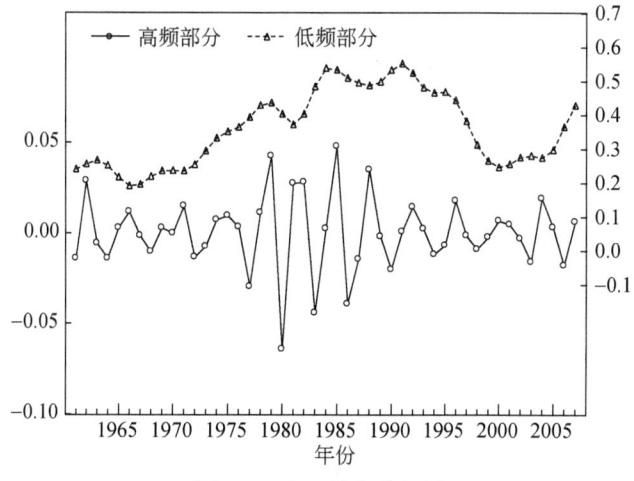

图 4-6　出口价格分解图

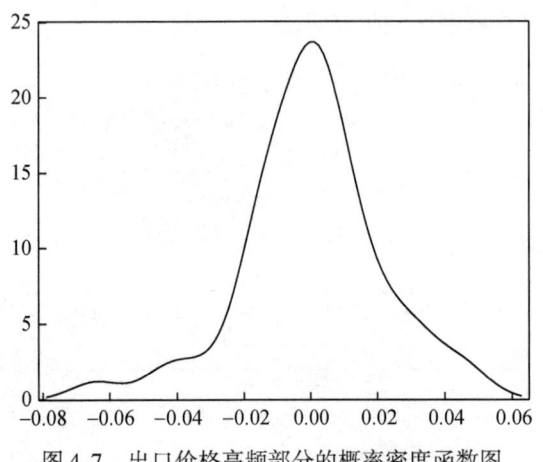

图 4-7 出口价格高频部分的概率密度函数图

由出口价格高频部分的密度函数图可知，出口价格波动幅度的均值接近于0，这说明从长期来看，价格波动并没有偏离商品价值。分析高频数据可知，随机波动的最大幅度为 0.0641，标准差为 0.0209，而低频数据的均值为0.3607，这说明出口价格的波动（高频部分）对其序列走势影响非常小，因此只需要分析出口价格的低频部分就可以对出口价格的走势作出正确的把握。

4.4 生产成本与出口价格的波动比较

为了使生产成本序列和出口序列具有可比性，本节比较分析 1989~2006 年每千克柑橘生产成本和每千克柑橘出口价格之间的波动特征。经过离散 Fourier 变换后，得到时间序列的频谱图（图 4-8~图 4-11）。比较生产成本的时间序列图和出口价格的时间序列图，并没有发现两者的波动特征有相似之处，波峰和波谷并未同时出现，生产成本的峰值出现在 2006 年而出口价格的峰值出现在 1994 年。

通过比较两个序列的频谱图，发现尽管两者幅度有一定差别，但它们的频谱图特征类似，两个时间序列都存在一个波动异常点，除此波动异常点之外，波动幅度都比较稳定。另外，出口价格的波动较生产成本剧烈，原因可能是出口价格除了受到生产成本的影响外，还要受到流通成本，国家出口政策及国外因素等的影响。

经济时间序列的波动主要来自三个方面，包括外部冲击、内部发生和自我实现。外部冲击表现为外生变量发生波动并将波动传导给内生变量，从而对其产生冲击。生产成本及出口价格都会受到其他经济变量，如利率涨跌、货币供给、政策变化等的冲击。内部发生是指在经济系统中，信息是不完全的，行为主体处理信息是存在时滞的并且处理信息时会产生偏差。例如,人们根据以往的信息,预测下年柑橘价格会上涨,便会增加投入,使得生产成本增加,如果所有橘农或大部分橘农都增加投入,可能会使柑橘产量过剩从而导致出口价格下降。自我实现是指经济变量波动的内生性,也可以认为这种自我实现的机制是一种"路径依赖"。

为了研究生产成本对出口价格的影响,需要通过修正误差建立双对数模型。另外,为了分析波动的相互影响还需要使用多尺度分析和 VAR 技术建立模型来作深入研究。进一步的探讨将在下一章展开。

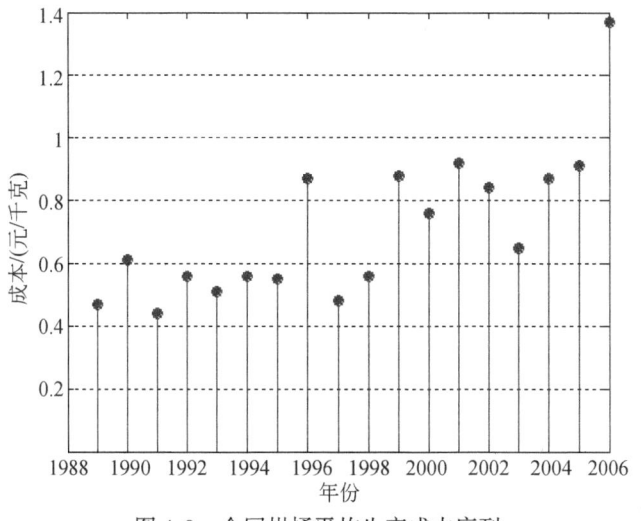

图 4-8　全国柑橘平均生产成本序列

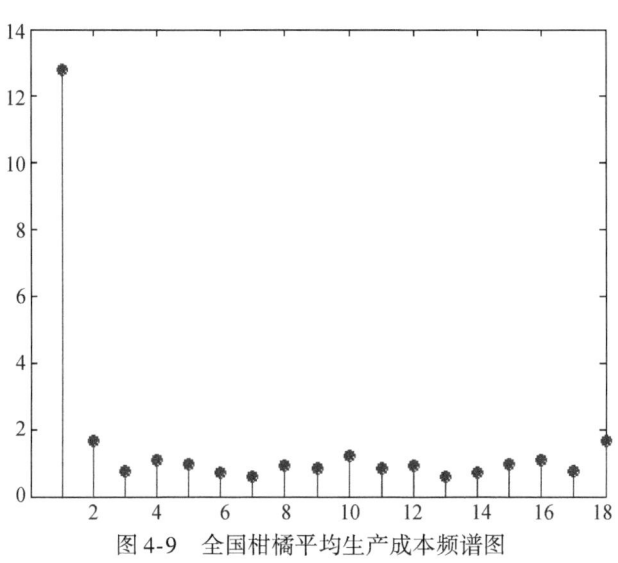

图 4-9　全国柑橘平均生产成本频谱图

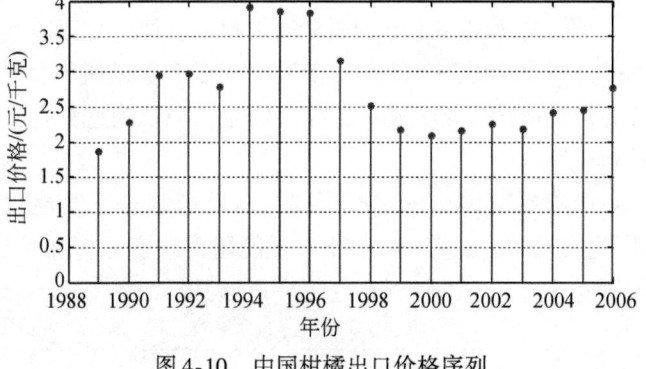

图4-10　中国柑橘出口价格序列

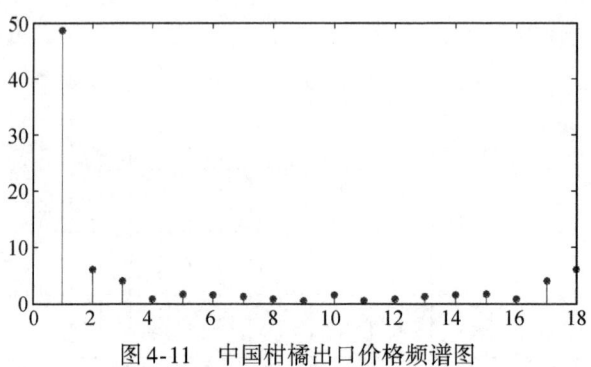

图4-11　中国柑橘出口价格频谱图

第 5 章
生产成本影响柑橘出口的实证研究

本章采用误差修正模型和 ARMAX 模型测算了柑橘生产成本变动对出口的短期和长期影响，并进一步使用小波分析将生产成本和出口价格分解为趋势、类周期、波动和噪声四个层次。在滤掉噪声后，使用基于 VAR 的脉冲响应和方差分解技术预测了生产成本的趋势、类周期和波动对出口价格的趋势、类周期及波动的影响。

5.1 理论与假设

赫克歇尔-俄林认为，每个国家均应生产和输出密集地使用本国较为丰裕因而便宜的生产要素所生产的产品，输入密集地使用本国较为稀缺因而昂贵的要素所生产的产品。也就是说，劳动相对丰裕的国家应当出口劳动密集型产品而进口资本密集型产品，资本相对丰裕的国家应当出口资本密集型产品而进口劳动密集型产品。按照赫克歇尔-俄林定理，人口众多、劳动力资源丰富的中国，应当出口其具有比较优势的劳动密集型产品。近年来，我国经济的高速增长也是以廉价的劳动力为支撑的。然而，一国的劳动密集型产品在国际市场上是否具有竞争力，或者说，一国的劳动密集型产品在国际市场上进行交易时能否比出口同类产品的其他出口国获得更多的市场份额，主要体现在该产品的价格竞争力和质量竞争力上。从某种意义上讲，一些决定价格竞争力的因素，如生产成本结构又会影响质量竞争力的水平（辛毅，2003）。因此，价格竞争力是劳动密集型产品国际竞争力的核心影响因素。

长期以来，大家普遍认为，具有较强国际竞争力的劳动密集型产品不仅能充分满足进口国消费者对产品质量的要求，而且价位较之同类产品要低（辛毅，2003）。产品出口价格中包含了丰富的信息，如产品的需求状况、生产者供给状况、产品的生产成本水平、交通运输状况及经济环境因素等。产品出口价格主要是由生产成本和中间环节费用构成（中间环节费用是由产品离岸前国内流通费用和加工费用构成)。其中，生产成本是影响出口价格的最直观的因素。一般来说，生产成本越低，产品的出口价格就会相应较低，生产成本通过影响出口价格来影响出口。对于柑橘鲜果来说，它不是生活必需品，并且在市场上有很多的替代品，所以国外消费者对它的需求是有弹性的。

综上所述，有理由给出如下假设：第一，出口价格降低可以促进柑橘出口。第二，中国柑橘生产成本通过影响其出口价格最终影响了柑橘的出口。

5.2 弹性测算——基于 ARMAX 的讨论

生产成本对出口价格的影响到底有多大呢？如果出口价格的生产成本弹性很高，那么通过降低生产成本可以起到明显降低出口价格的作用，从而可以促进柑橘出口的增长。

根据这一分析，将其他影响出口价格的因素归入残差值，初步设定模型[①]：

$$\text{lnprice}_t = \beta_1 \text{lncost}_t + \beta_0 + u_t \tag{5-1}$$

以下是测算弹性时使用的原始数据（表5-1）。其中以美元计算的出口价格经过汇率调整为以人民币计算的单位价格，而生产成本折算为每单位重量的成本。由于剔除了成本中的通胀因素，所以模型测算的系数仅仅表示生产成本数量变动对出口价格的影响。

表5-1 出口价格与柑橘生产成本数据表

年份	出口价1 /(美元/千克)	汇率	出口价2 /(美元/千克)	物价指数	生产成本1 /(元/千克)	生产成本2 /(元/千克)
1989	0.4957	3.7651	1.8662	100.0000	0.4700	0.4700
1990	0.5122	4.4515	2.2802	105.5000	0.6097	0.5779
1991	0.5524	5.3222	2.9397	108.5595	0.4365	0.4021
1992	0.5384	5.5146	2.9693	112.5762	0.5581	0.4957
1993	0.4830	5.7620	2.7828	128.4494	0.5064	0.3943
1994	0.4535	8.6187	3.9088	156.1945	0.5600	0.3585
1995	0.4610	8.3509	3.8500	198.9918	0.5500	0.2764
1996	0.4607	8.3142	3.8302	215.7071	0.8728	0.4046
1997	0.3801	8.2898	3.1512	214.6286	0.4807	0.2240

① 将其他影响出口价格的因素归入残差值，势必造成残差存在严重自相关性，为克服自相关性可以通过在模型中引入其他影响因素作为控制变量，也可以采用 ARMAX 或误差修正等计量方法来修正误差，本章主要关注生产成本对出口的影响，所以研究中选择了后一种方式来消除自相关性。

年份	出口价1 /（美元/千克）	汇率	出口价2 /（美元/千克）	物价指数	生产成本1 /（元/千克）	生产成本2 /（元/千克）
1998	0.3029	8.2791	2.5081	202.8240	0.5604	0.2763
1999	0.2618	8.2783	2.1672	194.3054	0.8753	0.4505
2000	0.2528	8.2783	2.0929	192.5567	0.7558	0.3925
2001	0.2604	8.2771	2.1557	190.8237	0.9188	0.4815
2002	0.2723	8.2769	2.2542	191.7778	0.8405	0.4383
2003	0.2640	8.2770	2.1853	194.4627	0.6534	0.3360
2004	0.2925	8.2768	2.4210	215.0757	0.8737	0.4062
2005	0.2997	8.1949	2.4556	232.9270	0.9144	0.3926
2006	0.3467	7.9735	2.7640	236.4209	1.3659	0.5777

注：汇率为1美元兑换人民币汇率；生产者价格指数为农业生产资料价格指数（1989年为基期），生产成本2为消除物价指数的生产成本

资料来源：出口价1由作者根据联合国粮食及农业组织数据库中中国柑橘出口额和出口量计算得到，汇率来源于实证期内的《中国金融年鉴》，农业生产资料价格指数由作者根据2007年《中国农业发展报告》中农业生产资料价格环比指数折算得到，生产成本1由作者根据实证期内《全国农产品成本收益资料汇编》中我国柑橘数据调整得到

经典回归建模中要求变量为平稳变量。本章首先使用 Dickey 和 Fuller（1981）提出的考虑残差序列相关的 ADF 单位根检验来检验变量的平稳性。对于非平稳变量需要进一步进行协整检验。如果变量间存在协整关系则表示经济变量间确实存在着长期均衡关系，这就意味着经济系统不存在破坏均衡的内在机制，也就是说，如果变量在某个时期受到干扰后偏离其长期均衡点，则均衡机制将会在下一期进行调整以使其重新回到均衡状态。因此，可以建立误差修正模型（ECM）以进一步探索两者之间的长期和短期关系（赵玉等，2007）。

5.2.1 单位根检验

从图5-1可知时间序列带有截距项，趋势项并不明显。将单位根检验结果列于表5-2中可以看出，lnprice 为非平稳序列，Δlnprice 在1%的显著水平上为平稳序列。表5-3是 ADF 模型1及其参数估计结果。

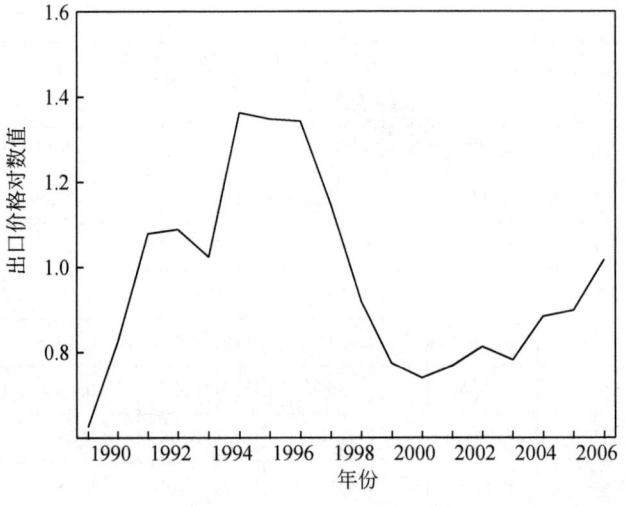

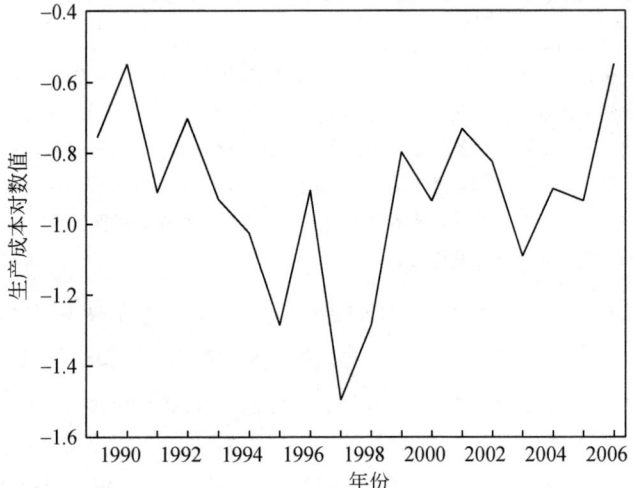

图 5-1　变量变化趋势图

表 5-2　序列的 ADF 检验结果

变量	ADF 检验	最佳检验类型	滞后阶数	显著水平（临界值）
lnprice	−1.8818	含常数项	0	10%（−2.6672）
lnprice	−2.3317	含线性趋势项和常数项	0	10%（−3.2964）
lnprice	0.2256	不含线性趋势项和常数项	0	10%（−1.6262）
lnprice	−1.9236	含常数项	1	10%（−2.6745）
lnprice	−2.2167	含线性趋势项和常数项	1	10%（−3.3086）
lnprice	−0.1816	不含线性趋势项和常数项	1	10%（−1.6269）
Δlnprice	−2.8458*	含常数项	0	10%（−2.6745）

变量	ADF 检验	最佳检验类型	滞后阶数	显著水平（临界值）
Δlnprice	−2.6115	含线性趋势项和常数项	0	10%（−3.3086）
Δlnprice	−2.9393 ***	不含线性趋势项和常数项	0	1%（−2.7275）
lncost	−2.7678 *	含常数项	0	10%（−2.6672）
lncost	−2.5522	含线性趋势项和常数项	0	10%（−3.2964）
lncost	−0.7240	不含线性趋势项和常数项	0	10%（−1.6262）
lncost	−2.0626	含常数项	1	10%（−2.6745）
lncost	−1.7677	含线性趋势项和常数项	1	10%（−3.3086）
lncost	−0.2786	不含线性趋势项和常数项	1	10%（−1.6269）

*** 在 1% 的置信水平上显著；* 在 10% 的置信水平上显著

$$\Delta^2 \text{lnprice}_t = \beta_1 \Delta \text{lnprice}_{t-1} + \mu_t \tag{5-2}$$

表 5-3　ADF 模型 1 的参数估计

Variable	Coefficient	Std. Error	t-Statistic	Prob.
ΔLnprice$_{t-1}$	−0.691 663	0.235 318	−2.939 272	0.010 2
R-squared	0.364 884	Akaike info criterion		−1.039 509
Adjusted R-squared	0.364 884	Schwarz criterion		−0.991 223
Log likelihood	9.316 075	Durbin-Watson stat		2.103 877

可以认为 lncost 在 10% 的显著水平上为平稳序列，并且单位根检验的形式与根据图形猜测的形式相同，表 5-4 是 ADF 模型 2 及其参数估计结果。

$$\Delta \text{lncost}_t = \beta_1 \text{lncost}_{t-1} + \beta_0 + \mu_t \tag{5-3}$$

表 5-4　ADF 模型 2 的参数估计

Variable	Coefficient	Std. Error	t-Statistic	Prob.
lncost$_{t-1}$	−0.736 255	0.266 011	−2.767 757	0.014 4
β_0	−0.683 446	0.258 696	−2.641 887	0.018 5
R-squared	0.338 055	Akaike info criterion		0.198 675
Adjusted R-squared	0.293 925	Schwarz criterion		0.296 700
Log likelihood	0.311 259	Durbin-Watson stat		1.925 191

5.2.2　建模与协整检验

采用差分法可以将非平稳序列转化为平稳序列，这虽然有利于建模但是使用差分后的序列建模，得到的参数经济意义被弱化。有些序列虽然是非平稳的，但是其线性组合却有可能是平稳序列，这种平稳的线性组合被称为协整方程（Engle and Granger，1987）。若经济变量间确实存在着长期均衡关系，就意味着经济系统不存在破坏均衡的内在机制，也就是说，如果变量在某个时期受到干扰后偏离其长期均衡点，则均衡机制将会在下一期进行调整以使其重新回到均衡状态（李子奈和潘文卿，2005）。

协整检验分为建模前的检验和建模后的检验两种情况。建模前的检验主要是基于回归系数的检验，如常用的 Johansen 检验；建模后的检验是基于回归残差的检验，主要采用的方法为 ADF 检验。本节先假设变量之间存在协整关系，建模后采用 ADF 方法检验残差是否平稳。如果检验发现残差为非平稳序列，则说明假设有误，需要对变量进行差分处理或者引入其他解释变量重新建模。根据前面设定的模型进行参数估计，估计参数时采用 White 方法降低可能存在的异方差影响，估计的模型及结果如式（5-4）和表 5-5 所示。

$$\ln price_t = \beta_1 \ln cost_t + \beta_0 + u_t \qquad (5\text{-}4)$$

表 5-5   模型的参数估计

Variable	Coefficient	Std. Error	t-Statistic	Prob.
$\ln cost_t$	−0. 349 826	0. 161 449	−2. 166 791	0. 045 7
β_0	0. 645 734	0. 152 218	4. 242 172	0. 000 6
R-squared	0. 151 823	Akaike info criterion		−0. 159 622
Adjusted R-squared	0. 098 812	Schwarz criterion		−0. 060 692
Log likelihood	3. 436 600	Durbin-Watson stat		0. 766 977

尽管 t 值显示参数通过了显著性检验，但是 DW 值显示残差序列存在严重的自相关性，因此参数检验的可信度值得怀疑，参数估计有待进一步改进。[①]

首先检验残差序列的平稳性，若残差序列是平稳的，则需要在原估计的基础上改进参数估计方法，降低序列中的自相关性；若残差序列是非平稳的，则需要对变量差分或者加入新的自变量。残差序列如图 5-2 所示。

---

① 残差存在自相关是将其他影响出口价格的因素归入残差项的必然结果，误差修正模型是将蕴含于残差序列的所有因素作为一个新的自变量重新引入模型从而达到修正误差的目的。

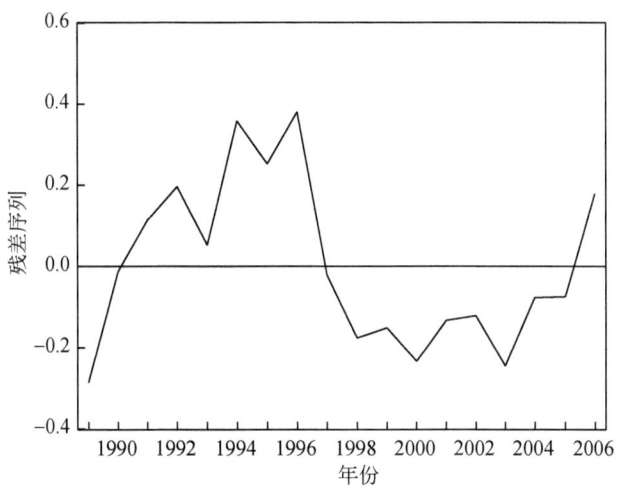

图 5-2　残差序列图

使用 ADF 检验方法对残差序列进行单位根检验，结果列于表 5-6 中。

表 5-6　残差平稳性检验表

变量	ADF 检验	最佳检验类型	滞后阶数	显著水平（临界值）
残差	-2.157 783	含常数项	0	10%（-2.6672）
残差	-2.493 737	含线性趋势和常数项	0	10%（-3.2964）
残差	-2.238 462**	不含线性趋势项和常数项	0	5%（-1.9627）
残差	-1.508 981	含常数项	1	10%（-2.6745）
残差	-1.688 813	含线性趋势项和常数项	1	10%（-3.3086）
残差	-1.556 988	不含线性趋势项和常数项	1	10%（-1.6269）
残差	-1.858 269	含常数项	2	10%（-2.6829）
残差	-1.592 872	含线性趋势项和常数项	2	10%（-3.3228）
残差	-1.939 764*	不含线性趋势项和常数项	2	10%（-1.6277）
残差	-1.562 758	含常数项	3	10%（-2.6927）
残差	-1.308 308	含线性趋势项和常数项	3	10%（-3.3393）
残差	-1.648 207*	不含线性趋势项和常数项	3	10%（-1.6285）

** 在 5% 的置信水平上显著；* 在 10% 的置信水平上显著

经检验当滞后阶数大于 0 时，检验效果都不理想，比如滞后 2 期和滞后 3 期时，虽然不含线性趋势和常数项的模式在 10% 的置信水平上显著，但是滞后项前的参数没有通过 t 检验。从各种 ADF 模式的 t 检验值和 AIC 值综合来看，可以认为滞后 0 期的检验模式最好，以下仅列出滞后 0 期时的有效检验模式及参数估计结果（表5-7）。

$$\Delta \text{resid}_t = \beta_1 \text{resid}_{t-1} + \mu_t \quad\quad\quad (5-5)$$

表 5-7　残差的 ADF 模型检验

Variable	Coefficient	Std. Error	t-Statistic	Prob.
resid_{t-1}	−0. 437 540	0. 195 465	−2. 238 462	0. 039 8
R-squared	0. 220 515	Akaike info criterion		−0. 744 782
Adjusted R-squared	0. 220 515	Schwarz criterion		−0. 695 769
Log likelihood	7. 330 643	Durbin-Watson stat		1. 720 945

　　通过以上分析，可以认为残差序列是平稳的，接下来需要消除或降低残差序列中的自相关性。

　　通过图 5-3 可以看出，残差为 ARMA（p，q）过程。因此通过向模型中加入 AR（p）项和 MA（q）项来消除或降低残差序列中的自相关性。经过调整和试验，将模型重新设定为以下形式。估计参数时仍采用 White 方法消除或降低可能存在的异方差影响，AR（1）方程的特征根倒数为 0. 45，MA（1）方程的特征根倒数为 −0. 99，所以加入 AR（1）和 MA（1）项后估计结果有效。以下是建立的 ARMAX 模型，估计结果见表 5-8。

$$\ln\text{price}_t = \beta_1 \ln\text{cost}_t + \beta_0 + u_t, \ u_t = \varphi_1 u_{t-1} + \varepsilon_1 + \theta\varepsilon_{t-1} \quad (5-6)$$

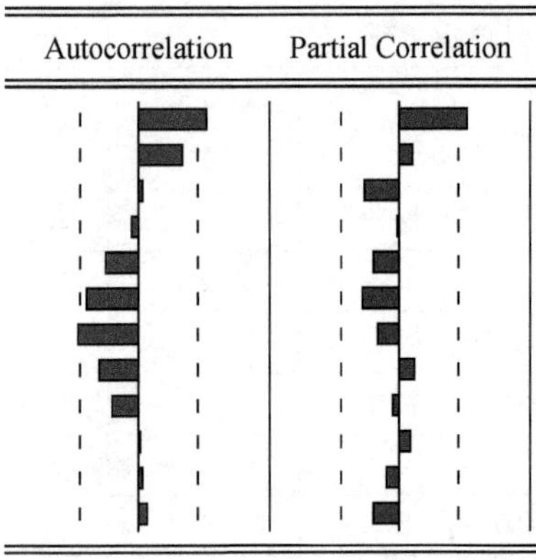 Autocorrelation	Partial Correlation		AC	PAC	Q-Stat	Prob
		1	0.537	0.537	6.1157	0.013
		2	0.359	0.099	9.0201	0.011
		3	0.032	−0.276	9.0455	0.029
		4	−0.056	−0.011	9.1252	0.058
		5	−0.263	−0.214	11.039	0.051
		6	−0.415	−0.297	16.194	0.013
		7	−0.493	−0.166	24.163	0.001
		8	−0.315	0.124	27.736	0.001
		9	−0.204	−0.050	29.394	0.001
		10	0.023	0.090	29.417	0.001
		11	0.029	−0.115	29.461	0.002
		12	0.079	−0.197	29.838	0.003

图 5-3　残差自相关与偏自相关图

表 5-8　改进模型的参数检验

Variable	Coefficient	Std. Error	t-Statistic	Prob.
$\ln\text{cost}_t$	0. 312 935	0. 103 022	3. 037 540	0. 009 5
β_0	1. 340 491	0. 181 560	7. 383 191	0. 000 0

Variable	Coefficient	Std. Error	t-Statistic	Prob.
AR（1）	0.452 710	0.199 047	2.274 388	0.040 5
MA（1）	0.989 627	0.050 749	19.500 43	0.000 0
R-squared	0.690 998	Akaike info criterion		−1.024 333
Adjusted R-squared	0.619 690	Schwarz criterion		−0.828 283
Log likelihood	12.706 83	Durbin-Watson stat		1.790 004

模型可以写为如下形式：

$$\text{lnprice}_t = 0.3129\text{lncost}_t + 1.3405 + u_t，\quad u_t = 0.4527u_{t-1} + \varepsilon_t + 0.9896\varepsilon_{t-1}$$

(5-7)

由于 $x^{(0)}(k) + az^{(1)}(k) = b$，所以可由 ARMAX 模型整理得到最终的误差修正模型（ECM）：

$$\text{lnprice}_t = 0.4527\text{lnprice}_{t-1} - 0.3129\text{lncost}_{t-1} - 1.3405) + \varepsilon_t + 0.9896\varepsilon_{t-1}，$$
$$\text{lnprice}_t = 0.4527\text{lnprice}_{t-1} + 0.3129\text{lncost}_t - 0.1417\text{lncost}_{t-1}$$
$$+ 0.7337 + \varepsilon_t + 0.9896\varepsilon_{t-1}$$

(5-8)

该模型系数表明，短期内，当期生产成本的增加会导致出口价格的上涨，当期柑橘生产成本每增加 1%，会导致柑橘出口价格上升 0.3129%；长期来看，柑橘生产成本每增加 1%，会导致柑橘出口价格上升 0.1712%，因此应该通过压缩生产成本，来促进柑橘出口。往期生产成本对出口价格的影响为负，可能是由于往期的生产资料投入中有一部分会在后期产生效果或形成收益，比如肥料的使用，特别是农家肥，肥力会持续到下一年；又如，柑橘采摘后至年末这段时期内，农户会对果树进行修剪，这部分劳动投入计入当年生产成本却在来年可以转化为产值。

5.3　生产成本对出口价格的冲击作用

上节基于 ARMAX 模型测算了实证期内柑橘生产成本对出口价格的影响力度，但是这一弹性仅仅说明实证期内的情况，为了研究生产成本对出口价格未来的影响，本节采用基于多分辨 VAR 模型的脉冲响应分析和方差分解方法来进行计量。

5.3.1　基于 VAR 的脉冲响应模型与方法分解模型

基本假设如下：①变量过程 x_t 和 y_t 均是平稳随机过程。②随机误差 u_{xt} 和

u_{yt} 是白噪声序列，$\sigma_x^2 = \sigma_y^2$。③随机误差 x_{xt} 和 u_{yt} 不相关，$\mathrm{cov}(u_{xt}, u_{yt}) = 0$。

模型如下：

$$x_t = \alpha_1 + \beta_{11}y_{t-1} + \cdots + \beta_{1n}y_{t-n} + \gamma_{11}x_{t-1} + \cdots + \gamma_{1m}x_{t-m} + u_{xt}$$

$$y_t = \alpha_2 + \beta_{21}x_{t-1} + \cdots + \beta_{2n}x_{t-n} + \gamma_{21}y_{t-1} + \cdots + \gamma_{2m}y_{t-m} + u_{yt}$$

该模型为向量自回归（VAR）模型。其中系数 β_{1n} 表示变量 y_{t-n} 的单位变化对变量 x_t 的作用，γ_{1m} 表示 x_{t-m} 的单位变化对 x_t 的滞后影响。u_{xt} 和 u_{yt} 是单纯出现在模型中的随机冲击。冲击的交互影响体现了变量作用的双向和反馈关系。[1]

对于 k 个变量的 VAR（p）模型，采用如下形式的脉冲响应函数：

$$D_q = \frac{\partial y_{t+q}}{\partial u_t}, \ t = 1, 2, \cdots, T$$

定义方差贡献率模型如下：

$$\mathrm{RVC}_{j \to i}(\infty) = \frac{\sum_{q=0}^{\infty}(c_{ij}^{(q)})\sigma_{jj}}{\mathrm{VAR}(y_{it})}, \ i, j = 1, 2\cdots, k$$

当 VAR 模型满足平稳性时，则 $c_{ij}^{(q)}$ 随着 q 的增大呈几何级数衰减，因此，只要取有限的 s 项。VAR 模型的相对方差贡献率：

$$\mathrm{RVC}_{j \to i}(s) = \frac{\sum_{q=0}^{s-1}(c_{ij}^{(q)})\sigma_{jj}}{\mathrm{VAR}(y_{it})}, \ i, j = 1, 2, \cdots, k$$

5.3.2　成本序列与价格序列的多分辨 VAR（n）模型

传统的 VAR 建模理论存在无法解释蕴含在变量内部的多时间尺度信息的缺陷。为了讨论经济变量之间的多尺度行为，描述变量间的影响在不同时间尺度的信息，将小波分析与 VAR 建模理论相结合给出了多尺度经济建模的思路，建立了多分辨 VAR 模型，从而克服了原有模型的缺陷，能够更加细致地捕获经济变量在不同时间尺度的联系。

为了将成本序列对价格序列的冲击细化，采用小波分解将两个序列分解为趋势层、类周期层、波动层和噪声层，将高频部分的噪声层过滤掉，重点分析成本序列的趋势层、类周期层和波动层对价格序列趋势层、类周期层和波动层

---

① 关于 VAR 模型的详细论述见高铁梅编著的《计量经济分析方法与建模》第九章，可以认为 VAR 模型是 SVAR 模型的一个特例。

的作用。由于双对数模型变量系数具有明显的经济意义，所以采用取对数后的单位出口价格和单位生产成本作小波分解和多分辨 VAR 分析。

本节使用 Daubechies 小波来分解时间序列。Daubechies 小波简写为 dbN，N 是小波的阶数。db 小波是基于有限长度滤波器设计的有限支集上的正交小波。当 N=1 时，db 小波就退化为 Haar 小波。阶数大于 1 的 db 小波没有显式的数学表达，其尺度函数和小波函数可由下式分别得到：

$$\phi(t) = \sqrt{2} \sum_n h_n \phi(2t - n) \varphi(t) = \sum_k g_k \phi(2t - k)$$

db 小波是在给定滤波器长度的条件下具有最大消失矩的小波，而且是在给定消失矩的条件下具有最小紧支集的小波。db30 具有 30 阶的消失矩，尺度函数和小波函数的支撑宽度相等。虽然 db30 小波没有明确的表达式，但是其滤波器函数的平方模表达式如下：

$$p(y) = \sum_{k=0}^{N-1} C_k^{N-1+k} y^k$$

式中，C_k^{N-1+k} 是二项式系数。

选择 db 小波是因为它在时域上存在有限支撑，频域上有 N 阶零点，可以作正交分析和双正交分析，可以构造有限脉冲响应滤波器，用 db 小波分解的信号可以准确重构，可以进行连续小波变换和离散小波变换，并且有快速算法（杨建国，2005）。

采用 db30 小波函数对单位出口价格和单位生产成本的对数值进行分解。根据分解后的数据给出多分辨图，如图 5-4 ~ 图 5-7 所示。

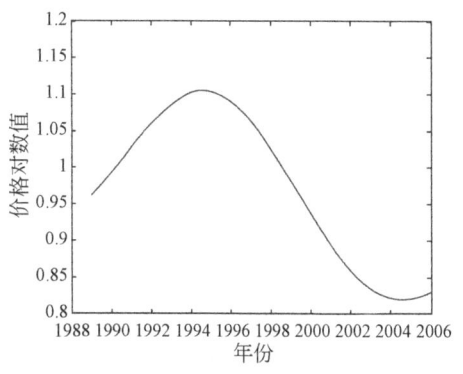

图 5-4　出口价格对数的趋势层

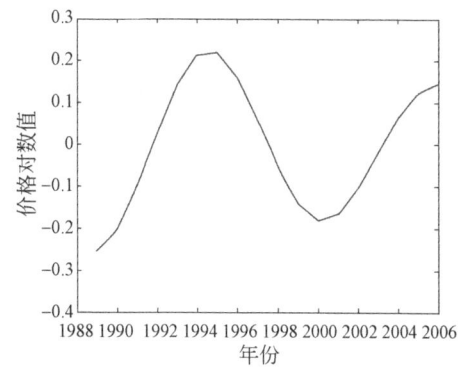

图 5-5　出口价格对数的类周期层①

---

① 由于在统计意义上该层具有明显的周期特征，故本研究中将这种统计上的周期称为类周期，下同。

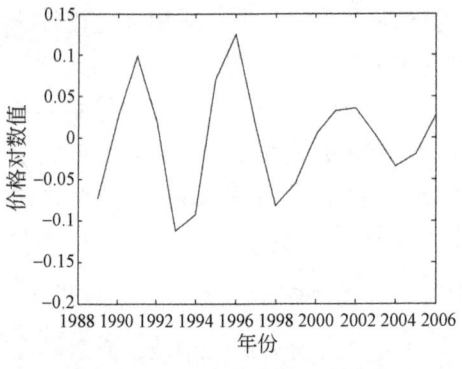

图 5-6 出口价格对数的波动层

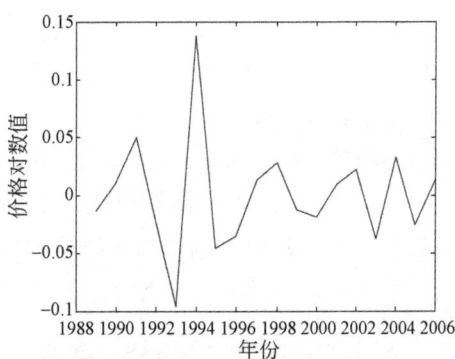

图 5-7 出口价格对数的噪声层

在离散小波分解时，噪声层的尺度为 2 年，波动层的尺度为 4 年，类周期层和趋势层的尺度为 8 年。图 5-7 表明，时间尺度越小，序列所含能量就最大，波动也就越剧烈，从而在数理上证明了柑橘出口价格波动主要是由短期因素引起的，柑橘出口价格的随机扰动是由短期冲击造成的。

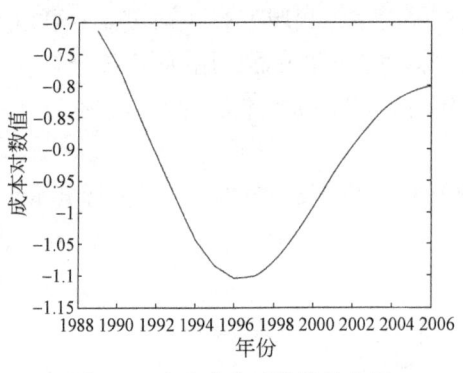

图 5-8 生产成本对数的趋势层

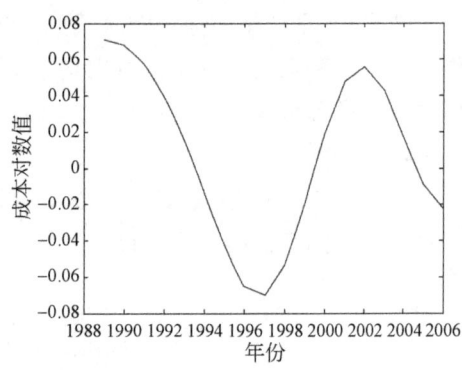

图 5-9 生产成本对数的类周期层

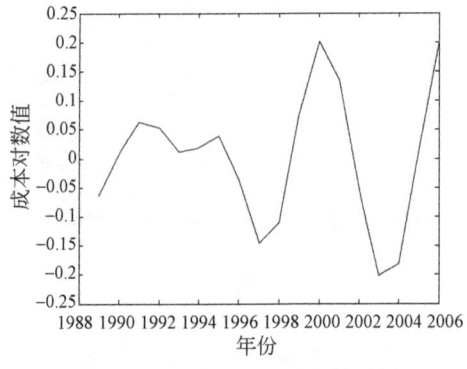

图 5-10 生产成本对数的波动层

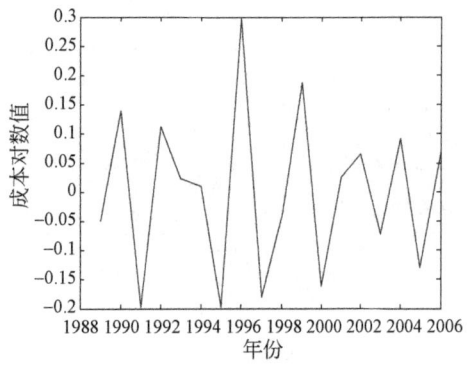

图 5-11 生产成本对数的噪声层

图 5-8 ~ 图 5-11 中，噪声层的尺度为 2 年，波动层的尺度为 4 年，类周期层和趋势层的尺度为 8 年。图 5-8 ~ 图 5-11 也表明时间尺度越小，序列所含能量就最大，波动也就越剧烈，从而在数理上证明了柑橘生产成本波动也主要是由短期因素引起的，其随机扰动也是由短期冲击造成的。

分别用 P_E、P_C 表示取对数后的出口价格和生产成本，相应的滞后变量用 $P_C(-i)$、$P_W(-i)$ 表示。分析使用的数据均为小波分解得到的数据。经过反复试验，按照施瓦茨标准（SC）和参数 T 统计量选取滞后阶数。趋势层对应的模型为包含常数项的多分辨 VAR（2），类周期层对应的模型为不含常数项的多分辨 VAR（3），波动层对应的模型为不含常数项的多分辨 VAR（2），估计结果列于表 5-9 中。其中第 1 个方程的校正系数为 0.999 99，Log likelihood 统计值为 124.3356；第 2 个方程的校正系数为 0.999 99，Log likelihood 统计值为 124.5002；第 3 个方程的校正系数为 0.999 99，Log likelihood 统计值为 106.4396；第 4 个方程的校正系数为 0.9995，Log likelihood 统计值为 87.4282；第 5 个方程的校正系数为 0.9256，Log likelihood 统计值为 43.6867；Z 个方程的校正系数为 0.9881，Log likelihood 统计值为 48.6613。其中所有参数均在 10% 的置信水平上显著，说明使用小波去噪后的时间序列数据估计参数的效果很好。

表 5-9　多分辨 VAR（n）参数估计表

	变量	$P_E(-1)$	$P_E(-2)$	$P_E(-3)$	$P_C(-1)$	$P_C(-2)$	$P_C(-3)$	常数项
趋势层	P_E	1.4582 (62.9188)	−0.5201 (−25.4062)		−0.1639 (−10.3330)	0.2400 (14.9502)		0.1264 (46.0820)
	P_C	0.5872 (25.5997)	−0.5771 (−28.4830)		2.1091 (134.3410)	−1.2719 (−80.0415)		−0.1547 (−57.0080)
类周期层	P_E	1.9299 (20.8294)	−1.3721 (−8.5442)	0.2176 (2.3156)	0.2083 (5.6952)	−0.4416 (−9.7989)	0.1988 (10.4786)	
	P_C	−2.2153 (−6.7319)	3.7143 (6.5124)	−2.1527 (−6.4502)	2.4798 (19.0920)	−2.4155 (−15.0923)	0.7295 (10.8248)	
波动层	P_E	0.5974 (7.6351)	−1.0362 (−11.5788)		−0.1405 (−2.2545)	0.0919 (1.5991)		
	P_C	−0.4898 (−8.5419)	0.2190 (3.3401)		1.1705 (25.6334)	−1.0233 (−24.2965)		

注：列变量为因变量，行变量为自变量；参数下面括号内的数字为 T 检验值。所有参数在 10% 的置信水平上显著

方程 1 的经济意义表明中国柑橘出口价格趋势受到滞后两期的自身趋势和滞后两期的生产成本趋势的影响。方程 1 中 PE（-1）和 PE（-2）前的系数之和为正，说明柑橘出口价格的变化趋势带有很强的惯性，PC（-1）和 PC（-2）前的系数之和为正说明柑橘生产成本的变化趋势对柑橘出口价格变化趋势有正的影响。这也进一步验证了前面的结论——降低生产成本有利于促进柑橘出口。

方程 2 的经济意义表明中国柑橘生产成本趋势受到滞后两期出口价格趋势和自身趋势的影响。方程 2 中变量 PE（-1）和 PE（-2）前的系数之和约等于 0，这说明从长期来看，生产成本变化趋势不受出口价格变化趋势的影响。

方程 3 的经济意义表明中国柑橘出口价格周期受到滞后三期的自身变化及滞后三期的生产成本周期变化的影响，但从长期来看，生产成本周期对出口价格周期的影响为负。

方程 4 的经济意义表明中国柑橘生产成本周期受到滞后三期的自身变化及滞后三期的出口价格变化的影响，但从长期来看，出口价格周期对生产成本的周期影响为正。

方程 5 的经济意义表明中国柑橘出口价格波动受到滞后两期的自身变化及滞后两期的生产成本波动的影响，从长期来看柑橘生产成本波动变化对出口价格的波动有抑制作用。

方程 6 的经济意义表明中国柑橘生产成本波动同样受到滞后两期的自身变化及滞后两期的出口价格波动的影响，从长期来看柑橘出口价格波动变化对柑橘生产成本的波动也具有抑制作用。

5.3.3 多分辨脉冲响应与多分辨方差分解

1. 多分辨脉冲响应

为了能从动态角度更好地深入分析变量间的互动关系，可以使用 Sims 在 1980 年提出的基于向量自回归（VAR）技术的脉冲响应分析，来进一步探索两者之间的关系。米尔斯指出一般冲击响应不随变量顺序变化，是唯一的，而且全面考虑了不同冲击时间观测到的相关性历史模式。采用 Cholesky 分解使误差项 μ_{1t} 和 μ_{2t} 正交，来克服误差项之间的相关性。将小波分析与传统的脉冲响应结合起来给出了多分辨脉冲响应的方法，能够更加细致地捕获经济变量在不同时间尺度上的冲击效果。

脉冲响应函数刻画的是在扰动项上加上一个单位标准差大小的新息冲击对

内生变量的当前值和未来值所带来的影响。图 5-12 ~ 图 5-14 是模拟脉冲响应函数的曲线，横轴代表滞后阶数，纵轴代表对新息冲击的响应程度。图中实线部分为计算值，虚线为响应函数值的两倍标准差置信带。多分辨脉冲响应图进一步验证了对多分辨 VAR 方程的分析。成本趋势对出口价格的趋势影响为正，而成本周期和波动对出口价格的各期影响并不相同，进一步的分析见下面的方差分解。

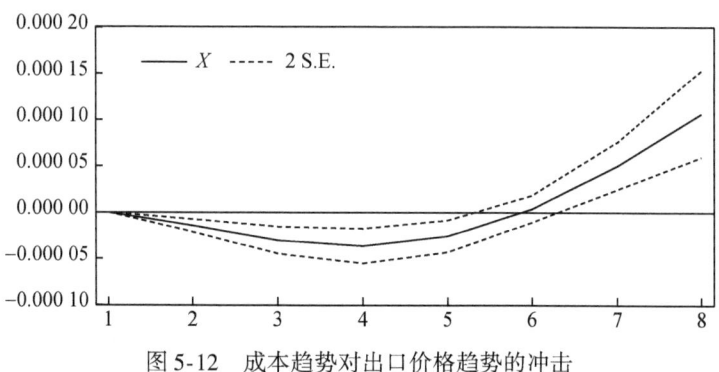

图 5-12　成本趋势对出口价格趋势的冲击

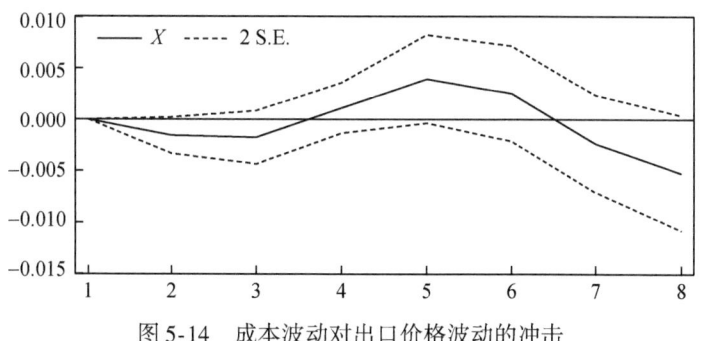

图 5-13　成本类周期对出口价格类周期的冲击

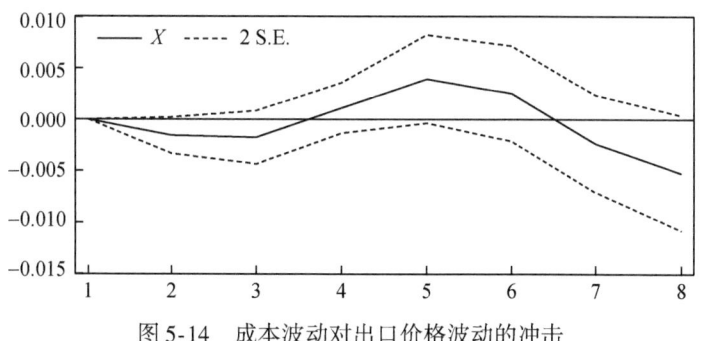

图 5-14　成本波动对出口价格波动的冲击

2. 价格波动的多分辨方差分解

方差分解是通过分析每一个结构冲击对内生化变量变化的贡献率，来进一步评价不同结构冲击的重要性。其主要思想是，把系统中每个内生变量的波动（预测均方误差）按其成因分解为与各方程新息相关的组成部分，从而了解各新息对模型内生变量的相对重要性。将小波分析与传统的方差分解结合起来得到了多分辨方差分解的结果，能够更加细致地捕获各新息在不同时间尺度上对模型内生变量的相对重要性。

多分辨方差分解描述了一个标准差冲击在中国柑橘出口价格和柑橘生产成本的动态变化中的相对重要性。在中国出口价格和柑橘生产成本的多分辨方差分解中，预测标准误是由于其修正值的现值或将来值的变化造成的。贡献率是指因变量的方程新息造成的各期预测误差在总误差中的百分比。表 5-10 说明中国出口价格趋势开始仅受自身变化的影响，而且强度较大，随着时间的推移，柑橘生产成本趋势对其出口价格趋势的冲击逐渐显现，并且最后共同起到了主导作用。第 12 期后其贡献率基本保持在 50% 左右。柑橘出口价格周期开始主要受到自身的影响，而柑橘生产成本周期对其冲击并不明显，开始两期仅有 6.8% 的变化由生产成本变化造成。随着时间的推移，柑橘生产成本周期对其出口价格周期的冲击逐渐显现，并且最后起到了主导作用。我国柑橘生产成本波动对柑橘出口价格波动的影响较小，前 15 期保持在 10% 以下。多分辨方差分解结果对多分辨脉冲响应和多分辨 VAR 方程是一个很好的补充。

表 5-10　中国柑橘出口价格多分辨方差分解表

预测期	趋势层			类周期层			波动层		
	标准误	P_E 贡献率	P_C 贡献率	标准误	P_E 贡献率	P_C 贡献率	标准误	P_E 贡献率	P_C 贡献率
1	0.000 10	100	0	0.000 20	100	0	0.015 78	100	0
2	0.000 19	99.414 57	0.585 43	0.000 51	93.158 90	6.841 10	0.018 22	99.264 52	0.735 48
3	0.000 26	98.291 90	1.708 10	0.000 80	82.325 21	17.674 79	0.020 92	98.749 70	1.250 30
4	0.000 30	97.324 86	2.675 14	0.000 90	77.091 69	22.908 31	0.025 46	98.960 48	1.039 53
5	0.000 33	97.132 51	2.867 49	0.000 91	75.424 69	24.575 31	0.025 78	96.649 36	3.350 64
6	0.000 35	97.361 57	2.638 43	0.001 25	47.216 96	52.783 04	0.029 23	96.651 19	3.348 81
7	0.000 36	95.585 18	4.414 82	0.001 83	25.055 14	74.944 86	0.030 08	96.216 58	3.783 42
8	0.000 38	88.308 55	11.691 45	0.002 21	17.160 04	82.839 96	0.031 55	93.801 09	6.198 91
9	0.000 43	75.671 60	24.328 40	0.002 31	18.933 82	81.066 18	0.033 00	93.713 09	6.286 91
10	0.000 49	62.646 96	37.353 04	0.002 43	22.228 20	77.771 80	0.033 21	93.105 71	6.894 29

预测期	趋势层			类周期层			波动层		
	标准误	P_E 贡献率	P_C 贡献率	标准误	P_E 贡献率	P_C 贡献率	标准误	P_E 贡献率	P_C 贡献率
11	0.000 57	53.312 90	46.687 10	0.002 76	18.296 27	81.703 73	0.034 71	91.487 62	8.512 38
12	0.000 64	48.237 62	51.762 38	0.003 07	15.140 19	84.859 81	0.034 81	90.975 65	9.024 35
13	0.000 71	46.287 65	53.712 35	0.003 20	17.027 99	82.972 01	0.035 84	91.253 36	8.746 64
14	0.000 76	46.179 34	53.820 66	0.003 25	19.153 81	80.846 19	0.036 23	90.264 74	9.735 26
15	0.000 79	46.901 63	53.098 37	0.003 34	18.313 25	81.686 75	0.037 23	90.088 44	9.911 56

5.4 小　　结

本章利用所构建的计量经济学模型分析了我国柑橘生产成本对柑橘出口价格的短期和长期影响，并使用小波分解和 VAR 技术多层次地预测了生产成本对出口价格的影响。研究结果如下：

（1）生产成本对出口价格影响显著。通过降低生产成本可以降低我国柑橘的出口价格，从而靠增加价格优势来提升竞争优势。但是国际贸易中过低的出口价格易引起反倾销等纠纷，因此，要提升产品的竞争优势，必须同时注重提高产品的品质。短期影响和长期影响存在差异，短期影响明显强于长期影响。对此的解释可能是由于往期的生产资料投入中有一部分会在后期产生效果或形成收益，比如肥料的使用，特别是农家肥，肥力会持续到下一年；又如，柑橘采摘后至年末这段时期内，农户会对果树进行修剪，这部分劳动投入计入当年生产成本当在来年可以转化为产值。

（2）生产成本与出口价格之间存在协整关系，即生产成本对出口价格偏离均衡点具有一个纠正作用，这说明可以通过控制影响生产成本的因素来调节出口价格，避免其变动过大。

（3）中国柑橘出口价格趋势开始仅受自身变化的影响，而且强度较大，随着时间的推移，柑橘生产成本趋势对其出口价格趋势的冲击逐渐显现，并且最后共同起到了主导作用。柑橘出口价格周期开始主要受到自身的影响，而柑橘生产成本周期对其冲击并不明显，随着时间的推移，柑橘生产成本周期对其出口价格周期的冲击逐渐显现，并且最后起到了主导作用。我国柑橘生产成本波动对柑橘出口价格波动的影响较小。

第6章
研究结论与对策建议

6.1 研究结论

本研究通过对实证期内中国柑橘生产成本的分析，对生产成本的构成、地区成本差异的影响因素作了定性描述和经济计量分析，并对柑橘生产成本对出口的影响进行了定量分析。我们可以得到如下结论。

（1）我国柑橘单位面积成本水平呈现随时间变化而持续上升的趋势，物质与服务费用与单位面积成本的变动保持一致且在单位面积成本中所占比例过大。作为物质与服务费用最主要构成部分的直接费用的变动，主要受化肥和农药投入的影响。而机械作业费、销售费、管理费等在生产成本中所占的比例微乎其微。

（2）以中部地区的湖北、湖南和东部地区的浙江、福建和广东为样本，运用成本分解模型分析了造成中部和东部产橘大省生产成本差异的主要原因。研究表明：不同的柑橘生产区，影响柑橘生产成本的主要因素的弹性系数的大小和符号不同。在中部地区，对生产成本影响程度最大的因素是人工成本，而东部地区则是化肥投入费用。中部地区化肥投入费用的弹性系数为正，而东部地区的弹性系数为负。

（3）尽管柑橘生产成本时间序列与其出口价格时间序列的频谱图的幅度有一定差别，但它们的频谱图特征类似，两个时间序列都存在一个波动异常点，除此波动异常点之外，波动幅度都比较稳定。此外，出口价格的波动较生产成本剧烈。

（4）柑橘生产成本对其出口价格影响显著，通过降低生产成本可以降低我国柑橘的出口价格，从而提升其在国际市场上的竞争力。生产成本与出口价格之间存在协整关系，可以通过控制影响生产成本的因素来调节出口价格，避免其变动过大。

6.2 对策建议

6.2.1 加大营销力度，实施品牌营销战略

果品销售作为柑橘产业发展的最重要的环节之一，直接关系到果农和果品经销商的利益。柑橘具有易腐烂、不易保存的特点，如若营销不当，不但会导致柑橘"卖难"现象突出，还会因果品腐烂而使橘农损失严重。我国在柑橘生产上，长期以来重生产、轻流通、轻销售的现象比较严重。在本书实证期内，柑橘平均每亩销售费用不足 20 元，与西班牙、美国等国相比具有较大的差距。随着我国柑橘种植面积的扩大和柑橘产量的增加，该问题越加突出，已成为我国柑橘市场缺乏活力的关键因素之一。目前我国柑橘仍然采用野蛮采收、竹篓包装、混级销售等原始落后的采后处理方式，甚至一些名特优果品也陷入了一流的品质、二流的包装、三流的价格的"怪圈"。此外，我国柑橘的品牌太多太杂，有的县级市就有两三个。这些都不利于我国柑橘的销售和出口。因此，我们应加大营销力度，建立完善的营销渠道。可以在全国各地招募当地的营销人员，及时地将销售信息传递给果农和经销商，并在进行市场调研的基础上，选择信誉好、实力强的经销商来销售名、特、优产品。其次，应实施品牌营销策略，在全国范围内形成几个响亮的品牌，加快流通速度。例如，美国，以州来打品牌，作一个整体的注册商标，如加利福尼亚的"新奇士"；又如 Jaffa 是以色列柑橘对外的品牌，以色列只有这一个品牌，出口时都用这个品牌。品牌少而响亮，才能深入人心。最后，加大对品牌的包装投入费用，采取"优质优价"的营销策略。

6.2.2 加大科技投入

我国柑橘生产成本在国际市场上具有一定的比较优势，这主要得益于我国廉价的劳动力成本。随着近年来我国劳动力成本的上升，我国柑橘的成本优势正在逐渐丧失。柑橘产业可持续发展依赖于技术的不断创新，因为耕地的数量是有限的，依靠不断扩大柑橘种植面积来提高产量是不现实的。只有通过技术的发展，才能有效地提高柑橘产量。依靠科技进步降低柑橘生产成本、提高柑橘的品质，是我国柑橘产业可持续发展的保证。因此，应加大对柑橘科研的投入力度。一是要尽快培育优良的新品种，尤其是无病毒苗木的繁育技术，达到降本增效的目的；二是继续推广应用现有的丰产栽培技术，提高我国柑橘的单

位产量；三是大力推广和应用国内外成熟的先进建园技术与设备，提升我国柑橘生产的整体水平；四是要加强科技推广体系建设，建立新型的技术推广体系，从事科技示范，将实用有效的柑橘栽培技术迅速转化到生产领域；五是加大对橘农的培训力度，不仅包括对种植技术的培训，还包括应变市场能力的培训，以此提高橘农的整体素质。

6.2.3 提高机械化水平

我国的柑橘生产实行的是分散栽培、分户管理的小农经营体制，真正集中成片的大型现代化橘园较少。橘农们各自管理自己的果园，形成"各自为政"的局面。在我国大多数地区的柑橘生产过程中，施肥、喷药、灌溉、除草、剪枝、采摘等基本都是采用人工劳作的方式，这使得我国柑橘生产成本中人工成本所占比例较大。要降低劳动力投入成本，就必须打破原有的生产经营方式，实行集约化生产、提高机械化水平。通过实现规模经济，可以减少资源的消耗与投入，使柑橘生产成本结构发生变化。最重要的是利用机械化生产替代手工劳作，以此降低劳动投入，进而降低柑橘的单位生产成本。

6.2.4 调整投入结构

在我国柑橘生产中，物质和服务费用较高，这主要是由较高的化肥和农药投入费用造成的。过多地依赖化肥不仅会使化肥价格呈现持续上涨趋势从而导致生产成本的升高，而且长时间过分依赖化肥会导致土壤板结，对柑橘生长不利，产量将呈下降趋势。而农药的过多使用，尽管有效地抑制了病虫害，但却使得果品中农药残留超标，会导致柑橘在出口过程中遭遇贸易壁垒，不利于柑橘的出口。目前，降低物质和服务费用的重点就落在了调整和改善化肥和农药的投入结构上，以此促进生产成本的降低，在降低柑橘成本的条件下促进柑橘的出口。因此，应在全国范围内推广测土配方施肥技术，针对土壤成分施用相应的化肥，既可以因减少化肥施用而降低生产成本，又可以减轻盲目施用化肥对环境产生的污染。此外，通过大力发展高新技术来培育柑橘高抗品种，可以有效防止病虫害并减少柑橘生产过程中过多喷洒农药的现象，从而降低生产成本。

6.2.5 加大政府的支持力度

政府对柑橘产业的扶持对其发展有着重要的作用。政府的支持可以体现在以下几个方面：一是培育龙头组织。针对目前柑橘市场经营主体分散、竞争力不强的状况，积极推进产业组织结构变化，坚持扶大、扶优、扶强的原则，建立一批具有影响力的带动能力强的龙头企业，不断开拓国内外市场。二是积极扶持各种柑橘专业协会。引导和鼓励柑橘主产区发展各种专业协会，通过柑橘协会，为橘农提供生产、交易等方面的信息及建立柑橘交易平台，将柑橘鲜果在较短的时间内卖出，防止在储藏过程中造成的损失。三是加大政府的间接补贴。政府的间接农业补贴为农业降低生产成本建立了平台。以美国为例，美国对农业教育、农业科研和农业基础设施建设给予大量的财政支持，为农业发展提供了良好的条件。美国农民受过大学教育的比例就高达 25% 左右。而我国的橘农大多数只有小学或中学文化，受过高中教育的比例比较少。因此，加大政府的间接补贴，能降低我国柑橘的生产成本，为柑橘出口奠定基础。

6.2.6 规范管理，拓展出口渠道

我国柑橘果品除柑橘罐头以出口为主之外，其余鲜食果品绝大部分集中在国内市场销售。我国柑橘以中熟品种和鲜食品种为主的品种结构，使得柑橘成熟期比较集中，柑橘在短时期内涌向国内市场，造成季节性、结构性的供大于求，降低了柑橘产业的综合效益并抑制了橘农提高果品质量的积极性，对我国柑橘产业的发展具有较大的负面影响。因此，应实施柑橘"走出去"战略，积极拓展出口渠道。在稳定国内市场的同时，组织名、特、优产品积极参与国际竞争；利用国际交流与合作大力宣传我国的优质柑橘品种；积极参加国外的会展；在国外的柑橘大会上提供柑橘鲜果给外国朋友品尝及利用电子商务拓展直接出口渠道等。由于我国部分省份的柑橘在进出口贸易中的无序竞争现象较为严重，因此政府应加强宣传指导，规范管理。

参 考 文 献

鲍江峰，夏仁学，彭抒昂，等．2005．湖北省柑橘产业的现状与发展对策．中国农学通报，21（1）：208-211．

蔡子坚，李健．2007．福建省柑橘生产现状、问题及发展对策．浙江柑橘，(4)：2-6．

柴斌峰，郑少锋，李哲．2007．中国玉米生产成本地区差异的实证分析．商业研究，(12)：100-105．

陈登文．2003．中国果品竞争力分析与黄土高原果业发展研究．杨凌：西北农林科技大学博士学位论文．

陈云，李强，祁春节．2002．中美柑橘生产成本核算方法的比较与拟合．农业经济问题，(10)：49-51．

陈正法，肖润林，盛良学．2004．加入 WTO 对湖南柑橘发展的影响及对策．农业现代化研究，(2)：139-142．

成维．2006．中美柑橘产业资源配置的比较研究．武汉华中农业大学硕士学位论文．

邓军容，何坪华．2006．我国柑橘商品化处理的组织运作特点、弊端及对策．安徽农业科学，(11)：2565-2567．

邓秀新．2004．国内外柑橘产业发展趋势与柑橘优势区域规划．广西园艺，15（4）：6-10．

高成．2007．Matalab 小波分析与应用（第二版）．北京：国防工业出版社．

高洪勤．2008．江西新余、湖南石门等地柑橘产业考察报告．浙江柑橘，(3)：2-5．

高铁梅．2006．计量经济分析方法与建模．北京：清华大学出版社．

耿红莉．2003．北京市主要畜产品生产成本分析．农业技术经济，(5)：32-36．

国家发展和改革委员会价格司．2008．1990-2007 全国农产品成本收益资料汇编（各年数据）．北京：中国统计出版社．

何劲，祁春节．2008．我国柑橘价格机制存在的问题及对策研究．价格理论与实践，(8)：34-35．

黄季焜，马恒运．2000．中国主要农产品生产成本与主要国际竞争者的比较．中国农村经济，(5)：17-21．

李桦，张会，王博文，等．2006．陕西苹果低生产成本价格优势分析．西北农林科技大学学报（自然科学版），(1)：137-140．

李子奈，潘文卿．2005．计量经济学（第二版）．北京：高等教育出版社．

廖苑腾．2006．永春芦柑可持续发展研究．福州：福建农林大学硕士学位论文．

刘颖，祁春节．2008．中国柑橘出口现状及其面临的国际环境分析．林业经济，(10)：72-75．

路南．2000．我国种植业生产成本各项费用的三种分类方法．中国物价，(1)：21-25．

牟彬．1998．吉林省粮食生产成本效益问题研究．调研世界，(4)：23-26．

庞守林．2006．中美棉花生产成本结构差异的经营杠杆效应．中国农村经济，(9)：33-38．

祁春节．2001．中国柑橘产业的经济分析与政策研究．武汉：华中农业大学博士学位论文．

单杨. 2008. 中国柑橘工业的现状、发展趋势与对策. 中国食品学报，8（1）1-7.

单杨，何建新，付复华，等. 2003. 湖南省柑橘产业的发展现状、对策与前景. 湖南农业科学，(5)：58-61.

司伟，王秀清. 2004. 中国糖料生产成本差异及其原因分析. 农业技术经济，(2)：54-57.

孙钧，徐建国，陈力耕. 2007. 浙江柑橘产业现状与对策研究. 浙江柑橘，(4)：7-11.

唐晓华. 2008. 基于"钻石模型"的重庆柑橘产业发展研究. 重庆：西南大学硕士学位论文.

万劲松. 2002. 完善我国农产品成本核算体系的设想. 价格理论与实践，(7).

谢金峰. 2002. 我国柑桔产业结构调整战略研究. 西南农业大学博士学位论文.

辛毅. 2003. 中国主要农产品的完全生产成本及其对农产品贸易的含义. 中国农业大学博士学位论文.

杨建国. 2005. 小波分析及其工程应用. 北京：机械工业出版社.

杨建华. 2008. 我国中籼稻生产成本变动研究. 重庆：西南大学硕士学位论文.

余学军. 2006. 中国柑橘产业国际竞争力研究——基于"钻石"模型的分析. 惠州学院学报（社会科学版）. 26（4）：29-32.

张桂林，宋宝辉，Reed M. 2003. 美国谷物生产成本分析. 世界农业，(4)：27-30.

郑少锋. 2002. 农产品成本核算体系及控制机理研究. 杨凌：西北农林科技大学博士学位论文.

Chaudhry M，R. 2001. Cost of Production of Raw Cotton. 3rd Brazilian Cotton Congress，Campo Grande，Brazil.

Cooke S C，Sundquist W，B. 1989. Cost efficiency in U. S. corn production. American Journal of Agricultural Economics，71（4）.

Engle R F，Granger C W J. 1987. Co-integration and error correction：representation，estimation and testing. Econometrica，55：215-276.

Fairchild G F. 1990. Citrus export market development and maintenance. Journal of Food Distribution Research，21（3）：87-95.

Mcgregor A M. 2007. The export of horticultural and high-value agricultural products from the Pacific islands. Pacific Economic Bulletin，22（3）：81-99.

Miller K A，Glantz M H. 1988. Climate and economic competitiveness：Florida freezes and the global citrus processing industry. Climatic Change，12（2）：135-164.

Nehring R，Barnard C，Banker D，et al. 2006. Urban influence on costs of production in the corn belt. American Journal of Agricultural Economics，88（4）：930-946.

Ozkan B，Akcaoz H，Karadeniz F. 2004. Energy requirement and economic analysis of citrus production in Turkey. Energy Conversion and Management 45：1821-1830.

Paul C J，Ball V E，Felthoven R G. et al. 2002. Effective costs and chemical use in United States agricultural production：using the environment as a "Free" Input. American Journal of Agricultural Economics，88（4）：930-946.

Perry J M, Woods L A. 1995. Cuban citrus production in a post-transition economy. ASCE

Spreen T H, Brown M G, Lee J Y. 1996. The impact of NAFTA on U. S. imports of Mexican orange juice. http: //agrinet. tamu. edu/trade/papers/spreen. pdf［2008-10-12］.

第二篇 中国-东盟水果贸易的竞争性与互补性研究

篇 首 语

2010 年中国-东盟自由贸易区建成后，成为欧盟、北美自由贸易区之后的世界第三大贸易区。2004 年中国与东盟首先在农产品合作方面迈出了实质性的一步，削减贸易关税，并对水果蔬菜等农产品开始实施零关税，提前享受到了自由贸易的好处，不仅促进了双方水果贸易的发展，也对世界农产品贸易发展意义重大。

本篇首先对近十年来中国-东盟水果贸易的现状展开分析与论述，并在此基础上归纳了双方水果贸易竞争性与互补性特征，目的在于站在国际贸易的高度了解双方水果贸易的整体状况，用定量、定性的研究方法深入问题实质，并找出双方具有竞争优势与互补性的水果种类。本篇通过选取 2001~2010 年的中国、东盟和世界水果的贸易数据，运用显示性比较优势指数（RCA）、相对贸易优势指数（RTA）、综合贸易互补系数（OBC）、贸易结合度指数（TCD）对其竞争性与互补性进行了实证检验和详细分析；本篇还研究了东盟市场的状态与特征，运用市场占有率（PRM）论证了中国及第三方水果出口国在东盟市场的竞争状态。基于上述分析，更加明确双方水果贸易的竞争性与互补性，针对性地提出了提高我国水果竞争优势和促进双方水果贸易发展的策略。

本篇的分析显示了中国-东盟水果贸易的整体发展态势、具体水果种类和主要水果出口国的比较优势格局。第一，中国在双方的水果贸易中，开始逐渐扭转逆差，处于顺差地位，而且顺差的幅度有不断加大的趋势。第二，中国和东盟水果贸易的比较优势非常明显，中国的温带水果具有相对明显的竞争优势，东盟的热带水果具有明显的竞争优势，彼此的优势正是对方的劣势，同时表现出了较强的互补性。第三，通过比较几个水果出口国的东盟市场占有率，得出中国水果的东盟市场占有率最高，但是一些水果种类的东盟市场占有率却低于其他贸易国。综上所述，要不断提高中国水果的原有比较优势，增强与东盟各国的水果贸易互补，加快水果经营体制改革，加强自身内在建设，同时政府要加大支持力度，通过开创更多的便利性条件、创建良好外部环境等来提高中国水果的竞争优势和促进中国-东盟水果的健康持续发展。

第 7 章
中国–东盟水果贸易的竞争性
与互补性研究的意义

7.1 研究的背景

2000 年 11 月，中国提出了中国–东盟自由贸易区（以下简称"自贸区"）的设想，2001 年 11 月中国–东盟宣布了十年内建成自由贸易区的目标，2002 年 11 月，中国与东盟签署了《中国–东盟全面经济合作框架协议》，决定在 2010 年建成中国–东盟自贸区，并正式启动自贸区建设进程，2010 年 1 月 1 日，中国–东盟自由贸易区正式全面建立。自贸区建成后，作为发展中国家间最大的经济体组织，其贸易占到世界贸易的 13%，成员国 GDP 高达 6 万亿美元，而且该自贸区拥有的世界人口比起其他组织来是最多的，包括 11 个国家、19 亿人口。自贸区正式全面建立后，不仅促进了双方友好合作的政治关系，最重要的是还促进了双方各自经济的发展，扩大了区域内的贸易和投资，提高了区域的整体竞争力，同时也推动了区域经济一体化和世界经济的增长。

2004 年，我国为了加速全面经济合作框架协议的实施，使双方尽早享受到自贸区的好处，签订了《早期收获计划》。实施《早期收获计划》的对象主要是农产品，致力于将蔬菜、水果等贸易关税降为零关税，并且在《早期收获计划》中，中国与泰国先行了一步，在 2003 年 10 月 1 日就开始实施零关税，到 2006 年中国与东盟十国的农产品贸易关税全部降为零。

中国和东盟各国都是水果生产大国，由于地理位置和气候条件的巨大差异，双方的资源禀赋各具相对竞争优势，中国盛产温带水果，东盟各国则盛产热带水果，彼此的优势正是对方的劣势，同时又表现出较强的贸易互补性。随着零关税等便利性措施的逐步增多，中国–东盟的水果贸易得到了极大增强和快速发展，双方都要面对彼此巨大的出口对本国市场造成的各种冲击和带来的激烈竞争等问题。

在上述背景下，我国水果产业乃至整个农业如何充分利用自由贸易区建立所带来的机遇和利益，同时降低和减少其带来的挑战和冲击，是当前需要解决的一个重大问题，也是笔者所关注的内容。

中国-东盟自由贸易区的建立，意味中国与东盟国家面对世界经济全球化、区域一体化的快速发展，又迈出了实质性的一步。双方不管是在地缘关系还是在产业结构方面，都存在明显的优势，因此自贸区建立以来得到快速发展。从 2002 年自贸区建设的正式启动，到"早期收获计划"和"中泰果蔬零关税协议"等的实施，再到 2010 年自贸区的正式全面建立，给双方带来巨大的收益，但也给双方带来了很大的挑战。农产品作为最早的合作对象，有很多方面值得我们研究和关注。就水果贸易而言，我国能否充分利用贸易的便利性和产品结构的互补性，发挥其独特优势，加大对东盟各国水果的出口，同时能否有效应对东盟各国价低质优的热带水果对我国南方热带水果甚至整个水果产业的竞争和冲击，保证我国和东盟水果贸易的顺利进行，促进我国水果产业健康持续发展，都是需要我们不断研究的课题。

中国作为一个发展中国家，其水果产业乃至整个农业在走向国际的路上还存在很多不足和问题，在自由贸易中也会遇到很多的技术贸易壁垒。只有分析清楚彼此存在的优势和劣势，找出其解决的办法，不断完善自身，才能增加我国果农和企业的收益，促使水果产业乃至整个农业更好地发展，才能更好地把握各方努力所带来的各种机遇和有效应对激烈的竞争所带来的挑战，这样才能在世界农产品贸易中有立足之地。同时，农产品问题一直是国际贸易中最基础而又最复杂的项目，如果在水果等农产品贸易的研究领域有所建树，也会对我国其他产业贸易提供一些经验和启示，促使我国经济方面面的健康发展，因此此项研究具有十分重大的意义。

7.2　国内外研究文献综述

7.2.1　国外研究现状

中国-东盟自由贸易区作为世界上经济最具活力的地区，其快速发展引起世界各界的高度关注。国外很多学者也对自由贸易区各方面进行了研究。

国际经济学家 Balassa（1962）认为，各国进行区域合作形成的自由贸易区，目的是要降低和消除成员国的关税壁垒，实施贸易自由化。自由贸易所带来的经济效果分别为贸易创造的静态效果与贸易转移的动态效果，动态效果使进口国消费者和世界整体从中取得了长期收益。此后对自由贸易区效应的研究也应该集中在自由贸易区动态效应方面。Brown 和 Stern（1989）用可计量的一般均衡模型验证了自由贸易使各国都获得收益。Mark（1999）以南北合作为例，通过建立模型，得出双边自由贸易协议更加倾向于贸易自由化合作，尽管自由贸易威胁到多边贸易体制，但从优惠贸易安排的动态竞争力来说，它将在未来保持旺盛的发展势头。Tongzon（2005）站在东盟国家的角度，将东盟成员国与中国相似的出口结构及在第三国市场和本国市场的竞争力作了比较分析，并且分析了建立自由贸易区的成本与利益得失，从而提出了东盟国家为提高在中国市场的份额的策略。Inkyo 和 KyongDeok（2006）分析了中国-东盟自由贸易协定的市场准入方面，在关税减免和原产地规则方面估计了 FTA 的质量，得出中国-东盟自由贸易区是一个最具发展潜力和发展前景良好的自贸区，但其市场准入条件也非常高。Zamroni（2006）以泰国的视角分析指出，1993 年中国从泰国进口量仅占泰国总出口量的 1.4%，但是到 2005 年却增长到 8.3%，而这种出口量的增加主要由于中国东盟自由贸易区的建立。Sarah 和 Catherine（2010）指出，两国的市场在自贸区便利性条件的驱使下，其潜力不断被挖掘。双方贸易关系呈现出良好发展态势，同时指出了双方出口结构的竞争性，也分析了东盟不同实力的国家所面临的机遇和挑战。

7.2.2 国内研究现状

1. 中国-东盟贸易方面

潘青友（2004）在大量搜集贸易数据的基础上，运用贸易互补指数和相对竞争指数测算了中国与东盟的贸易互补性和中国与东盟国家在本自由贸易区之外市场上的出口相对竞争优势。研究表明，中国与东盟在相互贸易及对第三方贸易的趋同性越来越明显，也说明了我国出口贸易将面临激烈的竞争。

姜书竹和张旭坤（2004）从国别构成和商品构成等多角度利用柏拉萨指数对中国与东盟贸易关系及贸易竞争力进行了实证分析，研究结果说明中国与东盟的产业贸易水平稳步提高，通过可显示比较优势指数和出口相似度指数，说明中国与东盟国家在贸易上同时存在互补性和竞争性。

王磊（2003）采用描述性统计和图标分析法，考察了 1995～2003 年不同商品的贸易数据，分析了自由贸易区产生的贸易效应。结论表明，中国-东盟自由贸易区的贸易效应最直接来源于成员国间关税和非关税壁垒的降低和完全撤除。优势互补的产品产生的贸易效应促进了产业内贸易的发展，同时指出中国东盟贸易竞争性不一定不利于 CAFTA 的发展，相反增大了正的生产效应，带动了区内贸易增长。

2. 中国-东盟农产品贸易方面

吕玲丽（2004）采用显性比较优势指数对中国和东盟各国农产品的出口比较优势进行对比，分析了双方农产品的竞争互补关系及不同类型农产品的出口比较优势，并指出中国在农产品加工方面却显示出非常强大的比较优势。

荣静和杨川（2006）运用贸易竞争指数、出口相似度指数和贸易互补指数，测算了中国与东盟主要国家农产品的贸易竞争和互补关系，指出中国与东盟在农产品贸易上竞争越来越激烈。

陈建军和肖晨明（2004）从实证分析的角度出发，运用多种工具证明了中国与东盟主要国家存在越来越强的贸易互补性，并从产业间互补和产业内互补两个维度分析了贸易互补关系及其产生原因，并认为贸易互补关系构成了双方贸易合作的互补物质基础。

陈富桥和祁春节（2004）对中泰农产品的竞争性与互补性作了实证分析，分别找出了双方竞争性的农产品和互补性的农产品，并对中泰两国农产品贸易结构作了分析，最后提出相应结论和对策建议。

孙林（2005）利用出口相似性指数分别从产品和市场两个角度分析了中国与东盟国家农产品贸易竞争关系，结果表明：中国与东盟国家农产品贸易的市场相似性指数高于产品相似性指数，中国与东盟的农产品贸易关系不是以竞争为主而存在很强的互补关系，并指出中国与东盟农业领域内的合作将有利于强化产品差异，缓解农产品市场竞争程度。

和文华（2009）在对东盟各国农业资源进行统计描述和分析后，得出中国出口的农产品与东盟各国的农产品既存在互补性又存在竞争性的结论，其竞争性为同质产品产业内贸易提供了可能，其互补性又可大力发展差异性产品的产业内贸易。

耿晔强（2009）运用市场占有率和排名、贸易强度指数、贸易相似度指数对东盟在我国市场的表现及竞争状况进行了分析。研究表明：我国和东盟双方农产品贸易结构互补性强，而且东盟在我国的市场开发程度达到了较高的水平，东盟主要国家农产品在我国市场上有较强的竞争力，市场占有率居前十位；并说明我国和东盟农产品比较优势存在差异，我国可能长期大规模进口东盟农产品。

3. 中国-东盟水果贸易方面

詹晶和宁曼荣（2005）通过描述中国-东盟果蔬生产和贸易概况，分析双方产品市场的竞争力，认为部分果蔬产品竞争非常残酷，并指出提升中国果蔬产品市场竞争力的现实困难，并对双方果蔬贸易进行了展望，还提出了相应的对策建议。

张复宏和张吉国（2009）通过计算中国–东盟水果贸易的相关水果种类的竞争性和互补性指标，并通过强弱排序及综合分析，说明双方水果贸易存在着很强的互补性，彼此依赖对方的水果出口市场，各自是对方重要的、可靠的贸易伙伴。

周苹和周小青（2010）在描述中国与东盟水果生产和贸易的基础上，从三个方面阐述了双方水果自由贸易的效应，即竞争和互补效应的分析、贸易创造效应的分析、成本效应的分析。结论说明双边的果品结构既有竞争性又有互补性，双边贸易呈明显的贸易创造效果，交易成本降低源于零关税等方面。

曾艳华等（2010）通过简要介绍中国–东盟水果贸易情况，研究分析了双方水果贸易现行的相关政策与措施，针对中国对东盟水果出口中存在的问题，提出了深入研究中国–东盟水果贸易政策、增强对东盟水果出口竞争力、加大对东盟水果出口政策支持等对策措施。

张复宏和胡继连（2011）运用市场占有率、贸易竞争力指数、显性比较优势指数对我国与东盟主要水果出口国在东盟市场的竞争状况进行了测算和比较分析，结果表明，我国水果在东盟市场上具有一定优势，但在多数水果种类上并不具有竞争优势。其研究结论可为有针对性地增强我国水果在东盟的竞争力提供借鉴。

吕建兴等（2011）通过选取2000～2009年中国与东盟的果蔬贸易数据，分析双方果蔬贸易现状，运用相对贸易指数、双边贸易综合互补指数分别分析了其相对比较优势和互补性，最后得出中国在与东盟水果贸易中，2005年之前处于小额逆差地位，而后转为顺差。与东盟各国相比，我国蔬菜和果蔬制品方面拥有较强的比较优势，东盟在水果和果蔬制品方面拥有一定比较优势，中国与东盟果蔬贸易既有互补性也有竞争性，并对双方果蔬贸易前景进行了展望，认为互补性大于竞争性，合作领域大于竞争领域，机遇与挑战并存，将促进国内果蔬产业升级。

7.2.3 文献评述

关于中国–东盟水果、蔬菜等农产品互补性与竞争性的研究虽然很多，有的只研究了竞争性，有的只分析了互补性，但基本上都是通过一些指数站在整个农产品贸易角度或者整个果蔬贸易的角度来分析，很少有人通过综合性指数只针对水果产业并且细分到具体的种类上的研究，来详细测度不同水果种类的竞争性与互补性。笔者还发现，对东盟水果市场的状态有深入分析的文章还不是很多，多数人都只提到东盟市场广阔，潜力巨大，但并没有对东盟市场的状态与特征做深入研究，或者进一步通过实证来分析东盟水果市场的文章还并不多见。在本研究中，笔者努力克服以上不足，并在竞争性与互补性研究的基础上，对东盟市场状态与特征作进一步分析研究，最后得出结论和对策建议。

第8章
中国与东盟水果贸易的现状与特征

中国-东盟各国在自然气候、地理位置等方面拥有得天独厚的条件，致使双方的水果品种非常丰富，几乎所有的水果种类都能生产。中国地处温带、亚热带地区，因此像苹果、梨、坚果栗子、柑橘等温带、亚热带的干鲜水果的生产量始终居于世界前列，在世界享有盛名。而东盟各国地处热带地区，拥有独特的地理位置优势，生产种类繁多的热带干鲜水果，是世界热带水果的生产和出口大国，像香蕉、菠萝、荔枝、芒果、腰果，还有当地特有的榴莲、龙眼、山竹、红毛丹等珍稀水果享誉世界（周苹和周小青，2010）。正是由于中国-东盟双方在水果种类和结构上存在巨大差异，再加上地缘条件、自由贸易区等自然、社会环境的诸多联系，彼此贸易的种类和便利性条件非常多，因此为双方的水果贸易奠定了坚实的基础，并且呈现出更加良好的态势，不断地健康发展。

8.1 中国与东盟水果贸易的现状

从 2001 年中国与东盟提出建设中国-东盟自由贸易区的构想，直至 2010 年自由贸易区的全面建立，在这 10 年内，中国-东盟的水果贸易得到极大的发展，特别是从 2004 年"早期收获计划"的实施，双方致力于将水果等关税降为零关税，中国-东盟水果贸易发展态势更为迅猛。2001 年中国-东盟的水果贸易总额为 3.24 亿美元，2005 年增长到 6.94 亿美元，2010 年已达到 23.12 亿美元，年均增长率达到 24.41%，可见双方水果贸易的发展势头相当迅猛。

近十年来，中国-东盟的水果贸易已经在中国总体水果贸易中占据相当重要的位置，2001 年中国-东盟的水果贸易额为 3.24 亿美元，2005 年增长到 6.94 亿美元，2010 年高达 23.12 亿美元。中国-东盟的水果贸易额一直占据中国水果贸易总额的 38% 以上，2009 年、2010 年这一份额分别增长到 49.62%、47.98%（表 8-1）。

表 8-1　2001～2010 年中国-东盟水果贸易情况

年份	中国水果出口			中国水果进口			中国水果贸易总额		
	对东盟出口/亿美元	对世界出口/亿美元	比例/%	从东盟进口/亿美元	从世界进口/亿美元	比例/%	与东盟总额/亿美元	与世界总额/亿美元	比例/%
2001	1.26	4.35	29.02	1.98	3.67	54.01	3.24	8.02	40.40
2002	1.77	5.55	31.95	2.16	3.78	57.11	3.93	9.33	42.12
2003	2.34	7.52	31.15	2.49	4.96	50.17	4.83	12.48	38.70
2004	2.88	9.16	31.39	3.04	6.19	49.04	5.91	15.35	38.50
2005	3.50	10.67	32.76	3.45	6.59	52.31	6.94	17.26	40.21
2006	4.01	12.84	31.23	3.98	7.39	53.88	7.99	20.22	39.52
2007	4.97	16.32	30.45	4.98	9.15	54.39	9.95	25.47	39.07
2008	8.15	21.04	38.73	7.05	12.38	56.97	15.20	33.42	45.48
2009	10.24	23.79	43.06	10.10	17.20	59.56	20.34	40.99	49.62
2010	11.96	26.79	44.62	11.17	21.39	55.89	23.12	48.19	47.98

资料来源：联合国贸易统计署统计资料，经作者整理计算所得

在中国对东盟水果的出口中，出口额呈现出逐年增长的趋势。2001 年中国对东盟的水果出口额为 1.26 亿美元，2005 年增长到 3.50 亿美元，2010 年已达到 11.96 亿美元，年均增长率达到 28.57%。从 2002 年开始，中国对东盟的水果出口额占中国水果出口的 30% 以上，其中 2009 年和 2010 年这一份额分别高达 43.06% 和 44.62%，可见东盟在中国水果出口市场中扮演着重要角色。

在中国从东盟水果的进口中，进口额也呈现出逐年增长的趋势。2001 年中国从东盟的水果进口额为 1.98 亿美元，2005 年增长到 3.45 亿美元，2010 年高达 11.17 亿美元，年均增长率达到 21.19%。从 2001 年开始，中国从东盟的水果进口金额占中国水果进口总额的 49% 以上，除了 2004 年外，其他 9 年这一份额始终在 50% 以上，其中 2009 年高达 55.89%。这足以说明，东盟是中国水果进口的重要地区之一。

在近十年中国-东盟的水果贸易中，2001～2004 年中国处于逆差地位，2005～2007 年双方的水果贸易基本上是平衡的，2008 年开始有一定的顺差，顺差额达到 1.10 亿美元，2009 年、2010 年的顺差额分别达到 0.14 亿美元、0.79 亿美元。从总体上看，中国已经开始扭转逆差，处于顺差地位，而且顺差的幅度有不断加大的趋势（表 8-2）。

表 8-2　2001~2010 年中国–东盟水果贸易情况（单位：亿美元）

年份	出口额	进口额	贸易差额
2001	1.26	1.98	-0.72
2002	1.77	2.16	-0.39
2003	2.34	2.49	-0.15
2004	2.88	3.04	-0.16
2005	3.50	3.45	0.05
2006	4.01	3.98	0.03
2007	4.97	4.98	-0.01
2008	8.15	7.05	1.10
2009	10.24	10.10	0.14
2010	11.96	11.17	0.79

资料来源：联合国贸易统计署统计资料，经作者整理计算所得

8.2　中国与东盟水果贸易的特征

8.2.1　中国–东盟双方贸易各自优势较为明显

1. 中国出口到东盟的水果种类及贸易额

从表 8-3 的统计来看，中国出口到东盟市场的水果种类主要为鲜或干的其他坚果（0802），鲜或干的柑橘属水果（0805），鲜或干的葡萄（0806），鲜的苹果、梨（0808）。这几个水果种类出口到东盟市场的金额远远高于其他水果出口额。2001 年中国对东盟出口的鲜或干的其他坚果（0802）为 0.01 亿美元，2005 年增加到 0.11 亿美元，2010 年高达 0.20 亿美元。结合表 8-2，我们可以算出，这几个年份中国对东盟市场鲜或干的其他坚果（0802）的出口额分别占据东盟总体水果出口额的 4.81%、3.29%、1.67%。2001 年中国对东盟出口的鲜或干的柑橘属水果（0805）为 0.27 亿美元，2005 年增加到 0.89 亿美元，2010 年高达 4.06 亿美元，其出口额分别占对东盟总体水果出口额的 21.43%、25.38%、33.98%。2001 年中国对东盟出口的鲜或干的葡萄（0806）不到 1 亿美元，2005 年增加到 0.04 亿美元，2010 年高达 0.90 亿美元，这三年出口额占对东盟总体水果出口额的 4.76%、1.23%、7.52%。2001 年中国对东盟出口的鲜的苹果、梨（0808）为 0.87 亿美元，2005 年为 2.26 亿美元，2010 年为 5.41 亿美元，同样可以得出其出口额分别占据对东盟总体

水果出口额的69.05%、64.57%、45.25%。最后，可以看出柑橘类、苹果和梨是对东盟水果出口的重中之重，柑橘属水果出口金额所占比例增长较快，出口额均占对东盟总体水果出口额的21%以上。苹果、梨的出口额也呈快速上升增长的趋势，而且出口额均占据对东盟总体水果出口额的45%以上，其他坚果和葡萄等干鲜种类的出口额也在不断增长。

表8-3　2001～2010年中国对东盟水果出口额　（单位：亿美元）

水果种类	2001年	2002年	2003年	2004年	2005年	2006年	2007年	2008年	2009年	2010年
0801	0.00	0.00	0.00	—	—	—	—	—	—	0.64
0802	0.01	0.01	0.01	0.11	0.11	0.15	0.13	0.13	0.18	0.20
0803	—	—	—	—	—	0.00	0.00	0.00	0.00	0.00
0804	0.00	0.00	0.00	0.00	0.01	0.01	0.01	0.00	0.02	0.02
0805	0.27	0.37	0.50	0.59	0.89	0.96	1.42	2.94	3.94	4.06
0806	0.00	0.01	0.04	0.04	0.04	0.09	0.18	0.32	0.69	0.90
0807	0.00	0.00	0.00	0.00	0.03	0.03	0.03	0.09	0.19	0.26
0808	0.87	1.23	1.61	2.00	2.26	2.62	2.96	4.28	4.41	5.41
0809	0.01	0.00	0.01	0.02	0.02	0.02	0.04	0.04	0.10	0.10
0810	0.00	0.02	0.03	0.04	0.06	0.05	0.12	0.23	0.60	0.84
0811	0.00	0.00	0.00	0.00	0.00	0.00	0.00	0.00	0.04	0.10
0812	0.00	0.00	0.00	0.00	0.00	0.00	0.00	0.02	0.01	0.02
0813	0.03	0.03	0.04	0.04	0.04	0.05	0.05	0.05	0.06	0.06
0814	0.00	0.00	0.00	0.00	0.00	0.00	0.00	0.00	0.00	0.00

"—"表示数据缺失

资料来源：联合国贸易统计署统计资料，经作者整理计算所得

2. 中国从东盟进口的水果种类及贸易额

从表8-4可以看出，东盟向中国出口的主要是热带水果，其具体种类分别有鲜或干的椰子、巴西果及腰果（0801），鲜或干的香蕉（0803），椰枣、无花果、菠萝、石榴、芒果及山竹等（0804），鲜的甜瓜（包括西瓜）及木瓜（0807），榴莲、荔枝、红毛丹等（0810），什坚果、干果（0813）。2001年，中国向东盟进口的鲜或干的椰子、巴西果及腰果（0801）为0.12亿美元，从2007年开始急剧增长到0.31亿万美元，2010年高达1.03亿美元，同样结合表8-2可以计算出2001年中国从东盟进口的鲜或干的椰子、巴西果及腰果（0801）占中国进口东盟水果总额的6.20%，2010年占中国进口东盟水果总额

的 9.25%。2001 年中国从东盟进口的鲜或干的香蕉 (0803) 的金额为 0.66 亿美元，2006 年进口额增长到 1.16 亿美元，2010 年进口额高达 2.40 亿美元，其进口额分别占东盟进口水果总额的 33.14%、29.14%、21.51%，可见鲜或干的香蕉 (0803) 是中国进口东盟水果的非常重要的种类。2001 年中国从东盟进口的椰枣、无花果、菠萝、石榴、芒果及山竹等 (0804) 为 0.11 亿美元，2005 年增长到 0.43 亿美元，2010 年进口额升为 2.40 亿美元，其分别占总进口额的比例为 33.29%、12.45%、21.51%。2001 年中国从东盟进口的鲜的甜瓜 (包括西瓜) 及木瓜 (0807) 为 0.04 亿美元，2005 年增长到 0.02 亿美元，2010 年为 0.37 亿美元，所占进口总额比例为 2.10%、5.86%、3.30%。2001 年中国进口东盟的鲜的甜瓜 (包括西瓜) 及木瓜 (0807) 为 0.80 亿美元，2005 年进口金额为 1.45 亿美元，2010 年进口金额为 4.89 亿美元，所占的进口比例为 39.94%、42.08%、43.82%，可见榴莲、荔枝、红毛丹等 (0810) 是中国进口东盟的最大的水果种类，而且进口金额和所占比例均成总体上升的趋势。此外，中国从东盟进口的什坚果、干果 (0813) 也是呈逐年增长的趋势，由 2001 年的 0.22 亿美元，到 2005 年的 0.27 亿美元，再到 2010 年的 0.73 亿美元。最后可以看出，中国从东盟进口的热带水果，如鲜或干的香蕉 (0803)，椰枣、无花果、菠萝、石榴、芒果和山竹等 (0804)，以及榴莲、荔枝、红毛丹等 (0810) 所占的比例相当大，而且进口金额总体上呈稳中有升的良好趋势。可见东盟在中国水果进出口市场上的地位举足轻重 (张复宏和张吉国，2009)。

表 8-4　2001～2010 年中国对东盟水果进口额 （单位：亿美元）

水果种类	2001 年	2002 年	2003 年	2004 年	2005 年	2006 年	2007 年	2008 年	2009 年	2010 年
0801	0.12	0.17	0.11	0.07	0.12	0.14	0.31	0.96	1.23	1.03
0802	0.01	0.02	0.02	0.01	0.01	0.01	0.01	0.02	0.01	0.04
0803	0.66	0.64	0.84	0.85	0.95	1.16	1.10	1.37	1.76	2.40
0804	0.11	0.15	0.20	0.37	0.43	0.31	0.68	0.81	1.59	1.65
0805	0.01	0.01	0.01	0.00	0.02	0.08	0.04	0.06	0.04	0.04
0806	0.00	0.00	0.00	—	—	—	—	0.00	0.00	0.00
0807	0.04	0.09	0.07	0.10	0.20	0.28	0.25	0.28	0.34	0.37
0808	0.00	0.00	0.00	—	0.00	—	—	—	—	—
0809	0.01	0.00	0.00	0.00	—	—	—	—	0.00	—
0810	0.79	0.82	1.00	1.34	1.45	1.67	1.99	2.92	4.17	4.89

水果种类	2001 年	2002 年	2003 年	2004 年	2005 年	2006 年	2007 年	2008 年	2009 年	2010 年
0811	0.00	0.00	0.00	0.00	0.00	0.00	0.00	0.00	0.00	0.01
0812	0.00	0.00	0.00	0.00	0.00	0.00	0.00	0.00	0.00	0.00
0813	0.22	0.26	0.24	0.29	0.27	0.34	0.59	0.62	0.94	0.72
0814	—	—	—	—	—	—	—	—	—	—

"—"表示数据缺失

资料来源：联合国贸易统计署统计资料，经作者整理计算所得

8.2.2 中国–东盟双方贸易的部分种类存在一定的相似性

除了以上特点外，中国–东盟在具体的水果种类贸易中也会存在一定的相似性，比如鲜的杏、樱桃、桃类、梅及李（0809）和鲜或干的葡萄（0806）这两个水果种类，中国–东盟双方都不具有相对竞争优势，都要依赖一定程度的进口来解决国内和地区市场的需求，这点也将会在下文得到证明。另外还由于中国的部分省份地处亚热带地区，部分热带水果也是可以生产的，因此其中的一小部分会与东盟的水果形成一定程度的竞争性，如椰枣、无花果、菠萝、石榴、芒果及山竹等（0804）都是双方共同可以种植和生产的水果，因此在双方的贸易中表现为竞争性，这个结论同样也会在下文得到印证。

8.2.3 中国–东盟水果贸易在各种便利性条件下呈现出良好态势

从 2001 年中国与东盟提出建设中国–东盟自由贸易区的构想，到 2004 年《早期收获计划》果蔬贸易零关税的实施，直至 2010 年自由贸易区的全面建立，中国–东盟在零关税实施的前后，贸易的金额差距很大。一方面，零关税实施后中国开始扭转水果贸易的逆差，逐步处于顺差地位，而且顺差的幅度有不断加大的趋势。另一方面，在零关税的便利性条件促使下，中国–东盟贸易的具体水果种类的进出口额也出现大幅增长的趋势，通过表 8-3 和表 8-4 可以观察出前后贸易金额的具体差距和上升的幅度。中国–东盟水果贸易的互补性极强，再加上地区性组织开放的便利性条件，为中国–东盟的长久而稳定的水果贸易关系打下坚实基础，双方贸易会呈现出更加迅猛和健康的发展态势。

8.3　结论与讨论

通过以上对中国–东盟水果贸易的进口额和总体贸易额的分析，可以看出中国–东盟自由贸易区的建立及不断实施的各种便利性条件，对我国的水果产业产生了非常大的推动作用；其次从对中国–东盟进出口水果种类和贸易额的分析可以看出，中国–东盟双方充分利用各自的资源禀赋，发挥各自的比较优势，双方贸易的水果种类，绝大多数都是彼此稀缺或者没办法规模种植的，中国主要向东盟出口温带水果，如苹果、梨、柑橘类水果，向东盟进口的主要是热带水果，如椰子、香蕉、芒果、榴莲等，双方在彼此的贸易中各具明显优势，而且贸易的互补性极强，贸易发展的潜力非常大，因此近年来双方的水果贸易呈现出健康和迅速发展的良好趋势。

第 9 章
中国与东盟水果贸易的竞争性研究

国际贸易比较优势理论是本章分析的基础，认为各国按照各自的比较优势开展贸易，可以提高资源的优化配置，更好地满足消费者的需求，从而增加所有国家的福利。随着经济的发展，除了要素禀赋对各国比较优势的影响外，还有很多因素，如地缘条件、科学技术、政府间的政治关系和经贸政策等都会影响到各国比较优势的发挥。中国-东盟各国除拥有得天独厚的自然资源和区位优势外，近年来双方的经贸关系不断得到友好合作和深化发展，中国-东盟自由贸易区的建立，尤其是水果贸易实施零关税以来，双方的水果贸易得到快速发展，同时也受到了一定的冲击。本章将在 2001～2010 年中国-东盟水果贸易的数据基础上利用比较优势的实证方法对双方水果贸易的具体种类的比较优势进行测定和分析，从而使双方对各自的明显优势产品有更清楚的了解，充分发挥明显优势的产品在水果贸易中的积极作用。

9.1 中国-东盟水果贸易的 RCA 实证分析

9.1.1 显示性比较优势指数的描述

显示性比较优势指数（RCA）反映的是一个国家的产业或某种产品在国际贸易出口中优势表现，指一个国家某种商品出口额占其出口总额的比重与世界出口总额中该类商品出口额所占比重的比率。RCA<1，则表示该农产品在国际市场上不具有比较优势，国际竞争力相对较弱；若 RCA>1，则该农产品在国际市场上具有比较优势，具有一定的国际竞争力。

计算公式为

$$RCA_{ij} = (X_{ij}/X_{tj})/(X_{iw}/X_{tw}) \tag{9-1}$$

式中，X_{ij} 表示国家 j 对商品 i 的出口值；X_{tj} 表示 j 国的总出口值；X_{iw} 表示世界上商品 i 的总出口值；X_{tw} 表示世界出口总值。

9.1.2 中国–东盟水果种类的 RCA 实证分析

1. 中国水果种类的 RCA 实证分析

首先,从表9-1可以看出,在近十年来RCA指数始终大于1的水果种类是鲜的苹果、梨(0808),冷冻水果及坚果(0811),什坚果、干果(0813),说明它们在国际市场上具有比较优势。其中,鲜的苹果、梨(0808)的比较优势最为明显,近十年来其RCA指数一直保持在2.74以上,最高达3.56,是中国最具竞争力优势的水果,并且竞争优势总体呈现稳中有升的良好态势。冷冻水果及坚果(0811)的比较优势较为明显,其RCA指数最高达3.54,最低仅为1.84,但在零关税实施以后它的比较优势有降低的趋势。什坚果、干果(0813)的比较优势也较明显,但是其RCA指数逐年减少,说明其比较优势呈下滑趋势,2001年RCA指数为2.88,2010年仅为1.47。

表9-1 2001~2010年中国所有种类水果的 RCA 指数

水果种类	2001年	2002年	2003年	2004年	2005年	2006年	2007年	2008年	2009年	2010年
0801	0.03	0.01	0.01	0.01	0.00	0.00	0.00	0.00	0.00	0.01
0802	2.59	2.16	1.65	1.53	1.21	1.32	1.16	0.89	0.90	0.75
0803	0.07	0.07	0.07	0.06	0.06	0.05	0.04	0.03	0.02	0.02
0804	0.04	0.04	0.06	0.05	0.06	0.05	0.03	0.01	0.02	0.02
0805	0.57	0.62	0.62	0.73	0.94	0.92	1.09	1.38	1.62	1.54
0806	0.04	0.14	0.22	0.28	0.28	0.39	0.44	0.43	0.61	0.62
0807	0.14	0.22	0.24	0.26	0.35	0.36	0.24	0.27	0.36	0.42
0808	2.74	2.98	3.06	3.16	3.56	3.43	3.26	3.39	3.36	3.44
0809	0.06	0.09	0.10	0.13	0.13	0.12	0.12	0.12	0.18	0.12
0810	0.22	0.28	0.13	0.19	0.21	0.15	0.19	0.18	0.31	0.38
0811	2.88	2.56	3.54	2.80	2.52	2.48	2.62	2.32	1.84	2.12
0812	0.08	0.06	0.04	0.05	0.00	0.04	0.03	0.02	0.02	0.02
0813	2.50	2.17	2.49	2.36	1.98	1.97	2.08	1.74	1.64	1.47
0814	2.25	1.79	1.46	0.86	0.61	0.42	0.79	0.68	0.84	0.86

资料来源:联合国贸易统计署统计资料,经作者整理计算所得

其次,鲜或干的柑橘属水果(0805)RCA指数在2001~2006年始终小于1,但呈逐年增长的趋势,在2007年变为1.09,之后呈总体上升的趋势,这说

明鲜或干的柑橘属水果（0805）由国际竞争力较弱不具备比较优势逐步转为具有比较优势的产品，而且比较优势越来越明显。而鲜或干的其他坚果（0802）的情况则与此相反，其在2001～2007年的RCA指数一直大于1，但是逐年变小，2008年以后开始小于1，这说明鲜或干的其他坚果（0802）一开始在国际市场中具有比较优势，近年来开始不具备比较优势，转为劣势。柑橘属水果或甜瓜的果皮（0814）仅在2001～2003年具有比较优势，从2004年开始处于劣势地位。

另外，鲜或干的椰子、巴西果及腰果（0801），鲜或干的香蕉，包括芭蕉（0803），椰枣、无花果、菠萝、石榴、芒果及山竹等（0804），鲜或干的葡萄（0806），鲜的甜瓜（包括西瓜）及木瓜（0807），鲜的杏、樱桃、桃类、梅及李（0809），榴莲、荔枝、红毛丹等其他鲜果（0810），暂时保存的水果及坚果（0812）的RCA指数始终小于1，说明它们在国际市场中始终处于劣势地位。其中鲜或干的葡萄（0806）的RCA指数虽然一直小于1，但是呈不断增长的趋势，由2001年的0.04增长为2010年的0.62，这说明虽然它处于劣势地位，但是开始向比较优势地位慢慢靠拢。

2. 东盟水果种类的 RCA 实证分析

首先，2001～2010年东盟水果的RCA指数始终大于1的种类是鲜或干的椰子、巴西果及腰果（0801），鲜或干的香蕉（0803），榴莲、荔枝、红毛丹等其他鲜果（0810），什坚果、干果（0813），说明东盟的这几种水果在国际市场中具有比较优势。鲜或干的椰子、巴西果及腰果（0801）的RCA指数的值相当大，2001年为5.66，这是最低数值，此后快递增长，2010年高达10.25。此种类水果的比较优势相当明显，是东盟国家中最具竞争力的水果种类，在国际市场上的比较优势是其他国家无法比拟的。鲜或干的香蕉（0803）的RCA指数在2001～2006年总体呈上升趋势，2008年之后开始下降，这说明鲜或干的香蕉（0803）在国际市场的比较优势逐渐变强后又开始变弱。榴莲、荔枝、红毛丹等其他鲜果（0810）在国际市场上的比较优势地位相对来说比较稳定，虽然RCA指数也在高低波动，但一直保持在1.42～1.96。什坚果、干果（0813）的2001年的RCA指数最高为3.61，其余年份都低于这个数值，最低为2008年的1.39，一直出于高低波动的状态。

其次，椰枣、无花果、菠萝、石榴、芒果及山竹等（0804）的RCA指数在2001～2004年大于1，但是比较优势逐步丧失，2005年以后的RCA指数一直小于1，由比较优势地位转为劣势地位。另外鲜的甜瓜（包括西瓜）及木瓜（0807）的RCA指数除了2002年为1.03外，其余年份均小于1，而且劣势地位越来越明显。

最后，观察期内鲜或干的其他坚果（0802）、鲜或干的柑橘属水果（0805）、鲜或干的葡萄（0806）、鲜的苹果、梨（0808）、鲜的杏、樱桃、桃类、梅及李（0809）、冷冻水果及坚果（0811）、暂时保存的水果及坚果（0812）、柑橘属水果或甜瓜的果皮（0814）的 RCA 指数全部小于 1，说明东盟的这几类水果在国际市场上处于劣势地位，这几类水果基本都是东盟各国没办法种植的水果。其中暂时保存的水果及坚果（0812）RCA 指数虽一直小于 1，但它的劣势地位逐步得到改善，2001 年的 RCA 指数仅为 0.08，2010 年上升到 0.69（表9-2）。

表9-2　2001～2010 年东盟所有种类水果的 RCA 指数

水果种类	2001 年	2002 年	2003 年	2004 年	2005 年	2006 年	2007 年	2008 年	2009 年	2010 年
0801	5.66	7.46	9.22	8.93	9.19	9.76	10.04	10.13	10.03	10.25
0802	0.33	0.25	0.31	0.41	0.31	0.42	0.57	0.58	0.51	0.48
0803	1.63	1.70	1.88	1.76	1.70	1.82	1.53	1.36	1.17	1.07
0804	1.39	1.30	1.32	1.13	0.93	0.89	0.92	0.82	0.92	0.93
0805	0.05	0.05	0.06	0.07	0.06	0.09	0.08	0.07	0.05	0.05
0806	0.10	0.08	0.09	0.07	0.05	0.05	0.05	0.04	0.04	0.03
0807	0.91	1.03	0.78	0.71	0.57	0.48	0.34	0.28	0.26	0.28
0808	0.07	0.07	0.10	0.08	0.05	0.05	0.04	0.04	0.04	0.05
0809	0.02	0.01	0.02	0.02	0.02	0.02	0.01	0.01	0.01	0.01
0810	1.96	2.41	1.60	1.42	1.51	1.61	1.48	1.48	1.80	1.66
0811	0.66	0.55	0.54	0.54	0.53	0.46	0.43	0.33	0.38	0.41
0812	0.08	0.19	0.18	0.41	0.42	0.53	0.55	0.53	0.53	0.69
0813	3.61	1.91	2.26	1.53	1.91	1.45	1.66	1.39	1.91	1.70
0814	0.47	0.43	0.72	0.66	0.47	0.19	0.25	0.14	0.44	0.27

资料来源：联合国贸易统计署统计资料，经作者整理计算所得

9.2　中国–东盟水果贸易的 RTA 实证分析

9.2.1　相对贸易优势指数的描述

相对贸易优势指数 RTA$_{ab}$（relative trade advantage）分析的是一国与其他

国家之间贸易的相对竞争优势。如果 $RTA_{ab}>0$，说明 a 国在第 b 种产品上存在相对竞争优势，如果 $RTA_{ab}<0$，则说明 a 国在第 b 种产品上存在相对竞争劣势，并且该数值大小决定优劣势大小，数值越大，比较优势越明显，数值越小，比较劣势越明显。

计算公式为

$$RTA_{ab} = (X_{ab}/X_{rb})/(X_{an}/X_{rn}) - (M_{ab}/M_{rb})/(M_{an}/M_{rn}) \qquad (9-2)$$

式中，X_{ab} 表示 a 国出口商品 b 的价值；X_{rb} 表示除 a 国外其他国家出口商品 b 的价值；X_{an} 表示 a 国出口所有其他商品的价值；X_{rn} 表示除 a 国外其他国家出口所有其他商品的价值；M_{ab} 表示 a 国进口商品 b 的价值；M_{rb} 表示除 b 国外其他国家进口商品 b 的价值；M_{an} 表示 a 国进口所有其他商品的价值；M_{rn} 表示除 a 国外其他国家进口所有其他商品的价值。

9.2.2 中国-东盟水果种类的 RTA 实证分析

1. 中国水果种类的 RTA 实证分析

第一，从时间来看，近十年鲜或干的柑橘属水果（0805），鲜的苹果、梨（0808），冷冻水果及坚果（0811），暂时保存的水果及坚果（0812）的 RTA 指数始终为正数，这说明中国的这几个种类在水果的国际贸易中处于相对优势的竞争地位。其中，鲜或干的柑橘属水果（0805）的 RTA 指数由 2001 年的 0.05 增加到 2005 年的 0.49，2009 年 RTA 的指数高达 1.60，可看出鲜或干的柑橘属水果（0805）不仅拥有相对的竞争优势，而且这种优势是逐渐增大的。在 2001～2010 年内鲜的苹果、梨（0808）的相对竞争优势更为明显，RTA 指数不仅全部为正，而且始终保持在 3.32 以上，2008 年 RTA 指数高达 5.4，这说明鲜的苹果、梨（0808）在水果的国际贸易中具有明显的竞争优势而且这种优势是稳中呈上升趋势的。冷冻水果及坚果（0811）的 RTA 指数虽然也为正，但总体有下降的趋势，2001 年 RTA 指数为 3.09，2006 年却下降为 0.84，虽然 2007 年后略有回升，但是 2010 年 RTA 指数也只有 1.42，总体来看冷冻水果及坚果（0811）还是拥有相对竞争优势的。同时还比较值得一提的是暂时保存的水果及坚果（0812），其竞争优势非常明显，是所有水果中竞争优势最为明显的一个种类，其 RTA 指数在 2005 年达到 20.17，最低也仅为 2009 年的 6.94，但总体上暂时保存的水果及坚果（0812）的竞争优势地位也在逐年下降。

第二，鲜或干的其他坚果（0802）、柑橘属水果或甜瓜的果皮（0814）在水果国际贸易的比较优势呈波动趋势，在 2001 ~ 2003 年鲜或干的其他坚果（0802）的 RTA 指数为正，但这种优势在逐渐丧失，2004 年 RTA 指数变为负数，2005 ~ 2006 年又出现回暖现象，但好景不长，2007 ~ 2010 年又变为负数，并劣势有加大趋势。在 2001 ~ 2005 年柑橘属水果或甜瓜的果皮（0814）的 RTA 指数始终为正数，但呈不断下降趋势，由 2001 年的 2.23 降为 2005 年的 0.11，在此后几年内，除 2007 年为正数外，其他年份均为负数，由 2006 年的 -0.62 逐渐变为 2010 年的 -1.14，相对劣势有加大趋势。

第三，从表 9-3 中还观察出，2001 ~ 2010 年鲜或干的椰子、巴西果及腰果（0801）的 RTA 指数始终是负数，而且负数总体上越来越大，2008 年达到最大值 -1.86，这说明中国的鲜或干的椰子、巴西果及腰果（0801）在水果国际贸易中是没有比较优势的，而且相对劣势趋势是不断加大的。鲜或干的香蕉（0803），椰枣、无花果、菠萝、石榴、芒果及山竹等（0804），鲜或干的葡萄（0806），鲜的甜瓜（包括西瓜）及木瓜（0807），鲜的杏、樱桃、桃类、梅及李（0809），榴莲、荔枝、红毛丹等（0810）的 RTA 指数在近十年也始终为负数，这说明它们在水果国际贸易中一直处于相对劣势地位，尤其是榴莲、荔枝、红毛丹等（0810）的 RTA 指数除 2003 年为 -2.98 外，其他 9 年的 RTA 指数都始终小于 -3.10，说明中国的榴莲、荔枝、红毛丹等（0810）在水果国际贸易中处于非常严重劣势的竞争地位，根本没有丝毫的优势，是中国整个水果贸易中最没有竞争优势的水果种类，也是中国非常缺乏和稀少的水果种类。

表 9-3　2001 ~ 2010 年中国所有种类水果的 RTA 指数

水果种类	2001 年	2002 年	2003 年	2004 年	2005 年	2006 年	2007 年	2008 年	2009 年	2010 年
0801	-0.94	-1.17	-0.57	-0.27	-0.39	-0.48	-0.90	-1.86	-1.78	-1.09
0802	2.17	1.29	0.16	-0.05	0.19	0.21	-0.10	-0.39	-0.35	-0.81
0803	-1.63	-1.13	-1.13	-0.89	-0.92	-1.06	-0.81	-0.73	-0.67	-0.84
0804	-0.59	-0.72	-0.64	-1.01	-1.03	-0.62	-1.05	-1.03	-1.51	-1.39
0805	0.05	0.14	0.00	0.23	0.49	0.41	0.73	1.16	1.60	1.43
0806	-0.86	-0.81	-0.84	-1.13	-1.22	-0.75	-0.44	-0.49	-0.48	-0.37
0807	-0.12	-0.32	-0.10	-0.15	-0.45	-0.56	-0.45	-0.35	-0.18	-0.08
0808	3.32	3.88	4.18	4.47	5.30	5.17	4.92	5.40	5.14	5.32
0809	-0.22	-0.18	-0.28	-0.11	-0.18	-0.02	-0.18	-0.35	-0.45	-0.94
0810	-3.55	-3.24	-2.98	-3.06	-3.26	-3.42	-3.25	-3.43	-3.41	-3.10
0811	3.09	2.44	2.96	2.16	2.08	0.84	0.98	1.07	0.95	1.42

水果种类	2001 年	2002 年	2003 年	2004 年	2005 年	2006 年	2007 年	2008 年	2009 年	2010 年
0812	19.74	13.69	19.93	18.46	20.17	15.44	9.10	9.39	6.94	9.42
0813	-1.04	-1.89	0.11	0.03	-0.08	-0.25	-1.04	-0.66	-1.02	-0.24
0814	2.23	1.76	1.37	0.66	0.11	-0.62	0.48	-0.89	-0.70	-1.14

资料来源：联合国贸易统计署统计资料，经作者整理计算所得

2. 东盟水果种类的 RTA 实证分析

首先，从时间上来看，在 2001～2010 年中东盟的鲜或干的椰子、巴西果及腰果（0801），鲜或干的香蕉（0803），椰枣、无花果、菠萝、石榴、芒果及山竹等（0804），榴莲、荔枝、红毛丹等（0810），什坚果、干果（0813）的 RTA 指数均为正数，这说明东盟的这几个水果种类在国际贸易中具有相对明显的竞争优势。其中鲜或干的椰子、巴西果及腰果（0801）的 RTA 指数不仅呈现出逐渐递增的趋势，而且上涨的幅度巨大，从 2001 年的 7.43，到 2005 年的 20.12，2010 年暴涨到 28.19，从 2005 年起鲜或干的椰子、巴西果及腰果（0801）的 RTA 指数一直高于 20.12，这足以说明鲜或干的椰子、巴西果及腰果（0801）是东盟在水果国际贸易中优势最明显和竞争力最强的水果种类，在水果的国际贸易中占有非常重要的市场地位。在观察期内鲜或干的香蕉（0803）的 RTA 指数也表现为正数，2001～2005 年其相对竞争优势变动不大，处在一个比较稳定的状态，2001 年 RTA 指数为 1.80，2005 年为 1.87，2006 年以后的 RTA 指数逐渐变小，相对优势地位开始降低，到 2010 年减少到 1.03。但这也并不影响说明东盟的鲜或干的香蕉（0803）在水果的国际贸易中的重要性，是东盟第二大具有竞争优势的水果种类。另外，椰枣、无花果、菠萝、石榴、芒果及山竹等（0804），榴莲、荔枝、红毛丹等（0810）和什坚果、干果（0813）的相对竞争优势呈现出比较稳定的状态，上下波动的幅度不大。

其次，我们看到在近十年来鲜或干的其他坚果（0802），鲜的甜瓜（包括西瓜）及木瓜（0807），冷冻水果及坚果（0811），柑橘属水果或甜瓜的果皮（0814）的 RTA 指数呈现出正数和负数共存的状态，这说明它们在某个阶段具有相对竞争的优势，在某个阶段不具备相对竞争的优势，处于劣势的竞争地位。2001～2006 年鲜或干的其他坚果（0802）的 RTA 指数都为负数，在水果的国际贸易中处于相对劣势地位，2007～2010 年的 RTA 指数变为正数，但正数越来越小，说明鲜或干的其他坚果（0802）虽然由劣势转为优势，但优势

地位并不明显。2001～2005 年鲜的甜瓜（包括西瓜）及木瓜（0807）的 RTA 指数都为正，2006～2010 年转为负数，且负数越来越大，这说明鲜的甜瓜（包括西瓜）及木瓜（0807）由优势转为劣势，且劣势地位越来越明显。在观察期内冷冻水果及坚果（0811）总体上处于相对优势的竞争地位，仅在 2008 年 RTA 指数表现为负，但是 RTA 指数在其余年份也是逐年递减，优势地位越来越小。柑橘属水果或甜瓜的果皮（0814）正好与冷冻水果及坚果（0811）的情况相反，柑橘属水果或甜瓜的果皮（0814）总体上处于相对劣势的地位，仅在 2009 年由劣势转为优势，但是优势不明显。

最后，通过表 9-4 我们可以观察出，东盟鲜或干的柑橘属水果（0805），鲜或干的葡萄（0806），鲜的苹果、梨（0808），鲜的杏、樱桃、桃类、梅及李（0809），暂时保存的水果及坚果（0812）的 RTA 指数均为负，这说明它们在水果的国际贸易中处于相对劣势。其中鲜的苹果、梨（0808）是东盟最不具有相对竞争优势的水果种类，其 RTA 指数在近十年来始终小于−3.21。除鲜的苹果、梨（0808）外，东盟的鲜或干的柑橘属水果（0805）在水果的国际贸易中也处于相对劣势地位，是东盟第 2 大相对劣势的水果种类，其 RTA 指数均小于−1.05。鲜或干的葡萄（0806）、鲜的杏、樱桃、桃类、梅及李（0809）和暂时保存的水果及坚果（0812）的相对劣势地位也处于一个稳定的状态，大小变动的幅度不大。

表 9-4　2001～2010 年东盟所有种类水果的 RTA 指数

水果种类	2001 年	2002 年	2003 年	2004 年	2005 年	2006 年	2007 年	2008 年	2009 年	2010 年
0801	7.43	13.46	17.89	18.72	20.12	21.44	23.58	27.38	26.11	28.19
0802	−0.12	−0.22	−0.17	−0.16	−0.22	−0.02	0.16	0.16	0.10	0.05
0803	1.80	1.92	2.18	1.96	1.87	2.05	1.64	1.40	1.15	1.03
0804	0.60	0.52	0.67	0.43	0.21	0.22	0.28	0.23	0.28	0.29
0805	−1.25	−1.20	−1.09	−1.05	−1.08	−1.21	−1.13	−1.23	−1.51	−1.24
0806	−0.80	−0.93	−0.10	−1.12	−1.00	−1.13	−1.07	−0.98	−1.12	−1.02
0807	0.11	0.27	0.16	0.06	0.01	−0.01	−0.06	−0.11	−0.17	−0.17
0808	−4.15	−4.25	−3.87	−3.34	−3.66	−3.94	−3.27	−3.21	−3.41	−3.56
0809	−0.32	−0.30	−0.27	−0.32	−0.32	−0.28	−0.31	−0.26	−0.31	−0.29
0810	0.68	1.52	0.48	0.21	0.49	0.50	0.15	0.39	0.60	0.69
0811	0.58	0.47	0.45	0.42	0.37	0.30	0.14	−0.08	0.26	0.17
0812	−1.31	−0.86	−1.42	−0.14	−0.26	−0.27	−0.09	−0.47	−0.37	−0.54
0813	3.55	1.33	1.71	0.89	1.30	0.74	1.02	0.89	1.52	1.27
0814	−0.39	−0.10	−0.23	−0.22	−0.08	−0.23	−0.13	−0.43	0.11	−0.14

资料来源：联合国贸易统计署统计资料，经作者整理计算所得

9.3 结论与讨论

9.3.1 RCA 指数分析结论

综合表 9-1 和表 9-2 的分析得知，中国–东盟具有比较优势的水果种类主要分为三种情况。

首先，具有明显竞争优势的水果种类。一是中国以鲜的苹果、梨（0808）为代表的温带水果，以及冷冻水果及坚果（0811）和什坚果、干果（0813），其 RCA 指数一直大于 1，在国际市场中比较优势非常明显。二是东盟以鲜或干的椰子、巴西果及腰果（0801），鲜或干的香蕉（0803），榴莲、荔枝、红毛丹等其他鲜果（0810）为代表的热带水果，以及什坚果、干果（0813）在国际市场中具有明显的比较优势。三是双方均在什坚果、干果（0813）上具有比较优势，通过 RCA 指数的对比发现在 2001 年和 2009～2010 年东盟比中国具有优势，在 2002～2008 年中国比东盟具有优势。

其次，优劣势均存在，但仍有相对比较优势的水果种类。一是中国鲜或干的柑橘属水果（0805）、鲜或干的其他坚果（0802）和柑橘属水果或甜瓜的果皮（0814）都存在优劣势相互转化情况，尤其是鲜或干的柑橘属水果（0805）在 2007 年扭转劣势地位以后优势地位越来越明显，但是东盟此类水果在国际市场中均处于劣势地位，因此中国相对于东盟各国都具有比较优势。二是东盟的椰枣、无花果、菠萝、石榴、芒果及山竹等（0804）和鲜的甜瓜（包括西瓜）及木瓜（0807）都是由比较优势地位转为劣势地位，中国这两类水果都处于劣势地位，通过比较发现东盟的整体比较优势要高于中国。

最后，处于劣势地位也存在相对比较优势的水果种类。中国和东盟各国鲜或干的葡萄（0806），鲜的杏、樱桃、桃类、梅及李（0809）和暂时保存的水果及坚果（0812）在国际市场中均处于劣势地位，但中国在前两类水果中比东盟各国具有比较优势，东盟在第三种水果上比中国具有比较优势。

此外，中国和东盟均在一些水果种类上没有丝毫的优势，始终处于劣势地位。例如，中国在鲜或干的椰子、巴西果及腰果（0801），鲜或干的香蕉（0803），椰枣、无花果、菠萝、石榴、芒果及山竹等（0804），榴莲、荔枝、红毛丹等其他鲜果（0810）等热带水果上始终处于劣势地位；东盟在鲜或干的其他坚果（0802），鲜或干的柑橘属水果（0805），鲜的苹果、梨（0808）等温带水果上始终处于劣势地位。

9.3.2　RTA 指数分析结论

表9-5 将中国–东盟具有相对优势和相对劣势的水果种类进行了整合，再结合表9-3 和表9-4 可以看到以下三种情况。

表9-5　2001～2010 年中国–东盟水果种类的优势比较

地区	0801	0802	0803	0804	0805	0806	0807	0808	0809	0810	0811	0812	0813	0814
中国	−1	0	−1	−1	1	−1	−1	1	−1	−1	1	1	0	0
东盟	1	0	1	1	−1	−1	0	−1	−1	1	0	−1	1	0

"1" 表示近十年来 RTA 指数为均为正，"−1" 表示近十年来 RTA 指数为均为负，"0" 表示近十年来 RTA 指数正负共存

首先，RTA 指数均为正值。一是中国的鲜或干的柑橘属水果（0805），鲜的苹果、梨（0808），冷冻水果及坚果（0811），暂时保存的水果及坚果（0812）在水果的国际贸易中比东盟对应的水果种类表现出较强的相对竞争优势，其中鲜的苹果、梨（0808）是中国最具优势的鲜或干的水果种类，其次为鲜或干的柑橘属水果（0805）；暂时保存的水果及坚果（0812）是中国最具优势的暂时保存不能直接食用的水果种类，其次是冷冻水果及坚果（0811）。二是东盟鲜或干的椰子、巴西果及腰果（0801），鲜或干的香蕉（0803），椰枣、无花果、菠萝、石榴、芒果及山竹等（0804），榴莲、荔枝、红毛丹等其他鲜果（0810），什坚果、干果（0813）在水果的国际贸易中比中国对应的水果种类拥有更大的相对竞争优势地位，通过对鲜或干的水果种类按照整体竞争优势强弱排序，可以得到0801＞0803＞0810＞0804，鲜或干的椰子、巴西果及腰果（0801）是东盟最具明显竞争优势的水果种类。

其次，RTA 指数正负共存。通过表9-5 还可以看到鲜或干的其他坚果（0802）和柑橘属水果或甜瓜的果皮（0814）的 RTA 指数均出现正负共存的现象，但通过比较 RTA 指数大小得出中国在这两类水果的整体相对比较优势高于东盟。

最后，RTA 指数均为负值。比如鲜或干的葡萄（0806）和鲜的杏、樱桃、桃类、梅及李（0809），这说明双方在水果贸易中都不具备很强的竞争优势，双方都需要通过从第三方市场进口此类水果来满足国内和地区消费的需求。同时这点也体现了上文提到的双方水果贸易相似的特征。通过 RTA 指数的对比，发现在国际贸易中中国在这两类水果中比东盟各国在整体上更具有相对优势。

第 10 章
中国与东盟水果贸易的互补性研究

中国与东盟由于自然气候的不同，双方盛产的水果种类差别很大，中国主要盛产温带水果，东盟盛产种类繁多的热带水果，双方所盛产的水果正是对方所不能生产或生产力很小的。因此双方水果贸易的互补性非常强，除了中国-东盟的区位优势外，中国-东盟自由贸易区的建立及果蔬贸易零关税的实施等便利性条件增多，促使双方的水果贸易的深化合作和大力发展。对双方水果贸易互补性的研究，可以大力发挥彼此的比较优势，提高优势产品的竞争力，实现资源的优化配置，加强经贸关系发展，实现共赢。基于上一章对中国-东盟水果贸易的竞争性分析，这一章将在此基础上对中国-东盟在水果贸易中的互补性进行实证分析和描述。互补性的研究将运用双边贸易综合互补系数（OBC）和贸易结合度指数（TCD）通过 2001～2010 年的十年贸易的数据进行测算和分析。

10.1 中国-东盟水果贸易的 OBC 实证分析

10.1.1 双边贸易综合互补系数（OBC）描述

在上述相对贸易优势指数的基础上，可以计算出双边贸易综合互补系数（OBC_{ij}, overall bilateral comple-menbtarity）其计算公式为

$$OBC_{ij} = -\frac{COV(RTA_i,\ RTA_j)}{\sqrt{VAR(RTA_i)} \times \sqrt{VAR(RTA_j)}} \tag{10-1}$$

式中，RTA_i 和 RTA_j 分别表示 i 国和 j 国的相对贸易优势指数；COV（RTA_i，RTA_j）表示 i 国和 j 国相对贸易优势指数的协方差；VAR（RTA_i）和 VAR（RTA_j）分别表示 i 国和 j 国的相对贸易优势指数的方差（吴凌燕等，2006）。

若 OBC 为正值，则说明双方的贸易具有互补性；若 OBC 为负值，则说明双方的贸易存在互竞性。当两国存在不同的产品生产或贸易结构时，双方的贸

易会存在互补性；当两国存在同质性的产品生产或贸易结构时，双方的贸易会存在互竞性。

10.1.2 中国−东盟水果种类的 OBC 实证分析

表10-1中可以观察到3种不同的现象：有的水果种类的OBC系数全为正，有的全为负数，有的是正负共存。

表 10-1 2001～2010 年中国−东盟水果贸易的 OBC 系数

水果种类	2001 年	2002 年	2003 年	2004 年	2005 年	2006 年	2007 年	2008 年	2009 年	2010 年
0801	2.29	2.35	3.11	2.61	1.36	−0.37	−3.50	−5.96	−6.21	−10.19
0802	0.08	0.12	0.14	0.12	0.10	0.03	0.02	0.02	0.03	0.04
0803	0.32	0.51	0.51	0.36	0.32	0.29	−0.10	−0.08	0.02	0.11
0804	−0.15	−0.12	−0.10	−0.01	−0.01	−0.01	−0.05	−0.06	−0.07	−0.06
0805	0.09	0.10	0.12	0.12	0.11	0.09	0.12	0.10	0.10	0.01
0806	0.09	0.08	0.08	0.12	0.01	−0.09	−0.04	−0.04	−0.12	0.04
0807	0.03	0.05	0.03	0.07	0.11	0.06	0.01		−0.05	−0.07
0808	−0.29	−0.24	−0.05	−0.18	0.33	0.28	0.26	0.33	0.52	0.47
0809	0.01	0.01	0.01	0.01	0.01	0.00	0.01	0.00	0.02	0.01
0810	0.05	0.03	0.02	0.01	0.01	0.01	0.01	0.08	0.08	0.07
0811	−0.15	−0.13	−0.12	−0.10	−0.06	0.06	0.00	0.00	0.08	0.05
0812	0.07	0.03	0.03	−0.04	−0.03	−0.03	0.03	0.07	0.10	0.06
0813	0.15	0.04	0.06	0.02	−0.11	−0.17	−0.45	−0.32	−0.22	2.19
0814	0.02	−0.01	0.00	−0.01	−0.03	−0.02	−0.02	−0.03	−0.09	−0.02

资料来源：联合国贸易统计署统计资料，经作者整理计算所得

首先，在近十年中国与东盟的鲜或干的其他坚果（0802），鲜或干的柑橘属水果（0805），鲜的杏、樱桃、桃类、梅及李（0809），榴莲、荔枝、红毛丹等（0810）的OBC系数均为正值，这表示中国−东盟在这几个水果种类的贸易上是互补的。其中鲜或干的其他坚果（0802）的OBC系数在2001～2003年呈现出不断增长的趋势，这说明双方的鲜或干的其他坚果（0802）的互补性逐渐增强。但在2004年以后，双方的OBC系数开始逐渐变小，由2004年的0.12下降到2010年的0.04，同时也说明了双方虽然在鲜或干的其他坚果（0802）上表现为互补，但是互补性在整体上是逐渐减弱的。中国−东盟在鲜或干的柑橘属水果（0805）的贸易上表现出强劲的互补性，一是由于中国是

世界上柑橘类水果的生产大国，二是由于柑橘类水果属于温带水果，地处热带的东盟地区可以种植此类水果的国家几乎没有，其生产量和在国际贸易中的地位可以忽略不计。中国–东盟鲜或干的柑橘属水果（0805）的 OBC 系数整体上呈现上升的趋势。2001 年的 OBC 指数为 0.09，2003 年和 2004 年的 OBC 指数上升为 0.12，且连续两年都保持在 0.12。2005 年和 2006 年的 OBC 指数变小，但是减少的幅度非常少，2007 年又恢复到 0.12 的水平。2010 年的 OBC 指数虽然仅为 0.01，但是并不影响中国–东盟双方在鲜或干的柑橘属水果（0805）贸易中所显示的较强互补性。中国–东盟在鲜的杏、樱桃、桃类、梅及李（0809）的贸易中也表现为互补性，同样是由于鲜的杏、樱桃、桃类、梅及李（0809）属于温带水果，双方的 OBC 指数大小非常稳定，2009 年的 OBC 指数为 0.02，2006 年和 2008 年的 OBC 指数仅为 0.00，其余 7 个年份都为 0.01，所以双方的互补性是也是比较稳定的。同样我们看到，在近十年的观察期中，中国–东盟在榴莲、荔枝、红毛丹等（0810）种类上体现出非常强的互补性。原因正好与鲜或干的柑橘属水果（0805）相反，东盟在世界上有"热带水果之乡"的美称，是世界上品种繁多的热带水果的重要生产基地，而榴莲、荔枝、红毛丹其他鲜果（0810）正是东盟当地特有的珍稀热带水果种类，在此类水果上与中国这个温带水果生产大国表现出较大的互补性是理所当然的。2001 年双方的 OBC 系数为 0.05，上升到 2004 年的 0.12，2005~2007 年连续三年均为 0.01，2008~2010 年双方的互补性表现出下降的趋势，2007 年为 0.10，2010 年为 0.07，但是这种变动是微小的，并不影响中国–东盟双方在榴莲、荔枝、红毛丹等（0810）种类上表现出的较强互补性的结论。

其次，按照时间来看，中国–东盟的鲜或干的椰子、巴西果及腰果（0801），鲜或干的香蕉（0803），鲜的甜瓜（包括西瓜）及木瓜（0807），鲜的苹果、梨（0808），冷冻水果及坚果（0811），暂时保存的水果及坚果（0812），什坚果、干果（0813），柑橘属水果或甜瓜的果皮（0814）的 OBC 系数是正值和负值共存的。这种情况也可以分为三种现象：一是双方前几年在此类水果上表现为互补性，后几年表现为贸易互竞；二是双方前几年表现为贸易互竞，后几年呈现为贸易互补；三是双方在此类水果的贸易中互补性与互竞性是交替出现的，是波动性的。从表 4-1 可以观察到椰子、巴西果及腰果（0801），鲜的甜瓜（包括西瓜）及木瓜（0807）是上述现象中的第一种，它们都是在前几年表现出互补性，后面变为贸易互竞。例如，鲜或干的椰子、巴西果及腰果（0801）的 OBC 系数，2001 年为 2.29，后面逐渐变小，2005 年变为 1.36，从 2006 年开始变为负数，直到 2010 年这 5 年中，OBC 系数越来越小，这说明双方的鲜或干的椰子、巴西果及腰果（0801）在前 5 年表现为贸易互补,互补性逐渐减弱,在后5年表现为贸易互竞,竞争性不断加强。鲜的甜瓜(包括西瓜)及木瓜(0807)在2001~2005年表现为贸易互补,且这种互补性是呈上升趋势的,2001年OBC系数为0.03,2005年上升到0.11。从2006年OBC系数逐渐走下坡直到2009年转为负值,因此鲜的甜瓜(包括西瓜)及木瓜(0807)互补性由不断上升趋势转为逐渐下降趋势,再到后面的双方贸易的互竞性的出现。鲜的苹果、梨(0808)、冷冻水果及坚果(0811)是上述现象的第二种,它们都是在前几年表现为贸易互竞,后面变为贸易互补。例如,鲜的苹果、梨(0808)在2001~2004年的OBC系数均为负值,但是OBC系数呈上升趋势,2005年开始转为正值,OBC系数总体上逐渐变大,贸易互补性不断加强。同样冷冻水果及坚果(0811)在2001~2005年的OBC系数为负值,表现为贸易的互竞性,2006年、2009~2010年OBC系数为正值,表现为贸易的互补性,2007年和2008年的OBC系数都为0.00。除了以上两种现象,鲜或干的香蕉(0803)、暂时保存的水果及坚果(0812)、什坚果、干果(0813)和柑橘属水果或甜瓜的果皮(0814)就都属于第三种现象,它们的贸易互补性和贸易竞争性是交替出现的,并不是一种稳定的状态。例如,鲜或干的香蕉(0803)的OBC系数除了在2007年和2008年是负数外,其余8年均为正值,但是双方的贸易互竞性并不大,因此双方在鲜或干的香蕉(0803)的总体贸易中还是表现为贸易互补的。从双方贸易暂时保存的水果及坚果(0812)的OBC系数观察出,2001~2003年的OBC系数为正值,表现为贸易的互补,2004~2007年表现为贸易的互竞,2006~2010年又转换为越来越强的贸易互补,贸易间的波动性比较大。同样可以看出什坚果、干果(0813)在2001~2004年的OBC系数都为正值,但是贸易互补性不断下降,从2005年开始表现为贸易互竞,竞争性逐步变大,但是到2010年又表现为互补性。最后来分析柑橘属水果或甜瓜的果皮(0814),除了2001年OBC指数为负数和2003年OBC系数为0外,其余8个年份均为负值,这说明中国-东盟在柑橘属水果或甜瓜的果皮(0814)的贸易上总体是具有竞争性的。

最后,在观察期内椰枣、无花果、菠萝、石榴、芒果及山竹等(0804)的OBC系数全为负数,这说明中国-东盟在椰枣、无花果、菠萝、石榴、芒果及山竹等(0804)的贸易上表现为竞争性,2001~2004年可以看出竞争性越来越小,在2004~2005年的OBC系数均为-0.01,2007~2008年的竞争性有稍微上升的趋势。椰枣、无花果、菠萝、石榴、芒果及山竹等(0804)表现出此现象的原因是中国部分地区地处亚热带地区,如海南、福建等地,其也可生产出菠萝、芒果等热带水果,因此就会和东盟在部分水果上形成竞争性。同时也证明了上文中相似性特征里面的部分内容(表10-1)。

10.2　中国–东盟水果贸易的 TCD 实证分析

10.2.1　贸易结合度指数描述

贸易结合度指数（TCD）是衡量双方在贸易关系中的相互依存度的一个非常综合性的指标，反映的是一国对另一国的出口占该国出口总额的比例，与另一国家的进口总额占世界进口总额的比例之比。该指标数值越大，两国在贸易方面的相互依存度越高，彼此联系越紧密。

$$TCD_{ab} = (X_{ab}/X_{a})/(M_{b}/M_{w}) \qquad (10\text{-}2)$$

式中，TCD_{ab} 表示 a 国对 b 国的贸易结合度；X_{ab} 表示 a 国对 b 国的出口额；X_{a} 表示 a 国出口总额；M_{b} 表示 b 国进口总额；M_{w} 表示世界进口总额。如果 $TCD_{ab}>1$，则表明 a、b 两国在贸易方面的联系紧密；如果 $TCD_{ab}<1$，则表明 a、b 两国在贸易方面的联系松散。

10.2.2　中国–东盟水果种类的 TCD 实证分析

1. 中国对东盟水果种类的 TCD 实证分析

根据中国对东盟的贸易结合度的测算，可以得出双方在具体水果种类的联系紧密程度分为三种情况。

首先，双方贸易联系非常紧密。通过表 10-2 可以看出鲜或干的柑橘属水果（0805），鲜的苹果、梨（0808），什坚果、干果（0813）的 $TCD_{中国东盟}$ 指数始终大于 1，这说明中国和东盟在此类水果的贸易方面联系紧密，对东盟各国的出口额非常大，优势很明显。其中双方在鲜或干的柑橘属水果（0805）的紧密程度是越来越大，总体上呈逐年上升的趋势；鲜的苹果、梨（0808）的贸易方面也联系非常紧密，2001～2005 年相互依存度越来越高，$TCD_{中国东盟}$ 指数在 2004 年高达 11.84，虽然 2006 年以后双方在此类水果的贸易联系紧密程度开始下降，但是整体上根本不会影响双方之间非常紧密的联系。什坚果、干果（0813）$TCD_{中国东盟}$ 指数始终大于 1，但是变动非常大，2001 年该指数高达 54.24，2008 年仅有 2.40，逐年下降的速度非常快。

其次，双方贸易联系紧密与松散共存。比如鲜或干的葡萄（0806）的中国对东盟的贸易结合度指数在 2001～2008 年小于 1，说明双方贸易联系松散，但是这种松散程度逐年得到改善，2009 年处于联系紧密状态，而且紧密程度开始上升，2010 年该指数上升到 1.16。另外暂时保存的水果及坚果（0812）的 $TCD_{中国东盟}$ 指数高低波动频繁，但是总体上贸易联系变得相对松散。

最后，双方贸易联系一直松散。除了以上提到的几个水果种类外，中国的另外几个水果种类对东盟各国的贸易联系非常松散，这说明中国的这些水果种类对东盟各国的出口非常少，不具备比较优势，东盟对中国的依存度非常低。

表 10-2　2001~2010 年中国对东盟所有种类水果的 TCD 指数

水果种类	2001 年	2002 年	2003 年	2004 年	2005 年	2006 年	2007 年	2008 年	2009 年	2010 年
0801	0.00	0.00	0.00	—	—	—	—	—	—	0.01
0802	0.67	0.71	0.64	0.66	0.60	0.56	0.37	0.27	0.27	0.26
0803	—	—	—	—	0.00	0.00	0.00	0.00	0.00	0.00
0804	0.01	0.01	0.01	0.02	0.07	0.04	0.02		0.03	0.02
0805	3.00	3.14	3.41	3.47	4.48	3.63	3.95	5.98	6.07	5.22
0806	0.01	0.12	0.25	0.25	0.22	0.35	0.49	0.66	1.06	1.16
0807	0.04	0.10	0.10	0.08	0.14	0.13	0.08	0.19	0.29	0.34
0808	9.65	10.38	11.02	11.84	11.39	9.95	8.22	8.71	6.81	6.95
0809	0.08	0.04	0.06	0.04			0.07	0.07	0.15	0.11
0810	0.10	0.16	0.21	0.25	0.32	0.20	0.33	0.48	0.93	1.08
0811	0.01	0.01		0.06	0.09	0.11	0.12	0.08	0.07	0.13
0812	4.17	3.12	0.63	2.18	1.46	0.93	0.51	0.86	2.62	1.11
0813	54.24	45.23	28.93	22.47	14.38	11.42	4.16	2.40	11.32	4.07
0814	0.52	0.28	0.09	0.15	0.09	0.04	0.01	0.01	0.43	0.03

"—"表示数据缺失

资料来源：联合国贸易统计署统计资料，经作者整理计算所得

2. 东盟对中国水果种类的 TCD 实证分析

根据东盟对中国的贸易结合度的测算，可以得出双方在具体水果种类的联系紧密程度也是分为三种情况。

首先，双方贸易联系非常紧密。通过表 10-3 可以看出鲜或干的香蕉（0803），榴莲、荔枝、红毛丹等其他鲜果（0810）的 $TCD_{东盟中国}$ 指数都大于 1，这说明东盟的这几个水果种类与中国的贸易联系非常紧密，对中国的出口额很大，这几个水果都是热带水果，是东盟比较优势非常明显的种类。鲜或干的香蕉（0803）的 $TCD_{东盟中国}$ 指数最高为 5.06，2009 年降为 2.85，总体上有下降趋势。榴莲、荔枝、红毛丹等其他鲜果（0810）的 $TCD_{东盟中国}$ 指数总体上呈逐年上升的趋势，

这说明东盟对中国在此类水果的贸易上联系越来越紧密。

表 10-3　2001~2010 年东盟对中国所有种类水果的 TCD 指数

水果种类	2001 年	2002 年	2003 年	2004 年	2005 年	2006 年	2007 年	2008 年	2009 年	2010 年
0801	1.00	1.18	0.66	0.33	0.52	0.56	1.01	2.20	2.00	1.32
0802	0.10	0.11	0.11	0.03	0.03	0.04	0.03	0.04	0.01	0.06
0803	4.48	4.59	5.06	4.15	4.11	4.75	3.56	3.14	2.85	3.08
0804	0.80	1.08	1.21	1.80	1.87	1.28	2.22	1.85	2.58	2.11
0805	0.03	0.06	0.04	0.02	0.07	0.31	0.14	0.14	0.08	0.05
0806	0.00	0.00	0.00	0.00	—	—		0.00	0.00	—
0807	0.29	0.62	0.44	0.49	0.88	1.13	0.80	0.65	0.55	0.47
0808						0.00				
0809	0.07	0.00	0.00	0.01	—	—		—	0.00	—
0810	5.49	5.87	6.04	6.52	6.31	6.83	6.44	6.68	6.77	6.27
0811	0.01	0.01	0.01	0.01	0.00	0.00		0.01	0.00	0.01
0812	0.01	0.01	0.02	0.01	0.02	0.02	0.01	0.01	0.01	
0813	1.56	1.87	1.44	1.41	1.18	1.38	1.91	1.43	1.53	0.93
0814	—									

"—"表示数据缺失

资料来源：联合国贸易统计署统计资料，经作者整理计算所得

其次，双方贸易联系紧密与松散共存。鲜或干的椰子、巴西果及腰果（0801），椰枣、无花果、菠萝、石榴、芒果及山竹等（0804），鲜的甜瓜（包括西瓜）及木瓜（0807），什坚果、干果（0813）的 $TCD_{东盟中国}$ 指数大于 1 与小于 1 的状态共存。鲜或干的椰子、巴西果及腰果（0801）除了在 2003~2006 年与中国的贸易联系松散外，其余几个年份的均为联系紧密。椰枣、无花果、菠萝、石榴、芒果及山竹等（0804）仅在 2001 年与中国的贸易联系松散，其余 9 年均表现为联系紧密，而且紧密程度是总体上升的趋势。鲜的甜瓜（包括西瓜）及木瓜（0807）仅在 2006 年与中国贸易联系紧密，其余年份都是松散的，因此东盟的此类水果总体上是与中国的贸易联系是松散的。什坚果、干果（0813）的 $TCD_{东盟中国}$ 指数在 2010 年为 0.93，虽然其余年份大于 1，但是东盟对中国贸易联系紧密程度要远远低于中国对东盟的贸易联系紧密程度。

最后，双方贸易联系一直松散。除了以上提到的几个水果种类外，其他水果种类的 $TCD_{东盟中国}$ 指数小于 1，而且数值非常小，这说明东盟这些水果种类与中国的贸易联系非常松散。

10.3　结论与讨论

10.3.1　OBC 指数分析结论

通过上文利用 OBC 指数对中国-东盟水果贸易的详细分析，可以得出以下结论。

首先，双方水果贸易部分种类呈贸易互补状态。中国与东盟的鲜或干的其他坚果（0802），鲜或干的柑橘属水果（0805），鲜的杏、樱桃、桃类、梅及李（0809），榴莲、荔枝、红毛丹等（0810）的 OBC 系数均为正值，说明它们在观察期内贸易一直呈互补状态，水果贸易联系紧密。

其次，双方水果贸易部分种类互补性与互竞性交替出现。鲜的苹果、梨（0808）和冷冻水果及坚果（0811）的贸易都是在前期表现为互竞性，后期表现为互补性，尤其是鲜的苹果、梨（0808）在 2005 年后的互补性越来越明显。鲜或干的椰子、巴西果及腰果（0801）和鲜的甜瓜（包括西瓜）及木瓜（0807）的贸易都是前期表现为互补性，后期转为互竞性。鲜或干的香蕉，包括芭蕉（0803），暂时保存的水果及坚果（0812），什坚果、干果（0813）和柑橘属水果或甜瓜的果皮（0814）的贸易都是互补性与互竞性交替出现的，状态不稳定。

最后，双方水果贸易部分种类表现为互竞性。椰枣、无花果、菠萝、石榴、芒果及山竹等（0804）表现为互竞性，而且近几年互竞性有稍微上升的趋势。

10.3.2　TCD 指数分析结论

通过利用 TCD 指数分别对中国与东盟的水果种类进行了分析，得出以下结论。

首先，双方部分水果种类贸易联系紧密。中国的鲜或干的柑橘属水果（0805），鲜的苹果、梨（0808），什坚果、干果（0813）及东盟的鲜或干的香蕉（0803），榴莲、荔枝、红毛丹等其他鲜果（0810）的 TCD 指数都大于 1，因此双方在此类水果贸易中联系紧密，互补性很强。

其次，双方部分水果种类贸易联系与松散共存。中国的鲜或干的葡萄（0806），暂时保存的水果及坚果（0812）及东盟的鲜或干的椰子、巴西果及腰果（0801），椰枣、无花果、菠萝、石榴、芒果及山竹等（0804），鲜的甜瓜（包括西瓜）及木瓜（0807），什坚果、干果（0813）的 TCD 指数大于 1 与小于 1 均存在。其中鲜或干的葡萄（0806），鲜或干的椰子、巴西果及腰果（0801），什坚果、干果（0813）的贸易联系由松散转为紧密；鲜的甜瓜（包括西瓜）及木瓜（0807），暂时保存的水果及坚果（0812）的紧密程度逐渐，逐渐转为松散的状态。

最后，双方部分水果种类贸易松散。中国除前两种现象提到的水果种类外，其余的水果种类与东盟的联系均表现为松散的状态，与东盟贸易联系紧密的主要是温带水果。同样，东盟也如此，除前两种现象提到的水果种类外，其余的水果种类与中国的联系均表现为松散的状态，与中国贸易联系紧密的主要是热带水果。

第 11 章
东盟水果市场的状态与特征分析

东盟十国包括中南半岛上的老挝、柬埔寨、缅甸、泰国、越南、马来西亚 6 国及太平洋上的新加坡、文莱、菲律宾、印度尼西亚 4 国。东盟的地理位置相当优越，位于中国的南面，北接中国内地，南望澳大利亚，东濒太平洋，西邻印度洋，并与孟加拉国、印度接壤，连接亚洲、非洲、大洋洲三大洲和两大洋，处在"十字路口"的位置，全区由中南半岛和马来群岛组成。再加上独特的自然气候条件，东盟国家的各种资源，如农业、旅游和矿产资源极其丰富，泰国的大米、马来西亚和印度尼西亚的棕榈油，再加上泰国和印度的橡胶，在世界上极负盛名。对东盟水果市场的具体研究，有利于我国对此有比较清楚的认识，从而为提高自身竞争能力和出口能力打下坚实基础。

11.1　东盟市场的状态与特征分析

11.1.1　东盟各国是世界上热带水果的重要供给基地

东盟优越的地理位置加上得天独厚的气候条件，使东盟各国不仅拥有种类繁多的热带经济作物，而且产量丰富，如热带水果，在国际贸易中占据非常重要的位置，而且东盟水果出口一直是东盟国家收入的重要来源。2001 年东盟的水果产量 3644.80 万吨，2003 年的总产量为 4120.35 万吨，2005 年的水果产量增长到 4529.58 万吨，2007 年高达 4952.06 万吨，产量总体上呈现出快速上升的趋势。但是东盟十国的经济发展也是不平衡的，呈现出多层次的经济发展状况，因此它们的水果产业技术、生产效果也是各不相同的。例如，缅甸、老挝和柬埔寨的经济实力相对较差，农业各方面的发展都比较落后。东盟十国中主要的水果生产国是越南、泰国、菲律宾、印度尼西亚和马来西亚，因此将以这五国作为研究对象来分析东盟水果的市场供给。

菲律宾是个热带海岛国家，这里每年就两个季节，夏季和雨季，独特的气候条件使这里的水果颇具异域特色，作为传统农业国的菲律宾，水果产业非常发达，这里盛产椰子、香蕉、芒果、菠萝蜜等，是当地的主要经济作物之一，其中椰子产量位居世界第一，香蕉产量位居世界第二（万俊敏，2008）。因此，菲律宾这几个水果出口到世界的金额也是非常大的。2001年菲律宾鲜或干的椰子、巴西果及腰果（0801）的出口额是0.64亿美元，2005年的出口额为1.29亿美元，2010年的出口额为1.54亿美元，出口额呈快速上升的趋势。2001年菲律宾出口0803的金额为2.97亿美元，2005年出口额为3.63亿美元，2010年出口额为3.19亿美元，在东盟鲜或干的香蕉（0803）总出口额中所占比例分别为95.81%、96.29%、94.94%，可见东盟向全世界出口的香蕉类水果基本上都来自菲律宾。2001年菲律宾出口椰枣、无花果、菠萝、石榴、芒果及山竹等（0804）的金额为0.63亿美元，2005年是0.76亿美元，2010年为0.86亿美元，分别占东盟0804总出口额的64.29%、62.30%、43.65%。综合以上数据可以看出菲律宾此三个水果种类在东盟向全世界供给此类热带水果中扮演着非常重要的角色。

相对于传统的农业国，泰国、马来西亚、越南和印度尼西亚的农业是比较发达的，除了拥有富饶的土地和廉价劳动力外，它们在农业投资、先进技术、生产效率和发展速度等方面都是非常强、高、快的，其种植面积非常大，产量也非常高。虽然东盟水果的主要生产国家在一年四季均可种植种类繁多的热带干鲜水果，但是主要生产国也要受到其地理位置和环境的限制，从而分别种植出不同种类不同数量的水果，如越南以龙眼为多，泰国以芒果见长。从国别贸易来看，菲律宾、泰国和越南是东盟国家对世界水果出口额最多的3个国家，其次是印度尼西亚和马来西亚。2001~2004年及2006年菲律宾是东盟国家中水果出口额最大的一个国家，占东盟水果总出口额的32.23%以上。2005年及2007~2009年越南对世界的水果出口额超过菲律宾，成为东盟出口额最大的一个国家，占东盟水果总出口额的33.12%，而且这一比例逐年增长，2005年和2007年为33.12%，2008年增长到39.40%，2010年高达44.21%。2001~2010年泰国和印度尼西亚的水果出口额总体呈上升的趋势，因此其占东盟水果总出口额的比例整体上也是不断增加的。泰国由2001年的15.86%增长到2005年的16.61%，2009年高达20.96%。马来西亚对世界水果的出口额总体上有下滑的趋势，因此其所占的比例也是不断减小的，2001年为7.70%，2005年降低为4.42%，2010年继续减少，仅占3.27%。因此可以得出结论，菲律宾、越南和泰国三个国家又是东盟五大主要水果出口国中的重点出口国，每年不断向全世界提供大量优质的热带水果，满足消费者的大量需求（表11-1）。

表 11-1 2001～2010 年东盟主要水果出口国出口额占东盟水果总出口额的比例

年份	菲律宾	越南	泰国	马来西亚	印度尼西亚
2001	33.44	29.85	15.86	7.70	8.12
2002	35.77	23.94	16.77	7.78	10.00
2003	36.45	24.20	16.76	6.40	10.00
2004	32.23	31.29	16.65	5.36	9.54
2005	30.61	33.12	16.61	4.42	10.94
2006	32.68	30.02	17.45	4.10	11.54
2007	29.13	33.12	18.17	3.31	12.16
2008	27.04	39.40	15.98	2.82	10.96
2009	22.35	40.08	20.96	3.12	9.85
2010	19.14	44.21	19.43	3.27	10.05

资料来源：联合国贸易统计署统计资料，经作者整理计算所得

11.1.2 东盟各国温带水果的市场较大

东盟的气候和环境决定其仅适合种植热带水果，除了在个别山区可种植温带水果外，绝大多数地区都是没办法种植温带水果的。个别山区的种植面积和产量甚微，对满足当地温带水果的市场需求可以忽略不计。

东盟各国对温带水果的需求较大，除了自然条件的限制外，还有两个非常重要的社会、经济原因：一是东盟各国经济的快递发展、GDP 的不断增长、人口的快速增加，造成各国国内的需求连续上涨。二是东南亚是华人、华侨最集中的地区。

首先，据 2002 年统计，东盟十国总人口约为 5.27 亿，GDP 为 64.39 亿美元，但 2010 年东盟十国人口却增长为 6.01 亿，GDP 高达 1.8 万亿美元，短短近十年的时间经济发生了翻天覆地的变化，发展非常迅速。人口和 GDP 的快速大幅增长，必然促使当地市场需求的不断扩大，消费者的购买力也会逐渐增长。就从水果市场来看，2001 年东盟从世界各国进口的水果总额为 6.83 亿美元，2005 年进口额迅速增长到 10.02 亿美元，2010 年这一金额居然高达 23.59 亿美元，上涨的速度非常迅猛，这说明东盟的水果市场非常广阔，发展潜力巨大。具体到不同的水果种类来看，东盟向世界各地进口的主要是鲜或干的柑橘属水果（0805），鲜或干的葡萄（0806），鲜的苹果、梨（0808）。2001 年东

盟向世界进口的鲜或干的柑橘属水果（0805）为1.34亿美元，占东盟水果进口总额的19.68%，2009年东盟进口鲜或干的柑橘属水果（0805）的总金额为4.05亿美元，所占比例为20.13%，东盟进口世界鲜或干的柑橘属水果（0805）的金额也是呈快速上升的趋势，这也说明东盟水果市场对鲜或干的柑橘属水果（0805）的需求是不断扩大的。2001年东盟进口鲜或干的葡萄（0806）的金额为0.65亿美元，占东盟水果进口总额的9.52%，2005年进口额为1.11亿美元，所占比例为10.02%，2010年东盟进口鲜或干的葡萄（0806）金额高达2.55亿美元，其所占比例稍微出现下降，为10.80%，但总体上东盟进口鲜或干的葡萄（0806）的金额是呈上升趋势的。东盟进口量最大的水果种类是典型的温带水果鲜的苹果、梨（0808），2001年东盟从世界进口的鲜的苹果、梨（0808）金额为2.33亿美元，占东盟水果进口总额的34.05%，进口额也表现出迅猛增长的势头，2006年进口额上升到38.83亿美元，2010年这一金额暴涨到65.60亿美元，近十年来东盟从世界进口鲜的苹果、梨（0808）的金额始终占东盟进口水果总额的27.12%以上，是东盟进口的第一大温带水果种类。以上数据足以说明，随着经济、人口的不断增长，东盟对温带的水果的市场需求会越来越旺盛。同时也表现出我国的温带水果在东盟会有广阔的发展空间和市场潜力。

同时，在近十年的时间内东盟各个国家经济也发生了崭新的变化，人口也得到了快速的增长。2002年印度尼西亚的人口约为2.1亿，GDP为1.72亿美元；泰国人口为0.62亿，GDP为1.27亿美元；马来西亚人口为0.24亿，GDP为0.95亿美元；新加坡人口为0.04亿，GDP为0.87亿美元；菲律宾人口为0.79亿，GDP为0.78亿美元；越南人口为0.80亿，GDP仅为0.35亿美元。到2010年印度尼西亚的人口增长为2.39亿，GDP高达7067.35亿美元，GDP世界排名18，东盟排名第1；泰国的人口增长到0.69亿，GDP金额为3188.50亿美元，GDP排名世界30，东盟排名第2；马来西亚的人口变为0.31亿，GDP值增长到2379.59亿美元，世界排名第37，东盟排名第3；新加坡的人口为0.05亿，GDP为2226.99亿美元，世界排名第40，东盟排名第4；菲律宾的人口0.94亿，GDP为1887.19亿美元，世界排名第47，东盟排名第5；越南的人口为0.90，GDP为1035.74亿美元，世界排名第59位，东盟排名第6。因此看出，它们的经济发展势头异常迅猛，GDP增长的幅度巨大，经济得到了腾飞。

随着经济的快速发展，各国的水果市场需求也是不断增长的。2001年印度尼西亚的水果进口总额为1.42亿美元，2005年进口金额为2.17亿美元，2010年进口额高达6.55亿美元，连续十年内其水果进口额始终占东盟水果总进口额的 20.79% 以上。2001 年泰国的水果进口额为 0.62 亿美元，2005 年进口额为 1.33 亿美元，2010 年增长到 3.66 亿美元，其进口额分别占据东盟水果总进口额的 9.10%、13.26%、15.51%。2001 年马来西亚进口的水果金额为 1.18 亿美元，2005 年为 1.34 亿美元，2010 年为 3.03 亿美元，其 10 年的进口额均占据东盟水果总进口额的 11.76% 以上。新加坡由于不是以农业为主的国家，本国的水果主要从东盟及其邻国进口，因此新加坡的水果进口额非常大，再加上新加坡是国际上重要的水果贸易中转市场。例如，2001 年进口额为 2.62 亿美元，2005 年为 3.04 亿美元，2010 年为 4.70 亿美元，在东盟水果进口总额中的比例一直保持在 19.93% 以上，2005 年以前这一比例一直高达 30.34% 以上。通过观察，菲律宾水果的进口额相对较少，在近十年来东盟水果总进口额中所占比例一直在 2.28% ~ 6.13% 波动。越南的水果进口额也呈快速上涨的趋势，2001 年进口额仅为 0.46 亿美元，2005 年进口额占东盟水果总进口额的 17.47%，金额高达 1.75 亿美元。2010 年的进口额为 4.51 亿美元，进口所占比例也达到最高位，为 19.11%。

其次，东盟各国对温带水果的需求较大的第二个原因就是中国和东南亚地区地理位置的邻近、交通的便利再加上人文环境的诸多联系，东南亚地区是世界上华侨、华人最集中的地区。在东南亚国家华人的人数非常多，对东南亚国家的经济发展作出了巨大贡献。据不完全统计，近年来华人华侨约占东南亚人口总数的 5%，人口高达 2500 万人左右，其中 1900 万人高度集中在泰国、菲律宾、新加坡、马来西亚、印度尼西亚五个国家（廖永红，2011）。因此，东盟地区华侨华人的水果市场空间是非常巨大的。但是由于东盟地区比较盛产热带水果，温带水果几乎不能生产，在这么多华侨、华人的拉动下，东盟对中国等地区盛产苹果、鲜梨、栗子、核桃等温带水果的市场需求是非常大的，而且这种需求是比较长期和稳定的。

11.2 主要水果出口国在东盟市场上的竞争状态

通过上面对东盟自然因素及人口、GDP 等社会经济状况的分析和描述，可以看出东盟市场在水果的国际贸易中占据着非常重要的地位，而且产生的影响力越来越大。因此，世界上的各大水果出口国，如美国、澳大利亚、新西兰、智利及东盟会员国都在为占据东盟市场上的一席之地作出积极努力。只有分析清楚各大水果出口国在东盟市场的占有率，才能明确得出相互之间的竞争状态，从而才能为自身在东盟更好地发展制定出合理的政策。

11.2.1 市场占有率（PRM）描述

针对特定市场而言，市场占有率 PRM（possession ratio of market）是最能体现竞争优势差别的指标。

$$PRM_i = M_i(C \leftarrow A)/M_i(C \leftarrow W) \tag{11-1}$$

式中，PRM_i 表示 A 国 i 产品在 C 市场的占有率；M_i（C←A）表示 C 国自 A 国进口 i 商品的进口额，M_i（C←W）表示 C 国从世界进口 i 商品的进口总额。PRM_i 越大，表示 A 国 i 产品在 C 市场的竞争力越强，反之则越弱。

11.2.2 主要水果出口国在东盟市场的占有率

从表 11-2 可以观察出，在 2001～2010 年东盟水果贸易的市场占有率整体上比较高的有中国、美国、澳大利亚、马来西亚、泰国和印度尼西亚六个国家，通过综合分析东盟市场占有率的大小对这 6 个国家进行排序，就可以很明显地看出哪个国家的水果在东盟市场的竞争力是相对比较强的，反之则相对较弱。通过排序发现，$PRM_{中国}$ ＞$PRM_{美国}$ ＞$PRM_{泰国}$ ＞$PRM_{澳大利亚}$ ＞$PRM_{印度尼西亚}$ ＞$PRM_{马来西亚}$。我国水果的东盟市场占有率居于榜首，一直处于比较高的位置，除了 2001 年东盟市场占有率为 27.28% 以外，2002～2010 年均在 30.56% 以上，特别是"早期收获计划"的实施及双方水果贸易关税降为零关税等便利性条件的逐步开放，我国出口到东盟市场的水果产品更是大幅增长。从年度变动趋势来看，我国水果的东盟市场占有率呈现出稳中不断上升的良好态势，2009 年的中国水果的东盟市场占有率高达 41.01%，达到近十年来的最高水平，这种现象也说明了我国水果在东盟是有巨大市场的，同时也彰显了我国水果产业在东盟具有较高的竞争力水平，中国和东盟是双方彼此重要的贸易合作伙伴。美国是第二大主要东盟水果出口国，在东盟的水果市场上也占据着非常重要的地位。在近十年的观察期内，美国水果在东盟的市场占有率一直处于 12.65% 以上，但是美国水果在东盟的市场占有率总体上呈不断下降的趋势。2001 年美国水果的东盟市场占有率为 20.30%，2009 年降到近十年来的最低水平，东盟市场占有率变为 12.65%，与 2001 年相比下降了将近 8 个百分点，这在某种程度上反映了美国的水果在东盟的市场上的竞争力水平有变弱的趋势。接下来就是分析泰国、澳大利亚、印度尼西亚、马来西亚的东盟市场占有率，在近十年内，泰国在东盟的市场占有率表现出时高时低的波动状态，但是从总体来看还是呈现出慢慢上升的趋势，2009 年的东盟市场占有率为 10.41%，达到历史的最高水平。澳大利亚和马来西亚的东盟市场占有率呈现出一个共同的特点，就是总体上有不断下降的趋势。2001 年澳大利亚水果的东盟市场占有率为 11.13%，2010 年达到历史最低水平，仅有 3.89%。2001 年马来西亚水果的东盟市场占有率为 8.60%，同样也在 2010 年降为最低值，只有 2.00%。这也说明了澳大利亚和马来西亚在东盟水果市场上的竞争力是逐渐减弱的。最后印度尼西亚的水果在东盟的市场占有率也表现出前后增减不断波动的趋势，先由 2001 年的 0.79% 大幅增长到 2003 年的 6.29%，2004 年以后就是降增开始交替出现，波动性比较大。

表 11-2 2001~2010 年我国与主要水果出口国的东盟市场占有率

（单位：%）

国家	2001 年	2002 年	2003 年	2004 年	2005 年	2006 年	2007 年	2008 年	2009 年	2010 年
中国	27.28	30.56	31.94	32.11	34.20	38.08	38.53	37.74	41.01	38.55
美国	20.30	19.17	18.39	16.57	16.78	15.06	13.29	13.53	12.65	13.46
澳大利亚	11.13	10.67	8.37	8.05	6.79	6.78	5.03	5.10	5.86	3.89
新西兰	2.91	2.56	2.31	1.58	1.25	1.47	1.46	1.97	2.04	2.33
智利	0.94	0.63	0.78	1.14	0.73	1.43	0.69	1.00	0.83	1.03
印度尼西亚	0.79	1.67	6.29	5.11	5.34	5.09	5.67	4.12	4.01	5.63
马来西亚	8.60	7.30	6.12	5.08	4.21	3.73	2.76	2.44	2.21	2.00
泰国	7.18	7.70	6.80	7.94	7.62	8.58	10.00	8.31	10.41	7.94
越南	0.36	0.58	0.68	1.16	1.44	1.36	1.55	1.96	1.67	2.27
柬埔寨	0.20	0.35	0.94	1.69	2.12	1.54	1.43	1.88	1.31	1.60
菲律宾	0.80	0.84	0.92	0.99	1.06	0.85	0.83	0.83	0.82	0.84

资料来源：联合国贸易统计署统计资料，经作者整理计算所得

11.2.3 主要水果出口国具体水果种类在东盟市场的占有率

通过上文对主要东盟水果出口国在东盟市场的占有率的分析，得知近十年来我国水果的总体东盟市场占有率远远高于美国、泰国、澳大利亚、印度尼西亚、马来西亚等国，但从表 11-3 可以观察出我国一些水果的东盟市场占有率却远远低于这些贸易大国（张复宏和胡继连，2011）。鲜或干的椰子、巴西果及腰果（0801）在东盟市场占有率最高的是印度尼西亚，2009 年和 2010 年均保持在 22.18%，远远高于东盟会员国和其他水果贸易大国，此水果属于热带水果，是我国主要进口的水果之一。鲜或干的其他坚果（0802）的东盟市场

占有率最高的是美国，而且保持稳中上升的发展势头，2010 年高达 34.59%，比中国高出将近 16 个百分点，差距非常大，这说明美国的鲜或干的其他坚果（0802）在东盟水果市场的竞争优势是非常大的。其次印度尼西亚在此种类水果的东盟市场占有率也高于中国，2009 年为 24.74%，比中国高出将近 5 个百分点。因此中国、美国、印度尼西亚和澳大利亚的鲜或干的其他坚果（0802）在东盟市场的竞争非常激烈。鲜或干的香蕉（0803）属于热带水果，虽然在中国也有盛产，但是远远不能满足国内的需求，需要从国外大量进口，才能满足本国人民的需求。马来西亚的此类水果在东盟市场的占有率非常高。中国和澳大利亚的椰枣、无花果、菠萝、石榴、芒果及山竹果等（0804）的东盟市场占有率远远低于泰国，分别名列第 2 和第 3 位，2010 年中国仅为 7.97%，与 2008 年相比，呈现出上升的趋势，但是上升的幅度非常小。中国与泰国差距非常大，2009 年泰国的东盟市场占有率为 36.92，高出中国 29 个百分点。2010 年泰国的东盟市场占有率虽然出现小幅下降，但仍然高达 32.61%，虽然缩小了中国与泰国的差距，但这种差距仍然是巨大的。泰国的椰枣、无花果、菠萝、石榴、芒果及山竹果（0804）在东盟市场的竞争优势非常明显，是其他贸易大国无法比拟的。中国的鲜或干坚的柑橘（0805）在东盟的市场占有率以非常明显的竞争优势位居榜首，但是 2010 年出现小幅下降的趋势，2010 年东盟市场占有率达 69.03%，比 2009 年下降了大约 4 个百分点，但是这不足以撼动中国的鲜或干坚的柑橘（0805）在东盟拥有最大市场的地位。近两年来，中国鲜或干的葡萄（0806）的东盟市场占有率保持在 21.37% 以上，高于澳大利亚，但两国均远低于美国。2009 年美国的东盟市场占有率为 39.56%，2010 年继续保持高速增长的势头，2010 年高达 41.95%，比中国高出 20 个百分点，比澳大利亚高出 30 个百分点，竞争优势是非常明显的。2009～2010 年中国鲜的甜瓜（包括西瓜）及木瓜（0807）的东盟市场占有率远低于马来西亚但高于澳大利亚，位列第 2 位。2009 年马来西亚的东盟市场占有率高达 43.09%，2010 年持续增长到 44.06%。中国的东盟市场占有率分别为 33.01%、31.74%，低于马来西亚 10 多个百分点，差距非常大。澳大利亚尽管在 2010 年比 2009 年的东盟市场占有率高，但这种涨幅是非常小的，比马来西亚低将近 29 个百分点。鲜的苹果、梨（0808）是中国在东盟水果市场最具竞争优势地位的水果种类，近两年东盟市场占有率分别高达 72.25% 和 72.75%，而且这种竞争优势的地位是比较稳定的，2010 年比居第 2 位的美国高出了 61 个百分点，这说明东盟水果市场的苹果绝大多数都来自中国，市场非常巨大。中国的鲜的杏、樱桃、桃类、梅及李（0809）的东盟市场占有率远低于美国和澳大利亚，在东盟市场不具有特别大的竞争优势。2009 年美国的东盟市场占有率为 41.64%，2010 年高达 45.89%，同期的中国只有 12.15% 和 7.24%。在观察期内中国的冷冻水果及坚果（0811）和暂时保鲜的水果及坚果（0812）在东盟的市场占有率高于美国，其他比较国所占的市场份额都不高。柑橘属水果或甜瓜的果皮（0814）在东盟市场占有率最高的是美国，2009 年高达 55.08%，竞争优势非常明显，排第 2 位的是澳大利亚，我国的市场份额非常低，排在第三位。由此可见，在观察期内我国出口水果产品中，各水果种类之间的出口竞争优势存在着较大的差异，除苹果、梨、柑橘三大种类及部分的冷冻或暂时保鲜的水果、坚果外，其他水果种类的竞争优势并不特别明显。

表 11-3 2009~2010 年我国与主要水果出口国具体种类的东盟市场占有率

（单位:%）

水果种类	中国		美国		泰国		澳大利亚		印度尼西亚		马来西亚	
	2009 年	2010 年	2009 年	2010 年	2009 年	2010 年	2009 年	2010 年	2009 年	2010 年	2009 年	2010 年
0801	0.18	0.19	0.19	0.41	1.88	1.40	0.02	0.03	22.30	22.18	1.10	0.78
0802	19.85	18.50	32.22	34.59	0.36	0.48	12.97	12.65	24.74	23.32	0.66	0.43
0803	0.74	0.18	0.01	0.01	1.57	1.58	0.09	0.09	0.00	0.02	31.04	29.38
0804	7.51	7.97	1.49	1.39	36.92	32.61	5.50	5.21	0.90	0.43	4.75	4.01
0805	73.37	69.03	7.30	11.29	1.31	0.72	6.31	4.34	0.01	0.01	0.58	0.71
0806	23.00	21.37	39.56	41.95	0.09	0.07	22.51	11.61	0.00	—	0.15	0.08
0807	33.01	31.74	0.49	0.25	1.87	1.44	14.89	15.85	1.46	1.20	43.09	44.06
0808	72.25	72.75	12.52	11.32	0.02	0.00	0.60	0.37	0.01	0.01	0.14	0.16
0809	12.15	7.24	41.64	45.89	0.19	0.14	24.36	20.42	—	—	0.15	0.04
0810	10.18	10.22	4.64	6.06	58.21	50.73	1.34	1.77	0.30	0.35	4.68	4.32
0811	47.55	49.60	6.72	27.34	3.90	1.59	8.41	4.52	0.97	0.33	0.97	0.33
0812	63.16	58.62	4.20	8.48	0.60	0.13	0.37	0.57	—	0.00	0.02	0.02
0813	20.63	20.10	16.85	16.11	28.26	30.52	0.96	0.72	8.60	8.56	1.77	1.39
0814	3.94	3.63	55.08	45.85	1.80	2.91	8.88	15.53	—	—	0.05	0.09

"—"表示数据缺失

资料来源：联合国贸易统计署统计资料，经作者整理计算所得

11.3 东盟市场准入便利性与壁垒性共存

11.3.1 市场准入的概念描述

市场准入是指一国允许外国的货物、劳务与资本参与国内市场的程度。也

就是在国际贸易方面两国政府间为了相互开放市场而对各种进出口贸易的限制措施，其中包括关税和非关税壁垒准许放宽的程度的承诺。

11.3.2　中国−东盟水果贸易相关协定和共同措施

为了扩大双方的经贸交往，加强与东盟自由贸易区的联系，中国与东盟国家共同制定了一系列的框架协议，不断为彼此的贸易发展提供便利性条件。2002 年 11 月，双方就投资、经贸等方面提出了进一步合作，签订了《中国东盟全面经济合作框架协议》，实现货物贸易自由化的同时，开创了更多便利化的合作机制等。2003 年 6 年 18 日，中泰双方为尽早享受到自贸区带来的好处，签署了《早期收获计划》，中泰两国自 2003 年 10 月 1 日起，提前实现中泰之间水果贸易的零关税。2004 年 4 月 12 日，中泰签署了《关于卫生与植物卫生合作谅解备忘录》，对中国输往泰国的苹果、梨、葡萄和枣等水果规定了六方面的条件，双方合作又得到进一步发展。2004 年 11 月，双方签署了《货物贸易协议》，除了在 2004 年 "早期收货计划" 已经降税的产品和一些敏感产品外，另外将会有其他大约 7000 种产品在 2005 年 7 月进行降税。2005 年 7 月 20 日，双方在《货物贸易协议》中约定的 7000 个税目产品开始降税。2009 年 5 月 26 日，中泰为促进水果贸易进一步发展，对泰国水果过境第三国输往中国检验检疫等相关要求达成共识，并签订了相关议定书，从而泰国水果将 "水道渠成" 地从陆路口岸运往中国。2009 年 8 月 15 日，双方合作又迈出了实质性的一步，《投资协议》的签署预示着自贸区会在 2010 年如期建成。2010 年 1 月 1 日，在双方各种便利性文件的签署和不断深化合作的基础上，中国−东盟自由贸易区正式全面建立，双方 90% 的贸易产品将实现零关税。中国−东盟签署的一系列协议，大大提高和净化了双方的水果贸易环境，零关税等便利性条件极大地促进了双方水果贸易的发展，产生了巨大的 "市场扩大效应"，大大提高了我国对中国水果的出口数量和金额，而且扩大了市场区域，同时产生的 "竞争促进效果" 大大提高了我国出口水果的性价比。

11.3.3　东盟成员国市场准入的标准和措施

首先，2009 年 2 月 28 日至 3 月 1 日，东南亚国家通过对《东盟地区食品安全声明》的联合签署，一方面提高了东盟各国食品安全等方面的要求，实际上也对东盟的贸易伙伴国衍生出了更多更高的难度，因此中国对东盟的水果出口将面临严峻挑战（曾艳华等，2010）。2007 年马来西亚开始加大农产品的相关法令的执行力度，对进口农产品的质量提出更高要求，而且还要同时符合一些新的附加条款。例如，2009 年 4 月起生效的一项法规对农产品的包装盒标签做了严格的要求，对包装的材料、等级、尺寸、重量、标签须贴的位置和大小，上面应标注的信息等作出了详细的规定，并于 2010 年 6 月通过技术法规强制执行（何佳杰等，2012）。泰国的农产品也规定了很多生产和检查标准，贸易壁垒日益提高，比如政府立法对 2009 年 7 月 1 日后输往泰国的水果等农产品规定了非常严格的农药残留检测标准，除了达到相应要求外还要求相关权威实验室出具证明。此项法规涉及的农药都是我国目前比较常见的流通品种，我国要引起高度重视，否则会对我国的水果出口造成严重的影响。新加坡农产品相关的法律法规非常健全而且对进口企业要求特别严格，必须具备完整的出口产品认证的各种证书，同时对进口农产品企业实行注册制度，并且对出口新加坡的食品原产地国家在法规及公共卫生基础设施等方面也作出了严格的规定，因此我国水果要更好地进入新加坡市场，必须非常清楚各种市场准入和法律标准。印度尼西亚在 2009 年 11 月 19 日实施了新法令：《新鲜植物源性食品进出口安全管理措施》，此法规由于存在争议一度再三推迟，在原有基础上又增加了非常多而且条件苛刻的新规定，比如印度尼西亚对进口水果的检疫，明确列举和限量要求了 20 多种化学药品。此法令的实施，大大提高了我国水果出口印度尼西亚的难度。越南对农产品及经济作物的要求标准特别高，每个国家在借鉴、采用标准时的侧重点都不一样，因此要及时掌握出口国的各项市场准入政策。

第 12 章
中国–东盟水果贸易研究结论
与对策建议

12.1 研究结论

中国–东盟自由贸易区建成后，为我国的水果产业带来了巨大的出口市场和利益平台，中国开始扭转水果贸易逆差，处于顺差地位，但也面临着巨大的挑战。随着"零关税"的逐步实施，中国–东盟的水果贸易的竞争性与互补性特征也会更加凸显，因此更需要双方的共同努力来不断提高各自的竞争优势，紧密促进互补空间。

第一，中国–东盟双方水果各自具有明显比较优势，竞争性强。首先，通过显示性比较优势指数（RCA）的分析，得出中国的鲜或干的柑橘属水果（0805），鲜的苹果、梨（0808），冷冻水果及坚果（0811），什坚果、干果（0813）在国际市场中具有明显比较优势，另外鲜或干的其他坚果（0802），鲜或干的葡萄（0806），柑橘属水果或甜瓜的果皮（0814）的比较优势要高于东盟各国；东盟的鲜或干的椰子、巴西果及腰果（0801），鲜或干的香蕉（0803），榴莲、荔枝、红毛丹等其他鲜果（0810），什坚果、干果（0813）在国际市场中具有比较优势，同时东盟的椰枣、无花果、菠萝、石榴、芒果及山竹等（0804），鲜的甜瓜（包括西瓜）及木瓜（0807），暂时保存的水果及坚果（0812）的比较优势要高于中国。其次，通过相对贸易优势指数（RTA）的分析方法，得出中国在鲜或干的柑橘属水果（0805），鲜的苹果、梨（0808），冷冻水果及坚果（0811），暂时保存的水果及坚果（0812）等温带水果具有明显的相对竞争优势，东盟在鲜或干的椰子、巴西果及腰果（0801），鲜或干的香蕉（0803），椰枣、无花果、菠萝、石榴、芒果及山竹等（0804），榴莲、荔枝、红毛丹等其他鲜果（0810），什坚果、干果（0813）等热带水果具有明显的相对竞争优势。

第二，中国-东盟双方水果贸易的互补性极强。首先，通过综合贸易互补系数（OBC）得出中国和东盟鲜或干的其他坚果（0802），鲜或干的柑橘属水果（0805），鲜的杏、樱桃、桃类、梅及李（0809），榴莲、荔枝、红毛丹等其他鲜果（0810）及零关税实施后鲜的苹果、梨（0808）表现出强劲的互补性。其次，利用贸易结合度指数（TCD）得出中国的鲜或干的柑橘属水果（0805），鲜的苹果、梨（0808），什坚果、干果（0813）和东盟的鲜或干的香蕉（0803），榴莲、荔枝、红毛丹等其他鲜果（0810）贸易联系非常紧密，互补性非常强，同时中国的鲜或干的葡萄（0806）和东盟的鲜或干的椰子、巴西果及腰果（0801），椰枣、无花果、菠萝、石榴、芒果及山竹等（0804），什坚果、干果（0813）的贸易联系的紧密度在不断上升。

第三，东盟市场潜力巨大，中国的东盟市场占有率很高，市场准入具有双面性。东盟不仅是热带水果的盛产供给地，而且温带水果消费需求旺盛。利用市场占有率（PRM）比较出我国水果的总体东盟市场占有率远远高于美国、泰国、澳大利亚、印度尼西亚、马来西亚等国，但是我国一些水果种类的东盟市场占有率却远远低于这些贸易大国。另外中国-东盟的各种便利性条件促进了双方水果贸易的发展，但也面临着各种贸易壁垒。

12.2 对策建议

12.2.1 提高原有竞争优势，增强双方贸易互补

根据第1章中国-东盟水果贸易的特点来看，双方都在各自的水果进出口市场占据着举足轻重的地位，双方的依赖性很强，是彼此非常重要的贸易伙伴。因此，中国要针对不断增强双方的贸易互补性的特点来优化和调整水果产业结构，促进中国-东盟之间水果贸易的大力发展。

首先，要充分利用本国的资源禀赋优势，继续壮大具有明显竞争优势和市场占有率高的水果的已有优势，强化以苹果、梨、柑橘为代表的温带水果的田间种植、产后加工和高效销售。一方面，此类水果的主要种植地区要加快种类的改良及更新换代，淘汰劣势种类，积极引进国内外的优良种类，严格把关种子的选取、树苗的培育等各种优化种植环节，为生产优质的果品打下坚实的源头基础，鼓励果农学习科学知识，坚持"科技兴农"的方针，广泛利用科学技术，如种苗繁育、栽培技术、机械使用技术、节水灌溉技术、病虫害的防治、摘后处理等技术，从而提高单位面积的产量和好果率，从而也会增加果农效益。另一方面，当地政府要通过不同方式对果农进行补贴，降低种植成本，

提高果农的收入，从而调动他们种植的积极性。鼓励果农提高规模化程度，进行规模化生产，充分发挥苹果、梨等具有良好竞争优势和极高市场占有率的水果的生产规模效益。同时也要不断提高组织化程度，成立专项的合作社，采用"公司+农户"、"公司+基地+农户"等经营模式，另外大力培育和扶植具有产后加工、冷藏保鲜、流通运输综合能力强的龙头企业，在高效组织的带动下实现果农与市场的完整对接，从而更好地提高水果的出口能力。

其次，加大对拥有一定的市场占有率但优势不大的水果的重视，促进其形成新的明显的比较优势的水果种类。例如，鲜或干的葡萄（0806）和鲜的杏、樱桃、桃类、梅及李（0809），它们在东盟都有一定的市场占有率，但是与其他贸易大国比起来优势又不是特别明显。因此，我国要提高对此类水果的重视，改善和引进优良种类，促进种类结构升级，提高生产技术，扩大种植面积，同时要加强质量监督，不断提高其在东盟市场的占有率和竞争优势，充分利用和挖掘中国-东盟潜在的贸易互补空间。

最后，减少市场占有率较低而且具有明显劣势的水果的生产。中国部分省份地处亚热带地区，可以生产一些热带水果，如龙眼、芒果、荔枝、菠萝等，但是种类老化、结构单一，早熟、晚熟的种类较少，多为中熟种类，这样造成短期内大量水果集中上市的现象，季节性非常明显，与东盟可以在不同时期内供应种类繁多水果的优势是无法相比的，因此中国的热带水果相对于东盟各国来说根本不具有优势。因此，我国要减少这些热带水果的种植，或者多培育早熟和晚熟的种类，形成在不同时期可以供给市场的局面。

同样，中国在积极提升本国温带水果竞争优势的同时，东盟的国家也在不断提升热带水果的竞争优势，不断研发和繁衍新的水果种类，引进国外先进的种植技术，逐步增强产后水果加工处理、保鲜储藏和流通运输的能力。在双方的共同努力下，就会出现中国的温带水果更具明显的竞争优势，东盟的热带水果也更具明显的竞争优势，再加上中国-东盟自由贸易区正式启动到全面建立以来签订的一系列水果贸易的互惠互利协议及区位优势和人文、经济的诸多联系等优越的外部环境，中国与东盟的水果贸易将形成强大的互补性局面，双方的水果贸易合作将会更加紧密，双方不仅是世界重要的水果生产和出口大国，而且对彼此的水果出口市场依赖性非常强。

12.2.2　加快水果经营体制的改革，加强自身建设

1. 加快我国水果经营体制改革

小农经济的分散式和粗放式经营限制了我国水果产业的健康持续发展。我

国果园种植面积高达 1.27 亿亩（姚桂林，2002），与美国果园面积相差不大。虽然也是水果生产大国，但在美国，都是由公司或家庭来管理一个农场或果园，对果园实行集约化种植和管理，对果树的施肥、除虫、浇灌等全都是自动化，通常几个人就可以管理几千亩的果园，而且种植标准和管理标准都相当统一。而在中国，单个果园的种植规模很小，大多属于个户所有，甚至有的家庭只有几棵树，对果树都是一棵一棵进行打理的，施肥、除虫等更谈不上自动化，而且浇灌都是很传统的方式，因此分散经营致使果树生长标准很难达到统一，果实的品质和成色也相差很大。在采摘果实方面，美国是唯一在这一环节投入人工的国家，以确保采摘的果实都是完好的，之后会通过工厂对果实进行摘后处理、筛选分级、保鲜处理、加工包装等，使包装后的水果标准相当统一，而且让高标准产品卖出很好的价格。而在中国，产后处理非常粗放，很多地方不会对摘后果实进行分级、保鲜处理，包装非常简单甚至没有，更没有工厂统一产后处理，果实很难卖出好价格。因此要彻底改变分散经营的格局，发展多种形式的规模经营模式，促使其产生积极的规模效益。

首先，要鼓励果农进行联合种植，形成大的水果果园，实现规模化生产，鼓励兴办果农专业合作经济组织、水果行业协会等民间组织，提高组织化化程度，这样果农之间可以共同生产、管理，提高水果的生产和销售的能力。加快信息网络建设，为水果经营组织和果农提供供求价格、市场动态、新种类、新技术、政策法规等信息服务。发展以果农为主体的营销组织，搞活水果产品流通，鼓励果农采用多元化的经营模式，与企业建立利益共同体，逐步实现"订单销售"，提高组织化程度的同时，还降低双方的经营风险，节省了经营成本，从而实现小农经济与大市场的有效对接。

其次，在优势产区建设大的标准化生产基地，形成大规模的水果生产、加工、供应基地，形成一条完整的产业链。一开始就要对种植源头进行控制，采用先进的种植技术，建立田间管理档案，加强水果在生长期间的科学管理，新鲜水果采摘后要马上投入简单的加工流程，如筛选、分级、清洗、保鲜、包装等。还要加快产地储藏库和冷藏运输等基础设施的建设，这样可以使水果在东盟市场上形成周期性供应，延长销售时间，还会保证水果价格稳定，避免短期过多供应造成水果价格的下降，有效缓解了摘后水果的鲜销压力。除了对新鲜水果进行销售和初级加工外，也要加强下游深加工和高附加值产品的研发，同时也可以展开和其他领域的深化合作，比如医药行业、家居行业、美容行业等，不仅大大提高了水果的综合利用率，提高了果农的收入，同时也迎合和满足了市场的多样化需求，促进了水果产品的健康发展。

最后，扶植水果龙头企业，壮大龙头企业的队伍和规模。培育一批大规模、高起点、外向型、具有较强牵动力的龙头企业，它们较大的规模、雄厚的资金条件，具有开拓市场、进行产前、产中、产后服务的能力，可以根据市场制定质量标准和标准化生产程序，可以大力提高果品的质量和附加值，通过它们的组织能力，吸引千家万户的零散果农成为利益共同体。另外，它们了解国际市场，善于从事国际贸易，扩大具有比较优势的水果出口。

2. 强品质、树品牌、新营销

首先，质量是经济发展的立足点，因此要不断提高和强化出口水果的质量。优化出口水果的质量需要从三个方面入手。

第一，严格控制最初的种植和生产环节，大力发展低碳、绿色、有机的水果。要从田间和基地的种植源头上进行严格控制和有效管理，产前、产中等各类环节都要考虑到是否低碳和环保，并且严格执行我国已经规定的相关水果类无公害行业标准，果农要在原有种植经验的基础上不断培养绿色低碳意识。另外禁止使用国家明确制止的农药，使用无公害农药，同时要努力解决过分依赖农药防治的弊端，积极寻找合适的替代方法，从而提高我国水果应对国外各种技术性壁垒的能力。

第二，把低碳、绿色的环保概念引入产后水果的商品化处理。一是果实在清洗的过程中要极力减少清洗剂在果皮上形成的残留。二是为防腐保鲜，要不断研究和开发新的保鲜技术，最好在生长期间就可以增强自身防腐能力，而不是靠摘后通过大量化学药剂来保鲜。三是走出"水果产品化就要打蜡"的误区（李树丽和祁春节，2012）。虽然打蜡可以改变和美化外观，但蜡液毕竟是化学物质，更应该通过田间管理、采前套袋等物理方法，减少对蜡液的依赖，并且要使用无毒无害的处理药剂。四是提高水果的包装质感和美感，采用低碳的环保材料，这样才可以更好地回避东盟会员国家的各种贸易壁垒。

第三，质量监督部门要加强规范产品的各种体系认证，并加强后期监督。第5章对各国的市场准入也作了详细的描述，各会员国都存在不同程度的贸易壁垒，因此要不断分析和研究国外的市场准入标准，同时检验检疫部门要不断出台对水果的检验检疫政策，各级标准要同国际标准接轨，从而确保与东盟等国贸易的持续稳定发展。

其次，树立品牌意识，加强品牌建设。中国虽然是水果生产大国，但是水果旗舰品牌非常少，提到水果几乎想不起特别知名的品牌，中国水果行业缺乏真正意义上的领导品牌，没有将水果的产品优势进一步转化为品牌优势，在同类产品居多的情况下，品牌建设显得尤为重要。因此，我国应该大力发展优势水果的品牌，品牌不仅代表着水果本身的综合属性，而且还具有市场营销属性，在激烈的市场竞争中水果的良好品牌是抵御其他竞争对手的利器。一是要引导果农树立品牌意识和水果商标注册意识，转变"好酒不怕巷子深"的旧老观念，要注重水果品牌的个性化和新颖化，充分体现水果的优点和亮点，名字选取既要可口又不失独特。二是要加强品牌的宣传力度，通过各种渠道进行推广，并积极进行绿色食品、无公害农产品、有机食品等质量标准体系的认证，提升品牌形象，强化水果的附加价值，增强水果产品的市场竞争力，使各方均获益。三是要集中优势做好做强现有品牌，并且增强品牌保护意识，加大对小、杂、乱品牌的整理力度和假冒侵权品牌的惩罚力度。四是政府要通过补贴、优惠政策等手段扶植龙头水果企业进行品牌创新，发展特色和自有品牌，资助其进行国际标准认证，提升附加值，在龙头水果企业强大的带动下充分展现品牌这种无形资产带来的效益，从而使我国在激烈的市场竞争中独树一帜。

最后，创新营销手段，电商助推发展。随着经济和互联网的发展，人们的消费水平和购买方式也在不断发展。对于水果生产者和经营者来说，要把握市场形势所趋，在传统销售方式的基础上也要把目光投向互联网，通过电子商务模式来获取更广阔的商业市场，不断进行营销手段创新。一是水果的电子商务模式会把水果领域的果农和企业聚集到一个平台进行交易、交流和行情信息分享，为水果商家寻找到合适的买卖双方提供更加细化和精准的信息，寻找合作伙伴和销售产品可起到事半功倍的效果，而且水果生产者和经营商还可以在交易平台上推广公司和产品信息，随时发布产品供、求信息，通过线上供求信息介绍进行在线洽谈生意，寻找最合适的买卖商家（TOM，2013）。这一渠道大大缩小了买卖双方的合作弯道，节省了不少中间成本，为果农和企业提高利润开辟了又一新途径。二是交易平台为果农呈现了最为及时和准确的各地域水果价格行情资讯及市场走势，使果农和企业时刻把握市场动态，了解市场价格，获得最大利润。而且线上还提供了线下各种销售渠道的信息，如网站上的展会专区，会及时播报国内外各大农业展会信息及参加办法，帮助企业参展，为企业参加农业、水果及周边行业展会提供了便捷通道。另外果农和企业也可以借助国际国内媒体进行宣传和推广，如采用新闻发布会、拍摄微电影宣传片、与电视剧进行合作等方式，也会很快地将销售信息投放到消费市场上。因此，水果行业要坚持线下和线上联合的销售方式，尤其是要更快地加入水果电子商务发展的队伍中来，助力中国水果产业迈向新航道。

12.2.3 政府加大支持力度，开创更多便利性条件

为加大我国对东盟水果市场的出口，政府要为水果贸易提供更多的便利性

条件，创造更好的国内外贸易环境。

首先，政府要加大对东盟水果出口企业的支持。一是让出口水果的企业享受更多优惠政策，比如实行直接或者间接的补贴鼓励出口政策，减免或者退回各种税率，降低或者资助水果出口的检验检疫费用和各种质量体系认证的费用，通过给予一定的资金补助和奖励，不仅降低水果经营和出口的成本，而且还调动了果农和企业出口经营的积极性，还会带动更多的水果企业积极参与到"走出去"的浪潮中，从而使中国的水果在东盟的市场更有竞争优势。二是要降低水果出口企业的风险。政府除了创造与东盟各国良好的外部政治环境外，还要考虑到东盟一些国家内部的政治环境不是特别稳定，我国水果出口企业必然会面临当地不可预料的政治风险和波及产生的商业风险，因此我国要成立专门的机构或者完善相关的政策性保障制度，我国出口企业一旦因为不可预料的风险遭受巨大损失时，可以从本国政府得到相应的补偿和补贴。三是海关部门要加快电子政务改革，实现海关电子信息化，提高通关处置速度，简化办事程序，提高海关审价和减免税审批的速度，尤其像对保鲜要求极高的水果类产品加快通关放行的速度，减少出口水果在国内由于办事效率低造成高损耗的风险，尽量降低和减少对出口企业因通关等产生的各种费用。这样一来出口水果的企业不仅得到了快捷有效的服务，还降低了出口水果的成本，从而提高了我国水果在东盟市场的竞争力水平。

其次，国家要加大对东盟市场的科研力度，成立专门的研究机构。虽然中国–东盟双方在水果贸易方面取得了零关税的实质性成果，水果健康发展，但是市场经济始终具有信息不对称性、滞后性和盲目性的特征，东盟会员国较多，情况比较复杂，再加上果农和企业获取各种信息渠道、知识能力的有限，单凭个人和企业的力量是很难对中国–东盟水果贸易的各种情况和东盟的市场行情有准确、科学的把握的。因此，成立专门的科研机构显得尤为重要。东盟研究机构通过对东盟会员国内的贸易政策、人文经济环境的不断研究，会使我国制定出口政策更有针对性，也会及时了解中国–东盟水果贸易中存在的问题，为制订解决方案提供科学依据。

最后，双方要加强和完善交通等基础设施的建设。中国–东盟自由贸易区的如期建成、关税的壁垒的逐步消除，为中国–东盟的水果贸易提供了非常便利的发展平台。但是东盟一些国家经济发展落后，基础设施建设不完善，严重制约自贸区整体功能的发挥。因此中国与东盟各国应该利用相近相邻的地理优势，大力促进交通等基础设施条件的改善。加强水上通道、码头和机场设施的完善，尤其是要大力发展陆路交通建设，加强铁路和高速公路的建设，建立一套互联互通的交通网络体系，才能为水果的通畅运输提供可靠保障。

参 考 文 献

陈富桥，祁春节.2004.中泰两国农产品贸易的竞争性与互补性研究.国际贸易问题，（2）：40-43.

陈建军，肖晨明.2004.中国与东盟主要国家贸易互补性比较研究.世界经济研究，（8）：22-28.

陈可安.2000.中日农产品贸易互补性研究.杨凌：西北农林科技大学硕士学位论文.

丁峰.2005.中国与东盟贸易的竞争性与互补性研究.青岛：青岛大学硕士学位论文.

耿晔强.2009.东盟农产品在我国市场的表现及竞争力研究.国际贸易问题，（5）：55-60.

韩晶.2008.中国农产品贸易比较优势与提升对策.理论探讨，（9）：18-23.

何佳杰.2012.中国对东盟农产品标准化问题研究.昆明：昆明理工大学硕士学位论文.

和文华.2009.从东盟农产品贸易环境分析看中国-东盟农产品贸易发展前景.时代经贸，（10）：59-60.

胡浩，唐震.2005.中国水果比较优势和出口竞争力分析.南京农业大学学报（社会科学版），5（3）：50-55.

姜书竹，张旭昆.2004.中国与东盟贸易关系及贸易竞争力的实证研究.浙江学刊，（2）：176-179.

李树丽，祁春节.2012.中国-东盟零关税时代对中国柑橘产业影响及研究对策.东南亚纵横，（6）：7-11.

廖永红.2011.浅谈华侨华人对东南亚经济发展的影响——以印度尼西亚为例.新西部，（12）：243，244.

林瓒.2005.中国与东盟水果贸易市场的拓展策略探讨.南宁：广西大学硕士学位论文.

刘春香.2006.中国农产品比较优势与竞争力研究.经济纵横，（2）：107-109.

吕建兴，祁春节.2011.海峡两岸果蔬贸易互补性与竞争性研究.台湾农业探索，（3）：16-22.

吕建兴，刘建芳，祁春节.2011.中国-东盟果蔬贸易互补性与竞争性研究.东南亚纵横，（2）：49-54.

吕玲丽.2004.中国与东盟农产品比较优势分析.中国农村经济，（9）：20-25.

吕玲丽.2006.中国与东盟农产品出口相似性分析.世界经济研究，（1）：36-40.

吕玲玲.2006.中越实行零关税贸易对两国主要热带作物进出口贸易的影响及其对策.东南亚纵横，（9）：39-42.

罗奕原.2005."零关税"协议下中泰蔬果贸易现状与前景.东南亚纵横，（9）：37-42.

潘金娥.2004.中国与东盟农产品贸易分析.江淮，（6）：1-5.

潘青友.2004.中国与东盟贸易互补和贸易竞争分析.国际贸易问题，（7）：73-75.

荣静，杨川.2006.中国与东盟农产品贸易竞争和贸易互补实证分析.国际贸易问题，（8）：45-49.

史智宇.2003.出口相似度与贸易竞争：中国与东盟的比较研究.财贸经济，（9）：53-57.

史智宇. 2004. 中国东盟自由贸易区贸易效应的实证研究. 上海：复旦大学硕士学位论文.

苏骏. 2010. 东盟主要贸易国农产品市场准入技术措施研究. 中国标准化，（10）：11-14.

孙林. 2005. 中古与东盟农产品贸易竞争关系——基于出口相似性指数的实证分析. 国际贸
    易问题，（11）：71-76.

孙林. 2005. 中国–东盟农产品贸易竞争与合作研究. 南京：南京农业大学硕士学位论文.

孙林，李岳云. 2003. 中国与东盟主要国家农产品的贸易、竞争关系分析. 世界经济，（8）：
    81-85.

万俊敏. 2008. 中国广西–东盟水果竞争力比较研究. 南宁：广西大学硕士学位论文.

王磊. 2003. 中国–东盟自由贸易区贸易效应分析. 南京农业大学学报（社会科学版），
    （9）：53-57.

王勤. 2003. 中国与东盟经济的互补和竞争及其发展趋势. 东南亚研究，（3）：106-112.

吴凌燕，刘小和，李众敏. 2006. 东北亚农产品贸易竞争性与互补性分析. 农业技术经济，
    （2）：21-25.

许复兴. 2007. 东盟市场环境及风险分析. 国际工程与劳务，（10）：9-12.

姚桂林. 2002-08-15. 提高品质是国产水果必由之路. 市场报，第二版.

于津平. 2003. 中国与东亚主要国家和地区间的比较优势与贸易互补性. 世界经济，（5）：
    33-40.

曾艳华，何新华，于平福，等. 2010. 提高中国对东盟水果出口的政策与对策研究. 西南农
    业学报，23（6）：2120-2123.

詹晶，宁曼荣. 2005. 对中国–东盟果蔬产品贸易及竞争力的思考. 世界农业，（4）：20-23.

张复宏，胡继连. 2011. 我国水果产品在东盟市场的竞争力研究. 国际贸易问题，（2）：
    74-81.

张复宏，张吉国. 2009. 中国–东盟水果贸易之特征及互补性分析. 对外经济贸易大学学报：
    国际商务版，（5）：5-10.

郑凤田. 2002. 我国农产品走出国门的现实困境与对策–苹果业出口个案分析. 农业经济问
    题，（10）：16-18.

钟光正. 2004. 中国–东盟自由区的贸易效应研究. 福州：福州大学硕士学位论文.

周苹，周小青. 2010. 中国–东盟水果自由贸易的效应分析. 对外经贸实务，（7）：34-36.

周小青. 2010. 中国与东盟水果贸易的比较优势研究. 天津：天津财经大学硕士学位论文.

周应恒，宋海英. 2004. 中泰农产品协议对农产品贸易的影响分析. 农业经济问题，（1）：
    59-62.

邹明宏，陆超忠，林家丽. 2006. 中国–东盟自由贸易区的建立对中国热带水果产业的影响
    及对策. 热带农业科学，26（5）：41-45.

Balassa. 1962. The Theory of Economic Interaction. London：Allen and Unwin.

Balassa B. 1965. Trade Liberalization and Revealed Comparative Advantage. The Manchester School
    of Economics and Social Studies.

Brown D K，Stern R M. 1989. Computable General Equilibrium Estimates of the Gains from U. S. -

Canadian Trade Liberalization. London.

Cheong I, Kwon K D. 2005. Assessing the quality of FTAs and implications for East Asia. The Political Economy of the Proliferation of FTAs at the PAFTAD Conrence. University of Hawaii, (2): 48-55.

Holst D R, Weiss J. 2004. ASEAN and China: export rivals or partners in regional growth?. World Economy, 27 (8): 1255-1274.

Inkyo C, Kyong D K. 2005. Assessing the quality of FTAs and implications for East Asia. The Political Economy of the Proliferation of FTAs at the PAFTAD Conrence. University of Hawaii, (2): 48-55.

Mark S. 1999. Competitive liberalization: the proliferation of preferential trade agreements. The World Economy, (2): 34-45.

Tom. 2013. 电子商务指引水果产业迈向新航道. http://news. tom. com/2013-01-15/07EK/03241529. html [2003-1-15].

Tong S Y, Catherine C S K. 2010. China-Asean free tradearea in 2010: a regional perspective. EAI Background Brief No. 519, (4): 43-45.

Tongzon J L. 2005. ASEAN-China free trade area: a bane or boon for ASEAN?. The North East Economics: 23-27.

Zamroni. 2006. Thailand's agricultural sector and free trade agreements. Asia- Pacific Trade and Investment Review, (2): 51-70.

第三篇　中国柑橘产品出口结构及其风险研究

篇　首　语

中国是世界第一大柑橘生产国，柑橘也是我国三大果品之一，柑橘产业在我国农村经济发展中占有重要地位。在中国加入 WTO 之后，尽管我国柑橘产业和出口贸易发展迅速，但在研究中国柑橘产品对外贸易过程中，发现中国柑橘产品出口贸易结构存在一系列问题：中国柑橘产品的种植面积和产量都居世界第一，但出口量、出口额等在世界出口中并未领先，贸易效益不高；出口商品的结构与世界市场的需求结构匹配性不强；出口市场过于集中，抵御风险的能力较差等，那么我国柑橘产品的出口结构和风险状态是如何变化的？出口结构风险到底有多大？在这些问题的背景下，研究中国柑橘产品出口贸易结构及出口结构风险对于认清中国柑橘产品出口形势及国际贸易地位，确立今后柑橘产品出口贸易政策、措施及战略导向，发挥其出口潜力，降低柑橘产品出口结构风险，以及促进柑橘产品出口贸易竞争力的提升具有重要的理论和实践意义。

本篇首先运用 CMS 模型对 1992～2010 年中国柑橘产品出口规模的增长从总体上进行分解，研究市场规模、商品结构、市场结构和竞争力对出口增长的贡献程度。其次从出口品种、出口期间、出口模式及出口市场结构四个方面分析中国柑橘产品的出口结构，根据测算出的出口贸易结构评价指标对中国柑橘产品出口结构的变动趋势作出具体的分析，在此基础上，运用功效系数法及主成分分析法对各年的出口结构风险进行测算并评价每一年的风险程度，并且对 2011～2015 年中国柑橘产品出口结构风险进行预测。最后从中国自身的柑橘生产结构、生产成本、与主要出口国的竞争性、产品差异性、主要出口目的的需求结构、贸易壁垒六个角度分析这些因素对中国柑橘出口结构及结构风险的影响。

本篇的主要创新之处有：综合运用多种指标、模型实证分析中国柑橘产品的出口贸易结构，从出口品种结构、期间、模式及市场结构四方面分析了中国柑橘产品出口结构变化；基于功效系数法首次对柑橘产品的出口结构及结构风险进行了测算，并运用灰色系统模型 GM（1，1）对出口结构风险值进行了测算和预测。

通过运用 CMS 模型对 1992～2010 年中国柑橘产品出口增长成因进行分析，得出商品结构优化对柑橘出口的促进作用最为明显，而市场分布的作用仅次于商品结构的拉动作用。通过对出口产品结构进行分析，得出我国柑橘产品出口产品分散度较小，并且没有集中在世界进口份额较大的商品上，与世界需求的匹配性较低；通过对出口模式结构进行分析，得出柑橘产品的产业内贸易水平不高，很容易遭遇贸易摩擦；通过对出口市场结构进行分析，得出中国柑橘鲜果的主要出口市场从中国市场进口的排名与从世界进口的排名不一致，而中国主要的桔瓣罐头出口国也是世界主要的进口国，中国的出口流向和世界的进口需求较为一致。通过对柑橘产品出口结构风险进行测算，得出 2005 年以前中国柑橘产品出口结构风险较大，状态基本为高度风险，仅有 1993 年、1998 年和 2003 年处于一般风险状态；自 2006 年以后，出口结构开始优化，风险开始减小，2006 年和 2007 年都处于低度风险状态，2008 年基本处于无风险状态，但 2009～2010 年相对于 2008 年又有所恶化。

结合研究结论，要想降低柑橘产品出口结构风险必须首先优化出口产品结构，适度降低宽皮柑橘和桔瓣罐头的出口比例，增强橙汁出口能力；在此基础上，优化出口模式，增强产业内贸易能力，同时逐步调整出口市场结构，增强我国柑橘产品出口与世界需求的匹配程度，分散出口市场，多管齐下降低出口结构风险。

第 13 章
中国柑橘产品出口结构
及其风险研究的意义

13.1 问题背景

柑橘类产品品种丰富、口味多样，含有丰富的糖分、果酸和多重维生素，营养丰富，保健效用和药用价值都很高。柑橘类鲜果在全球范围内被广泛种植，在全球水果市场上占据着越来越重要的地位；人们对柑橘加工品如桔瓣罐头、橙汁等的消费需求不断增长。根据联合国 FAO 数据库统计，世界柑橘鲜果种植面积和产量增长迅速，1992 年种植面积和产量分别为 648.3999 万公顷及 8498.1966 万吨，到 2010 年增长到 864.5339 万公顷及 12 369.4474 万吨，全球有 144 个国家种植柑橘，发展中国家增加的种植面积和产量贡献最大，中国、巴西和美国的栽培面积和产量位居世界前列；柑橘加工品的产量虽然没有专门的统计，但随着鲜果原料的快速增长和技术水平的提高，产量也随之大幅上升，特别是橙汁的生产，2010 年全球橙汁的产量已超过 230 万吨，巴西和美国橙汁产量约占全球的 90% 左右。

中国是世界柑橘原产地之一，是世界第一大种植国，也是世界第一大橘瓣罐头生产国。1984 年中国水果流通体制开始改革，柑橘栽培面积不断扩大，已由 1984 年的 39.7302 万公顷增长到 2010 年的 201.1088 万公顷，产量持续增加，由 1984 年的 185.1999 万吨增长到 2010 年的 2393.8044 万吨。加入 WTO以后，我国柑橘产品的出口也逐年上升，柑橘鲜果及加工品的出口额由 1999年的 1.43 亿美元增加到 2010 年的 9.16 亿美元，柑橘鲜果及桔瓣罐头在世界柑橘出口中的份额已分别由 1999 年的 0.89%、34.04% 升至 2010 年的 5.58%、44.57% 左右。

尽管我国柑橘产业和出口贸易发展迅速，但在研究中国柑橘产品对外贸易过程中，发现中国柑橘产品出口贸易结构存在一系列问题：①中国柑橘产品的种植面积和产量都居世界第一，对外贸易规模总量也在不断增加，但是出口量、出口额等在世界出口中并未领先，贸易效益不高；②我国柑橘种植品种以宽皮柑橘为主，橙类及其他类种植比例小，出口品种主要是橘类鲜果，出口品种的集中度过高，柑橘出口品种的结构与世界市场的需求结构不匹配；③由于制汁原料的缺乏和资本技术投入不足，柑橘果汁的出口量和出口额的比例低，而桔瓣罐头出口遭遇的反倾销不断增多，影响柑橘产品对外贸易的持续稳定；④我国柑橘产品主要的出口市场集中在印度尼西亚、马来西亚等东南亚国家，虽然近年拓展了俄罗斯、荷兰等欧洲国家，但总量上仍不具有规模，出口过于集中，抵御风险的能力较差；⑤中国柑橘产品产业内贸易水平低，那么我国柑橘产品的出口结构是如何变化的？柑橘产品出口结构风险到底多大？在这些问题的背景下，确定将我国柑橘产品出口贸易结构及出口结构风险作为研究课题。

13.2　国内外研究现状及评述

13.2.1　关于贸易结构的研究综述

1. 对贸易结构的研究

国外学者对出口贸易结构的研究最早可以追溯到亚当·斯密的《国富论》中提出的绝对优势理论，如果一个国家生产 1 单位的某种商品所使用的资源少于另一个国家，这样，具有绝对优势的产品生产国用这种产品去换取外国具有绝对优势的产品，双方从中获利，贸易结构是由生产商品的绝对优势决定的；大卫·李嘉图的《政治经济学与赋税原理》提出了比较优势理论，认为一国的贸易结构，包括商品结构和市场结构由比较优势来决定，决定国际贸易流向及利益分配的不是绝对成本的低廉而是相对成本的低廉；赫克歇尔和俄林提出的资源禀赋理论认为要素禀赋差异是国际分工和交换的决定因素，因而也是决定贸易结构的成因。

列昂惕夫首次从实证的角度研究要素禀赋论，在此之前，人们普遍认为，美国资本相对丰富，应该出口资本密集型产品，进口劳动密集型产品，但他得出的结论是美国出口商品比进口商品的资本密集度更低，这被称为"列昂惕夫之谜"。随后日本、加拿大、印度等国的经济学家陆续对本国贸易结构进行了研究，证实了"列昂剔夫之谜"。

克鲁格曼等运用垄断竞争模型对规模经济与贸易进行了分析，提出产业内贸易方面的相关理论，产业内贸易改变了传统的国际生产分工模式，从一个行业既进口又出口和重叠需求的角度解释了贸易结构。

Baldwin（1971）分析了美国商品贸易结构的决定因素；Gary R. Saxonhouse（1993）分析了日本对外贸易政策对日本贸易结构的影响；Ka Zeng（2002）分析了美国贸易政策对其对美国外贸易结构的影响；Daniel Lederman，Guillermo Perry 和 Rodrigo Suescun（2002）分析了 20 多年来中美洲贸易政策对对外贸易市场结构的影响；Sang-yirl Nam（2003）分析了中国、日本和韩国之间的贸易结构及贸易潜力；Kali 等（2007）分析了贸易结构对经济增长的重要促进作用；Egger 等（2008）建立了区域自由贸易协定（RTA）对贸易结构影响的实证模型，得出区域自由贸易协定对产业内贸易有较强的促进作用。

国内学者关于贸易结构的研究也不断深入，张琦等（1991）从商品结构及市场结构两方面分析了国际农产品贸易的主要流向和流量，认为世界经济发展和消费结构的变化引起了贸易结构的变化；黄仁伟（1997）分析了中国初级产品、机电产品及轻纺织品的出口转变，认为导致这种转变的是中国经济结构的变动，使得竞争力表现在劳动密集与技术、资本密集的结合；姜明（1999）认为我国的出口贸易结构升级的基础尚不具备，主要的原因是我国产业结构短期内难以升级，决定了我国目前仍须坚持劳动密集型产品出口为主的结构，但只要采取合适的战略，中国劳动密集型产品的出口空间仍然是大有可为的。恒源（2000）分析了中国贸易结构的基本情况和存在的主要问题，认为贸易结构的调整主要取决于生产或经济结构的合理性，对中国贸易结构合理性的调整提出了政策建议。韩晶（2000）认为贸易结构归根结底取决于产业结构，出口结构与生产结构基本一致，生产从根本上决定贸易。从另外的角度来看，贸易结构的变化会促进产业结构调整，进而推动经济增长方式的转型。李准晔和金洪起（2002）利用产业内贸易和产业间贸易的理论对 1990~2000 年中韩之间的贸易进行了分析，并得出中韩贸易结构是由资源禀赋所决定的。张亚斌（2002）对中国外贸结构进行了实证分析，认为虽然中国目前出口商品结构是以资本技术密集型产品为主，但是在目前乃至将来的一定时期内的资本及技术密集型产品上仍将处于比较劣势，发展中国家贸易结构的转换必须基于内生比较优势并探讨了中国对外贸易结构转换战略与路径。汪素芹（2005）分析了我国工业制成品出口贸易的总体结构和内部结构构成变化及市场变化，得出我国工业制成品的出口结构在不断改善，但总体处于低级化的状态。龚艳萍和周维（2005）综合运用了定量和定性的研究方法系统地研究了外国直接投资与我国出口贸易结构的关系；结合相关数据对外国直接投资和出口总量、出口商品结构、出口方式结构和出口模式结构的关系作了相关系数和回归定量分析；运用定性分析方法分析了外国直接投资和出口市场结构的关系，并提出了相应的政策建议。李秀梅（2005）运用相对贸易优势（RTA）、出口相似性指数（XS）、贸易互补性指数（TC）、贸易强度指数（T）描述了1995～2003年中国—欧盟农产品贸易结构的特征，双方在出口结构上存在较大的差异并且中国与欧盟在扩大农产品贸易方面有很大的发展潜力。最后得出结论：中国应该发挥高附加值农产品的出口优势，扩大对欧盟的出口。余剑和谷克鉴（2005）从开放经济的视角出发，阐述在开放经济条件下比较优势战略运用引致的我国要素禀赋结构的转化，以及由此发生的产业及贸易结构变革，并借HOV模型和计量模型解析对外贸易、国际生产要素流动、经济增长、资源要素禀赋改变及经济结构变化之间的逻辑关系，指出比较优势及其动态化原则的利用在中国经济增长和结构调整中的指导地位。张为付（2006）分析了到底是根据比较优势还是竞争优势理论对中国贸易结构进行战略性调整，最后得出不同时期不同产品所依据的理论不同。齐俊妍（2006）从产品的技术含量和附加值分布的视角进行国际贸易结构分析，得出了与传统产品分类的不同结果，可以判定不同国家在国际分工中的位置。程南洋和余金花（2007）基于1997～2005年的数据对中国货物贸易与服务贸易结构变动进行了相关性检验，最后得出了不同的相关系数和相关程度；尹栾玉（2007）分析了中国的对外贸易结构及中国外贸不均衡的表现；姚枝仲（2008）分析了2001～2008年中国贸易结构的变动，得出劳动密集型产品的比较优势开始下降，且产业内贸易会从逆差向顺差移动。吕延方（2010）基于产业间面板数据，实证分析了中国1985～2006年各主要产业的出口贸易结构变化，并对1989年以来影响中国出口贸易结构变化的决定因素进行了经验检验。研究结果显示，劳动力生产率的提高是出口贸易变化重要的推动力量，资源禀赋并不显著影响中国出口贸易变化。规模经济尽管影响显著。但随着企业规模的不断增加，贸易的增长却有不断递减的趋势。朱凤战（2010）运用分散度指数、区域显示性比较优势指数及结构变化指数，对中国水产品出口贸易的商品结构和市场结构进行了系统的实证分析。顾晓燕（2011）全面系统地分析了中国木质林产品出口贸易商品、市场及模式结构。

2. 对贸易结构影响因素的研究

洪银兴（2001）研究了中国加入WTO后经济结构的调整、产业结构和所有制结构的变化，以及这些结构调整对中国对外贸易结构的影响；杨小凯等（2001）认为通过分工和贸易促进专业化水平提高和效率改进，是贸易发生和决定出口结构的基础。黄菁和杨三根（2006）认为影响中国加工贸易结构优化升级的因素在于：要素禀赋条件、外商直接投资、技术水平及国内产业结构，最后运用实证模型分析了这些因素的影响大小，提出了政策建议。施祥正和吴进红（2006）分析了产业结构软化对国际商品、服务和技术贸易结构的影响，并提出了相应的对策。邓水兰和温治忠（2008）认为短期人民币实际有效汇率与进口结构是显著的正相关关系，而与出口结构是显著的负相关关系，即实际有效汇率下降，将不利于短期的进口结构提高，但有利于出口结构的优化；而长期人民币实际有效汇率变动与进出口结构调整是负相关关系，当实际有效汇率下降到一定程度上，我国进出口结构就优化。赵红和周艳书（2009）运用1980~2007年相关数据，就影响中国出口商品结构升级的因素进行了实证研究，得出产业结构、外商直接投资、要素禀赋状况、技术水平及贸易开放度均为影响中国出口商品结构升级的主要因素，最后提出了促进中国出口贸易结构升级的政策建议。冯骥（2009）采用实证的方法，分析了影响我国出口商品结构的因素，最后得出国内生产总值、生产技术水平、实际有效汇率和外商、直接投资是影响我国出口的主要因素。在出口总量方面，国内生产总值、生产技术水平和外商直接投资对我国出口、起到正的促进作用。实际有效汇率则反之。但是在出口结构方面，这四个指标的提高均可在一定程度上通过拉动高端产品的出口，促进我国出口结构的优化。李放歌等（2011）深入分析了农业生产结构演变过程的影响因素，使用层次分析积因子法排序了自然资源、科学技术生产力、人口数量、市场需求、政府宏观调控5个农业生产结构的主要影响因素。研究结果表明，市场需求是引起中国农业生产结构演变的最主要因素。

13.2.2 关于贸易风险的研究综述

国际贸易风险是指在国际贸易中，与贸易相关的某些因素在一定时间内发生已知或未知的变动，导致国际贸易主体的实际收益与预期收益或实际成本与预期成本发生不一致，从而蒙受损失的可能性。贸易活动因其交易商品的不同及时间、环境的差异等问题，可能形成风险的因素也千差万别。黄荣文（2002）认为国际贸易风险可分为国家性风险、市场性风险和欺诈性风险三种，具体研究了国际贸易的国家性风险、汇率风险、价格风险、合同欺诈风险、运输欺诈风险、结算欺诈风险及反倾销风险，提出预测和评估国际贸易风险的方法及防范风险的措施。杨美丽和王爱华（2002）分析了加入 WTO 之后中国农产品贸易中存在的自然、经济、技术、社会和信用风险，提出了健全农产品贸易风险机制建设及风险控制的对策建议。谭城（2005）以我国水产品贸易的特点和存在的问题为出发点分析了市场风险和政策风险在水产品生产、加工和流通环节的具体表现形式。根据预警指标的构造原则，建立与水产品出口贸易风险因素相对应的预警指标体系，应用支持向量机的回归预测方法对我国水产品出口贸易风险进了行实证分析，得出水产品国内总产量、水产品出口综合平均价格、水产品占日本市场份额、水产品市场份额等指标数据的变化是我国水产品出口风险发生的重要启示。马媛（2007）认为贸易风险可以分为微观风险和宏观风险。陈雄强（2008）分析了山东省农产品出口过程中出口结构单一、技术壁垒等风险，并提出农产品出口信用保险可以有效地规避出口面临的风险。张敏（2009）分析了大型船舶生产和出口过程中的风险，并运用德尔菲法对影响大型船舶出口的风险因素进行了定性和定量的分析，然后以大船重工VLCC（超大型油轮）为例，运用统计方法对风险因素可能造成的损失进行了评价，最后对大型船舶生产和出口过程中的风险提出了防范和规避的意见和建议。唐文华（2010）分析了果蔬出口中存在的市场风险和政策风险，运用KLR信号信息分析法构建与果蔬出口贸易风险因素相对应的预警指标体系，建立预警模型，并通过有效性检验，以对果蔬出口贸易风险进行了预警。

13.2.3　关于柑橘产品出口贸易的研究综述

国外对于柑橘出口贸易分析一直都十分重视。Ward 和 Kimer（1989）对美国和国际市场柑橘生产、价格及其他与柑橘产业运行相关信息的详细统计，分析了美国国内和国际柑橘产业前景；Poole（2000）根据西班牙柑橘产业的发展状况，揭示了柑橘产业的生产特点和市场动向的联系。Thomas 等（2003）研究了北美贸易自由协定对美国进口墨西哥橙汁的影响，并通过建立线性模型分离了关税减让和比索贬值对橙汁进口的影响。Darroch 和 MAG（2010）调查了 100 户南非橘农在 2007～2008 年为应对出口到欧盟的贸易壁垒所花费的成本和得到的收益，运用主成分分析法确定了六种因素影响南非新鲜柑橘出口到欧盟的竞争力。此外，美国农业部 FAS 每年都有世界各国柑橘的年度或半年度报告（*Citrus Annual or Seminal Annual*），主要从生产、消费、贸易、政策方面研究各国柑橘产业发展状况。联合国粮农组织出版物中有不少文献对柑橘类水果及其加工品进行了专门研究。

国内对柑橘出口贸易的研究是从 20 世纪 90 年代后，邓秀新（1999；2000）在分析了世界柑橘生产动态的基础上对中国柑橘业与世界柑橘业进行了比较研究。祁春节（2001）对柑橘的进出口贸易格局及国际竞争力进行了研究，同时针对中国加入 WTO 对中国柑橘生产与市场的影响进行定性分析，通过作者全面细致的研究初步形成了"中国柑橘产业经济学"的理论研究框架。郑风田和李茹（2003）选取四种竞争力比较指数，分别是市场占有率、显性比较优势指数、净出口指数和相对贸易优势指数对中国及其他柑橘出口国家的柑橘竞争的比较优势进行了分析，得出我国在十大柑橘出口国家中不具有竞争优势。余学军（2004）运用波特"钻石"模型，分析了我国柑橘产业生产要素状况、需求状况、相关及辅助产业的状况、企业的战略、结构与竞争、机会和政府行为这六个因素对我国柑橘产业出口竞争力影响。余艳锋（2007）主要从中美柑橘生产成本构成和成本收益率角度，对中美柑橘竞争力进行了对比分析。刘颖和祁春节（2008）对中国柑橘产品出口现状及面临的国际环境进行了深入的探讨分析，从中国柑橘供给、出口流向、出口企业性质、贸易方式，以及中国柑橘国际竞争力差距、中国柑橘面临的技术性贸易壁垒与争端等方面进行了分析并提出了相应的对策建议。张玉（2009）建立误差修正模型（ECM）测算柑橘生产成本对其出口价格的影响，最后得出柑橘生产成本与出口价格之间存在着较强的关系，要提高我国柑橘的竞争优势，则可以通过控制成本及影响成本的因素来降低出口价格。

综合以上文献，至今为止，关于柑橘产品出口结构风险及影响因素的研究较少，仅有学者对柑橘出口结构进行了简单的分析，而目前已有研究针对蔬菜、林产品、水产品等单个或者综合产品的出口结构及结构风险作了深入具体的分析，因此，本篇的研究既有创新点，又具备一定的研究基础和可操作性。

第 14 章
中国柑橘产品出口现状
及增长成因分析

14.1　中国柑橘产品出口现状分析

14.1.1　出口总额现状

中国柑橘产品出口总额从 1992 年的 0.88 亿美元增加到 2010 年的 9.26 亿美元，年均增长率为 15.09%，占世界出口的份额从 1992 年的 1.64% 增加到 2010 年的 5.17%；进口总额从 1992 年的 0.009 亿美元增加到 2010 年的 3.29 亿美元，年均增长率为 45.34%，占世界进口总额从 1992 年的 0.02% 增加到 2010 年的 1.79%；贸易总额年均增长率为 20.10%（图 14-1）。由于中国具有生产柑橘鲜果的自然优势及劳动力成本的比较优势，一直以来中国的柑橘产品出口贸易长期处于顺差状态，在国际市场上的份额稳定上升，但出口量与产量的匹配性较低，出口增长的空间和潜力较大。

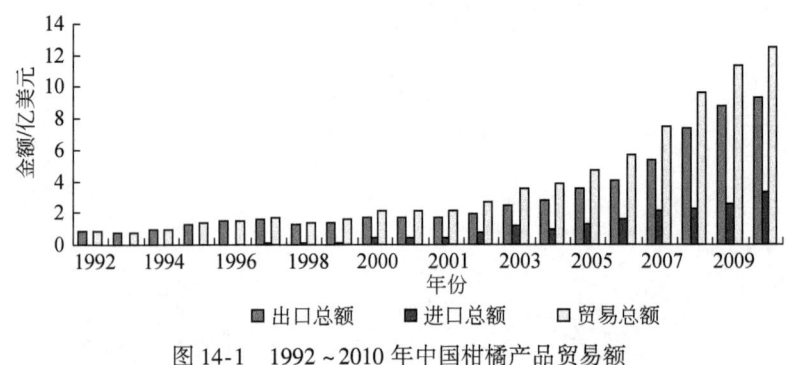

图 14-1　1992～2010 年中国柑橘产品贸易额

中国柑橘产品出口增长率超过同期世界的增长率，1992～2010 年中国柑橘产品出口的年均增长率为 15.09%。而世界出口的平均增长率为 7.29%。在 2003~2009 年，中国出口增长率尤为迅速，远超出了世界柑橘产品出口增长率，特别是在 2007~2008 年，柑橘产品出口增长率达到了 30% 以上，但到 2010 年又有所下降（表 14-1）。

表 14-1　中国与世界柑橘产品出口增长率比较　　（单位:%）

地区	1993 年	1994 年	1995 年	1996 年	1997 年	1998 年	1999 年	2000 年	2001 年
中国	-17.96	31.43	39.51	9.29	11.09	-17.85	8.36	18.39	-2.13
世界	2.40	22.11	22.21	8.37	-8.16	8.33	-1.45	-6.27	-2.31

地区	2002 年	2003 年	2004 年	2005 年	2006 年	2007 年	2008 年	2009 年	2010 年
中国	12.84	28.58	16.47	24.38	16.28	30.79	39.13	17.72	5.32
世界	8.20	17.41	5.15	7.07	11.29	24.03	11.77	-6.80	7.96

资料来源：联合国 UN COMTRADE 贸易数据库，经作者计算得出

14.1.2　出口价格现状

中国柑橘产品在国际市场上是否具备竞争力，在国际市场上进行交易时能否比出口同类产品的其他出口国获得更多的市场份额，主要取决于价格竞争力和质量竞争力。从某种意义上讲，一些决定价格竞争力会影响质量竞争力的水平，因此，价格竞争力是柑橘产品国际竞争力的核心影响因素。

出口价格包含生产成本、运输费用、企业利润等，出口价格直接决定出口金额的大小和贸易条件，对出口结构风险有直接决定作用。出口均衡价格模型表明，柑橘产品的需求价格弹性较大，价格波动幅度越大，对出口结构风险的影响越大，反之越小。

由表 14-2 可以看出，在多数年份，中国柑橘鲜果、柑橘果酱及桔瓣罐头的出口价格都低于世界平均价格，能够以低价外销，在价格上具有竞争优势；但是随着我国柑橘生产成本的增加，出口价格有不断上升的趋势，与世界平均出口价格的差价有减少的趋势，以柑橘鲜果为例，2004 年中国出口价格比世界低 2.48 元/千克，但到 2010 年降至 0.8 元/千克，出口比较优势逐步减小，而柑橘产品属于劳动密集型产品，技术含量低，主要依靠成本竞争，具有较高的替代性，除了中国之外，越来越多的低收入发展中国家与中国竞争出口，使得柑橘产品出口的国际竞争异常激烈，鲜果的出口风险逐渐增加。而桔瓣罐头与世界的差价较为稳定，近年来一直保持在 1.40~1.80 元/千克，出口价格并没有出现剧烈的波动，缓解了鲜果出口价格上升所带来的结构风险。柑橘果汁

的出口价格在 2006 年以前都高于世界平均价格，说明了由于成本较高，我国柑橘果汁在国际竞争中不具备价格竞争力，但是同样也必须看到，2006~2010年，我国柑橘果汁的出口价格开始降低，低于世界平均价格，说明随着成本节约和技术进步，我国柑橘果汁的出口量不断增加，出口额也随之大幅增加。因此，从总体来看，柑橘鲜果的出口价格在不断上升，而桔瓣罐头出口价格则较为稳定。

表 14-2　中国柑橘产品的出口价格　　（单位：元/千克）

年份	柑橘鲜果		柑橘果酱		桔瓣罐头		柑橘果汁	
	中国	世界平均	中国	世界平均	中国	世界平均	中国	世界平均
1993	2.65	2.97	9.99	10.44	4.13	5.38	3.66	4.11
1994	3.61	4.23	4.08	15.16	5.99	7.14	5.08	7.02
1995	3.49	5.44	4.22	17.91	7.65	11.36	4.24	8.30
1996	3.35	5.15	7.87	13.37	8.04	8.50	9.33	7.27
1997	2.82	4.66	14.31	13.69	7.00	8.63	10.19	6.62
1998	2.31	4.51	8.49	15.05	5.87	7.32	10.03	7.46
1999	1.96	4.20	5.68	9.87	6.81	7.82	9.00	5.67
2000	1.95	3.81	5.77	12.56	5.62	6.08	8.69	6.39
2001	1.95	3.77	7.74	12.31	5.75	6.52	8.79	5.41
2002	2.13	3.97	9.00	14.20	4.83	5.85	8.14	6.43
2003	2.14	2.50	10.97	14.63	5.25	6.51	7.23	6.71
2004	2.41	4.89	9.21	16.27	4.98	6.47	8.48	6.57
2005	2.52	4.62	9.59	16.66	5.43	6.92	8.50	6.04
2006	2.96	4.68	9.89	17.05	5.91	7.32	6.57	7.61
2007	3.47	5.14	9.07	18.07	5.85	7.49	6.70	8.41
2008	3.52	5.26	8.55	17.77	5.57	7.41	5.93	7.52
2009	3.64	4.43	9.89	16.18	5.55	7.21	4.80	6.53
2010	4.47	5.27	9.48	14.06	5.65	7.21	4.82	6.71

14.2　基于 CMS 模型的中国柑橘产品出口增长成因分析

本节将利用恒定市场份额模型（constant market share，CMS）对 1992~2010 年中国柑橘产品出口增长进行分析。Tyszynsk（1951）首次提出恒定市场份额模型，后来经 Kamer、Stem、Jepma 和 Milana 进行了修改和完善，使得该模型逐步成为研究贸易增长成因的重要模型。

CMS 模型将出口产品的增长分解为世界市场规模效应、商品结构变化效应、市场结构分布效应和国际竞争力效应，从总体上对出口结构进行分解，而下一章则具体分析出口结构。在本节中，市场规模效应表示由于世界柑橘产品贸易规模（如需求）的扩大而引起我国柑橘产品出口贸易的变化；商品结构效应反映因世界需求与我国生产品种的差别所引起的出口变化；市场分布效应是衡量我国某个出口市场贸易规模的相对变化所引起出口贸易的变化；竞争力效应反映了我国柑橘产品出口竞争力的变化所引起的出口变化（吕建兴等，2011）。

模型的具体结构如下：

$$V^t = \sum_{i=1}^{m} \sum_{j=1}^{n} V_{ij}^t = \sum_{j=1}^{n} V_j^t = \sum_{i=1}^{m} V_j^t \qquad t = 1, 2$$

由公式

$$V_{ij}^2 - V_{ij}^1 \equiv r_{ij} V_{ij}^1 + (V_{ij}^2 - V_{ij}^1 - r_{ij} V_{ij}^1)$$

得到

$$V^2 - V^1 \equiv \sum_{i=1}^{m} \sum_{j=1}^{n} r_{ij} V_{ij}^1 + \sum_{i=1}^{m} \sum_{j=1}^{n} (V_{ij}^2 - V_{ij}^1 - r_{ij} V_{ij}^1)$$

$$\equiv r V^1 + \sum_{i=1}^{m} (r_i - r) V_{i.}^1 + \sum_{i=1}^{m} \sum_{j=1}^{m} (r_{ij} - r_i) V_{ij}^1$$

$$+ \sum_{i=1}^{m} \sum_{j=1}^{n} (V_{ij}^2 - V_{ij}^1 - r_{ij} V_{ij}^1)$$

式中，V 表示中国柑橘产品的出口额；i 表示柑橘产品的种类；j 表示中国柑橘产品出口目的地；V_{ij}^t 表示在 t 时期柑橘产品 i 的总出口额；V_{ij}^t 表示在 t 时期中国对 j 国 i 类柑橘产品的出口额；V_{ij} 表示在 t 时期中国对 j 国的总出口额；r 表示世界柑橘产品的进口增长率；r_i 表示世界 i 产品的进口增长率，r_{ij} 表示中国对 j 国 i 产品的出口增长率。则中国柑橘产品在第 1 阶段和第 2 阶段的出口增长额为 $V^2 - V^1$，柑橘产品出口额的变化具体可以分解为以下几部分。

（1）rV^1：市场规模效应。如果该值为正，说明世界市场贸易规模的扩大拉动了中国柑橘产品的出口，反之则阻碍了出口；

（2）$\sum_{i=1}^{m} (r_i - r) V_{i.}^1$：商品结构变化效应。该值为正，说明中国柑橘产品出口集中在世界需求增长较快的柑橘产品上；为负，表示中国柑橘产品出口集中在世界需求增长较慢的柑橘产品上。

（3）$\sum_{i=1}^{m} \sum_{j=1}^{n} (r_{ij} - r_i) V_{ij}^1$：市场结构分布效应。该值为正，说明中国柑橘产

品出口集中在世界需求增长较快的市场上；为负，表示出口集中在那些需求增长较慢的市场上。

（4）$\sum_{i=1}^{m}\sum_{j=1}^{n}(V_{ij}^{2}-V_{ij}^{1}-r_{ij}V_{ij}^{1})$：国际竞争力效应，也称竞争力残差效应。该值为正，说明竞争力的增强促进了中国柑橘产品的出口。

根据图 14-2 中国柑橘产品出口走势图所显示的波动规律，将柑橘产品出口额细分为 3 个时期：第 1 期（1992~1997 年）、第 2 期（1998~2003 年）和第 3 期（2004~2010 年），把第 1 到第 2 期的变化定义为第一阶段，把第 2 到第 3 期的变化定义为第二阶段。将中国柑橘产品出口额的数据代入上述公式中，得到中国柑橘产品出口贸易增长 CMS 模型分析的结果，见表 14-3。

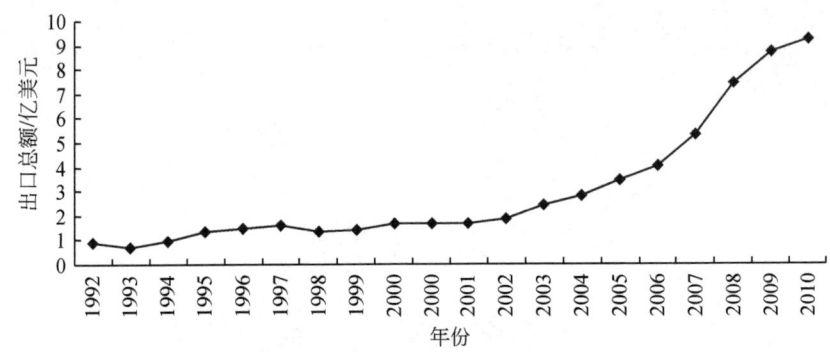

图 14-2　1992~2010 年中国柑橘产品出口走势

表 14-3　中国柑橘产品出口 CMS 模型测算结果

项目	第一阶段 （第 1 期~第 2 期）		第二阶段 （第 2 期~第 3 期）	
	贡献量/亿美元	贡献比例/%	贡献量/亿美元	贡献比例/%
总效应	3.4557	100	30.5005	100
市场规模效应	2.4681	71.42	10.7107	35.12
商品结构效应	0.9876	28.58	26.8035	87.88
市场分布效应	−0.9143	−26.46	13.9209	45.64
竞争力效应	0.9143	26.45	−26.5771	−68.64

资料来源：UN COMTRADE，经作者计算得出

总体上看，第一阶段中国柑橘产品出口额增加了 3.4557 亿美元，而第二阶段大幅度增长，为 30.5005 亿美元，是第一阶段的近 10 倍。根据 CMS 模型的分解，出口额增长的四部分分解如下。

（1）世界柑橘产品出口贸易规模的扩大对中国柑橘产品增长产生较强的

正效应。世界柑橘产品出口贸易在两阶段内都呈现较快增长，在中国柑橘产品出口保持原有份额的基础上，世界柑橘产品出口规模的扩大促进了中国柑橘产品的出口。根据计算结果，第一阶段的影响效应为 2.4681 亿美元，对中国柑橘产品出日增长的贡献为 71.42%；第二阶段的影响效应为 10.7107 亿美元，对中国柑橘产品出口增长的贡献为 35.12%，第一阶段的贡献较大。

（2）商品出口贸易结构的变化为中国柑橘产品出口增长带来了正效应。两个阶段商品结构构成的增长效应分别为 0.9876 亿美元和 26.8035 亿美元，且第二阶段的效应远大于第一阶段，说明中国柑橘产品的出口结构正在进一步得到优化，并且出口促进的贡献率达由原来的 28.58% 达到 87.88%。在第一阶段中，甜橙、宽皮橘、葡萄柚及柚、柠檬等柑橘鲜果的出口增长率低于世界柑橘产品的进口增长率；在第二阶段中，所有柑橘产品的出口增长率都高于世界柑橘产品的进口增长率，贸易结构的不断优化使得柑橘产品的出口增长迅速发展。

（3）市场结构分布的变化为中国柑橘产品出口增长带来的效应在两个阶段有不同的表现。第一阶段带来负效应，而第二阶段带来了正效应，分别为 −0.9143 亿美元和 13.9209 亿美元，贡献率分别达到 −26.46% 和 64.14%。在第一阶段，中国柑橘鲜果对东南亚国家的出口增长率低于世界柑橘产品的进口增长率，而且占比很高，所以产生了负效应；而在第二阶段，中国只有对新加坡、日本和德国的柑橘产品出口增长率低于世界柑橘产品的进口增长率，其余的都高于世界柑橘产品的进口增长率，因此产生正效应。

（4）竞争力的弱化阻碍了中国柑橘产品的出口增长。第一阶段的竞争力残差为 0.9143 亿美元，其贡献率为 26.45%。这段时期，中国柑橘产品的出口竞争力呈下降的趋势，竞争力的减弱抑制了中国柑橘产品的出口。而在第二阶段，竞争力残差达到 −26.5771 亿美元，阻碍贡献率为 −68.64%，中国柑橘产品总体竞争力进一步下降，阻碍了柑橘产品出口能力的进一步提高。

根据分析可以总结出：1992 ~ 2010 年中国柑橘产品出口贸易的增长，在不同的阶段有着不同的表现；在 1992 ~ 2003 年世界贸易规模的扩大对柑橘出口的促进作用最明显；而市场分布效应起到了一定的阻碍作用；2004 ~ 2010 年商品结构进一步优化，对柑橘出口的促进作用最为明显，而市场分布的效应由第一阶段的阻碍作用逐渐转化为促进作用，且在第二阶段的贡献比例仅次于商品结构的拉动效应；而柑橘产品竞争力的缺乏则进一步阻碍了中国柑橘产品的出口，且阻碍作用有加强的趋势。

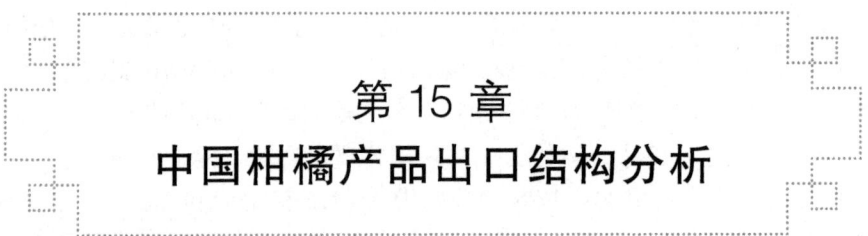

第 15 章
中国柑橘产品出口结构分析

15.1 出口贸易结构的评价指标

出口贸易结构可以从出口品种结构、时间结构、模式结构和市场结构四方面进行分析，但由于出口时间结构难以量化，所以从出口商品结构、出口模式结构、出口市场结构三方面构建柑橘产品出口贸易结构的评价指标体系，如图 15-1 所示。

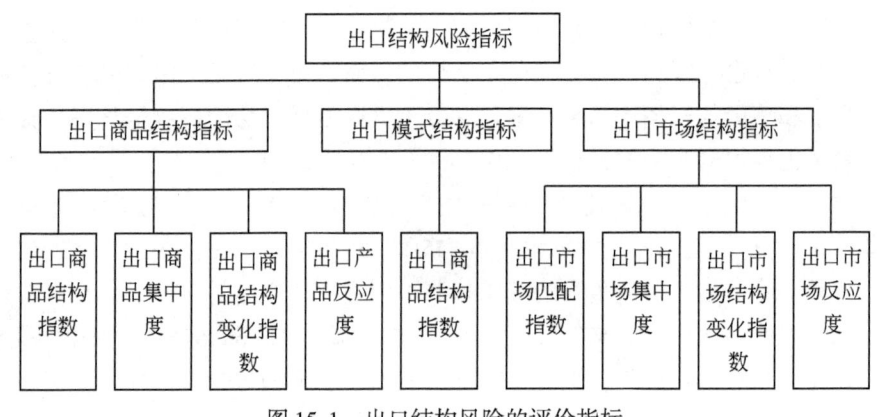

图 15-1　出口结构风险的评价指标

15.1.1　出口商品结构指数

出口商品结构指数表示资本技术密集的产品占总出口的份额，在柑橘产品中，用深度加工产品出口金额占所有产品出口总额的比重来表示，上文提到将 200911 ~ 200939 柑橘果汁类定义为深度加工品，因此用柑橘果汁类产品的出口份额来表示柑橘产品的出口结构指数。

15.1.2 结构变化指数（劳伦斯指数）

结构变化指数，也称劳伦斯指数（Lawrence index），主要用来衡量出口贸易商品和市场结构的变动幅度。本章利用结构变化指数来衡量中国柑橘产品出口贸易商品结构和目标市场的变动幅度，其计算公式如下：

商品结构变化指数：$L_p^{(t)} = \dfrac{1}{2} \sum\limits_{i=1}^{n} | S_{i,t} - S_{i,t-1} |$

市场结构变化指数：$L_m^{(t)} = \dfrac{1}{2} \sum\limits_{j=1}^{m} | S_{j,t} - S_{j,t-1} |$

式中，$S_{i,t} = \dfrac{X_{i,t}}{\sum\limits_{i} X_{i,t}}$ 是指 i 产品 t 年在一国出口中所占的比例；$S_{j,t} = \dfrac{X_{j,t}}{\sum\limits_{j} X_{j,t}}$ 是指 t 年出口到 j 国占出口到世界的比例。本节中，i 代表每一类柑橘产品；$S_{i,t}$ 代表每一类柑橘产品出口占总出口的比例；j 代表中国柑橘产品的出口国；$S_{j,t}$ 代表出口到各个国家的柑橘产品占世界总出口的比例。

15.1.3 分散度指数

一国的出口商品结构不仅反映了一国的经济发展水平，而且代表了一国在国际分工中的地位。其中，出口商品分散度反映了出口商品的多样性现状和比重分布现状是否合理均衡。

分散度指数是贸易分散度指数（Herfindal 指数）的倒数，计算公式为

商品分散度指数：$\mathrm{EN}_p^{(t)} = \dfrac{1}{\sum \left(\dfrac{X_{tp}}{X_{tw}} \right)^2}$

市场分散度指数：$\mathrm{EN}_m^{(t)} = \dfrac{1}{\sum \left(\dfrac{X_{tm}}{X_{tw}} \right)^2}$

式中，X_{tp} 为第 p 柑橘产品 t 年出口的金额；X_{tw} 为全部柑橘产品的出口金额；X_{tm} 为柑橘产品 t 年出口到国家 m 的金额；X_{tw} 为柑橘产品出口到世界的金额。

15.1.4 斯皮尔曼秩相关系数

斯皮尔曼秩相关系数是用来检验两组变量相关程度强弱的一种方法，运用

该方法来计算和评价某种产品出口的结构对世界需求变动的反应程度，计算方法如下：

$$R^s = 1 - 6 \sum \frac{d^2}{n^3 - n}$$

式中，R^s 为斯皮尔曼秩相关系数；n 为变量个数；d 为两组变量的秩差。R 的取值从 -1 到 $+1$，如果 $|R|$ 越接近于 1，表明相关程度越高；反之，$|R|$ 越接近于 0，表明相关程度越低；$R=1$ 为完全相关，表明一国的出口产品结构完全适应世界需求的变动趋势；$R=0$ 为完全不相关；$R>0$ 为正相关；$R<0$ 为负相关。一般认为，$|R|>0.8$ 为相关程度较高。

本章中，计算产品反应度时，分别选取 1993～2010 年中国各类柑橘产品出口增长率及 1993～2010 年世界各类柑橘产品进口增长率进行计算；

计算市场反应度时，分别选取 1993～2010 年中国各类柑橘出口到某国的增长率及 1993～2010 年该国从世界进口各类柑橘产品的增长率进行计算；

计算出口市场匹配指数时，首先根据中国柑橘产品对各出口市场出口额的大小，确定中国柑橘产品的前 10 大出口市场并进行排序；再根据在这 10 大市场从世界市场进口金额的大小，对这 10 个国家进行排序；最后根据前两步的结果计算斯皮尔曼秩相关系数。不同年份的前 10 大出口市场是不相同的。

15.2 中国柑橘产品出口品种结构

中国柑橘产品的出口以鲜果和橘瓣罐头为主，1992 年柑橘产品出口总额为 0.88 亿美元，柑橘鲜果、柑橘果酱、橘瓣罐头和柑橘果汁的出口额分别为 0.32 亿美元、0.0012 亿美元、0.55 亿美元和 0.0084 亿美元，各类品种在出口中所占的份额分别为 36.78%、0.13%、62.73% 和 0.35%；近 20 年来各类柑橘产品出口的绝对额都以较快的速度增长，到 2010 年柑橘产品的总出口额为 9.16 亿美元，柑橘鲜果、柑橘果酱、橘瓣罐头和柑橘果汁的出口的绝对额分别为 6.16 亿美元、0.025 亿美元、2.81 亿美元和 0.16 亿美元，各类品种的份额则对应为 67.26%、0.27%、30.72% 及 1.75%，出口份额已发生较大的变化，由于柑橘鲜果的出口量自 2004 年起迅速增长，增速超过橘瓣罐头，到 2008 年出口份额一举超越橘瓣罐头，但鲜果出口量仅占总产量的 4% 左右。橙汁的出口份额一直较低，出口量增长缓慢，出口份额一直为 1%～2%，柑橘果酱的份额一直很低，从未超越 1%（图 15-2）。

在柑橘鲜果的出口中，宽皮柑橘一直是最主要的出口品种，2000 年，柑橘鲜果出口中宽皮柑橘占据了 95.46% 的份额，其他品种合计不足 5%，到

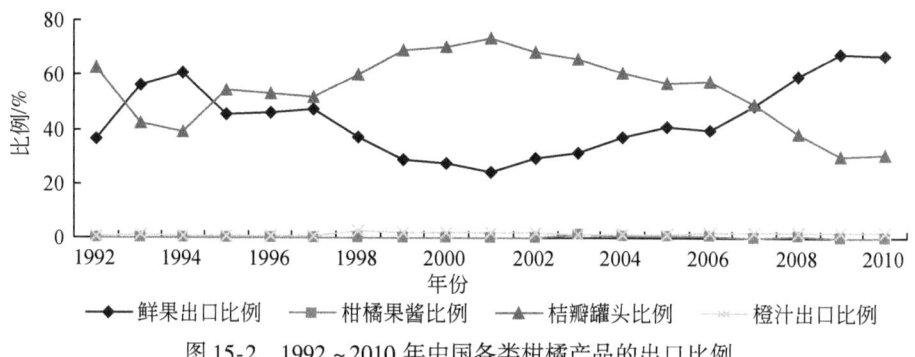

图 15-2 1992～2010 年中国各类柑橘产品的出口比例

2010 年，宽皮柑橘的份额降至 70.90%，甜橙及葡萄柚的份额分别升至 13.70%、13.54%，各类柑橘鲜果的出口比例如图 15-3 所示，虽然宽皮柑橘的出口份额有所下降，但总体来看还是过高，我国柑橘产品的出口还是集中在宽皮柑橘和橘瓣罐头两类产品上，根据上文所介绍的出口分散度指数，计算出 1993～2010 年中国柑橘产品的出口分散度指数如表 15-1 所示。

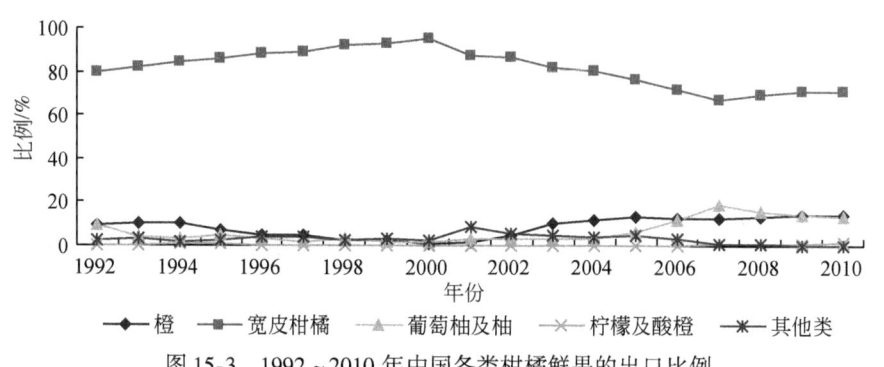

图 15-3 1992～2010 年中国各类柑橘鲜果的出口比例

表 15-1 1993～2010 年中国柑橘出口产品分散度指数

年份	1993	1994	1995	1996	1997	1998	1999	2000	2001
指数	2.5039	2.4098	2.2316	2.2134	2.2348	2.0793	1.8246	1.7686	1.6989

年份	2002	2003	2004	2005	2006	2007	2008	2009	2010
指数	1.8760	1.9822	2.1653	2.3480	2.3683	2.7767	3.0005	2.9088	2.9500

资料来源：联合国 UN COMTRADE 贸易数据库，经作者计算得出

从图 15-2 和表 15-1 中可以看出，我国柑橘产品的出口分散度指数一直都较小，出口分散度最高的年份 2008 年也只有接近 3%，说明我国柑橘产品的出口较为集中，出口收益容易受到个别产品的影响。

2000～2010 年，我国橘瓣罐头占世界出口额稳定上升，出口额以年均12.22%的速度增长，1992 年出口额仅为 0.32 亿美元，2000 年突破 1 亿美元大关，出口额上升为 1.19 亿美元，而 2010 年为我国带来约 2.81 亿美元的外汇收入。在 2007 年以前，由于劳动成本的绝对优势，我国橘瓣罐头在柑橘产品的出口中占据最重要的地位，其出口一直强盛不衰，但 2008 年以后柑橘鲜果出口迅速崛起，份额超过橘瓣罐头，并且由于我国橘瓣罐头在欧盟等重要罐头消费地区面临反倾销反垄断调查的危险，因此进一步提高柑橘罐头产量及其出口来消耗柑橘鲜果并增强出口的空间已经不大。

虽然橙汁出口的增长速度较快，但由于出口绝对额和基数较低，我国橙汁出口前进的脚步还是过于缓慢，到 2010 年橙汁出口额也仅为 0.16 亿美元，在所有柑橘产品的出口中仅有 1%～2% 的份额。

而世界各类柑橘产品的出口结构与我国存在着较大的差异，1992 年全球柑橘产品的出口总额为 53.69 亿，其中柑橘鲜果、柑橘果酱、橘瓣罐头和柑橘果汁的出口额分别为 32.27 亿美元、0.24 亿美元、2.65 亿美元和 18.53 亿美元，各类品种在出口中所占的份额分别为 60.11%、0.44%、4.93% 和 34.52%；而到 2010 年全球柑橘产品的总出口额为 177.19 亿美元，柑橘鲜果、柑橘果酱、橘瓣罐头和柑橘果汁的出口绝对额分别为 110.31 亿美元、1.04 亿美元、6.31 亿美元和 59.53 亿美元，各类品种的份额则对应为 62.26%、0.59%、3.56% 及 33.60%，与 1992 年相比，出口的绝对额都有了大幅的增长，但各类品种的份额都相对稳定，柑橘鲜果出口占据主要地位，其次是柑橘果汁，两者出口份额占据所有出口的 95% 以上，橘瓣罐头和柑橘果酱只有很小的份额。在柑橘鲜果的出口中，世界最主要的需求品种是甜橙，而我国鲜果出口中最主要的出口品种是宽皮柑橘，甜橙出口的比例较小，这样的出口结构与世界需求的结构不相匹配（图 15-4）。

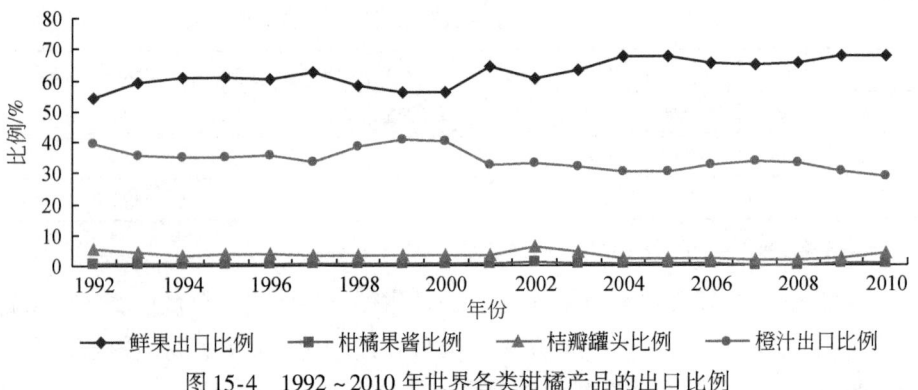

图 15-4　1992～2010 年世界各类柑橘产品的出口比例

对比我国（图 15-2）和世界（图 15-4）各类柑橘产品的出口结构发现，1992～2010 年世界市场最主要的进口品种是柑橘鲜果，其次是柑橘果汁，进口需求较少的是橘瓣罐头和柑橘果酱，且分布较为平均；而中国最主要的出口品种波动较大，鲜果和橘瓣罐头交替进行，橘瓣罐头在一个相当长的时期内大于鲜果出口，2008 年以后才被鲜果超越，橙汁出口的比例与世界需求严重不匹配，因此，有必要对我国主要柑橘产品出口与世界主要柑橘产品的进口的进行匹配性分析，根据前文介绍的斯皮尔曼秩相关系数计算 1993～2010 年中国柑橘产品出口与世界柑橘产品进口的出口匹配性指标如表 15-2 所示。

表 15-2　1993～2010 年中国与世界柑橘产品出口商品匹配性指数

年份	1993	1994	1995	1996	1997	1998	1999	2000	2001
指数	0.286	0.143	0.143	0	0	0.214	0.214	0.071	0.036
年份	2002	2003	2004	2005	2006	2007	2008	2009	2010
指数	0.144	0.096	0.096	0.144	0.311	0.275	0.431	0.515	0.515

资料来源：联合国 UN COMTRADE 贸易数据库，经作者计算得出

由表 15-2 可以看出，中国柑橘产品出口与世界柑橘产品进口的出口商品匹配性指标呈曲线变动，指标值都较小，介于 0～0.515，说明我国柑橘产品的出口并没有集中在那些世界进口份额较大的商品上，与世界的匹配性较低。但 2006 年以后我国柑橘商品结构与世界的匹配性逐渐升高，特别是 2008～2010 年三年，达到了 0.515，说明我国柑橘产品的出口结构正在逐步优化，向着世界需求较大的商品提高。为了进一步提高我国柑橘出口与世界的匹配性，需要根据国际市场的需求格局不断拓展柑橘出口产品种类、优化出口商品结构、实现出口商品的多元化组合。

除了出口商品匹配性指数外，也可以用产品反应度，即中国各类柑橘产品的出口增长率对世界进口增长率的反应，从动态上计算中国各类柑橘产品的出口是否符合世界需求的增长，同样根据斯皮尔曼秩相关系数计算 1993～2010 年中国柑橘产品出口增长对世界柑橘产品进口增长的产品反应度指标如表 15-3 所示。

表 15-3　1993～2010 年中国柑橘产品的出口反应度

年份	1993	1994	1995	1996	1997	1998	1999	2000	2001
指数	0.333	0.262	0.071	-0.429	-0.048	0.476	0.167	0.381	0.523
年份	2002	2003	2004	2005	2006	2007	2008	2009	2010
指数	0.236	0.471	-0.081	-0.600	0.546	0.873	0.309	0.055	0.182

资料来源：联合国 UN COMTRADE 贸易数据库，经作者计算得出

由表 15-3 可以看出，中国各年的出口增长率与世界进口增长率在 2007 年达到峰值，说明在 2007 年中国柑橘出口增长与世界的进口需求增长最匹配，其他年份的波动较大，1996 年、1997 年、2004 年和 2005 年出现负值，不但没有与世界需求相匹配，反而与世界需求出现了相反的趋势，造成这种相反趋势的原因有两种：一是世界进口在增长，但中国出口在下降；二是虽然世界进口在下降，但中国的出口在上升。2010 年的产品反应度为 0.182，世界各类柑橘产品的进口在 2000 年都增长了，但中国的甜橙和其他类柑橘水果的出口与 2009 年相比在下降，所以中国出口增长与世界需求增长的匹配性较小。

15.3 中国柑橘产品出口时间结构

我国的柑橘鲜果一般在 10~12 月成熟，所以 11 月至次年 2 月也是我国柑橘产品出口的高峰期，而 5~8 月份则跌至谷底，如图 15-5 所示，这种出口时间结构的规律与我国柑橘种植的早、中、晚熟品种的种植密切相关，在这三类品种的搭配中，中熟品种比例占据绝大多数，早熟和特早等比例偏小，柑橘成熟期过分集中，果品供应期短，出口高峰期只有四个月。除了熟期结构不合理外，还缺乏优新品种的补充，品种结构较为单一。另外，出口期间过于集中，也说明中国柑橘出口仍以鲜果出口为主，而在柑橘水果储藏保鲜、深加工方面仍存在明显不足。与美国相比，中国柑橘产品的后期处理率是 1%，而美国柑橘产品的后期处理率是 100%；中国柑橘的深加工比例不到 10%，美国柑橘的深加工比例是 35%；中国的优质果率为 30%，而美国的优质果率在 80% 以上。因此，设法分散柑橘产品的供应期间，针对国际市场的供给期间特点，把

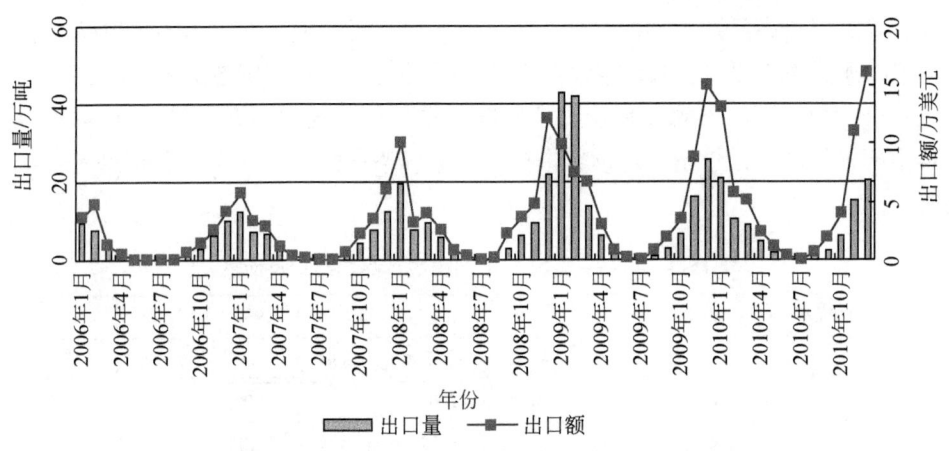

图 15-5　2006~2010 年各月中国柑橘产品出口走势

握其供给规律对科学合理制定上市价格、上市时间，做好储藏加工都具有深远的意义（张复宏等，2009）。

15.4　中国柑橘产品出口模式结构

出口模式是指产业内贸易模式，产业内贸易是相对传统的产业间贸易而言的，是指一个国家或地区在一段时间里同一产业或部门的产品既出口又进口的现象。产业间贸易建立在资源禀赋差异的基础上，而产业内贸易建立在规模经济和差异化产品的基础上，柑橘产品的产业内贸易更有利于贸易的可持续发展（霍尚一，2008）。

测度产业内贸易的指数有很多，主要有 Grubel-Lloyd 指数（简称 GL 指数）、Bruelhart 指数、HIT 指数。目前国际上比较通用的衡量产业内贸易程度的指标是 GL 指数，本章将以 GL 指数来测量中国柑橘产品的产业内贸易水平。

其计算公式如下：

$$GL_i = 1 - \frac{|X_i - M_i|}{X_i + M_i}$$

GL 指数能很好地测度某一年的产业内贸易情况，从静态的角度衡量柑橘产品的产业内贸易水平。X_i 及 M_i 分别为该国第 i 类柑橘产品在一定时期内的出口值和进口值。GL_i 的取值范围为 $[0, 1]$，当 $GL_i = 0$ 时，表明该类产品的全部贸易都是进口或出口贸易；当 $GL_i = 1$ 时，表明该类产品的全部贸易都是产业内贸易。测算全部柑橘产品的 GL 指数时，可用如下公式：

$$GL_i = \sum_{i=1}^{n} W_i GL_i$$

式中，$W_i = \frac{X_i + M_i}{X + M}$。

GL_i 表示一定时期的柑橘产品总体产业内贸易指数；W_i 为第 i 类木质林产品的贸易权重；X 和 M 代表全部柑橘产品的总出口值和进口值；X_i 和 M_i 代表各类柑橘产品的出口值和进口值；GL_i 为第 i 类柑橘产品的产业内贸易指数。本节分别测算了柑橘鲜果（包括甜橙、宽皮橘、葡萄柚及柚、柠檬及酸橙等）、柑橘果酱、橘瓣罐头、橙汁的产业内贸易指数，然后按照贸易权重测算了中国柑橘产品的产业内贸易指数。

由表 15-4 可知，中国柑橘产品中产业内贸易指数最高的是甜橙，1993 年甜橙的产业内贸易指数仅为 0.0491，但到 2010 年已成为 0.9526，接近于 1，说明甜橙的出口量和进口量接近，我国的甜橙品种和进口的品种具有差异性，产业内贸易得以充分进行。虽然甜橙的产业内贸易指数较高，但由于甜橙的贸易在总的柑橘产品中所占份额较低，所以对综合的产业内贸易指数的贡献不大。

表 15-4　1993~2010 年各类柑橘产品的产业内贸易指数

年份	甜橙	宽皮柑橘	葡萄柚及柚	柠檬及酸橙	橘瓣罐头	橙汁	综合
1993	0.0491	0.0003	0.0019	0.0022	0.4156	0.0267	0.0270
1994	0.0772	0.0003	0.0081	0.0084	0.3821	0.0168	0.0201
1995	0.2844	0.0011	0.0054	0.0031	0.5327	0.0203	0.0217
1996	0.6244	0.0021	0.1523	0.0027	0.5229	0.0196	0.0323
1997	0.5666	0.0077	0.8438	0.0019	0.5010	0.0294	0.0544
1998	0.9284	0.0046	0.3690	0.0023	0.5768	0.0634	0.0747
1999	0.1764	0.0422	0.9225	0.0063	0.6377	0.0768	0.0686
2000	0.0350	0.0776	0.5449	0.0112	0.5734	0.0596	0.0589
2001	0.0376	0.1016	0.9903	0.0366	0.5746	0.0905	0.0666
2002	0.2119	0.0850	0.9472	0.0201	0.4895	0.1899	0.0900
2003	0.3278	0.1246	0.7212	0.0058	0.4505	0.1950	0.1257
2004	0.5036	0.0916	0.6752	0.0360	0.4516	0.1407	0.1330
2005	0.6867	0.0447	0.3623	0.0327	0.4527	0.1421	0.2053
2006	0.6556	0.0923	0.2480	0.0211	0.4527	0.1636	0.2304
2007	0.9544	0.1762	0.1099	0.3778	0.3993	0.1783	0.3046
2008	0.9043	0.0656	0.0927	0.6878	0.3525	0.1166	0.3150
2009	0.7213	0.0505	0.1256	0.4928	0.2979	0.1068	0.2984
2010	0.9526	0.0514	0.1724	0.9712	0.3144	0.0997	0.3922

资料来源：联合国 UN COMTRADE 贸易数据库，经作者计算得出

除了甜橙之外，橘瓣罐头的产业内贸易指数在 0.3~0.6，虽然我国的橘瓣罐头出口一直是顺差状态，但由于产品的差异性，同样也会从世界进口橘瓣罐头消费；另外，葡萄柚的产业内贸易指数曾经在 1997~2004 年保持较高的水平，但 2007 年以后出口远大于进口，产业内贸易指数较低；柠檬及酸橙的贸易在 2007 年以前处于绝对逆差状态，产业内贸易指数较小，2007 年以后出口有了大幅增长，产业内贸易指数开始上升，到 2010 年已经达到 0.9712，但由于柠檬和酸橙所占的贸易份额很低，对综合的指数贡献也较小。

由于我在宽皮柑橘的出口中处于绝对顺差的状态，进口比例极低，所以宽皮柑橘的产业内贸易指数接近于 0；而橙汁与宽皮柑橘相反，处于绝对逆差的状态，所以产业内贸易的指数也接近于 0。

从综合产业内贸易指数来看，柑橘产品的产业内贸易水平不高，2003年以前产业内贸易指数不到 0.1，2004 年以后开始有小幅上升，2010 年达到最高水平 0.3922，很容易遭遇贸易摩擦。但是也必须看到，自 1993 年以来产业内贸易指数不断增长，已从 1993 年的 0.0269 增长到 2010 年的 0.3922，说明我国柑橘产业的国际竞争力得到了进一步的提升，柑橘产品的贸易模式结构得到了一定幅度的调整，这对于我国柑橘产品贸易结构风险的降低是非常有利的。

15.5 中国柑橘产品出口市场结构

1992～2010 年以来，在中国柑橘产品的出口中柑橘鲜果和橘瓣罐头占据97% 以上的份额。这两类柑橘产品出口市场代表了全部柑橘产品的出口市场。

中国柑橘类鲜果的主要出口流向是亚洲国家，特别是东南亚国家和中国香港地区。2010 年中国柑橘鲜果出口额排在前列的国家和地区分别是印度尼西亚、马来西亚、越南、俄罗斯、菲律宾、荷兰、加拿大、泰国、哈萨克斯坦、新加坡、泰国及中国香港地区，除了俄罗斯及加拿大外基本全部集中在东南亚地区，占鲜果总出口额的 90% 以上（图 15-6）。

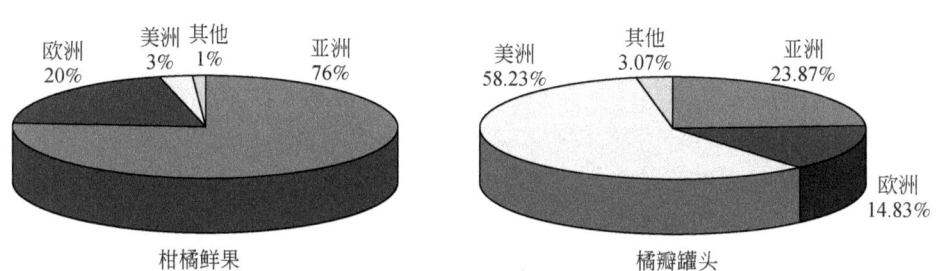

图 15-6　2010 年中国柑橘鲜果及橘瓣罐头的主要出口流向

相对于柑橘鲜果来说，橘瓣罐头的出口市场则打破了贸易距离因素的制约，除亚洲以外，主要的出口市场为美洲和欧洲，2010 年中国橘瓣罐头出口额前 10 位的国家和地区分别是美国、日本、德国、泰国、加拿大、荷兰、英国、韩国、沙特阿拉伯及捷克，占橘瓣罐头总出口额的 90% 以上。正是由于出口市场过于集中，中国柑橘产品的市场分散度非常小，不利于中国柑橘产品的风险分散。

中国与世界柑橘鲜果贸易伙伴国（地区）之间的距离因素是中国柑橘鲜果出口贸易流向的一大阻碍。根据多位学者的计算，中国与柑橘鲜果贸易伙伴国（地区）之间的贸易距离越大，运输成本就越高，贸易的阻碍作用也就越大，出口额就越小。根据贸易引力模型的回归，距离对出口流量的回归关系为负值，是最重要的出口贸易抑制因素。这充分解释了中国柑橘鲜果的出口流向现状：主要出口目的地集中在亚洲国家，特别是东盟国家和中国香港地区，对于欧洲国家的出口仅有贸易距离较小的俄罗斯，而对其他贸易距离较远的国家出口较少。除了空间距离所引起的运输成本高之外，还有一个重要的原因是柑橘鲜果极易腐烂易变质、储存时间短的特性使得柑橘鲜果的出口流向集中在东盟国家（王艳丽，2010）。

与柑橘鲜果易腐烂易变质储存时间短的缺陷相比，橘瓣罐头经过加工，储存时间相对较长，能达数月以上。另外，凭借我国劳动力的价格优势，罐装橘瓣罐头以质优价廉的优势抢占了原西班牙等国在欧美市场占有的份额，出口竞争优势显著。

柑橘鲜果和橘瓣罐头的出口市场结构是否合理呢？要判断一国的某类产品的出口市场结构是否合理，就必须研究该国的出口市场与世界的进口市场是否相匹配，也就是一国某种商品出口市场份额较大的国家是否也是世界该类商品进口市场份额较大的国家。前文中提到用斯皮尔曼（Spearman）秩相关的方法研究中国柑橘产品出口市场结构与世界市场结构的匹配性。

在计算出口市场匹配指数时，首先根据中国对各出口市场出口额的大小，确定中国柑橘产品的前10大出口市场并进行排序；如2010年中国柑橘鲜果出口的前10大市场分别是：印度尼西亚、马来西亚、越南、俄罗斯、菲律宾、荷兰、加拿大、泰国、哈萨克斯坦、新加坡，按照从1到10的顺序排列；然后根据这10个国家在世界柑橘产品进口市场上的进口额的大小，再从1到10进行排序；最后根据前两步的结果考察这两列数据的相关程度，计算斯皮尔曼秩相关系数，得到的结果见表15-5。

表 15-5　1993~2010 年中国与世界柑橘产品出口市场匹配性指数

产品	1993 年	1994 年	1995 年	1996 年	1997 年	1998 年	1999 年	2000 年	2001 年
柑橘鲜果	0.600	0.600	0.429	0.700	0.619	0.667	0.430	0.300	0.233
橘瓣罐头	0.709	0.636	0.782	0.685	0.576	0.600	0.818	0.648	0.782

产品	2002 年	2003 年	2004 年	2005 年	2006 年	2007 年	2008 年	2009 年	2010 年
柑橘鲜果	0.188	0.418	0.515	-0.018	-0.212	-0.042	-0.176	-0.030	0.394
橘瓣罐头	0.709	0.782	0.758	0.673	0.879	0.867	0.833	0.850	0.867

从表15-5可以看出，自1993年以来中国柑橘鲜果与世界市场的匹配性指数有逐年下降的趋势，说明中国柑橘鲜果的主要出口市场从中国市场进口的排名与从世界进口的排名不一致，以2010年为例，印度尼西亚虽然是中国第一

大鲜果出口国，但是在十大出口国中，印度尼西亚从世界进口的排名却在第四位，排名前三位的分别是俄罗斯、荷兰和加拿大，而中国对这几个国家的出口排名却是第四、第六与第七，说明中国出口最多的国家并不是世界最主要的需求国。

对世界柑橘鲜果的主要进口国进行深入分析可知，欧洲是世界最大的柑橘鲜果消费市场，其进口总额居世界第一。但是中国对欧洲柑橘鲜果的出口金额仅占全部出口金额的20%，与世界柑橘市场的需求不相匹配，还有进一步的提升空间。综合来看，中国柑橘类鲜果的出口市场范围小而集中，应该努力开辟和拓展欧洲及其他国际市场，改善现有市场结构的局限性，这是今后大力发展中国柑橘类鲜果出口贸易的积极战略取向（王艳丽，2010）。

橘瓣罐头的出口市场匹配性指数较为稳定，近几年都在0.8以上，说明出口市场匹配性较为理性，中国主要的橘瓣罐头出口国也是世界主要的进口国，中国的出口流向和世界的进口需求较为一致。虽然橘瓣罐头的出口与世界进口市场较为匹配，但是橘瓣罐头的出口市场集中度较高，根据出口分散度指标，计算出中国柑橘鲜果和橘瓣罐头的出口分散度如表15-6所示。

表15-6 1993~2010年中国柑橘产品出口市场分散度

产品	1993年	1994年	1995年	1996年	1997年	1998年	1999年	2000年	2001年
柑橘鲜果	5.6526	6.3523	7.5334	7.5960	7.5785	7.2544	7.1661	6.6034	6.2450
橘瓣罐头	3.0839	3.1340	1.9548	2.6333	3.5555	2.9190	2.3726	2.6924	3.6355
产品	2002年	2003年	2004年	2005年	2006年	2007年	2008年	2009年	2010年
柑橘鲜果	7.6477	7.1599	7.5215	7.5642	7.8783	8.0822	7.5603	7.3464	7.3815
橘瓣罐头	3.6961	3.4239	3.3001	3.4915	3.5267	3.3839	3.0954	2.8400	2.9916

资料来源：联合国 UN COMTRADE 贸易数据库，经作者计算得出

如表15-6所示，由于对前十大市场的出口过于集中，柑橘鲜果和橘瓣罐头的市场分散度都很低，特别是橘瓣罐头的出口分散度比柑橘鲜果更小，主要是由于橘瓣罐头的出口市场过于集中，如2010年对美国的出口份额就高达53.98%，对美国、日本、德国、泰国、加拿大五个国家的出口总份额占全部橘瓣罐头出口的90%以上，对于风险的分散非常不利。

15.6 本章小结

第一，通过对柑橘产品出口品种结构进行分析，得出中国柑橘产品中出口份额最大的是橘类鲜果和橘瓣罐头，二者出口合计份额占全部产品的80%左

右，柑橘果汁出口比例很小；而世界进口结构中柑橘鲜果中的橙类鲜果和柑橘果汁所占的份额较大，总体来看，我国这样的一种出口结构比例与世界的进口结构比例匹配性不强，对世界柑橘产品需求变动的反应程度较差，但自2006年以来，出口结构逐步根据世界的进口需求进行调整，出口产品结构得到了一定程度的优化。

第二，通过对出口时间结构进行分析，得出我国柑橘产品出口期间集中在11月至次年2月，一年中仅有4个月集中出口，说明我国柑橘产品的熟期结构需要进一步改善。

第三，通过对出口模式结构进行分析，得出我国柑橘产品的产业内贸易指数较低，宽皮柑橘几乎只出口不进口，而柑橘果汁只进口不出口，仅有甜橙和橘瓣罐头的产业内贸易指数在近几年有了一定幅度的上升，才带动产业内贸易指数的缓慢增长，所以总体来讲，柑橘产品的产业内贸易水平不高，很容易遭遇贸易摩擦。

第四，通过对出口市场结构进行分析，得出中国柑橘鲜果的出口市场主要还是集中在亚洲地区，而世界进口市场主要是欧洲国家，匹配性较低，但2006年以来根据世界市场的需求进行了一定幅度的市场调整，匹配性有上升的趋势，只有合理有效地调整品种结构与市场结构，使其与世界品种结构和市场结构相吻合，才更有利于促进中国柑橘类鲜果出口贸易发展。

第16章
中国柑橘产品出口结构风险测算

16.1　出口结构风险的评价指标值

上文从出口商品结构、出口模式结构、出口市场结构三方面构建柑橘产品出口贸易结构风险的评价指标体系，根据分析和计算得到的中国柑橘产品的各类评价指标值如表16-1所示。

表16-1　1993~2010年中国柑橘产品出口结构的评价指标值

年份	1 出口商品结构指数	2 商品结构变化指数	3 市场结构变化指数	4 出口商品匹配指数	5 出口市场匹配指数	6 产业内贸易指数	7 产品反应度	8 市场反应度	9 产品分散度	10 市场分散度
1993	0.0728	0.2766	0.2860	0.6386	0.0269	0.3330	0.3466	2.5039	4.4973	0.0116
1994	0.0146	0.1496	0.1430	0.6106	0.0201	0.2620	0.3553	2.4098	5.0700	0.0051
1995	0.0464	0.2039	0.1430	0.6185	0.0217	0.0710	0.3689	2.2316	4.4657	0.0047
1996	0.0295	0.1738	0.0000	0.6887	0.0323	−0.4290	0.2959	2.2134	4.9101	0.0033
1997	0.0283	0.1607	0.0000	0.5914	0.0543	−0.0480	0.2872	2.2348	5.4205	0.0077
1998	0.0353	0.1159	0.2140	0.6086	0.0745	0.4760	0.4551	2.0793	4.4427	0.0266
1999	0.0139	0.1207	0.2140	0.6886	0.0686	0.1670	0.5462	1.8246	3.7167	0.0203
2000	0.4218	0.0757	0.0710	0.5391	0.0585	0.3810	0.2127	1.7686	3.7270	0.0181
2001	0.0527	0.1269	0.0360	0.6327	0.0666	0.5230	0.5797	1.6989	4.1963	0.0192
2002	0.0596	0.1018	0.1440	0.5394	0.0899	0.2360	0.0731	1.8760	4.7931	0.0195
2003	0.0277	0.0862	0.0960	0.6481	0.1252	0.4710	0.6916	1.9822	4.5096	0.0153
2004	0.0608	0.0833	0.0960	0.6525	0.1328	−0.0810	0.5246	2.1653	4.8166	0.0119
2005	0.0382	0.0657	0.1440	0.3752	0.2046	−0.6000	0.3270	2.3480	5.0923	0.0121
2006	0.0378	0.0640	0.3110	0.4242	0.2299	0.5460	0.4620	2.3683	5.1755	0.0182
2007	0.0983	0.0976	0.2750	0.4060	0.3046	0.8730	0.6809	2.7767	5.5870	0.0198
2008	0.1074	0.1229	0.4310	0.2162	0.3150	0.3090	0.4159	3.0005	5.6683	0.0195
2009	0.0933	0.0885	0.5150	0.2343	0.2984	0.0550	0.1866	2.9088	5.8560	0.0164
2010	0.0164	0.0611	0.5150	0.5313	0.3922	0.1820	−0.0073	2.9500	5.8836	0.0175

资料来源：联合国 UN COMTRADE 数据库，经作者计算得出

16.2　功效系数法测算中国柑橘产品出口结构风险

16.2.1　功效系数法

E. C. Harrington 于 1965 年提出功效系数法，用来解决多目标决策问题，与其他方法相比，功效系数法适用于处理不同量纲的多目标决策问题，因此又称为功效函数法（efficiency coefficient method）。功效系数法根据多目标规划原理，对每一项评价指标确定一个满意值和一个不允许值，不允许值为下限，满意值为上限，接着计算各指标的满意程度，根据该程度确定各指标的得分，然后经过加权平均方法进行综合，最后评价被研究对象的综合状况（高雷和王升，2005）。顾晓燕（2009）运用功效系数法测算了木质林产品出口结构风险，首次将主要运用于财务风险测算的方法引入到国际贸问题之中。

功效系数法在出口结构风险测量中的应用，应首先确定产品出口结构风险的评价指标和指标值大小，接着对每个评价指标设定"满意值"和"不允许值"。在各指标"满意值"和"不允许值"的区间范围内设计并计算指标的单项功效系数，同时，借助主成分分析等方法确定以上各评价指标的权重大小，得出加权平均结果，即为出口结构风险的综合功效系数大小。根据综合功效系数的数值变化，就可以进行出口结构危机的预警。功效系数法的整体流程如图 16-1 所示。

16.2.2　预警指标分类及标准值的确立

为准确预警中国柑橘产品的出口结构风险，本节根据功效系数法的流程，对出口贸易的评价指标值进行分类，确定各类风险评价指标的标准值，将标准值区分出各临界区间的"满意值（或上限）"和"不允许值（或下限）"，这些指标值主要有以下几类。

（1）极大型变量，即指标值越大越好的变量，其满意值一般选取该行业的平均值。一般认为只要达到了该指标值的平均水平，即可认为无警。该类指标包括：出口结构指数、产品反应度、市场反应度、出口商品匹配指数、出口市场匹配指数、产业内贸易指数、产品分散度、出口分散度等。其满意度选取的是平均值的一倍，不允许值为满意值的一半。出口结构指数指橙汁出口占所有柑橘产品出口总额的比重，比重越大，说明中国柑橘的加工技术水平越高；产品反应度指数评价中国柑橘产品出口的产品结构对世界需求变动的反应和调

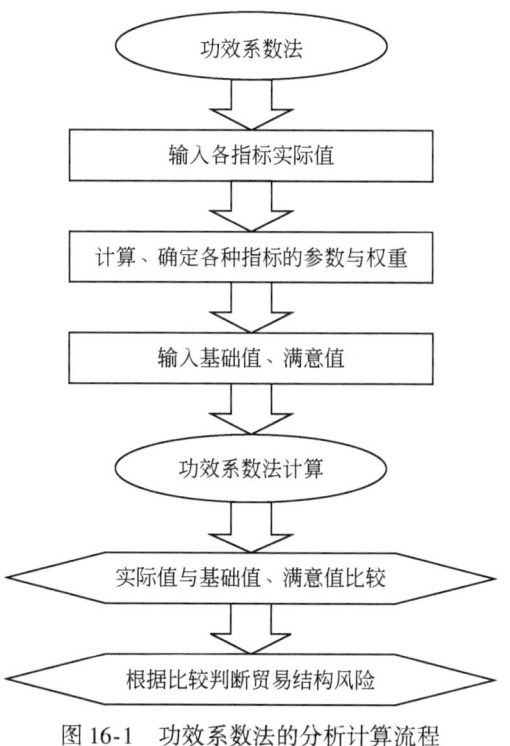

图 16-1 功效系数法的分析计算流程

整程度,市场反应度指数评价中国柑橘产品出口市场结构对世界进口市场结构变动的反应程度,反应度越大,说明出口结构调整越合理。出口商品匹配指数反映了中国柑橘产品的出口品种与世界进口品种的匹配大小,出口市场匹配指数反映了中国柑橘产品出口市场结构与世界市场结构的匹配大小,匹配性越大,所面临的风险越小。产业内贸易指数反映了中国柑橘产品出口贸易模式结构的优化程度,产业内贸易指数越高,所面临的贸易壁垒越小。产品分散度反映了各类柑橘产品的分散程度,市场分散度反映了出口市场的分散程度,产品分散度指数过小,意味着出口过于依赖几种商品,存在很大的风险,出口市场分散度小,意味着出口过于依赖几个市场,也存在很大风险,容易遭受贸易壁垒和反倾销措施的影响。对于这类指标,以上指数都是极大型变量,取值越大越好,其满意度选取的是平均值的一倍,不允许值为满意值的一半。

由于中国柑橘果汁的出口在总产品中所占的份额较小,1993～2010 年的平均商品结构指数仅有 0.0148,若用这个数据计算满意值和不允许值,则出口商品结构的单项功效系数就较为理想,这与我国的出口结构现状不符合,所以本章将对出口商品结构指数的满意值和不允许值以世界商品结构指数为基础进行调整,认为橙汁出口占柑橘总出口的份额达到 40.98% 是最理想最满意的，这样再计算出中国的出口结构风险就显得更为科学合理。同样，中国柑橘产品的产业内贸易指数与世界相比差距较大，平均值仅为 0.1398，运用同样的方法对产业内贸易指数的满意值和不允许值略作调整，认为柑橘产品的产业内贸易指数达到 0.5906 是最满意的值（表 16-2）。

表 16-2　出口结构指标的满意和不允许值

项目	出口商品结构指数	出口商品匹配指数	出口市场匹配指数	产业内贸易指数	产品反应度	市场反应度	产品分散度	市场分散度
满意值	0.409 862	0.403 778	1.071 543	0.590 628	0.414 111	0.755782	4.593 425	9.758 704
不允许值	0.204 931	0.201 889	0.535 771	0.295 314	0.207 056	0.377 891	2.296 712	4.879 352

（2）稳定型变量，其指标值越平均越好，结构变动指数（劳伦斯指数）属于稳定型变量，商品结构和市场结构变化过小，说明出口没有得到充分优化，停滞不前；如果结构变化过大，说明出口情况极不稳定，风险过大。所以，对于稳定型变量，在某一时点最好的变量，满意值为平均值的一倍，不容许值的上限为该满意值的一倍，下限为满意值的一半（表 16-3）。

表 16-3　出口结构指标的满意值、上限值和下限值

项目	商品结构变化指数	市场结构变化指数
满意值	0.139 400	0.241 658
上限值	0.27 879 921	0.483 315 802
下限值	0.069 699 802	0.12 082 895

（3）极小型变量，其指标值越小越好，极小型变量的标准值一般取 0，其不允许值也为 0，本章要评价的出口结构风险指标中无此类变量。

16.2.3　各项指标单项功效系数的计算

（1）极大型变量单项功效系数。

$$极大型变量单项功效系数=\begin{cases}（实际值-不允许值）/（满意值-不允许值）×40+60 & （实际值<满意值）\\ 100 & （实际值≥满意值）\end{cases}$$

（2）稳定型变量单项功效系数。

$$稳定型变量单项功效系数=\begin{cases}（上限不允许值-实际值）/（上限不允许值-满意值）×40+60 & （实际值>满意值）\\ （实际值-下限不允许值）/（满意值-下限不允许值）×40+60 & （实际值≤满意值）\end{cases}$$

根据计算得到各指标值的单项功效系数如表 16-4 所示。

表 16-4　各指标的单项功效系数

年份	1 出口商品结构指数	2 商品结构变化指数	3 市场结构变化指数	4 出口商品匹配指数	5 出口市场匹配指数	6 产业内贸易指数	7 产品反应度	8 市场反应度	9 产品分散度	10 市场分散度
1993	22.27	61.79	94.21	76.66	67.68	23.65	84.33	56.68	63.61	56.87
1994	20.99	28.37	69.53	48.33	65.59	22.72	70.61	57.61	61.97	61.56
1995	20.92	46.64	87.50	48.33	66.18	22.94	33.72	59.05	58.87	56.61
1996	20.63	36.91	77.55	20.00	71.42	24.37	-62.88	51.32	58.55	60.25
1997	21.51	36.24	73.21	20.00	64.15	27.36	10.73	50.40	58.92	64.44
1998	25.19	40.25	58.38	62.40	65.43	30.09	100.00	68.17	56.21	56.42
1999	23.96	28.00	59.95	62.40	71.41	29.30	52.26	77.81	51.78	50.47
2000	23.53	18.98	45.07	34.07	60.25	27.92	93.60	42.52	50.80	50.55
2001	23.75	50.23	62.01	27.13	67.24	29.02	100.00	81.37	49.59	54.40
2002	23.81	54.22	53.71	48.53	60.27	32.18	65.59	27.74	52.67	59.29
2003	22.98	35.87	48.53	39.02	68.39	36.96	100.00	93.21	54.52	56.97
2004	22.33	54.89	47.57	39.02	68.71	37.99	4.35	75.53	57.71	59.49
2005	22.35	41.90	41.74	48.53	48.01	47.72	-95.91	54.61	60.89	61.75
2006	23.56	41.68	41.18	81.62	51.67	51.14	100.00	68.90	61.25	62.43
2007	23.87	76.40	52.29	74.49	50.31	61.26	100.00	92.08	68.36	65.80
2008	23.81	81.64	60.68	100.00	36.14	62.67	79.69	64.03	72.26	66.47
2009	23.19	73.53	49.30	100.00	37.49	60.42	30.63	39.75	70.66	68.01
2010	23.42	29.42	40.23	100.00	59.67	73.12	55.16	19.23	71.38	68.23

从各指标的功效系数分析，1994～2010 年我国的出口商品结构指数的功效系数一直很低，以世界平均值为基础，实际值都远远小于满意值，说明出口商品结构风险较大；商品结构变化指数的变动较小，由于商品结构变化指数属于稳定型变量，满意值为 0.1394，变动不宜过大也不宜过小，所以各年的单项功效系数也不优；出口商品匹配指数的单项功效系数在 2008～2010 年的实际值高于满意值，说明中国出口商品结构与世界的匹配性不断增加；产品反应度指数的功效系数变动幅度也很大，1992 年、1993 年、2005～2008 年为实际值大于满意值，其他年份都较小，甚至在 1996 年、2004 年出现了负数，说明在 1996 年和 2004 年没有与世界调整的速度同步。市场反应度指数只有 2003 年和 2007 年大于满意值，其他年份的数值都较小，说明中国出口市场的调整

与世界进口市场的调整步伐不一。

16.2.4　基于主成分分析的各指标权重的确定

主成分分析（principal component analysis，PCA），是根据实际需要从多个变量（指标）中取出几个较少的综合变量尽可能多地反映原来变量的信息的统计方法，是数学上降维处理的一种方法。本节采用统计软件 SPSS16.0 对表中的数据进行主成分分析，提取特征值大于 1 的因子，共产生 3 个主成分，对总方差的累计贡献率达到了 80.094%（表 16-5）。

表 16-5　基于主成分分析的各指标相关系数矩阵

年份	1 出口商品结构指数	2 商品结构变化指数	3 市场结构变化指数	4 出口商品匹配指数	5 出口市场匹配指数	6 产业内贸易指数	7 产品反应度	8 市场反应度	9 产品分散度	10 市场分散度
1	1.000	0.166	−0.551	0.439	−0.300	0.408	0.576	0.157	−0.055	−0.104
2	0.166	1.000	0.434	0.427	−0.205	0.002	0.225	0.263	0.261	−0.023
3	−0.551	0.434	1.000	−0.244	0.414	−0.627	−0.054	0.034	−0.054	−0.211
4	0.439	0.427	−0.244	1.000	−0.660	0.757	0.304	−0.185	0.770	0.528
5	−0.300	−0.205	0.414	−0.660	1.000	−0.755	0.009	0.180	−0.677	−0.652
6	0.408	0.002	−0.627	0.757	−0.755	1.000	0.051	−0.133	0.751	0.740
7	0.576	0.225	−0.054	0.304	0.009	0.051	1.000	0.283	−0.067	−0.195
8	0.157	0.263	0.034	−0.185	0.180	−0.133	0.283	1.000	−0.234	−0.296
9	−0.055	0.261	−0.054	0.770	−0.677	0.751	−0.067	−0.234	1.000	0.867
10	−0.104	−0.023	−0.211	0.528	−0.652	0.740	−0.195	−0.296	0.867	1.000

方差贡献率是衡量主成分分析中各因子相对重要程度的指标，方差贡献率越大，重要程度越大，反之则重要和贡献程度较小，在统计学中，一般认为主成分的累积贡献率达到 80% 即可保留有效信息，即提取了重要的主成分。由表 16-6 可以看出，根据主成分分析提取的 3 个主成分累积的方差贡献率是80.094%，大于 80%，主成分分析保留了原有 10 个指标 80.094% 的有效信息，而主成分 $F1$ 对原始指标的解释能力是 42.142%、F2 为 21.082%、F3 为16.870%，主成分的初始因子载荷矩阵见表 16-7，载荷系数代表各主成分解释指标变量方差的程度。

表 16-6　方差分解主成分提取表

成分	初始特征值			提取平方和载入		
	合计	方差的百分比	累积百分比	合计	方差的百分比	累积百分比
出口商品结构指数	4.214	42.142	42.142	4.214	42.142	42.142
商品结构变化指数	2.108	21.082	63.224	2.108	21.082	63.224
市场结构变化指数	1.687	16.870	80.094	1.687	16.870	80.094
出口商品匹配指数	0.805	8.054	88.148			
出口市场匹配指数	0.564	5.637	93.785			
产业内贸易指数	0.283	2.834	96.619			
产品反应度	0.166	1.663	98.282			
市场反应度	0.100	1.001	99.283			
产品分散度	0.047	0.466	99.749			
市场分散度	0.025	0.251	100.000			

由表 16-6 可知，第一主成分的方差贡献率最大，为 42.142%，是最重要的影响因子。由表 16-7 可知，第一主成分在出口商品结构指数、产业内贸易指数、产品分散度、市场分散度等指标上载荷较大，分别是 0.374、0.942、0.856、0.799，说明这些制表结构的优化会使得出口结构风险变小。

第二主成分为 21.082%，是次重要的影响因子。该主成分在出口商品结构指数、产品反应度、市场反应度指标上负载较大，影响系数分别为 0.815、0.798 和 0.539。

第三主成分为 16.870%，是第三重要的影响因子，该主成分在市场结构变化指数、商品结构变化指数指标上载荷较大，影响系数分别为 0.844、0.793。

表 16-7　初始因子载荷矩阵

因子	成分		
	$F1$	$F2$	$F3$
出口商品结构指数	0.374	0.815	−0.260
商品结构变化指数	0.178	0.325	0.844
市场结构变化指数	−0.472	−0.256	0.793
出口商品匹配指数	0.868	0.212	0.263
出口市场匹配指数	−0.862	0.024	−0.002
产业内贸易指数	0.942	0.034	−0.204
产品反应度	0.095	0.798	0.135

因子	成分		
	$F1$	$F2$	$F3$
市场反应度	−0.237	0.539	0.196
产品分散度	0.856	−0.311	0.329
市场分散度	0.799	−0.452	0.044

16.2.5 中国柑橘产品出口结构综合功效系数测算及评价

利用 SPSS16.0，用表 16-7 中主成分载荷矩阵的数据除以主成分相对应的特征值开平方根得到 $F1$、$F2$ 和 $F3$ 三个主成分对应的系数，得出 3 个主成分表达式如下：

$$F1 = 0.182X1 + 0.087X2 - 0.230X3 + 0.423X4 - 0.420X5 + 0.459X6 \\ + 0.046X7 - 0.115X8 + 0.417X9 + 0.389X10$$

$$F2 = 0.561X1 + 0.224X2 - 0.176X3 + 0.146X4 + 0.017X5 + 0.023X6 \\ + 0.549X7 + 0.371X8 - 0.214X9 - 0.311X10$$

$$F3 = - 0.200X1 + 0.650X2 + 0.611X3 + 0.203X4 - 0.002X5 - 0157X6 \\ + 0.104X7 + 0.151X8 + 0.253X9 + 0.034X10$$

综合系数 F 是各主因子与其贡献率的乘积：

$$F = (0.421\,42F1 + 0.210\,82F2 + 0.168\,70F3)/0.800\,94$$

把 $F1$、$F2$、$F3$ 的值代入上式，得到：

$$F = 0.2013X1 + 0.2415X2 - 0.0386X3 + 0.3037X4 - 0.2169X5 + 0.2144X6 \\ + 0.1908X7 + 0.0688X8 + 0.2165X9 + 0.1300X10$$

根据主成分分析得出的指标权重，计算出各年出口结构风险综合系数。

根据功效系数法的定义和出口结构风险综合系数值的变动规律，当 $F<60$ 时，定义为出口贸易结构处于高度风险状态；当 $60 \leqslant F<80$ 时，处于一般风险状态；当 $80<F \leqslant 100$ 时，处于低度风险状态；当 $F>100$ 时，处于无风险状态，各年的风险状态见表 16-8。

表 16-8　1993 ~ 2010 年中国柑橘产品的出口结构风险综合系数及风险状态

项目	1993 年	1994 年	1995 年	1996 年	1997 年	1998 年	1999 年	2000 年	2001 年
F	75.01	57.94	59.87	18.03	33.88	77.08	62.66	52.04	57.44
预警状态	一般风险	高度风险	高度风险	高度风险	高度风险	一般风险	一般风险	高度风险	高度风险

项目	2002 年	2003 年	2004 年	2005 年	2006 年	2007 年	2008 年	2009 年	2010 年
F	58.60	61.92	48.13	35.52	84.45	96.79	104.03	90.30	81.97
预警状态	高度风险	一般风险	高度风险	高度风险	低度风险	低度风险	无风险	低度风险	低度风险

从表 16-8 看出，2005 年以前中国柑橘产品出口结构风险较大，状态基本为高度风险，仅有 1993 年、1998 年、1999 年和 2003 年处于一般风险状态；自 2006 年以后，出口结构开始优化，风险开始减小，2006 年和 2007 年都处于低度风险状态，2008 年基本处于无风险状态，但这种趋势并不持久，2009 ~ 2010 年相对于 2008 年综合功效系数值又开始降低，出现了恶化趋势，说明自 2006 年我国出口结构开始调整，但这种调整并没有一直持续下去。

分析原因可知，在最后的综合功效系数计算公式中，出口商品匹配指数的系数为 0.3037，对综合功效系数的影响最大，说明要降低出口结构风险，首先必须调整中国的柑橘产品结构，使之与世界进口产品结构相匹配。2005 年以前出口商品匹配指数都较低，只有 1993 年和 1998 年、1999 年在 0.2 以上，所以 1993 年和 1998 年的综合功效系数相对较高，风险状态也是一般风险；而 1996 年及 1997 年出口商品匹配指数为 0，所以综合功效系数极低，仅仅为 18.03 和 33.88，出口结构风险极大（图 16-2）。

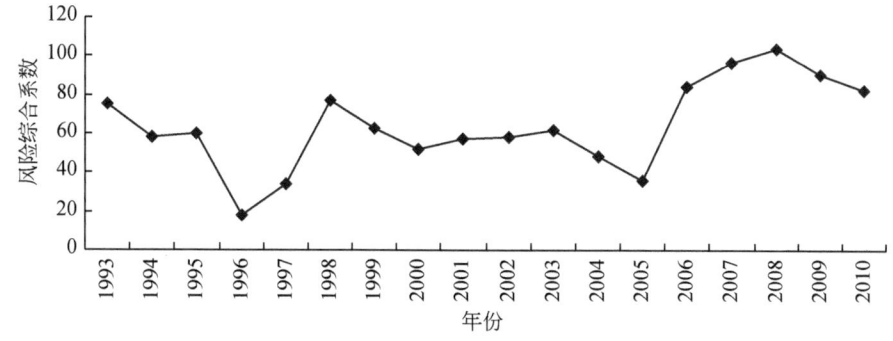

图 16-2 1993 ~ 2010 年中国柑橘产品出口结构风险综合系数

商品结构变化指数在综合功效系数中的系数为 0.2415，说明中国出口商品结构的调整对出口结构风险也有着显著的影响，商品结构变化指数是一个稳定型变量，商品结构不宜出现过大的变动，这样会使得出口波动的风险增大，但是也不宜过小，如果过小说明出口结构没有得到充分优化，停滞不前。而 1993 年、1995 年、1998 年及 2006 ~ 2008 年的商品结构指数为 0.1 左右，说明出口商品结构得到了一定幅度的调整，最后的综合系数也较大。

产品分散度在综合功效系数中的系数为 0.2165，即产品分散度的单项功效系数每提高 1%，出口结构的综合功效系数将降低 0.2165%，中国柑橘产品的分散度指数一直较低，1993～2010 年的平均值仅为 2.2967，2007 年以后有小幅度的上升，2008 达到最高值 3，说明出口产品基本集中在宽皮柑橘和橘瓣罐头两类中，出口结构风险不能得到有效的分散。

产业内贸易指数在综合功效系数中的系数为 0.2013，1993 年以来产业内贸易指数不断上升使得综合功效系数有逐步上升的趋势，风险逐步减小。

出口商品结构指数的系数为 0.2013，而我国出口商品结构指数一直较低，要想降低结构风险，必须优化出口商品结构；产品反应度的系数为 0.1908，而 1996 年、1997 年、2004 年、2005 年的产品反应度为负数，从总体上拉低了这些年的综合功效系数，使得这些年的风险较高，并且都为高度风险状态。

以上出口商品结构的评价指标和出口模式的评价指标对综合的功效系数影响较大，而评价出口市场结构的指标对出口结构风险的综合功效系数的影响相对较小，市场分散度在综合功效系数中的系数为 0.13，市场反应度的系数为 0.0688，市场结构变化指数的系数为 -0.0386，出口市场匹配指数的系数为 -0.2169，说明市场结构的变化目前对出口结构风险的作用较小或者为负，主要原因是目前我国柑橘产品的出口市场较为稳定，鲜果出口主要集中在东南亚地区，而橘瓣罐头主要出口往欧美等发达地区，这样的局面一定时间内不会出现较大的变化。

综合以上的分析和 CMS 模型分析的结果，产品结构效应对柑橘产品出口市场的增长的影响最为显著，而市场分布的作用也较为显著，这说明无论是产品结构还是市场结构与进口市场的需求匹配性都不强，出口市场如果不及时分散转移，出口结构风险将会变大。所以，降低出口结构风险必须首先优化出口产品结构，适度降低宽皮柑橘和橘瓣罐头的出口比例，增强橙汁出口能力；在此基础上，优化出口模式，增强产业内贸易能力，同时也要逐步调整出口市场结构，增强市场分散度，多管齐下降低出口结构风险。

16.3 基于灰色系统的中国柑橘产品出口结构风险预测

上文基于功效系数法对 1993～2010 年中国柑橘产品作出了测算，得出了评价风险大小的综合功效系数，在已知风险值的基础上，对 2010 年以后的柑橘产品出口结构风险进行预测，有助于了解风险的发展趋势，对我国柑橘产业出口发展规划具有重要意义。

16.3.1 灰色系统 GM (1, 1) 模型

根据图 16-3 的出口结构风险综合系数趋势图，风险变动趋势的原始数据没有明显的规律性，其发展态势是摆动的，再加上出口结构风险是根据出口结构的评价指标计算而出，因此出口结构的变化会引起风险值的变动，根据这样的特性，采用灰色系统理论对风险值进行预测。灰色系统理论以"部分信息已知，部分信息未知"的"小样本"、"贫信息"不确定性系统为研究对象，它的优点是预测所需的数据较少、不需要考虑分布规律、预测精度较高，因此得到了广泛应用。

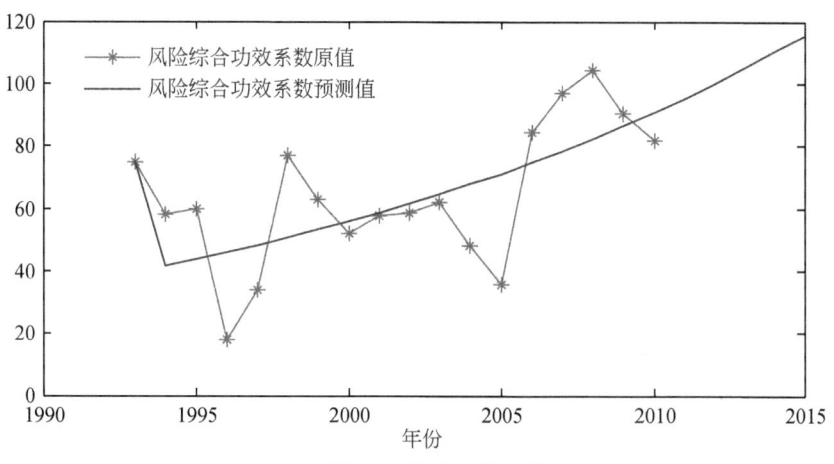

图 16-3　出口结构风险综合功效系数预测趋势图

综合功效系数有 1 阶、一个变量的特征，所以采用灰色系统理论GM (1, 1) 模型，表示 1 阶的、1 个变量的微分方程模型。

GM (1, 1) 建模过程和机理如下。

记风险综合系数序列为 $X^{(0)}$：

$$X^{(0)} = \{x^{(0)}(1), x^{(0)}(2), x^{(0)}(3), \cdots, x^{(0)}(n)\}$$

其中，$x^{(0)}(k) \geq 0$，$k = 1, 2, \cdots, n$。

其累加生成的相应数据序列为 $X^{(1)}$：

$$X^{(1)} = \{x^{(1)}(1), x^{(1)}(2), x^{(1)}(3), \cdots, x^{(1)}(n)\}$$

其中，$x^{(1)}(k) = \sum_{i=1}^{k} x^{(0)}(i)$，$k = 1, 2, \cdots, n$。

$Z^{(1)}$ 为 $X^{(1)}$ 的紧邻均值的生成序列：

$$Z^{(1)} = \{ z^{(1)}(1),\ z^{(1)}(2),\ \cdots,\ z^{(1)}(n) \}$$

其中，$Z^{(1)}(k) = 0.5x^{(1)}(k) + 0.5x^{(1)}(k-1)$，$k = 1,\ 2,\ \cdots,\ n$。

称 $x^{(0)}(k) + az^{(1)}(k) = b$ 为 GM $(1,\ 1)$ 模型，其中 a，b 是根据建模求出的参数，若 $a = (a,\ b)^T$ 为参数列，且

$$Y = \begin{bmatrix} x^{(0)}(2) \\ x^{(0)}(3) \\ \vdots \\ x^{(0)}(n) \end{bmatrix},\ B = \begin{bmatrix} -z^{(1)}(2) & 1 \\ -z^{(1)}(3) & 1 \\ -z^{(1)}(4) & 1 \\ -z^{(1)}(5) \end{bmatrix}$$

则求微分方程 $x^{(0)}(k) + az^{(1)}(k) = b$ 的最小二乘估计系数列，满足

$$\hat{a} = (B^T B)^{-1} B^T Y$$

称 $\dfrac{dx^{(1)}}{dt} + ax^{(1)} = b$ 为灰微分方程，$x^{(0)}(k) + az^{(1)}(k) = b$ 的白化方程，也叫影子方程。如上所述，则有

（1）白化方程 $\dfrac{dx^{(1)}}{dt} + ax^{(1)} = b$ 的解或称时间响应函数为

$$\hat{x}^{(1)}(t) = \left(x^{(1)}(0) - \frac{b}{a} \right) e^{-at} + \frac{b}{a}$$

（2）Gm $(1,\ 1)$ 灰微分方程 $x^{(0)}(k) + az^{(1)}(k) = b$ 的时间响应序列为

$$\hat{x}^{(1)}(k+1) = \left(x^{(1)}(0) - \frac{b}{a} \right) e^{-ak} + \frac{b}{a},\ k = 1,\ 2,\ \cdots,\ n$$

（3）取 $x^{(1)}(0) = x^{(0)}(1)$，则

$$\hat{x}^{(1)}(k+1) = \left(x^{(0)}(1) - \frac{b}{a} \right) e^{-ak} + \frac{b}{a},\ k = 1,\ 2,\ \cdots,\ n$$

（4）还原值

$$\hat{x}^{(0)}(k+1) = \hat{x}^{(1)}(k+1) - \hat{x}^{(1)}(k),\ k = 1,\ 2,\ \cdots,\ n$$

16.3.2 中国柑橘产品出口结构风险预测

以 1993~2010 年中国柑橘出口结构风险综合功效系数作为原始数据，输入灰色系统的 MATLAB 程序进行预测，得到如表 16-9 所示的预测结果。

表 16-9 GM $(1,\ 1)$ 模拟值和相对误差

年份	实际值	模拟值	相对误差
1993	75.009 530 7	75.009 530 7	0
1994	57.942 998 82	41.703 966 44	0.280 258 749

年份	实际值	模拟值	相对误差
1995	59. 865 955 26	43. 779 328 58	0. 268 710 766
1996	18. 027 164 9	45. 957 969 34	1. 549 373 104
1997	33. 877 849 58	48. 245 028 29	0. 424 087 682
1998	77. 080 864 01	50. 645 900 77	0. 342 951 05
1999	62. 661 908 22	53. 166 250 6	0. 151 537 958
2000	52. 042 527 08	55. 812 023 49	0. 072 4310 79
2001	57. 435 733 47	58. 589 460 99	0. 020 087 278
2002	58. 602 916 33	61. 505 115 29	0. 049 523 115
2003	61. 923 260 01	64. 565 864 63	0. 042 675 476
2004	48. 134 057 33	67. 778 929 54	0. 408 128 325
2005	35. 517 150 41	71. 151 889 86	1. 003 310 768
2006	84. 454 317 86	74. 692 702 67	0. 115 584 56
2007	96. 790 865 78	78. 409 720 99	0. 189 905 779
2008	104. 028 868	82. 311 713 54	0. 208 760 846
2009	90. 302 898 93	86. 407 885 4	0. 043 132 763
2010	81. 969 861 64	90. 707 899 75	0. 106 600 62

由表 16-9 可以看出，经过拟合之后，除了个别年份如 1996 年、2005 年与原始数据有所差异外，实际值和模拟值在大多数年份都非常接近，误差率很小。由此可见，已建的柑橘产品出口结构风险预测模型符合要求，可以预测出 2011～2015 年我国柑橘出口结构风险（图 16-3）。

根据 GM（1，1）模型对 2011～2015 年中国柑橘产品的出口结构风险进行预测，得到以下的结果如表 16-10 所示。可以看出 2011 年和 2012 年处于低度风险状态，而 2013～2015 年处于无风险状态。结合中国柑橘出口的实情及发展趋势可知，中国柑橘产品的出口结构一致在不断优化，所以风险有逐步减小的趋势，但是同时也必须注意，在运用功效系数法计算中国柑橘产品出口结构风险时，计算的基础是各项指标的满意值、不容许值、上限值及下限值，因此在短期内，这些值不会有很大的改变，但是在长期内这些值是会发生变化的，因此在不同时期对风险的评价也不相同，以 2010 年来看预测出的 2015 年柑橘产品出口结构是无风险状态，但是到了 2015 年若满意值提高，2015 年有可能是处于一般风险或其他状态，所以风险的状态是一个相对的概念，唯一可以确定的是中国柑橘产品的出口结构风险状态会不断优化。

表 16-10　2011~2015 年中国柑橘产品出口结构风险预测

项目	2011 年	2012 年	2013 年	2014 年	2015 年
风险综合功效系数	95.222	99.961	104.935	110.157	115.639
风险状态	低度风险	低度风险	无风险	无风险	无风险

16.4　本 章 小 结

通过功效系数法和主成分分析，得出结论：中国柑橘产品的出口结构风险虽然有所波动，但总体上风险呈不断下降的趋势。具体来讲，表现为以下两方面。

第一，2005 年以前中国柑橘产品出口结构风险较大，状态基本为高度风险，仅有 1993 年、1998 年和 2003 年处于一般风险状态；自 2006 年以后，出口结构开始优化，风险开始减小，2006 年和 2007 年都处于低度风险状态，2008 年基本处于无风险状态，但 2009~2010 年相对于 2008 年又开始有所恶化。出现这样的原因是由于出口商品结构和模式结构在 2006~2008 年出现了较好的调整，特别是 2008 年各项指标都较为满意，所以要降低出口结构风险必须首先调整出口产品结构，在此基础上逐步增强产业内贸易能力，分散出口市场，多管齐下降低出口结构风险。

第二，以 1993~2010 年的风险综合功效系数对 2011~2015 年的风险综合功效系数进行预测，实际值和模拟值接近，这说明已建测算模型满足要求，通过测算模型，得出 2011 年和 2012 年处于低度风险状态，而 2013~2015 年的风险状态要优于 2011 年和 2012 年。

第 17 章
中国柑橘产品出口结构风险的
影响因素

出口结构风险是根据出口结构的各项评价指标值计算而得，即出口结构风险的大小是由出口结构决定的，所以影响柑橘产品出口结构风险的因素就是影响出口结构的因素。研究哪些因素会影响中国柑橘产品出口结构风险，可以从根源出发，对降低出口结构风险具有重要的意义。

贸易结构的决定因素研究最早追溯到由列昂惕夫之谜引出的要素禀赋理论的证伪或证实开始，从方法、数据和扩展模型等多方面尝试解释，但没有得出统一结论。从出口商品结构的影响因素方面看，英国经济学家大卫·李嘉图认为，一国不一定生产具有绝对优势的产品，即劳动成本绝对低的产品，只要在某种产品的生产上具有比较优势，便可以从贸易中获利。瑞典经济学家赫克歇尔和伯尔帝尔·俄林发展了比较优势理论，他们认为各国应该出口本国相对丰裕要素密集型产品，进口那些本国相对稀缺要素密集型产品，从中取得贸易利益，即一国的出口商品结构是由一国的要素禀赋所决定的。由此可见，要素禀赋是影响一国出口商品结构的关键因素，要素禀赋的变化直接影响到出口结构的变化；在对要素内涵的解释上，新要素理论提出了技术、人力资本、研究与开发等都是生产要素，这些新要素都参与了一国商品比较优势的决定，从而也构成了一国出口商品结构优化的基础；综上所述，要素禀赋、技术进步、外商直接投资、汇率都是影响出口商品结构的主要因素，对于柑橘产品来讲，要素禀赋和生产要素主要表现为柑橘产品的生产优势、生产成本和出口价格。

从出口市场结构和出口模式结构的影响因素方面看，一个国家应该向哪些国家出口一直以来都是国际贸易理论研究的热点。无论是传统的国际贸易理论，还是现代贸易理论及后来的竞争优势理论都在试图解释这个问题。比较优势理论认为一国的产品可以出口到具有相对优势的国家，不一定要出口到绝对成本高的国家；根据要素禀赋理论，柑橘产品属于劳动密集型产品，我国相对发达国家在劳动密集型产品上具有比较优势，生产成本相对较低，因此，我国应该鼓励具有比较优势的柑橘产品的出口，而且出口的主要区域应该是发达国家。根据产业内贸易理论来看，从柑橘产品贸易的角度来讲，虽然很多国家都生产柑橘，但可以根据产品差异和规模经济优势，与其他国家进行产业内贸易，不仅仅向发达国家出口，同时也扩大对发展中国家的出口。

因此，本章将从根源出发，从中国自身的柑橘生产结构、生产成本和与主要出口国的竞争性和产品差异性，主要出口目的的需求结构、贸易壁垒六个角度分析这些因素对中国柑橘出口结构及结构风险的影响，对逐步降低及规避未来中国柑橘产品的出口结构风险具有重要的参考意义。

17.1 中国柑橘产品的生产结构

生产结构决定出口结构，是决定出口结构的根源，生产的比较优势决定出口优势，所以我国柑橘的生产结构会影响柑橘出口结构风险。

2007 年，中国柑橘总产量超过巴西，成为世界第一大柑橘生产国。自 2003 年实施《中国柑橘优势区域发展规划（2003～2007）》以来，中国柑橘栽培面积与产量年均增幅分别达 22.2% 和 32.8%，单产由每公顷 8535 千克增加到 9864 千克，提高 15%。根据 FAO 数据库统计，2010 年，中国柑橘种植面积 201.1088 万公顷，总产量达到 2393.8044 万吨，单产约为 11.9030 吨/公顷；无论是从种植面积还是产量来看，宽皮柑橘都是我国柑橘类果树中最重要的种类之一。2000～2010 年，各品种的种植面积比例无显著差异，但从 2007 年起，宽皮柑橘的产量占总产量的比例大幅减少，从 2006 年的 70% 下降到 40% 左右，其他柑橘类产品的产量有了显著的提高，说明我国柑橘产品的种植结构正在进一步的优化。这种种植面积和种植产品结构，决定了我国柑橘鲜果产品出口的结构，宽皮柑橘种植面积和产量的绝对优势决定其成为我国柑橘鲜果出口最主要的品种，而其他类柑橘鲜果的种植面积和产量有了显著的提高也与我国出口产品结构的不断优化相匹配（表 17-1）。

表 17-1 2010 年中国各类柑橘种植面积与产量

品种	种植面积/公顷	面积比例/%	产量/吨	产量比例/%
宽皮柑橘	134 000 0	66.56	101 210 00	42.28
甜橙	375 789	18.67	500 328 9	20.90
葡萄柚及柚	607 90	3.02	286 875 0	11.98
柠檬和酸橙	597 59	2.97	105 810 5	4.42
其他柑橘类	174 750	8.68	488 690 0	20.41
总计	2 011 088	100.00	239 380 44	100.00

资料来源：联合国粮农组织统计数据库（FAOSTAT）

在柑橘品种的熟期搭配方面，我国柑橘年内11月、12月成熟应市的中熟品种占全部品种的85%，10月底前早熟的品种占13%以上，而翌年1~5月成熟的晚熟品种则不足3%，柑橘品种的熟期搭配比例使得我国柑橘产品的出口时间结构呈抛物线形状波动。

在柑橘的加工能力方面，我国橘瓣罐头生产从20世纪50年代就开始起步，多年来通过积极引进国外先进技术和设备和自主创新，以科技更新和管理，掌握了六大加工关键技术的进步，分别是：烫橘、剥皮、分瓣技术的进步；酸碱处理技术的进步；杀菌技术的进步；罐头内容物调节技术的进步；橘瓣罐头加工废水处理技术的进步；柑橘果皮等加工剩余产品的综合利用技术的进步等，促进加工制品质量的大幅提高，使得我国柑橘罐藏现代技术体系达到国际领先水平，逐步成为世界橘瓣罐头中心产地，再加上原料优势和价格优势，橘瓣罐头的出口竞争优势明显。目前我国橘瓣罐头年产量近50万吨，占世界橘瓣罐头产量的75%以上，年出口量达35万吨，占世界橘瓣罐头出口贸易量的70%以上。

虽然橘瓣罐头的加工在世界市场占有绝对的份额，但是柑橘果汁的加工能力一直停滞不前。由于我国柑橘品种结构以宽皮柑橘为主，而制汁所需的主要原料是甜橙和柠檬，我国的种植比例较小，目前我国甜橙类栽培面积比例仅为18.67%，且最后所有甜橙果实中仅有10%左右可以制汁。为了进一步提高我国的柑橘果汁加工能力，从20世纪80年代中期开始，我国先后引进了柑橘汁生产线达17条，年加工能力达100万吨，但是目前大多设备闲置或转作他用，而全国橙汁年产量仅2万吨左右，橙汁消费量的94%依赖进口，由于从巴西、以色列等国进口的浓缩橙汁价格较低（1200~1900美元/吨），且品质优良，国内果汁加工企业采取进口原料橙汁调配加工的方式代替自行榨汁（程绍南和张放，2009）。因此，制汁原料的缺乏在很大程度上阻碍和限制了我国橙汁产业的生产和出口。

综上所述，柑橘种植品种单一，特别是宽皮柑橘比重过高、柑橘熟期集中、甜橙原料不足使得柑橘果汁加工能力较弱，使得我国柑橘出口结构风险较高，但橘瓣罐头的出口优势和品种结构的不断改善在一定程度上缓解了柑橘出口的结构风险。

17.2 中国柑橘产品的生产成本

生产成本是决定一国出口的竞争优势的基础，对出口份额及市场占有率有着直接影响。我国柑橘生产成本的大小决定我国是否能在世界市场占有稳定的份额，生产成本的波动影响出口商品结构和市场结构，同时也影响着柑橘产品的出口结构风险。

由于我国柑橘鲜果的生产以宽皮柑橘为主，考虑到数据的可获得性及本研究的目的，本章将宽皮柑橘的平均生产成本作为柑橘鲜果的生产成本。按照生产投入要素在柑橘生产过程中所起的不同作用，将柑橘生产成本分为物质与服务费用、人工成本、土地成本和成本外支出四部分。1993~2010年我国柑橘的生产成本如表17-2所示。

表17-2　中国柑橘鲜果的生产成本　　（单位：元/千克）

年份	总成本/(元/千克)	物质与服务费用		人工成本		土地成本	
		元/千克	百分比/%	元/千克	百分比/%	元/千克	百分比/%
1993	0.5	0.29	57.27	0.19	37.52	0.02	3.95
1994	0.55	0.3	53.57	0.21	37.50	0.04	7.14
1995	0.54	0.29	52.73	0.25	45.45	0	0.00
1996	0.87	0.44	50.41	0.33	37.81	0.03	3.44
1997	0.48	0.23	47.85	0.22	45.77	0.01	2.08
1998	0.56	0.3	53.53	0.22	39.26	0.01	1.78
1999	0.88	0.57	65.12	0.29	33.13	0.01	1.14
2000	0.76	0.41	54.25	0.32	42.34	0.01	1.32
2001	0.92	0.54	58.77	0.33	35.92	0.02	2.18
2002	0.84	0.5	59.49	0.3	35.69	0.04	4.76
2003	0.65	0.36	55.10	0.26	39.79	0.03	4.59
2004	0.87	0.52	59.52	0.26	29.76	0.1	11.45
2005	0.91	0.54	59.06	0.3	32.81	0.07	7.66
2006	1.37	0.54	39.53	0.75	54.91	0.07	5.12
2007	2.86	0.41	14.26	1.46	51.11	0.23	8.17
2008	2.59	0.48	18.73	1.06	41.06	0.27	10.49
2009	2.13	0.46	21.66	0.98	45.77	0.17	8.02
2010	2.42	0.54	22.11	0.93	38.42	0.19	7.96

由表17-2可以看出，我国柑橘生产的单位产品成本水平呈现随时间变化而持续上升的趋势，由于柑橘属于劳动密集型产品，人工成本所占的比例高，所以人工成本的上升是导致生产成本上升的主要原因。随着我国劳动力日平均工价稳步上涨，柑橘生产的人工成本也在逐步上升，2007年的人工成本达到历史最高水平1.46元/千克，而2007年以后有所回落，平均人工成本在1.00

中国柑橘出口贸易及其可持续性研究

元/千克左右。此外，在柑橘的生产过程中，为保证柑橘的产量和质量，生产要素的投入必不可少，因此物质与服务费用也是构成柑橘生产成本的主要因素，但由于长期以来我国柑橘生产过程中物质资料使用效率低，依靠不断提高肥料投入来实现对稀缺劳动力资源的替代可能性不大，预计柑橘人工成本的提高将会成为我国柑橘生产成本上升的主要因素。

在多数年份，我国柑橘单位产品生产成本呈现规律性变化，前一年的生产成本较低，则后一年成本就会有所上升。这种有规律的现象表明，我国柑橘生产成本受到某些力量的调控。这种力量一方面来自于政府为增加橘农收入而做出的调控，另一方面来自于橘农本身根据上一年的市场需求和收益所作出的相应的生产调整。

橘瓣罐头的加工成本主要分为柑橘原料的收购和厂房设备费用及人工成本，我国柑橘鲜果的收购价格较低，平均收购价格仅为 0.6 ~ 2 元/千克，再加上劳动力价格优势明显，使得橘瓣罐头的加工成本相对较低。

相对于柑橘鲜果和橘瓣罐头，我国柑橘果酱和柑橘果汁的生产成本远高于世界主要橙汁出口国，我国生产橙汁的甜橙原料收购价格为 1 元/千克左右，而巴西仅为 0.6 元/千克，且原料质量也比我国好。因此，长期以来，橙汁的生产成本远高于世界发达国家。

综上所述，柑橘生产成本从两个方面影响着我国柑橘的出口结构风险，首先从柑橘生产成本的大小来看，我国柑橘鲜果和橘瓣罐头的生产成本较低，在世界市场上具有出口的相对优势，在一定程度上分散了出口结构风险；而柑橘果汁的生产成本较大，使得柑橘果汁的出口份额较低，又在一定程度上增加了出口结构风险。

17.3 中国与世界主要柑橘出口国的竞争性

贸易竞争性是指两国（地区）之间生产要素及其产品的相似程度。如果区域生产要素及其产品差别较小，可以说双方的竞争性较强；反之，则双方贸易的竞争性较弱。由于柑橘鲜果中的宽皮柑和橘瓣罐头是我国出口的主要品种，所以与其他主要出口国家的竞争性也表现在这两类产品上，竞争性越大，我国原有的市场份额被挤占的风险也就越大。

而就目前的出口竞争现状来看，中国在日本和中国香港地区的柑橘鲜果市场正在被美国柑橘鲜果抢占，在俄罗斯、荷兰和阿拉伯联合酋长国的市场与南非柑橘鲜果存在竞争现象，与西班牙柑橘鲜果在法国、荷兰等国可能存在一定程度的争夺市场份额的现象；而由于我国橘瓣罐头的生产和出口具有相对优势，竞争性较小。所以目前我国与主要柑橘出口国的竞争性主要表现在柑橘鲜果的市场竞争上，要稳定并扩大出口市场，就必须通过提高产品质量，打造产品差异化的措施来巩固目前的出口市场并逐步开辟新的市场。

17.4　中国与出口目的地的柑橘产品差异性

中国柑橘鲜果主要的出口国为印度尼西亚、马来西亚、越南、俄罗斯、菲律宾、荷兰、加拿大、泰国、哈萨克斯坦、新加坡、泰国及中国香港地区，只有印度尼西亚、泰国、菲律宾及马来西亚种植柑橘鲜果，且产量最高的印度尼西亚只种植橙类柑橘，和我国的产品差异较大，与我国产品结构的互补性较强，而其他国家基本没有或者只有少量的柑橘鲜果，完全依赖进口，中国凭借生产及地理优势，占据着这些国家的市场份额。

世界橘瓣罐头的主要生产国为中国、墨西哥、美国、西班牙和泰国等，中国凭借生产和价格优势在世界市场上占据绝对份额，主要的出口国家为美国、日本、德国、泰国、加拿大、荷兰、英国、韩国等地，虽然美国也生产橘瓣罐头，但是和我国传统的橘瓣罐头的特性不同，所以我国与出口目的地的橘瓣罐头差异性较大，橘瓣罐头打破了柑橘鲜果的地域限制，主要向欧美等地区出口。

正是出口产品存在差异性，才使得产业内贸易得以进行，产品差异化程度越高，产业内贸易指数越大，贸易结构越合理，所以产品差异化程度的提高会降低出口产品的结构风险。

17.5　中国柑橘产品出口目的地的需求结构

在柑橘鲜果的出口中，中国主要出口的柑橘品种是宽皮柑橘，而在这些国家的需求结构中，印度尼西亚从世界进口的柑橘鲜果中宽皮柑橘所占比例为84.46%、俄罗斯为45.59%、菲律宾为59.95%、泰国80.68%，这些国家的需求结构与我国柑橘产品的出口结构一致，匹配性较强，而其他的出口目的地主要需求的产品橙类鲜果，因此从中国主要柑橘鲜果出口国的需求结构来看，中国的出口结构匹配性较弱（表17-3）。

表17-3　中国柑橘鲜果出口目的地从世界进口的比例　（单位:%）

地区	甜橙	宽皮柑橘	葡萄柚及柚	柠檬及酸橙	其他类
印度尼西亚	14.42	84.86	0.11	NA	0.09
俄罗斯	34.08	45.59	6.82	13.19	0.33

地区	甜橙	宽皮柑橘	葡萄柚及柚	柠檬及酸橙	其他类
马来西亚	51.49	43.93	0.52	4.01	0.05
荷兰	40.42	22.11	18.47	18.67	0.33
泰国	16.05	80.68	0.01	1.24	2.02
加拿大	39.21	37.39	7.49	15.58	0.33
菲律宾	38.37	59.95	0.28	1.38	0.01
新加坡	57.21	26.35	5.52	10.76	0.16
中国香港	75.43	8.01	5.72	10.74	0.09

就中国主要的橘瓣罐头出口国家来说，中国的最主要出口市场也是世界橘瓣罐头需求最大的市场，前面得到的 1993～2010 年中国橘瓣罐头的市场匹配指数平均值接近 0.8，是出口市场匹配指数较为理想的数据，正是由于橘瓣罐头的出口与世界主要的进口市场需求相匹配，才在一定程度上减小了柑橘鲜果与主要进口市场需求不匹配的风险。

17.6 中国柑橘产品出口目的地的贸易壁垒

贸易壁垒分为关税壁垒和非关税壁垒，关税是最基本的贸易保护政策。WTO 的《农业协议》生效后，随着农产品关税的不断消减，非关税壁垒林林总总、层出不穷，其中尤其是以技术性贸易壁垒为甚，以食品安全法规、产品合格标准及其认证，以及植物检疫措施等为主要内容的技术性贸易壁垒构成了非关税壁垒的重要内容。

我国柑橘鲜果在国际贸易中所占份额很小，原因之一就是我国柑橘存在农药残留的问题，难以进入欧美等高端市场。为保护农林业生产和人民身体健康，保护本国的水果市场不受国外产品冲击，许多国家都利用技术性贸易措施（TBT）和实施卫生与植物卫生措施协定（SPS）的规则，来限制国外水果进入本国市场。特别是近几年由于对食品安全的重视，一些发达国家更是凭借现代分析技术的优势，对包括柑橘在内的水果提出了更高的农药残留限量要求（王光锋等，2007）。

中国柑橘中常用的农药有 50 余种，与日本"肯定列表制度"、国际食品法典委员会（CAC）的设定水平有所不同。发达国家在制定农药残留标准时会首先从贸易角度进行考虑，如在欧盟、日本对水果的农药限量要求比 CAC 严格得多。而中国在柑橘农药残留指标制定时，几乎很少从贸易角度出发，大多是从生产和安全的角度进行考量。所以，中国制定的柑橘农药残留限量的农药品种和残留限量标准与发达国家和 CAC 的不同，对中国柑橘鲜果和橘瓣罐头的出口贸易显然是不利的。因此，中国在柑橘农药残留限量标准制定时，不仅需要考虑生产和食品的安全，更要重视柑橘农药残留符合 WTO 规则的国际贸易技术保护措施（王光锋等，2007）。

中国橘瓣罐头出口也面临反倾销、"特定产品过渡性保障机制"（简称"特保条款"）的不利影响。根据世界贸易组织的数据统计，发达国家开始颁布的技术贸易壁垒要远远高于发展中国，特别是欧盟、美国及日本等国家和地区为了保护本国的产业，对进口商品有着严格的检验检疫和准入措施，表 17-4 为 1993～2010 年这三个地区与柑橘产品有关的 TBT 和 SPS 通报数之和。

中
国
柑
橘
出
口
贸
易
及
其
可
持
续
性
研
究

170

表 17-4　1993～2010 年各国 SPS 与 TBT 通报数之和

项目	1993 年	1994 年	1995 年	1996 年	1997 年	1998 年	1999 年	2000 年	2001 年
SPS	2	2	2	20	10	17	16	62	97
TBT	5	5	7	21	10	6	6	6	1
项目	2002 年	2003 年	2004 年	2005 年	2006 年	2007 年	2008 年	2009 年	2010 年
SPS	87	79	88	112	96	88	103	90	73
TBT	3	3	7	15	15	11	12	14	6

由表 17-4 可以看出，自 2000 年以来各国的 SPS 通报数增长迅速，通过严苛的贸易壁垒措施来防止国外产品进入本国；而 TBT 通报数增长相对缓慢，但 2005 年和 2006 年达到 15，2007 年以后又有所下降。TBT 和 SPS 对我国柑橘产品出口结构风险影响较大，尤其是我国的橘瓣罐头出口，欧盟多次对我国橘瓣罐头企业的反倾销调查，对柑橘的检验检疫标准逐渐提高，中国出口的许多柑橘产品由于未达到标准而受到阻碍，加大了我国柑橘产品出口的结构风险。

第 18 章
研究结论及对策建议

18.1 研 究 结 论

本章对我国柑橘产品出口结构及风险现状进行了定性和定量分析,从出口产品结构、模式结构、时间结构及市场结构四方面分析了我国柑橘产品的出口结构其发展变化趋势,对我国柑橘出口结构风险进行了测算和综合评价,并定性和定量分析了出口结构风险的影响因素,得到如下结论。

(1) 通过运用 CMS 模型对 1992~2010 年中国柑橘产品出口增长成因进行分析,得出:1992~2003 年世界贸易规模的扩大对柑橘出口的促进作用最明显;而市场分布效应起到了一定的阻碍作用;2004~2010 年商品结构进一步优化,对柑橘出口的促进作用最为明显,而市场分布的作用由原来的阻碍作用逐渐转为促进作用,而且在第二阶段的贡献比例仅次于商品结构的拉动作用;竞争力的缺乏阻碍了中国柑橘产品的出口,而且阻碍作用明显加强。

(2) 通过对出口产品结构进行分析,得出我国宽皮柑橘和橘瓣罐头在柑橘产品出口结构中占据绝对份额,出口产品分散度较小;并且我国柑橘产品的出口并没有集中在那些进口份额较大的商品上,与世界的匹配性较低,但 2006 年以后我国柑橘商品结构与世界的匹配性逐渐升高,特别是 2008~2010 年的三年,达到了 0.515,说明我国柑橘产品的出口结构正在逐步优化,向着世界需求较大的商品提高。

(3) 通过对出口时间结构进行分析,得出 11 月至次年 2 月是我国柑橘产品出口的高峰期,5~8 月则跌至谷底,这种出口时间结构的规律与我国柑橘种植的早、中、晚熟品种密切相关。

(4) 通过对出口模式结构进行分析,根据计算得出柑橘产品的产业内贸易水平不高,很容易遭遇贸易摩擦,仅有甜橙和橘瓣罐头的产业内贸易指数有了大幅度的增长,而宽皮柑橘、柑橘果酱的产业内贸易指数接近于 0。

（5）通过对出口市场结构进行分析，得出自 1993 年以来中国柑橘鲜果与世界市场的匹配性指数有逐年下降的趋势，说明中国柑橘鲜果的主要出口市场从中国市场进口的排名与从世界进口的排名不一致，柑橘鲜果出口市场与世界进口市场极不匹配，甚至与世界出现相反的趋势。而橘瓣罐头的出口市场匹配性指数较为稳定，近几年都在 0.8 以上，说明出口市场匹配性较为理性，中国主要的橘瓣罐头出口国也是世界主要的进口国，中国的出口流向和世界的进口需求较为一致。

（6）通过对柑橘产品出口结构风险进行测算，得出 2005 年以前中国柑橘产品出口结构风险较大，状态基本为高度风险，仅有 1993 年、1998 年和 2003 年处于一般风险状态；自 2006 年以后，出口结构开始优化，风险开始减小，2006 年和 2007 年都处于低度风险状态，2008 年基本处于无风险状态，但 2009～2010 年相对于 2008 年又开始有所恶化。

（7）通过对柑橘产品出口结构风险的影响因素进行分析，得出中国柑橘产品的生产结构、生产成本决定了目前我国的出口结构，从而影响了出口结构风险；与主要柑橘出口国的竞争加强、与出口目的地的需求结构不匹配及贸易壁垒会加剧出口结构风险；而与出口目的地的产品差异化提升及与出口目的地的需求结构匹配则会在一定程度上降低出口结构风险。

18.2 对策建议

18.2.1 加快品种和熟期结构调整步伐，优化生产布局

我国柑橘鲜果的种植中，宽皮柑橘的比重依然过大，出口商品分散度过小使得出口结构风险增加。出于我国的消费习惯和宽皮柑橘的国际地位考虑，宽皮柑橘的生产在一段时间内应保持主导地位，但必须适当压缩宽皮柑橘的生产比重，提高甜橙产量的比重，使得中国柑橘鲜果的生产与出口的品种结构与世界市场的品种结构保持一致性。除了柑橘的类别调整，也必须对宽皮柑橘和甜橙的内部结构进行调整，加大对比较优势较强的品种投入，增加产品产量；减少比较优势不明显的品种投入，缩减种植面积；对于不具有竞争力的产品坚决淘汰，对逐步显示且竞争力持续发展的产品加以扶持。此外，缺乏加工橙汁的原料严重制约了我国橙汁加工业产量的提高和成本的降低，使得我国橙汁出口在世界出口中的份额极低，所以必须大力发展加工专用品种特别是加工橙汁专用品种。

在熟期方面，我国柑橘的中晚熟品种占据绝大份额，造成了上市旺季的出

口量大但出口额低，而淡季时却无货可出口的局面，出口风险极大，所以应积极培育早晚熟品种，改变中熟品种过多的局面，全面拉开成熟期，实现周年供应出口，降低市场风险。

18.2.2 稳定发展橘瓣罐头出口，巩固其世界领先地位

我国橘瓣罐头出口在世界中份额较大，但其出口在近年来也受到技术性贸易壁垒的阻碍，为了巩固在世界中的领先地位，首先必须加大技术创新力度，积极研发与柑橘产业发展和国际市场需求相适应的柑橘罐头新品种，满足不断变化的国内外市场需求。为了应对国际贸易壁垒，必须加大力度规范生产经营行为，对主要原料果实采购地的果园生产建立档案，对果实产量变化、果实质量、施肥情况、农药喷洒、病虫害发生和果实价格波动等规范详细记载，只有将果实原料生产推行标准化，才能逐步贯彻橘瓣罐头加工原料的良种化和供给的规范化，使原料来源有档案可查，产品可以供应链溯源。此外，还必须针对进口国相关法律法规规范相应的生产行为和企业的自身行为，我国的橘瓣罐头出口必须尽快转变现有的依靠低价赢取市场的竞争策略，以优良的质量为基础，辅助运用商标、包装、广告、公关等多种现代营销的非价格竞争手段来提高中国橘瓣瓣头的国际竞争力，降低出口风险。

18.2.3 突破原料"瓶颈"，加速柑橘果汁出口进程

尽管国际市场柑橘类果汁消费的不断增长，但我国柑橘果汁的出口远远落后于世界发达国家。现阶段我国橙汁加工业发展的最大障碍是原料短缺的"瓶颈"问题，如果原料短缺问题不首先突破，那么盲目引进技术和设备也于事无补，甚至会造成浪费。要突破原料瓶颈问题，必须加快以三峡库区橙汁加工原料基地为主的我国甜橙产地建设和发展，这是当前及今后相当长一段时期我国橙汁加工业发展中第一顺位的事情。在逐步突破原料"瓶颈"后，面对巴西、美国等橙汁出口强国的竞争，我国可优先发展占领周边邻国市场，以较低的运输成本在竞争中取胜。此外，要借鉴美国、巴西等国生产橙汁的经验，推动多种多样公司和农户合作方式的实施，大力推进柑橘产业化经营，促进橙汁生产和出口的快速发展，降低产品集中度风险，优化出口商品结构。

18.2.4 加强目标市场研究，增强柑橘出口与进口市场的匹配性

在出口市场结构上，必须在维持已有的亚洲市场的基础上，积极开拓欧美及其他市场区域，为中国柑橘鲜果找到更广阔的需求空间。例如，通过推广绿色水果、降低农药残留等方式加大对日本等亚洲市场柑橘鲜果的出口；通过提高产品质量，加强 EUREPGAP 标准的国际认证，扩大对欧盟的出口；通过改善贸易环境，调整出口品种结构，扩大对俄罗斯的出口；通过加强柑橘保鲜技术，积极发展精深加工，增加对北美市场的出口。

我国柑橘产品出口与国际市场的进口需求匹配性不够，要改善市场结构，使出口集中在需求增长较快的市场中。这同样需要发挥各种机制的作用，及时收集最新国际市场需求信息，加大及时宣传的力度，增强柑橘出口与进口市场的匹配性，降低出口市场结构风险。

18.2.5 借助于政府、商会、协会等行业组织，积极应对贸易争端

在应对柑橘产品出口的贸易壁垒和贸易争端时，政府有关部门应从中协调并帮助相关企业积极应诉，争取在反倾销诉讼中赢得胜利。同时必须充分发挥行业商会、协会和中介机构等的作用，在出口企业发生贸易争端时，充分利用商会、协会收集信息、协调协商，尽最大努力减少损失。商会要继续加强柑橘出口遭遇技术性贸易壁垒的信息收集和研究水平；行业协会要继续加强"预核签章"管理，稳定出口价格，规范出口秩序。此外，非政府行为和组织也要尽可能发挥作用，可以凭借自己的有利地位，根据本行业的发展和出口现状，结合产业技术标准，制定相应的本行业产品的技术标准，对国外某些带歧视的技术壁垒进行反击，降低我国柑橘产品出口的外部风险。

参 考 文 献

毕玉江. 2010. 金融危机背景下我国贸易结构变动与风险因素分析. 国际经贸探索. （2）：15-19.

曹旭平，沈杰. 2009. 基于指数法的我国林化产品出口市场结构演变分析. 国际商务（对外经济贸易大学学报），（5）：31-37.

陈雄强. 2008. 浅析山东省农产品出口风险与规避. 中共青岛市委党校（青岛行政学院学报），（4）：31-33.

陈正坤. 2010. 我国柑橘出口比较优势及其可持续性研究. 武汉：华中农业大学硕士学位论文.

程国强. 2004. 中国农产品出口：增长、结构与贡献. 管理世界，（11）1：85-95.

程南洋，余金花. 2007. 中国货物贸易与服务贸易结构变动的相关性检：1997—2005. 亚太经济，（1）：94-97.

程绍南，张放. 2009. 改革开放 30 年来我国柑橘加工业取得的成就与持续发展思路. 中国果业信息，26（11）：1-5.

邓水兰，温诒忠. 2008. 人民币汇率变动对我国进出口贸易结构的影响. 国际贸易，（9）：26-31.

董朝菊，张放. 2011. 巴西柑橘及橙汁生产贸易趋势分析. 中国果业信息. 28（4）：28-34.

董桂才. 2008. 中国农产品出口市场结构与世界进口市场结构的匹配性研究. 财经论丛，（4）：15-20.

段媛媛. 2009. 中国虾产品国际贸易结构和竞争力研究. 青岛：中国海洋大学博士学位论文.

冯骥. 2009. 我国出口商品结构影响因素实证分析. 现代商贸工业. （17）：135-136.

高雷，王升. 2005. 财务风险预警的功效系数法实例研究，南京财经大学学报，（1）.

龚艳萍，周维. 2005. 我国出口贸易结构与外国直接投资的相关分析. 国际贸易问题，（9）：5-9.

顾晓燕. 2009. 中国木质林产品出口贸易结构的实证研究. 南京：南京林业大学博士学位论文.

顾晓燕. 2011. 中国木质林产品出口贸易结构风险测算——基于 1995 年-2009 年数据. 资源科学，（8）：1522-1528.

韩晶. 2000. 贸易结构变化对经济增长转型影响分析. 贵州财经学院学报，（5）：40-43.

韩轶. 1995. 对我国出口贸易结构优化状况的分析. 国际贸易，（1）：29-31.

韩轶. 1996. 出口贸易结构风险评估研究. 电子科技大学学报，（5）：99-102.

何劲，祁春节. 2010. 中外柑橘产业发展模式的比较与借鉴. 经济纵横，（2）：110-113.

恒源. 2000. 贸易结构调整的合理取向. 中国经贸画报，（3）：19-20.

胡茂林. 2009. 国内外石油市场的市场风险测算及比较. 统计与决策，（18）：100-102.

胡倩. 2000. 国际贸易理论与贸易结构. 财经贸易，（5）：20-22.

胡求光，霍学喜．2007. 基于比较优势的水产品贸易结构分析．农业经济问题，（12）：20-26.

黄菁，杨三根．2006. 中国加工贸易结构升级影响因素的实证分析．世界经济研究，（1）：41-47.

黄仁伟．1997. 中国国际竞争力和贸易结构变化的发展趋势．上海经济研究，（5）：13-16.

黄荣文．2002. 国际贸易风险研究．福州：福建师范大学博士学位论文．

黄祖辉，王鑫鑫，宋海英．2009. 中国农产品出口贸易结构和变化趋势．农业技术经济，（1）：11-20.

霍尚一．2008. 中国水果出口贸易影响因素的实证分析．杭州：浙江大学管理学院．

吉文丽．2008. 苔草属植物对异质环境生理生态响应研究．北京：北京林业大学．

姜明．1999. 就业约束与贸易结构升级——对发展劳动密集型产业的再思考．上海经济研究，（1）：29-32.

康晓玲，宁艳丽．2011. 技术性贸易壁垒对中国农产品出口影响的实证分析．西北农林科技大学学报（社会科学版），（4）：54-58.

李放歌，葛家麒，孟军．2011. 基于层次分析积因子法排序农业生产结构影响因素权重．农机化研究，（7）：54-56.

李秀梅．2005. 中国-欧盟农产品贸易结构分析．国际贸易问题，（8）：35-40.

刘颖，祁春节．2008. 中国柑橘出口现状及其面临的国际环境分析．林业经济．（10）：72-75

吕建兴，刘建芳，祁春节．2011. 中国园艺产品出口增长的成因分析——基于 CMS 模型的分解．经济与管理，25（8）：11-16.

吕延方．2010. 中国出口贸易结构变化的决定因素——产业间面板数据的实证分析．财经问题研究，（2）：32-37.

马媛．2007. 对外贸易风险的成因与防范．统计与决策，（19）：146-148.

齐俊妍．2006. 基于产品技术含量和附加值分布的国际贸易结构分析方法研究．现代财经（天津财经大学学报），（8）：64-68.

施祥正，吴进红．2006. 产业结构软化对贸易结构的影响及对策分析．求索，（9）：34-36.

谭城．2005. 水产品出口贸易风险预警系统研究．北京：中国农业大学．

汪素芹．2005. 我国工业制成品出口贸易结构与竞争力实证分析．国际贸易问题，（6）：21-25.

王光锋，谭九洲，陈白君，等．2007. 中国与国际柑橘农药残留限量标准比较．湖南农业大学学报．中国柑橘科技创新与产业发展战略论坛暨中国柑橘学会 2007 年年会论文集．湖南农业大学学报：9.

王光锋，谭九洲，陈白君，等．2007. 中国与国际柑橘农药残留限量标准比较．湖南农业大学学报，33：138-152.

王艳丽．2010. 中国柑橘类鲜果出口贸易流向与流量的制约因素研究．武汉：华中农业大学．

杨美丽，王爱华 . 2002. 论加入世贸农产品贸易风险的控制 . 农业经济问题，（10）：13-15.

尹栾玉 . 2007. 论我国对外贸易结构的战略调整 . 学习与探索，（2）：172-174.

余剑，谷克鉴 . 2005. 开放条件下的要素供给优势转化与产业贸易结构变革——基于比较优势战略的中国改革开放实践的考察 . 国际贸易问题，（11）：5-11.

余学军 . 2004. 我国柑橘国际竞争力研究 . 西南农业大学 .

余艳锋 . 2007. 中国甜橙国际竞争力的实证研究 . 武汉：华中农业大学 .

张复宏，郭建卿，常新，等 . 2009. 中国水果的出口结构分析及对策 . 农业科技管理，28（4）:7-10，24.

张敏 . 2009. 大型船舶商品出口风险防范研究 . 大连：大连理工大学 .

张琦，徐璋勇，王赵锟 . 1991. 试论二十年来国际农产品贸易结构的基本特征 . 国际贸易问题，（6）：43-47.

张为付 . 2006. 比较优势、竞争优势与中国贸易结构的战略性调整 . 南京社会科学，（3）：18-24.

张亚斌 . 2002. 内生比较优势理论与中国对外贸易结构转换 . 北京：中国社会科学院研究生院 .

张玉 . 2009. 中国柑橘生产成本变动及其对出口的影响 . 武汉：华中农业大学 .

赵红，周艳书 . 2009. 影响中国出口贸易结构升级因素的实证分析 . 重庆大学学报（社会科学版），（3）：39-43.

郑风田，李茹 . 2003. 我国柑橘国际竞争力的比较优势分析 . 国际贸易问题，（4）：13-18.

朱凤战 . 2010. 中国水产品出口贸易结构研究 . 杨凌：西北农林科技大学 .

Ausinfo. 2002. Australian Productivity Commission. Canberra：Citrus growing and processing.

Baldwin R. 1971. Determinants of the commodity structure of U. S. Trade. American Economic Review，61：126-146.

Chit M M，Rizov M，Willenbockel D. 2008. Exchange rate volatility and exports：new empirical evidence from the emerging East Asian economies. Middlesex University Economics Discussion Paper No. 127.

Darroch M G. 2010. South African Farmers Perceptions of the Benefits and Costs of Complying with EUREPGAP to Export Fresh Citrus to the European Union（EU）. Contributed Paper presented at the Joint 3rd African Association of Agricultural Economists（AAAE）and 48th Agricultural Economists Association of South Africa（AEASA）Conference，Cape Town，South Africa，September 19-23.

Egger H，Egger P，Greenaway D. 2008. The trade structure effects of endogenous regional trade agreements . Journal of International Economics，74：278-298.

Hatab A A，Romstad E，Huo X. 2010. Determinants of egyptian agricultural exports：a gravity model approach. Modern Economy，1：134-143.

Kali R，Méndez F，Reyes J. 2007. Trade structure and economic growth. Midwest Economics Association, Chicago, IL, March 24-26.

Ozkan B, Akcaoz H, Karadeniz F. 2004. Energy requirement and eonomic analysis of citrus production in Turkey. Energy Conversion and Management, 45: 1821-1830.

Ward R W, Kilmer R L. 1989. The citrus industry: a domestic and international economic perspective. Ames: Lowe State University Press.

第四篇　欧盟柑橘市场分析及中国出口机会研究

篇　首　语

柑橘是世界第一大水果，在世界水果贸易中占有重要地位。中国是柑橘种植大国，其产量居于世界首位，但是我国柑橘鲜果主要靠内销，出口不多，"卖橘难"现象时有发生。中国柑橘出口面临着诸多问题，其中包括出口市场集中所带来的贸易风险。伴随中国柑橘产业的迅速发展，寻找更多出口机会、扩大出口成为中国柑橘产业维持发展的必然趋势。欧盟是世界最大的水果进口区域，也是柑橘净进口地区。同时，欧盟是中国柑橘出口的高端市场。目前，中国柑橘对欧盟出口很有限，虽然近年来其出口量呈现快速上涨的趋势，但绝对出口量仍然不高，中国柑橘出口欧盟市场仍面临着信息不通畅、准入门槛高、竞争激烈等诸多困难。

本篇站在中国柑橘出口企业的角度上，围绕出口目标市场——欧盟柑橘市场的特征，研究中国柑橘出口欧盟的机会。首先，综合分析欧盟柑橘市场产供销形势，从欧盟柑橘的生产、消费和贸易三个层面介绍欧盟柑橘市场现状和趋势。其次，运用恒定市场份额模型（CMS 模型）研究影响欧盟柑橘进口变化的因素，并分析这些因素是如何影响中国对欧盟柑橘出口贸易的。最后，介绍欧盟柑橘市场准入条件，分析中国企业对欧盟出口柑橘所面临的障碍，有助于柑橘出口企业从整体上把握欧盟柑橘市场准入要求。在系统地介绍了欧盟柑橘市场各方面特征之后，本篇从中国柑橘的优势、劣势及其开拓欧盟市场所面临的机会和挑战四个方面，对中国柑橘出口欧盟市场的潜力进行 SWOT 分析。

本篇最后得出以下结论：欧盟柑橘产量相对稳定，消费总量小幅上升，从中国进口保持增长态势。欧盟柑橘进口受世界经济形势、国际贸易波动和欧盟市场引力的影响很大，其中市场引力的作用尤为明显。中国柑橘出口欧盟的机遇和挑战并存。中国柑橘开拓欧盟市场任重道远，需要不断地扬长避短，才能彰显中国柑橘潜在的竞争优势，关注欧盟柑橘市场需求和准入条件的实时变化，才能抓住机会、克服障碍，让中国柑橘在欧盟市场上得到更广泛的认可。

第19章
欧盟柑橘市场分析及中国出口
机会研究的意义

19.1 研究背景

柑橘是全球第一大水果，在世界范围内广泛分布，也是世界水果贸易中的大宗产品，占有重要地位。柑橘生产受到很多国家的重视，近20年来，世界柑橘产量快速增长，尤其是后起的发展中国家，产量迅速增加，其中增长最快的国家是中国和巴西。

作为柑橘原产地之一，中国的柑橘种植历史悠久，也是中国种植面积最广、经济地位最重要的果树之一，为广大柑橘主产区农民增收、促进就业和改善生态环境作出了重要贡献。从2008年起，中国柑橘产量超过巴西，成为世界柑橘第一种植大国和生产大国。2003年，农业部实施《中国柑橘优势区域布局规划（2003-2007）》以来，各地积极促进柑橘生产工作，加强技术指导，加大科技投入，推进规划实施，建设了长江上中游柑橘带、赣南-湘南-桂北柑橘带和浙南-闽西-粤东柑橘带及一批特色柑橘生产基地［简称"三带一基地"，在《中国柑橘优势区域布局规划（2008～2015年）》，增加了鄂西-湘西柑橘带，补充为"四带一基地"]。柑橘品质在不断提高，产业结构得以优化，提高了柑橘产业的整体经济效益。中国自加入WTO以来，柑橘产业面临巨大的挑战，但是联合国统计司数据显示，2002～2009年，中国柑橘出口量增长了4.1倍，其中2007～2009年增长速度尤为迅速。

虽然近年来我国柑橘产业取得了很多成就，但是仍然存在很多问题。首先，中国柑橘产量世界第一，但是单产水平低于世界平均水平，更低于世界其他柑橘主产国，严重制约了我国柑橘产业的发展。其次，中国柑橘产量虽大，但是其鲜果出口量很小，主要靠内销。中国柑橘品种较为单一、成熟期集中、品质参差不齐，造成"卖橘难"的现象时有发生，严重挫伤橘农的积极性，不利于我国柑橘产业长久的发展。最后，中国柑橘出口也存在诸多问题，如国际竞争力不强、出口乏力、出口市场单一等，不利于我国橘农和出口企业争取利益和规避风险。

农业部实施的《中国柑橘优势区域布局规划（2008～2015年）》确定了要在几年内提高我国柑橘产业整体竞争力的发展目标，其中就提出了把"扩大出口、减少进口"作为主攻任务。要使中国柑橘"走出去"，不仅要提高柑橘品质，还要重视国际市场营销手段，采取出口市场多元化战略。因此，增加我国柑橘鲜果出口、开拓柑橘国际市场、提高我国柑橘出口竞争力具有极其重要的意义。

针对我国柑橘贸易问题的研究很多，但是主要集中在对柑橘国际竞争力的研究上，而针对欧盟市场的研究并不多。欧盟市场是我国柑橘出口的高端市场之一。2004年以前，中国柑橘对欧盟出口微乎其微，近年来，其出口出现快速增长，到2009年出口量达到7.54万吨。但是截至2009年，中国出口到欧盟市场上的柑橘占欧盟柑橘进口总量的比例仅为3.4%。而欧盟是世界最大的水果进口区域，也是柑橘净进口地区。2006年10月，中国农业部同中国果品企业家在布鲁塞尔参加了中欧果品企业家圆桌会议，会议就中欧水果进一步交流和合作展开了磋商和会谈，可见水果已经成为中欧共同关注的产品。总体来说，中国对欧盟柑橘贸易前景十分广阔。

目前，我国柑橘对欧盟出口还存在诸多问题，中国柑橘开拓欧盟市场首先要了解欧盟柑橘市场。而我国对欧盟柑橘市场研究不足，缺乏对其市场产供销特征、进口准入等方面系统的研究。本章重点研究以下问题：欧盟柑橘消费特点是怎样的？影响欧盟柑橘进口的因素有哪些？欧盟市场准入有哪些条件？我国柑橘开拓欧盟市场会面临怎样的机遇和挑战？

19.2　研究目的和意义

19.2.1　研究目的

本章旨在分析欧盟柑橘鲜果供需（包括生产、贸易、消费）市场现状，分析欧盟柑橘进口需求趋势，结合欧盟水果市场准入标准，首先通过对欧盟柑橘市场全方位的介绍，对目标市场建立更清晰和明确的定位。其次，通过对目标市场进口影响因素和需求变动进行分析，找出扩大中国柑橘对欧盟出口规模的路径选择依据。最后，结合生产、需求、政策和国际环境等因素，分析中国柑橘出口欧盟市场的机会和挑战，进而提出中国进一步扩展欧盟柑橘鲜果市场的建议。

19.2.2 研究意义

在加入 WTO 前后很多学者对我国农业、农产品的国际竞争力进行了研究，认为水果产业是劳动密集型产业，我国具有比较优势。2008 年，我国已跃居成为世界第一大柑橘生产国，其在国际国内农产品市场上都占有十分重要的地位。

柑橘是我国第一大水果。加入 WTO 以来，中国经济与国际经济全面接轨，中国柑橘出口也面临着更大的机遇和挑战。目前，我国柑橘出口与其世界生产第一大国的地位不符，我国柑橘贸易存在很多问题，其中出口市场集中这一问题反映了我国柑橘出口格局单一，规避出口风险的能力差，限制了我国出口的可持续发展。

我国柑橘贸易方面的研究一般集中在供给对国际竞争力的影响，强调通过降低生产成本、依靠低廉劳动力等方面体现我国柑橘贸易的比较优势。通过对目标市场和需求变动研究出口潜力则更具有现实意义。本章通过恒定市场模型定量分析了国外需求因素和欧盟市场引力与欧盟进口之间的关系，分析进口变动的影响因素及其程度，有助于中国柑橘根据需求变动调整出口结构，为提出中国柑橘开拓欧盟市场的营销策略提供实证依据。

欧盟是世界柑橘净进口地区，有较大的柑橘鲜果需求，同时是我国柑橘的高端出口市场。我国目前对欧盟柑橘鲜果出口有限，虽然近几年中国柑橘鲜果对欧盟出口呈现出上升的趋势，但绝对值和比重都很小。在这种情况下，了解欧盟柑橘市场及其柑橘消费和贸易特点，分析欧盟柑橘市场进口影响因素和市场准入条件等，有助于我们对欧盟柑橘市场建立清晰的了解和定位，有助于研究中国柑橘鲜果出口欧盟的市场机会，为中国开拓欧盟柑橘鲜果市场提供科学依据。这对于提高我国柑橘产业竞争力，优化产业结构，提高我国的柑橘产品在国际市场上的竞争优势，促进我国橘农增收具有重要的理论和现实意义。

第 20 章
国内外有关研究综述

20.1　需求对贸易影响的文献综述

国内外有很多关于需求对国际贸易增长影响的实证研究。A. P. Thirlwall (2001) 认为出口增长主要由需求因素决定而受供给因素的影响较少。在东亚金融危机给中国国际贸易带来困扰之际，陆宾 (2000) 论证了国际贸易牵引增长理论符合中国的实际情况，并分析了其在中国的应用。郭杰等 (2007) 在 "发展中国家出口增长与发达国家进口品增长关系的实证分析" 中围绕牵引增长理论进行了实证分析。

另外，CMS 模型经过多次修正和完善，已经被广泛应用于关于对外贸易增长影响因素的实证分析中，其中就包含了需求对贸易的影响。Kotan 和 Sayan (2001) 利用 CMS 模型对比了土耳其和东南亚产品在欧盟市场上的出口竞争力；Kevin 和 Duan (2000) 利用 CMS 模型对 1980~1997 年加拿大农产品在亚洲市场上的竞争力进行了研究，发现加拿大在亚洲市场的农产品出口增长并将出口增长原因归结为市场结构效应。国内也有采用 CMS 模型进行的研究，主要的有：帅传敏等 (2003) 研究了中国农产品的整体国际竞争力的长期变化趋势，结果表明中国农产品整体国际竞争力呈现下降趋势，其中，出口农产品结构不合理、市场结构单一是制约其发展的主要因素。2004 年，我国农产品贸易首次出现贸易逆差，李岳云等 (2005) 对这一现象的成因和诱发因素进行分析，结果发现需求因素对进口逆差的影响程度最大，其次是结构影响，竞争力不足阻碍了出口，进一步扩大了逆差。周力等 (2008) 调整了 CMS 模型对出口竞争力的解释，利用 CMS 模型研究了我国葡萄酒进口贸易波动的原因，认为强势的进口引力和扩张的世界需求促进了我国葡萄酒的进口贸易。

还有很多基于需求因素分析我国农产品出口贸易的研究。比如，卢铮 (1997) 研究了世界食品市场结构变化和规模特征对中国食品出口的影响，认为近年来国内大豆进口的快速增长的重要原因是国内需求的增长。孙林和赵慧娥（2004）研究了需求因素对中国农产品对东盟市场出口的影响。胡求光（2008）的博士论文基于需求变动的实证分析研究了中国水产品出口贸易，从国内需求和进口需求两个方面分析需求对中国水产品出口贸易的影响。

20.2　关于欧盟市场的文献综述

从国外研究看，欧盟每年都会发布《欧盟新鲜果蔬贸易调研报告》（*EU Market Survey——Fresh Fruit and Vegetables*），其中有对中欧柑橘贸易研究的表述。美国农业部有专门的部门研究柑橘贸易，每年也会发布《世界柑橘形势》（*World Citrus Situation*），另外还有国别柑橘贸易研究，其中有针对欧盟和中国柑橘产供销的研究报告，主要是对世界柑橘主要生产国和贸易国的柑橘产供销状况进行介绍。

中国商务部发布的《中国农产品出口指南（2006）》对中国农产品的出口分国别进行了分析。对欧盟、德国、英国、法国、荷兰等国水果生产、消费、贸易及技术壁垒进行了概述，并展望了主要农产品的出口前景。

中国农业部国际合作司等单位组织编著的《欧盟水果市场研究》（2007）对欧盟水果市场潜力、市场竞争态势和贸易技术壁垒等方面进行了系统的研究，其中有对欧盟柑橘产供销现状的介绍和趋势的预测。

国内有很多围绕中国农产品对欧盟出口的文献，陆文聪和梅燕（2005）利用 CMS 模型对中国–欧盟农产品贸易增长的成因进行分析，认为推动中国对欧盟农产品出口增长的关键因素是中国农产品对欧盟出口整体竞争力的提高，以及中国产品结构越来越适应欧盟进口需求的结构变化，而欧盟增加对中国农产品出口的主要原因是中国农产品进口需求的扩大。李杏园和梅燕（2007）从产品出口结构的角度来分析中国与欧盟国家农产品贸易关系，计算显性比较优势指数、出口产品贸易分散度指数和出口产品相似度指数，结果表明中国与欧盟各国农产品贸易之间的关系以互补性为主，竞争性为辅。周辉莉（2007）介绍了福建永春芦柑出口欧盟市场的简况，认为永春芦柑的传统市场，如东南亚地区和加拿大市场趋于饱和，竞争异常激烈，急需开发新的市场，发展出口；分析了欧盟市场前景、出口要求及永春芦柑出口的缺陷，最后探讨了永春芦柑进军欧盟市场的可能性，并提出建议。

也有学者针对中国对欧盟贸易的准入标准进行了解读。杨霞（2007）围绕欧盟市场的特征和准入条件研究了中国苹果开拓欧盟市场的机会。农业部柑橘及苗木质量监督检测中心的付陈梅（2005）整理翻译了欧盟委员会制定的欧盟市场柑橘鲜果标准（No. 1799/2001），对欧盟市场食用类和加工类柑橘鲜果的准入条件，包括品质规定、果实尺寸标准、容许度规定、包装规定、标签规定等进行了详细介绍。郭宇冈（2007）翻译了英国谢菲尔德大学中国研究所所长罗伯特·泰勒关于中国面对欧盟市场的外贸策略分析的文章。其中，指出产品的多元化对于中国产品在欧盟市场的成功是很关键的，中国增加从欧盟的产品进口可以减少和欧盟的贸易逆差，中国企业也可以通过在欧盟设厂，或者是通过一些协商的平台，如欧亚会议、世界贸易组织的协商机制来减轻针对中国的贸易歧视等办法绕过贸易壁垒，但最重要的是通过产业升级来提高产品的附加值，避免贸易摩擦。

20.3　有关中国柑橘贸易的文献综述

国内已经有很多关于柑橘国际贸易的研究，其中涉及柑橘生产、面积、单产、用途、产区分布、成本、价格、质量、食品安全卫生、品种熟期结构、营销渠道、经营规模、经营方式、加入 WTO 的影响及对策等多方面，并形成了一系列的考察报告，这些都是研究柑橘国际竞争力的重要资料。

国内关于柑橘产业最综合的研究是祁春节（2001）的博士论文《中国柑橘产业的经济分析与政策研究》，介绍了世界柑橘产业的发展历史、现状及趋势，分析了中国柑橘产业的供给、需求情况，评价了柑橘产业的成本与效益、营销、贸易、比较优势和出口竞争力，并且介绍了在 WTO 框架下的国际柑橘产业政策与市场准入，以及加入 WTO 对中国柑橘生产与市场的影响，最后提出了对中国柑橘产业发展的政策与对策建议（祁春节，2001）。

在柑橘比较优势和国际竞争力的研究方面，乔娟和颜军林（2002）利用生产者价格指数对我国的宽皮柑橘、橙、柚、柠檬和酸橙对美国、意大利、印度、西班牙、南非、日本等国的价格优势进行了研究，系统地分析了中国柑橘国际竞争力的现状和变动趋势，并探讨了柑橘产业内外环境对中国柑橘产业的国际竞争力的影响。郑风田和李茹（2003）选用四种竞争力指数：比较市场占有率指数、净出口指数、"显示"比较优势指数和相对贸易优势指数进行分析，认为西班牙和摩洛哥的柑橘出口竞争优势最明显，在十大柑橘出口国中我国目前并不具有竞争优势，因此，未来我国不仅要致力于提高柑橘单产、改善柑橘品质，政府和有关部门还应积极支持柑橘业的国际化进程。

余学军（2004）在其硕士论文中提出我国的柑橘鲜果中，只有宽皮柑橘和其他品种的柑橘具有一定的国际竞争力，但是甜橙、柠檬和酸橙、柚类均没有国际竞争力；中国的柑橘罐头具有极强的国际竞争力；但是柑橘类果汁没有国际竞争力，其中普通柑橘类果汁比浓缩柑橘类果汁的国际竞争力强。霍尚一和林坚（2007）通过对市场占有率、显示性比较优势指数的分析表明我国柑橘产品中除了宽皮柑橘外，其他柑橘产品在国际上几乎没有竞争力，并指出其原因，提出了对策措施。

刘颖和祁春节（2008）在《中国柑橘出口现状及其面临的国际环境分析》中指出柑橘出口对中国水果出口意义重大，文章分析了中国柑橘供给、出口流向、出口企业性质、贸易方式，研究了中国柑橘国际竞争力的差距，针对中国柑橘面临的欧盟、日本等国家和地区的技术性贸易壁垒及由此产生的争端，提出了增强中国柑橘国际竞争力的有效对策。张玉（2009）的硕士论文《中国柑橘生产成本变动及其对出口的影响》从柑橘生产成本的变化入手，分析了我国柑橘生产成本的区域差异，并用计量模型量化了生产成本对出口贸易的影响程度，结果表明我国柑橘生产成本不断上升，但是其对我国柑橘出口的影响较小。

第 21 章
欧盟柑橘鲜果市场供需现状分析

尽管随着发展中国家收入的提高，发展中国家柑橘鲜果人均消费量也在不断上升，但柑橘消费的主要力量仍来自于发达国家。柑橘类水果是欧盟主要消费水果，而欧盟是世界柑橘消费的重要地区之一，其境内销售的柑橘来自世界各地，品种也随着世界各供应地生产季节而变化。到 2007 年，欧盟成员国扩展为 27 个国家，但是欧盟内部国家发达程度仍然存在差别，1995 年以前加入欧盟的 15 个国家多为西欧发达国家，居民消费水平较其他成员国较高，2004年加入的 10 个国家和 2007 年加入的 2 个国家多为东欧国家，发达程度不及之前加入的 15 国。因此，本章借鉴欧盟及美国农业部统计司宏观数据分析统计分类，根据各成员国加入欧盟的时间和地区发达程度，将欧盟分为欧盟 15 国和欧盟 12 国分别讨论。

从已有资料看来，FAO 数据库保存了很多国家农产品生产、消费和贸易的数据，其统计口径一致性和连贯性较强。本章主要采用 FAO 的统计数据，在 FAO 数据不完整的情况下，才采用其他数据库数据，因此柑橘产品分类也与 FAO 数据库保持一致。

21.1 欧盟柑橘生产分析

柑橘是欧盟生产第三大水果，欧盟地区也是除中国、巴西和美国以外世界最大的柑橘产区。柑橘生产在欧洲主要集中在西班牙、意大利、希腊、葡萄牙，此外，法国、阿尔巴尼亚、马耳他等国还有少量分布。由此可见，欧盟27 国的柑橘生产在欧洲占据着主导地位。其中，柑橘产量最多的是西班牙、意大利和希腊，占欧洲总产量的 96% 以上。除西班牙和意大利以外的几个国家产量是比较稳定的。意大利柑橘产量处于平稳上升趋势，西班牙柑橘产量波动明显。欧盟中，西班牙和意大利的产量是欧盟柑橘产量最多的，尤其是西班牙柑橘产量的波动决定了欧盟柑橘产量的波动。和西班牙波动类似，欧盟柑橘产量在 1999 年出现过一次大幅下降，然后到 2005 年一直是平稳的，保持在 1050 万吨到 1080 万吨。2005 年之后波动十分明显，2006 年，欧盟柑橘产量突破历史最高纪录，达到 1200 万吨，而 2007 年，又下降到 1010 万吨，2008 年，达到 1160 万吨，但仍未突破 2006 年的纪录。

柑橘品种多样，因此讨论欧盟柑橘生产要分品种讨论。从表 21-1 可以看出，所有柑橘水果中，欧盟产量最多的是橙类，占总产 50% 以上，其次是宽皮柑橘和柠檬，柚类和其他品种产量很小。橙类的产量变化决定了欧盟柑橘产量的变化。虽然柠檬并不是欧盟产量最大的柑橘种类，但是欧盟是世界上柠檬产量最多的地区，因此，欧盟地区的柠檬生产对世界柠檬供给具有很大的影响。

表 21-1　1995~2009 年欧盟各柑橘种类产量

年份	柑橘水果	橙		宽皮柑橘		柠檬		葡萄柚		其他	
	产量/万吨	产量/万吨	比例/%	产量/万吨	比例/%	产量/万吨	比例/%	产量/万吨	比例/%	产量/万吨	比例/%
1995	921.09	538.76	58.5	231.31	25.1	136.16	14.8	12.19	1.3	2.67	0.3
1996	897.93	517.65	57.6	215.06	24.0	153.73	17.1	9.14	1.0	2.35	0.3
1997	1043.61	594.42	57.0	268.71	25.7	168.49	16.1	9.16	0.9	2.85	0.3
1998	889.89	488.09	54.8	236.05	26.5	155.57	17.5	8.22	0.9	1.95	0.2
1999	1030.25	581.69	56.5	271.96	26.4	163.61	15.9	9.03	0.9	3.97	0.4
2000	1012.73	573.82	56.7	261.43	25.8	167.18	16.5	7.12	0.7	3.18	0.3
2001	1047.95	599.51	57.2	258.49	24.7	178.57	17.0	7.34	0.7	4.04	0.4
2002	1082.22	620.45	57.3	286.90	26.5	162.08	15.0	7.90	0.7	4.89	0.5
2003	1077.83	605.90	56.2	277.64	25.8	182.69	17.0	7.67	0.7	3.93	0.4
2004	1078.30	586.90	54.4	328.76	30.5	149.71	13.9	8.65	0.8	4.29	0.4
2005	1045.73	584.28	55.9	282.02	27.0	166.53	15.9	8.40	0.8	4.50	0.4
2006	1208.17	692.54	57.3	343.43	28.4	156.79	13.0	9.37	0.8	6.04	0.5
2007	1010.30	599.76	59.4	281.00	27.8	117.62	11.6	8.72	0.9	3.10	0.3
2008	1160.29	691.37	59.6	323.78	27.9	132.14	11.4	8.76	0.8	4.24	0.4
2009	1084.50	630.33	58.1	315.46	29.1	125.63	11.6	8.73	0.8	4.35	0.4

资料来源：FAOSTAT 数据库，2011 年 4 月

21.1.1　橙

上文介绍过，橙是欧盟地区产量最多的柑橘种类，其种植面积也是最大

的。从表 21-2 中可以看出，欧盟中种植橙的国家最多，除西班牙、意大利和希腊外，还有葡萄牙、塞浦路斯、法国和马耳他。

表 21-2 1995~2009 年欧盟柑橘生产国橙产量 （单位：万吨）

年份	欧盟	西班牙	意大利	希腊	葡萄牙	塞浦路斯	马耳他	法国
1995	538. 762	258. 730	159. 680	93. 824	20. 913	0. 5500	—	0. 115
1996	517. 652	220. 080	177. 110	97. 183	17. 910	0. 5250	—	0. 119
1997	594. 415	284. 504	182. 364	101. 091	21. 284	0. 5050	—	0. 122
1998	488. 094	245. 539	129. 358	81. 355	27. 167	0. 4450	0. 110	0. 115
1999	581. 691	269. 055	173. 243	112. 342	21. 534	0. 5280	0. 130	0. 107
2000	573. 817	261. 622	187. 618	94. 577	25. 555	0. 4270	0. 120	0. 055
2001	599. 511	289. 838	172. 390	111. 231	22. 206	0. 3650	0. 142	0. 055
2002	620. 451	296. 306	172. 363	119. 300	27. 730	0. 4550	0. 133	0. 069
2003	605. 903	305. 218	173. 368	95. 189	27. 692	0. 4270	0. 106	0. 061
2004	586. 900	276. 715	210. 505	69. 829	25. 032	0. 4682	0. 072	0. 065
2005	584. 282	237. 623	226. 140	93. 609	21. 880	0. 4826	0. 139	0. 064
2006	692. 537	339. 701	234. 607	89. 912	23. 450	0. 4679	0. 111	0. 076
2007	599. 763	274. 028	219. 730	81. 567	20. 050	0. 4211	0. 119	0. 058
2008	691. 372	336. 700	252. 745	80. 200	17. 720	0. 3785	0. 162	0. 060
2009	630. 327	277. 960	247. 820	80. 000	20. 159	0. 4211	0. 117	0. 060

注：1995~1997 年马耳他数据不详

资料来源：FAOSTAT 数据库，2011 年 4 月

2005 年前，西班牙橙产量变化比较平稳，2003 年处于临界点，之前处于缓慢上升阶段，2003~2005 年处于下降阶段。但 2006 年，西班牙橙产量上涨了 100 万吨，达到历史最高峰。2007 年橙产量又急转直下，减产 50 万吨，回落到 2004 年水平。2008 年继续回升。可以看出，这和欧洲柑橘总产量变化趋势是一致的。这是由于西班牙的橙产量决定了欧盟地区橙产量，并在很大程度上影响着欧盟地区柑橘总产量（图 21-1）。

从收获面积看，可以解释西班牙 2006 年橙产迅速上涨的原因。2005 年以前，西班牙橙收获面积维持在 13.5 万公顷左右。从 2006 年开始扩大，2006 年，扩大到 14 万公顷，2007 年有突破性上涨，达到 16.5 万公顷，2009 年达到 17 万公顷。2007 年西班牙橙产量下降的原因主要是气候因素，这一年欧洲的所有柑橘水果产量都受到了很大的负面影响。

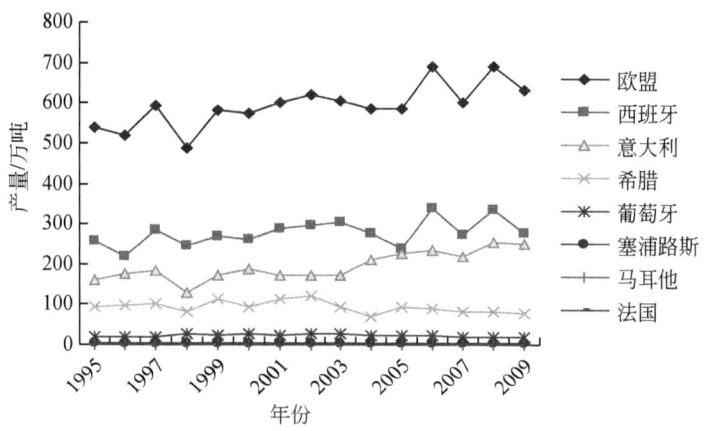

图 21-1　1995～2009 年欧盟主产国橙产量变化趋势

21.1.2　宽皮柑橘

虽然宽皮柑橘属于欧盟柑橘第二大生产品种，欧盟宽皮柑橘的收获面积和产量都远不及橙，但是对欧盟柑橘生产也具有重要意义。其中克莱门氏小柑橘皮薄汁多，是欧盟宽皮柑橘种植的主要品种。西班牙仍然是种植宽皮柑橘最多的国家，超过欧盟宽皮柑橘总产量的 70%。其次是意大利、希腊，但其种植有限，产量也不高。

欧盟宽皮柑橘收获面积在 1995～2009 年保持稳定小幅增长，其产量受果树大小年生产特性影响，有一定的波动，但总体上，处于波动中上涨的趋势（表 21-3）。

表 21-3　1995～2009 年欧盟主产国宽皮柑橘产量 （单位：万吨）

年份	欧盟	西班牙	意大利	希腊	葡萄牙	塞浦路斯	法国	马耳他
1995	231.310	168.670	45.090	9.423	3.498	1.900	2.729	—
1996	215.061	150.380	47.156	9.973	3.450	2.000	2.103	—
1997	268.705	199.764	50.193	10.726	3.523	2.200	2.299	—
1998	236.053	176.010	42.160	9.649	3.771	2.200	2.249	0.015
1999	271.956	203.382	49.090	10.559	3.945	2.430	2.530	0.020
2000	261.434	180.193	59.301	11.900	4.210	3.555	2.266	0.008
2001	258.491	175.833	59.300	13.034	4.633	3.500	2.176	0.015
2002	286.898	206.810	54.835	13.000	5.587	4.100	2.556	0.010
2003	277.641	206.038	49.688	10.500	5.980	3.329	2.096	0.010

年份	欧盟	西班牙	意大利	希腊	葡萄牙	塞浦路斯	法国	马耳他
2004	328.759	245.982	61.113	9.137	5.962	4.126	2.430	0.009
2005	282.016	195.692	61.704	12.657	5.777	4.242	1.936	0.009
2006	343.433	250.805	69.028	10.899	5.894	4.150	2.651	0.006
2007	281.086	198.743	59.153	11.908	5.556	3.994	1.722	0.010
2008	323.776	221.270	78.612	12.000	6.370	3.120	2.394	0.010
2009	315.456	202.620	88.050	12.000	6.437	3.340	3.000	0.009

注：1995~1997 年马耳他数据不详

资料来源：FAOSTAT 数据库，2011 年 4 月

21.1.3 柠檬类柑橘

柠檬是世界上具有药用价值的水果之一，它富含维生素 C、柠檬酸、苹果酸、高量钾元素和低量钠元素等，对人体十分有益。柠檬主要榨汁用，有时也用做烹饪调料，基本不用作鲜食。柠檬并不是欧盟种植最多、产量最大的柑橘种类，但是欧盟是世界上产柠檬最多的地区。图 21-2 反映了欧盟柠檬生产在世界柠檬生产中的地位。

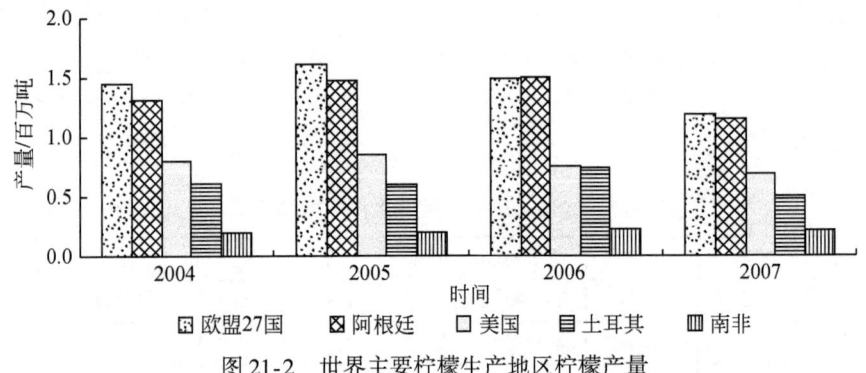

图 21-2 世界主要柠檬生产地区柠檬产量

资料来源：美国农业部外国农业服务局，The U. S. and World Situation：Citrus，2008

西班牙和意大利是欧盟中生产柠檬最多的国家。西班牙柠檬产量在 1995~2006 年比较稳定，但是 2007 年产量大幅下降，从 2006 年的 155 万吨减少到不足 120 万吨，2008 年也没有恢复。意大利产量一直维持在 55 万吨左右，是欧盟中柠檬产量第二大国，其柠檬生产对欧盟柠檬供应也具有重要意义。希腊从 2007 年缩减了柠檬种植面积，但其柠檬产量从 2004 年就开始跌到 10 万吨以下。

21.1.4 欧盟柑橘生产趋势

欧盟柑橘种植主要分布在地中海沿岸，包括西班牙、意大利、葡萄牙、希腊、法国、塞浦路斯和马耳他等国。1995～2009 年，欧盟柑橘收获面积波动上涨，从 1995 年的 52.3 万公顷增长到 2008 年的 58.2 万公顷，2003 年以后基本稳定在 56 万公顷以上，整体看处于上升阶段，但幅度不大。从单产看，欧盟柑橘主产国中，法国、马耳他和葡萄牙单产较低，而西班牙、意大利和希腊单产较高。总体来说，近五年较为稳定，2006 年，欧盟柑橘平均单产达到最高值 17.6 吨/公顷。从产量看，1995～2001 年，欧盟柑橘年均产量为 965 万吨，2002～2009 年的年均产量达到 1080 万吨，年均增长 1.7%。

综上所述，由于收获面积和单产的增长率将会降低，预计五年内，欧盟柑橘产量增长也会低于前期水平，按年增长 1% 计算，到 2015 年，欧盟柑橘产量约为 1200 万吨。

21.2　欧盟柑橘消费

柑橘是世界第一大消费水果，是欧盟第二大消费水果，近年来其消费量呈稳步上升的趋势。下文从柑橘消费总量、人均消费量、消费结构、消费方式及消费趋势等方面对欧盟柑橘消费进行分析。

21.2.1　消费量

1. 消费总量

欧盟水果消费中柑橘消费总量位列第二，仅次于葡萄消费。柑橘鲜果消费包括食用和加工两部分。从表 21-4 可以看出，欧盟柑橘消费主要力量是欧盟 15 国，占总消费量的 90% 以上，这跟柑橘种植区域、生活习惯及经济发展都有一定关系。从图 21-3 可以看出，1995～2007 年欧盟 27 国消费总量的变化趋势可以分为三个阶段。第一阶段，1995～2001 年欧盟 27 国柑橘消费总量基本维持在 1400 万吨左右，除 1999 年突破 1500 万吨外，1995～2001 年从总体上看是平稳中有小幅上升。第二阶段，2001～2006 年欧盟 27 国柑橘消费总量上升幅度加快，到 2006 年达到历史最高。第三阶段，2007 年较 2006 年，欧盟柑橘消费总量大幅减少，降低到 2002 年以来最低值，这和欧盟柑橘的产量在

2007 年大幅下降有密切联系。

表 21-4　1995～2007 年欧盟柑橘消费总量

年份	欧盟 27 国	欧盟 15 国		欧盟 12 国	
	消费总量/万吨	消费总量/万吨	占 27 国比例/%	消费总量/万吨	占 27 国比例/%
1995	1354.190	1253.994	92.60	100.197	7.40
1996	1387.091	1287.826	92.84	99.265	7.16
1997	1441.422	1331.724	92.39	109.698	7.61
1998	1448.095	1329.074	91.78	119.020	8.22
1999	1503.110	1382.775	91.99	120.335	8.01
2000	1477.000	1333.638	90.29	143.362	9.71
2001	1482.572	1350.975	91.12	131.597	8.88
2002	1689.091	1539.814	91.16	149.276	8.84
2003	1740.913	1582.419	90.90	158.493	9.10
2004	1752.264	1586.170	90.52	166.094	9.48
2005	1863.014	1687.778	90.59	175.237	9.41
2006	1933.651	1747.019	90.35	186.632	9.65
2007	1670.764	1510.185	90.39	160.579	9.61

资料来源：FAOSTAT 数据库，2011 年 4 月

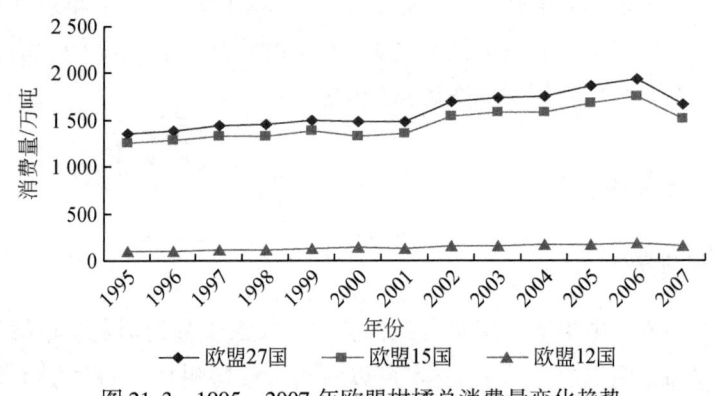

图 21-3　1995～2007 年欧盟柑橘总消费量变化趋势

从图 21-3 中很容易看出，欧盟 15 国柑橘消费总量的变化趋势和欧盟 27
国完全一致，也显示出 1995～2001 年平稳、2001～2006 年上升和 2006～2007
年跌落的三个阶段的特征，然而欧盟 12 国则体现出与欧盟总体不同的趋势，
虽然 2006～2007 年也出现下降趋势，但较欧盟总体趋势并不明显，1995～
2006 年呈现稳步的小幅增长趋势。表 21-4 更直观地表明，欧盟 15 国消费总量
占 27 国消费总量的绝大多数，各年份都占到了 90% 以上。显然，经济更为发

达的欧盟 15 国是欧盟柑橘鲜果消费的主要力量。

表 21-5 展示了欧盟 27 国中柑橘消费总量占前 8 位（按照 2007 年消费量排序）的国家。从表中我们可以看出，意大利和法国是欧盟中柑橘消费量最大的国家，1995~2007 年其消费量一直保持在 200 万吨以上，而且绝大多数年份超过 250 万吨，2003 年后更是超过了 300 万吨。英国和西班牙紧跟其后，他们的消费总量也都超过百万，英国自 1995~2006 年保持了稳定上升，直至突破 300 万吨的消费量，但是 2007 年其消费量急剧下降。德国和希腊消费量也一度超过 100 万吨，但是呈现出不稳定的趋势。荷兰是欧盟 27 国中唯一一个柑橘消费量小幅波动呈下降趋势的国家。波兰及其他国家柑橘消费量相对较少。

表 21-5 欧盟分国别 1995~2007 年柑橘消费总量 （单位：万吨）

年份	意大利	法国	英国	西班牙	德国	希腊	荷兰	波兰
1995	278.402	239.003	127.297	162.772	85.629	88.897	113.886	30.134
1996	261.260	226.109	142.374	178.944	112.772	88.778	99.410	31.400
1997	281.001	250.278	128.917	243.113	106.257	88.174	79.377	36.124
1998	225.616	268.059	179.516	217.790	100.994	76.640	89.709	43.344
1999	286.019	278.613	159.342	223.923	69.750	116.262	98.188	42.087
2000	304.220	297.778	160.129	209.012	79.943	91.799	71.845	45.416
2001	281.488	264.645	172.142	248.444	82.105	99.531	74.089	46.857
2002	278.948	291.159	202.798	264.747	125.474	119.904	95.008	45.952
2003	293.533	302.315	280.709	229.473	133.746	100.532	84.285	45.966
2004	349.617	331.749	260.389	182.849	134.990	79.071	79.507	44.982
2005	353.310	334.991	272.377	217.025	151.453	105.034	95.735	42.314
2006	365.401	332.103	310.664	283.407	133.300	93.805	77.212	37.948
2007	331.655	325.398	234.223	143.708	136.582	90.912	76.275	41.366

资料来源：联合国粮农组织 FAOSTAT 数据库，2011 年 4 月

2. 人均消费量

从人均消费量可以看出各个国家的柑橘消费习惯。从图 21-4 可以看出，欧盟 27 国、欧盟 15 国和欧盟 12 国的人均柑橘消费量的变化趋势是基本一致的，处于总体稳定、小幅上涨的趋势中。这说明欧盟的柑橘消费市场是一个成熟而稳定的市场。欧盟 15 国的人均消费略高于欧盟 27 国平均水平，而欧盟 12 国人均消费量不足其一半。

表 21-6 显示了欧盟总体和个别国家的人均柑橘消费量。表 21-6 选取了欧

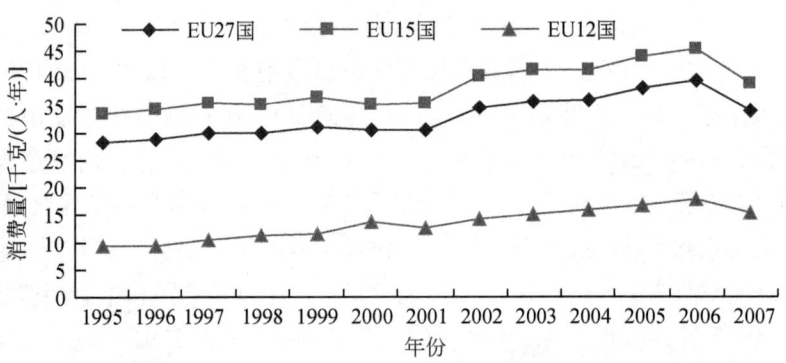

图 21-4　1995～2007 年欧盟人均柑橘消费量变化趋势图

盟中柑橘消费总量最多的国家和人均消费柑橘最多的国家进行统计。对比表21-5 和表21-6 可以看出，欧盟中柑橘消费总量最高的国家并不是人均消费最多的国家，这反映了欧盟柑橘消费总量的增长在一定程度上是由人口拉动的。比如，柑橘消费总量较多的德国和波兰，其人均柑橘消费水平不到欧盟平均水平的一半，其总量较大与其人口较多有关。而消费总量较低的爱尔兰和卢森堡则处于欧盟中人均柑橘消费的数一数二的地位，接近100 千克/（人·年）。

表 21-6　1995～2007 年欧盟人均柑橘消费量

[单位：千克/（人·年）]

地区	1995年	1996年	1997年	1998年	1999年	2000年	2001年	2002年	2003年	2004年	2005年	2006年	2007年
EU27 国	28.18	28.81	29.88	29.98	31.06	30.46	30.51	34.70	35.70	35.88	38.08	39.47	34.05
EU15 国	33.51	34.31	35.39	35.23	36.56	35.15	35.50	40.35	41.35	41.35	43.89	45.32	39.09
EU12 国	9.43	9.36	10.36	11.26	11.41	13.61	12.52	14.22	15.13	15.88	16.78	17.90	15.43
意大利	48.61	45.54	48.89	39.20	49.65	52.71	48.66	48.16	50.61	60.22	60.81	62.86	57.04
法国	40.03	37.70	41.54	44.28	45.81	48.71	43.05	47.09	48.63	53.05	53.25	52.47	51.10
英国	21.79	24.29	21.92	30.41	26.87	26.90	28.82	33.85	46.71	43.20	45.06	51.26	38.54
西班牙	40.95	44.96	61.00	54.58	56.05	52.23	61.98	65.94	57.06	45.39	53.80	70.15	35.53
德国	10.49	13.77	12.96	12.31	8.50	9.73	9.98	15.24	16.23	16.38	18.37	16.17	16.58
希腊	85.01	84.72	83.96	72.85	110.34	86.94	94.06	113.08	94.61	74.26	98.45	87.77	84.91
荷兰	73.67	64.02	50.87	57.14	62.14	45.16	46.26	58.93	51.95	48.72	58.35	46.82	46.03
波兰	7.81	8.83	9.35	11.21	10.88	11.75	12.13	11.90	11.91	11.66	10.97	9.85	10.74
爱尔兰	13.20	34.40	19.49	18.53	11.74	17.06	32.47	59.59	84.37	77.85	76.83	70.90	95.06
卢森堡	—	—	—	—	—	110.79	110.27	112.26	113.21	87.49	83.28	90.85	88.45

注：1995～1999 年卢森堡属于卢比经济联盟，无单独数据

资料来源：FAO（消费量）和 EUROSTAT（人口）整理而得，2011 年 4 月

一国水果在供给不出现大幅波动的情况下，其人均消费量应该是比较平稳的，而欧盟柑橘消费年变化率波动较大，一方面体现了其供给波动，另一方面体现了其经济环境的波动。从年变化率上看，图21-5反映出欧盟27国的年变化率和欧盟15国完全一致，而欧盟12国则反映出更强烈的波动，这说明欧盟15国的经济形势对欧盟27国有决定性作用，而欧盟12国的经济受各国内部影响较大，波动较为明显。2002年后其变化趋同，这也符合欧盟东扩的进程。值得指出的是，人均消费量比较大的几个国家，其人均消费波动也十分明显，尤其是爱尔兰，在2000年以后出现巨幅上涨，人均消费量从2000年的11.47千克/（人·年）增长到95.06千克/（人·年）。希腊、西班牙和荷兰等国相邻年份的人均消费也经常出现10千克的波动。相对而言，人均消费较高的英国、法国、意大利和人均消费较低的德国和波兰，其波动不明显，总体体现稳中有升的趋势。

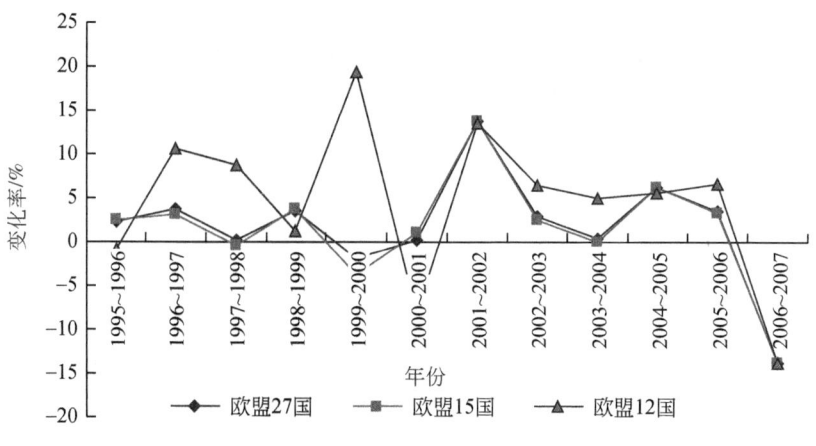

图21-5　1995～2007年欧盟人均柑橘消费同比变化率图

总体来说，欧盟12国在消费总量上呈现出不同于总体的特征，但是其人均消费量的变化趋势却和欧盟整体变化趋势相似，也经历了从平稳到上升，再到2007年的下降的三个阶段，只是其变化幅度小于欧盟27国和欧盟15国，这可能与欧盟总体的经济形势及欧盟文化融合促使人们饮食习惯趋同相关。

21.2.2　消费结构

1. 品种结构

柑橘类水果的营养价值被越来越多的人认可，属于老少皆宜的水果，是人们的日常消费品。欧盟消费者越来越关注食品健康，非常关注水果的营养成分。柑橘鲜果分为橙类、宽皮柑橘、柠檬类和葡萄柚等品种（表21-7）。

表21-7　柑橘鲜果的维生素等营养含量（单位：毫克/百克）

品种	维生素C	维生素A	维生素B1	维生素B2	烟酸
早熟温州蜜柑	35	33	0.07	0.04	0.20
晚熟温州蜜柑	35	65	0.10	0.04	0.30
脐橙	60	10	0.07	0.04	0.30
伏令夏橙	40	42	0.10	0.03	0.40
葡萄柚	40	0	0.06	0.03	0.30
酸橙	35	0	0.03	0.02	0.40
日本夏橙	40	0	0.06	0.03	0.40
椪柑	40	60	0.08	0.04	0.20

资料来源：余艳峰，2007

橙类和宽皮柑橘类是柑橘类水果中的主要组成部分，产量和消费量都是最大的，是人们喜爱的鲜食水果品种。欧洲餐饮中习惯用柠檬做辅料，因此柠檬也是欧洲人餐桌上的重要水果。

欧盟柑橘主要有橙、宽皮柑橘、柠檬和柚，鉴于FAO数据中将橙类和宽皮橘统一统计，这里的数据也是按照FAO的统计分类进行的，这两类是柑橘水果消费的主力。表21-8反映了欧盟所消费的各类柑橘水果数量及其比重。可以看出，橙类、宽皮柑橘和柠檬占柑橘鲜果消费总量的90%以上，其中橙类和宽皮柑橘占到80%以上，这一比例历年来都处于非常稳定的状态。细分的话，橙类在欧盟的消费比例更高，可以达到60%左右；欧盟消费的宽皮柑橘品种主要是克莱门氏小柑橘。除西班牙、意大利、希腊、葡萄柚及塞浦路斯能够自给自足以外，其他成员国柑橘消费基本都依赖进口。

表21-8　欧盟27国各类柑橘消费总量及其比例

年份	柑橘类水果消费总量/万吨	橙、橘		柠檬		葡萄柚		其他	
		消费总量/万吨	比例/%	消费总量/万吨	比例/%	消费总量/万吨	比例/%	消费总量/万吨	比例/%
1995	1 354.19	1 103.23	81.47	147.37	10.88	91.87	6.78	11.51	0.85
1996	1387.09	1116.49	80.49	162.72	11.73	97.76	7.05	9.92	0.72
1997	1441.42	1 168.94	81.10	169.60	11.77	90.27	6.26	12.41	0.86
1998	1 448.09	1 182.90	81.69	160.98	11.12	93.27	6.44	10.75	0.74
1999	1 503.11	1 205.05	80.17	181.54	12.08	104.36	6.94	11.96	0.80

年份	柑橘类水果消费总量/万吨	橙、橘		柠檬		葡萄柚		其他	
		消费总量/万吨	比例/%	消费总量/万吨	比例/%	消费总量/万吨	比例/%	消费总量/万吨	比例/%
2000	1 477.00	1 187.56	80.40	176.43	11.94	97.61	6.61	15.21	1.03
2001	1 482.57	1 202.37	81.10	184.26	12.43	83.50	5.63	12.24	0.83
2002	1 689.09	1373.50	81.32	188.89	11.18	101.00	5.98	25.50	1.51
2003	1 740.91	1 398.96	80.36	197.62	11.35	110.99	6.38	33.14	1.90
2004	1 752.26	1 426.63	81.42	177.72	10.14	113.74	6.49	33.97	1.94
2005	1 863.01	1 498.66	80.44	208.57	11.20	112.16	6.02	43.42	2.33
2006	1 933.65	1 599.14	82.70	187.21	9.68	97.36	5.04	49.74	2.57
2007	1 670.76	1 383.28	82.79	153.18	9.17	102.21	6.12	31.90	1.91

资料来源：FAOSTAT 数据库，2011 年 4 月

从图 21-6 可以看出，欧盟 27 国的柑橘鲜果消费结构总体上变化不大，尤其是橙类和宽皮柑橘的消费量一直占柑橘消费总量的 81% 左右，2006 年后出现小幅上涨，接近 83%。柠檬的消费量时有波动，呈现出波动中减少的趋势。跟前两者相比葡萄柚消费就呈现下降的趋势。而其他柑橘类水果则呈现上涨的趋势，这是由于全球经济发展和文化融合发展使人们越来越多地接触到了不同的水果，人们对奇异的水果产生更多的兴趣，而交通条件及保鲜技术的进步也为这些奇异的水果登上各国餐桌提供了便利。

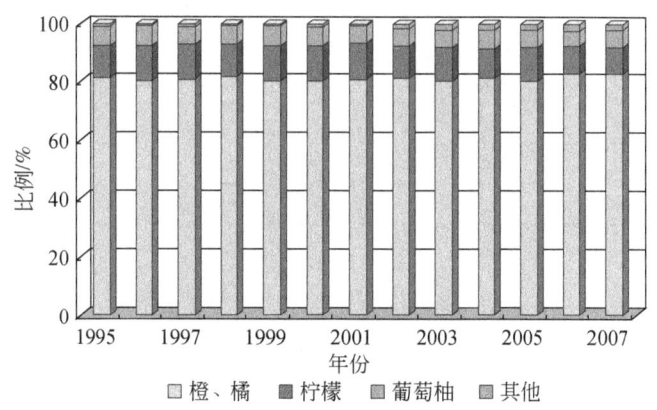

图 21-6　欧盟 27 国柑橘鲜果消费结构变化图

2. 区域结构

前面提到过，欧盟柑橘主要消费国是意大利、法国、英国、西班牙、德国

和希腊。以上六国的柑橘消费量占欧盟柑橘消费总量的 70% 以上。按各个品种讲,消费橙和宽皮柑橘最多的前六个国家分别是法国、意大利、英国、西班牙、德国和希腊;消费柠檬最多的国家分别是意大利、德国、希腊、法国、英国和波兰;消费葡萄柚最多的国家分别为法国、荷兰、德国、英国、波兰和意大利。由此可以看出各个国家在消费习惯上存在比较大的区别。

从表 21-9 可以看出,橙和宽皮柑橘的消费大国中,法国是消费量最大的国家,其消费量处于稳步上升阶段;1995～2003 年,意大利只在 1998 年降低到 170 万吨以下,其余年份的销量都维持在 2200 万吨左右,而 2003 年以后出现了迅速上涨,在 2006 年接近 300 万吨。六个国家中,英国和西班牙的销量最不稳定,都在 2006 年突破了历史销售记录,但 2007 年跌到近五年的最低水平。相比之下,德国和希腊的消费量较小,但相对稳定。

表 21-9　欧盟个别国家的橙和宽皮柑橘消费量　（单位：万吨）

年份	法国	意大利	英国	西班牙	德国	希腊
1995	193.754	221.829	107.690	132.830	60.850	73.495
1996	183.299	197.296	122.491	140.643	84.379	75.011
1997	202.997	216.599	110.469	197.321	77.667	75.126
1998	221.243	169.090	159.573	178.259	72.707	60.156
1999	227.872	219.442	138.821	175.913	41.653	99.451
2000	248.771	233.581	140.983	164.427	50.742	81.862
2001	220.759	218.784	152.638	198.406	53.860	83.334
2002	249.040	219.366	181.441	212.541	85.547	99.915
2003	254.829	229.408	258.619	167.847	89.092	84.362
2004	280.846	278.290	235.136	146.812	89.822	64.875
2005	285.286	283.069	247.710	151.485	105.315	88.943
2006	286.357	296.048	284.196	241.914	91.726	78.803
2007	280.631	268.147	210.687	135.256	90.508	75.937

资料来源：FAOSTAT 数据库，2011 年 4 月

欧盟中柠檬消费大国消费量差异显著,意大利的消费量和其他几个国家总和差不多,而意大利的柠檬消费量一直占欧盟柠檬消费总量的 30% 以上。与橙和宽皮柑橘相比,各国柠檬的消费量都比较平稳,起伏不大。法国的葡萄柚消费量最大,是其他国家的两倍以上。欧盟中荷兰的柑橘消费量不算多,但是其葡萄柚消费量却紧随法国。其他柑橘类水果中,德国消费量是最大的,但总量还是相对很少的,在其消费量最大的 2004 年,也只有 22.7 万吨,随后有所下降,其他国家的消费量就更低了。

21.2.3 消费方式

水果消费包含鲜食消费和加工消费两种。根据美国农业部外国服务局统计资料计算，欧盟 27 国柑橘鲜食率是比较高的，在 80% 左右，有增长的趋势。柑橘品种多、差异大，其消费方式的差异也非常明显。例如，橙类的鲜食率就明显低于葡萄柚和柠檬。原因显而易见，橙可以用来加工橙汁，而宽皮柑橘可以加工柑橘罐头。这些加工品也是受消费者喜爱的商品。从表 21-10 可以看出，欧盟柑橘消费中，橙的鲜食率最低，一般不足 80%；宽皮柑橘鲜食率较高，而且有上升趋势，2006 年只有不足 80%，而 2009 年达到了近 92%；柠檬的鲜食率也不高，而且不稳定；葡萄柚鲜食率最高，基本达到 100%。

表 21-10　近年来欧盟 27 国柑橘类水果鲜食率　　（单位：%）

年份	橙类	宽皮柑橘	柠檬	葡萄柚	柑橘总类
2006	69.62	79.46	74.55	94.40	73.80
2007	79.18	89.94	88.03	99.00%	83.75
2008	77.83	91.67	75.59	99.14	81.93
2009	80.28	91.97	87.90	98.93	84.90

资料来源：根据 USDA 外国服务局统计资料计算而得，2011 年 3 月

就各国看，EUROSTAT 的统计资料表明，很多欧盟国家的柑橘鲜食率能达到 90% 以上，很多国家，如意大利、爱尔兰、卢森堡、罗马尼亚等国近些年的鲜食率达到 100%，德国柑橘的鲜食率达到 98% 以上，相对而言，鲜食率较少的是希腊、葡萄牙和爱沙尼亚等国，但鲜食率也达到近 80%，而且呈上升趋势。

21.2.4 消费趋势

从消费量看，1995~2001 年欧盟柑橘鲜果人均消费量为 29.84 千克，2002~2007 年，增长到 36.31 千克，年均增长 4.9%，可以看出欧盟柑橘人均消费量在缓慢上升，欧盟人口总量的增长带动总消费的增长。另外，西欧新鲜柑橘人均消费有下降趋势，人们倾向选择果汁之类的柑橘加工品，儿童柑橘人均消费较老人较少，而且消费者在选择新鲜柑橘时，对柑橘品质有更高的要求。东欧各国消费总量和人均消费量都还有很大的上升空间。

从消费品种看，欧盟橙类消费将有所增长，但其加工比例会上升；宽皮柑

橘消费增长明显，由于其便于剥皮食用，大部分仍用于鲜食；柠檬消费将随着人们对其美容、保健等功能认可度的提高而增加；柚类消费将维持稳定；很多杂交柑橘品种，既具备橙类柑橘的优良品质和便于储藏运输的特性，同时有宽皮柑橘易于剥皮的特征，将赢得欧盟消费者的青睐。

从消费方式看，近20年内，欧盟总人口将缓慢上升，但是西欧人口会在近年内开始呈现缓慢减少趋势。在这些国家中，中老年人比例快速上升，而青少年比例不断下降。同时，西欧的家庭平均成员数量也因丁克家庭的增多而呈现递减状态，因而，丁克家庭也成为水果供应商针对的主要消费群体。西欧家庭人均财富仍在不断增加，使其消费者饮食习惯和生活方式都受到了影响。欧盟水果市场是竞争最为激烈的市场之一，因为市场总量几近饱和，消费者只是在不同种水果中进行选择。而欧盟扩大后，欧盟区人口比过去增加了20%，能在一定程度上拉动欧盟柑橘消费。另外，近年来欧盟消费者更加注重食品健康、食品安全、社会责任和食品的方便性。

21.3　欧盟柑橘鲜果贸易分析

欧盟地区柑橘产量不足以供应区内消费，一直以来都是世界柑橘进口最大的地区，在国际柑橘贸易中占有重要地位。欧盟柑橘进口总额占世界柑橘进口总额的60%左右，其出口总额占世界柑橘出口总额的比例也在55%左右。柑橘各品种中，宽皮柑橘进出口总额占世界进出口总额比重均最大，都达到75%以上；其次是橙类。

欧盟柑橘主要进口国是法国、德国、荷兰和英国。主要柑橘出口国为西班牙，其次为意大利、希腊和荷兰，这三个国家主要出口橙类。值得说明的是，欧盟柑橘贸易的主要方式是区域内部贸易。欧盟柑橘鲜果出口贸易内部化程度高于进口贸易内部化程度。其区域内出口约占内外出口总量的90%，而进口贸易的比例约为70%。从表21-11可以看出，欧盟柑橘进出口贸易都比较平稳，起伏不大，这反映了欧盟柑橘贸易市场是个成熟的市场，其供需稳定。

表 21-11　1995～2007 年欧盟柑橘鲜果进出口总额和总量

年份	出口额/千美元	出口量/吨	进口额/千美元	进口量/吨
1995	2 872 548	4 273 712	3 455 048	5 202 449
1996	3 185 226	4 339 765	3 838 933	5 385 496
1997	2 762 137	4 633 945	3 429 965	5 516 759
1998	2 460 468	4 485 779	3 316 718	5 671 469

年份	出口额/千美元	出口量/吨	进口额/千美元	进口量/吨
1999	2 424 187	4 242 522	3 312 942	5 651 660
2000	2 320 229	4 643 304	2 826 700	5 688 727
2001	2 254 393	4 290 734	3 112 210	5 623 673
2002	2 808 118	4 661 987	3 276 142	5 807 389
2003	3 504 278	4 787 092	4 189 033	6 028 102
2004	3 830 954	4 817 714	4 695 184	6 169 371
2005	3 789 138	4 540 362	4 620 777	6 074 567
2006	3 784 693	4 826 306	4 659 473	6 083 930
2007	4 664 887	5 076 216	5 846 550	6 510 843

资料来源：联合国粮农组织 FAOSTAT 数据库，2011 年 4 月

本章的分析重点是中国对欧盟出口柑橘鲜果的机会，因此，重点分析欧盟外柑橘贸易，略去对欧盟内柑橘贸易的分析。

21.3.1　从欧盟外贸易分析

欧盟柑橘外部进口贸易占内外贸易总量的 30% 左右，从 2000 ~ 2009 年欧盟从成员国外进出口柑橘的变化趋势来看（图 21-7），欧盟柑橘对外出口非常稳定，一直维持在 50 万吨左右。进口方面，从图中可以看出自 2000 年以来，欧盟从成员国外进口柑橘数量处于上升趋势，年均增长 22.1%。2008 年，欧盟从成员国外进口量达到峰值，超过 225 万吨。可以看出，欧盟是柑橘鲜果的进口国，其净进口额也不断攀升，2008 年超过 15 亿美元（表 21-12）。

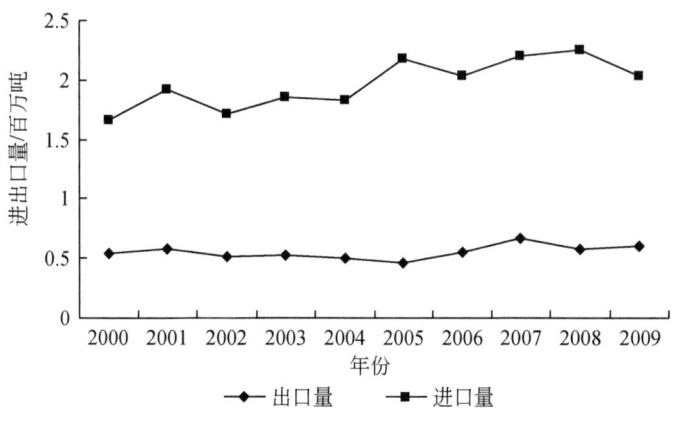

图 21-7　2000 ~ 2009 年欧盟柑橘外部贸易趋势图

表 21-12　2000 ~ 2009 年欧盟外部进出口贸易总额和总量

年份	出口额/ 万美元	出口量/吨	进口额/ 万美元	进口量/吨	净进口额/ 万美元
2000	28 008.5	537 538	78 230.2	1 668 562	50 221.7
2001	29 152.9	585 530	102 103.7	1 913 748	72 950.8
2002	29 423.1	516 661	89 174.6	1 717 281	59 751.5
2003	37 698.3	525 952	117 876.9	1 850 045	80 178.7
2004	37 523.4	496 847	128 608.0	1 834 410	91 084.6
2005	38 269.9	458 211	153 468.9	2 180 985	115 198.9
2006	42 774.2	551 374	144 563.5	2 040 792	101 789.0
2007	61 765.4	674 976	187 094.3	2 198 678	125 328.9
2008	62 353.2	577 736	217 609.5	2 252 330	155 256.2
2009	58 477.4	606 550	175 617.1	2 037 928	117 139.6

资料来源：UNCOMTRADE 联合国贸易统计数据库，2011 年 3 月

欧盟外部主要进口品种为橙类、宽皮柑橘和柚类。欧盟主要柑橘进口来源国为南非、阿根廷、摩洛哥和土耳其。上述四国进口量占从欧盟外进口总量的近 70%，这一比例较为稳定。从国别结构来看，除土耳其外，上述四国均处于南半球，这可以解决欧盟柑橘非生产季节内欧盟地区柑橘供应。南非一直是欧盟成员国外柑橘最大的进口来源国，其比例在 25% 左右，2007 年，在欧盟 27 国柑橘减产的情况下，其比例达到 30% 以上。除上述四国外，欧盟还从以色列、埃及、巴西、美国等国进口柑橘。2004 年以后，欧盟从美国、埃及等国进口柑橘有所减少，从以色列进口增加。2004 年以前，欧盟几乎不从中国进口柑橘鲜果，2007 年以后，进口明显增加（表 21-13）。

表 21-13　2000 ~ 2009 年欧盟柑橘外部进口量　　　（单位：万吨）

年份	南非	阿根廷	摩洛哥	土耳其	以色列	美国	中国	欧盟外总和
2000	43.63	18.24	28.57	19.83	14.78	10.79	0.004	166.86
2001	47.56	25.94	25.18	24.28	13.59	11.14	0.006	191.37
2002	45.39	26.46	22.08	26.42	8.99	11.57	0.004	171.73
2003	46.45	33.31	28.30	18.78	8.42	10.18	0.04	185.00
2004	40.73	31.59	24.85	25.12	9.45	10.03	0.15	183.44
2005	53.94	38.56	24.53	33.38	12.42	5.49	0.62	218.10
2006	46.53	33.09	22.88	33.76	9.47	5.57	1.71	204.08
2007	63.98	39.11	18.05	25.47	11.74	6.57	4.37	219.87
2008	64.39	39.42	23.09	23.29	10.57	8.88	6.71	225.23
2009	52.61	30.66	18.00	29.03	11.53	6.29	7.54	203.79

资料来源：UNCOMTRADE 联合国贸易统计数据库，2011 年 3 月

欧盟柑橘对外出口较少，约占欧盟柑橘对外贸易量的 20%。出口目的地比较分散，主要是俄罗斯、罗马尼亚等东欧国家，也有一部分出口到中国。

21.3.2 从中国进口分析

2004 年以前欧盟几乎不从中国进口柑橘鲜果。2004 年起，欧盟从中国进口柑橘开始增加，但数量和比例都非常小，比例不足 0.1%。2007 年以后，其所占比例持续增加，2009 年比例为 3.4%（图 21-8）。

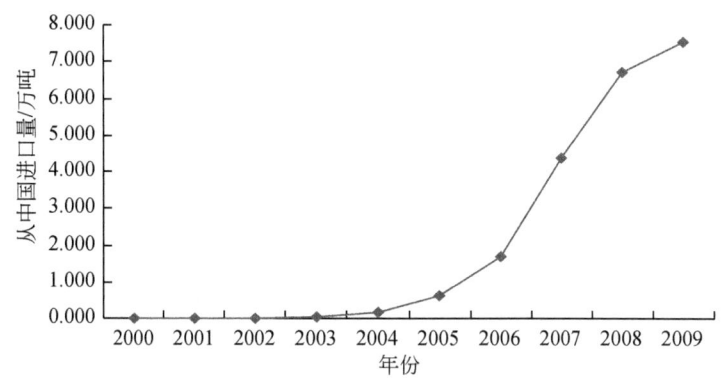

图 21-8　2000～2009 年欧盟从中国进口柑橘变化趋势

虽然与其他国家相比，欧盟从中国进口柑橘数量少，其所占份额也很小，但从图 21-8 中可以看出，自 2004 年起，欧盟从中国进口柑橘数量保持快速增长。

欧盟从中国进口的柑橘主要是柚类，占柑橘总进口量的 99% 以上，最少的是橙类，这在一定程度上反映了中欧柑橘产业类贸易的互补性。中国宽皮柑橘产量虽然很高，但主要用于国内市场鲜食，出口量并不多。

21.3.3 欧盟柑橘贸易趋势

从近十年进出口贸易趋势看，欧盟柑橘进口量从 2005 年开始维持稳定，出口量则小幅增加，净进口率增长也不如 2005 年之前快，波动较明显。

从欧盟生产和消费情况预计，短期内欧盟消费增长率高于生产增长率，因此其进口需求将会扩大。预计 5 年内，随着欧盟对柑橘消费需求的扩大，欧盟柑橘进口量也会有所上升，出口受国际市场需求和欧盟生产状况制约，将会保持稳定，净进口量将出现波动上升的趋势。

第 22 章
欧盟柑橘进口变动原因分析：
基于 CMS 模型

第22章主要从产供销三个方面分析了欧盟柑橘鲜果市场现状，但是研究中国对欧盟柑橘鲜果出口市场机会还要更深入地研究欧盟柑橘进口贸易的动力。从第21章图21-7可以看出，自2000年以来，欧盟柑橘出口贸易非常稳定，而进口贸易却有所起伏。只有进一步从微观角度上对欧盟柑橘在世界市场上进口变化的原因进行分析，才能找到欧盟进口贸易的推动力在哪里。这有利于中国采取针对性策略，最终扩大中国柑橘出口欧盟的市场机会。

恒定市场份额模型（constant market share model，CMS 模型），把一个国家的贸易增长分解为贸易结构（包括商品结构和市场结构）、竞争力及贸易景气（世界贸易的一般增长）三个因素。最初该模型主要应用于出口贸易波动和出口竞争力的研究中。但是近期也有一些学者开始使用 CMS 模型研究进口波动。本章主要运用 CMS 模型研究欧盟柑橘进口变化的原因，进而为下文研究中国开拓欧盟柑橘市场的潜力提供依据。

22.1 恒定市场份额模型简介

22.1.1 CMS 模型的理论基础

CMS 模型是由 Tyszynski 于 1951 年首次提出，后经 Leamer 等多次修改完善，使其成为对外贸易增长动因研究的重要模型之一。该模型在国际上已经被广泛采用，其主要用途有两个：分析出口贸易波动和分析出口竞争力。我国的文献中有孙林和赵慧娥（2004）对中国与东盟农产品贸易增长的影响因素的实证分析；帅传敏等（2003）对中国农产品国际竞争力的评估。也有学者开始将 CMS 模型应用到进口贸易波动的研究中，如周力等（2008）对我国葡萄酒进口贸易波动的研究。

CMS 模型把一个国家的贸易增长原因分解为三个因素：贸易结构、竞争力及贸易景气，其中贸易结构包括商品结构和市场结构。CMS 模型的独到之处是将结构因素作为一个独立变量并予以量化，用来解释国际贸易增长。认为结构对增长有所影响有以下原因：第一，改过的出口主要集中在那些增长较快的产品上，即商品结构因素；第二，该国的出口去向主要是那些需求快速增长的国家或地区，即市场结构因素；第三，该国能够同其他供给国进行有效的竞争，即竞争力因素。CMS 模型将以上几种因素作为独立变量分别处理。

CMS 模型的基本假设是，如果一国的竞争力不变，那么该国在世界市场上的份额也不会随着时间的变化而变化。那么实际出口增长和根据恒定市场份额推算出的出口增长之差就应该是竞争力的影响。因此，一国商品的出口额在国际市场上的实际变化，一定是由出口结构或竞争力的变化引起的。经典 CMS 模型只对贸易波动作了一阶分解，将贸易波动分解为结构效应、竞争力效应和交叉效应。CMS 模型的扩展模型中最具代表性的是 Jepma 改进的 CMS 模型。Jepma 模型将贸易波动分解为两个层次，增加了模型的解释力。

22.1.2 CMS 模型的分解

CMS 的经典模型是 1951 年由 Tyszynski 提出的，该模型是对出口增长的绝对值进行分解得出的，具体形式如下：

$$V' - V = rV + \sum_i (r_i - r)V_i + \sum_i \sum_j (r_{ij} - r_i)V_{ij} + \sum_i \sum_j (V'_{ij} - V_{ij} - r_{ij}V_{ij})$$

式中，V' 表示末期的世界出口总值；V 表示初期的世界出口总值；r 表示两个时期之间世界总出口增长的百分比；下标 i 和 j 分别表示商品和国家。该式把一国的出口增长分解为四个部分：第一项：rV，表示世界出口的一般增长；第二项：$\sum_i (r_i - r)V_i$，表示一国出口的商品构成效应；第三项：$\sum_i \sum_j (r_{ij} - r_i)V_{ij}$，表示一国出口的市场构成效应；第四项：$\sum_i \sum_j (V'_{ij} - V_{ij} - r_{ij}V_{ij})$，表示反映一国实际出口增长同该国在每一个商品组上并对每一个市场保持其市场份额所需增长之间的差别。

自从 Tyszynski 首次提出 CMS 经典模型之后，许多研究者对其进行了改进，提出了很多扩展模型，这些模型主要基于变量选择的不同及分解层次的不同而构造的，但它们的构造原理一致。其中比较完善，并且最具有代表性的是 Jepma 于 1986 年提出的扩展模型，他对经典模型进行进一步分解，更具有解释力。

第一层次分解的基本形式如下：

$$\Delta q = \sum_i \sum_j S_{ij}^0 \Delta Q_{ij} + \sum_i \sum_j \Delta S_{ij} Q_{ij}^0 + \sum_i \sum_j \Delta S_{ij} \Delta Q_{ij}$$

其中第一项为结构效应，第二项为竞争力效应，第三项为次结构效应。

在第二层次分解中，结构效应被进一步分解为四项：

$$S^0 \Delta Q + \left[\sum_i \sum_j S_{ij}^0 \Delta Q_{ij} - \sum_i S_i^0 \Delta Q_i \right] + \left[\sum_i \sum_j S_{ij}^0 \Delta Q_{ij} - \sum_j S_j^0 \Delta Q_j \right]$$

$$+ \left[\left(\sum_i S_i^0 \Delta Q_i - S^0 \Delta Q \right) - \sum_i \sum_j S_{ij}^0 \Delta Q_{ij} - \sum_j S_j^0 \Delta Q_j \right]$$

式中，第一项为增长效应，第二项为市场效应，第三项为商品效应，第四项为结构交叉效应。

竞争力效应被分解为两项：

$$\Delta S Q^0 + \left[\sum_i \sum_j \Delta S_{ij} Q_{ij}^0 - \Delta S Q^0 \right]$$

式中，第一项为总竞争力效应，第二项为特别竞争力效应。

次结构效应被分解为两项：

$$(Q^1/Q^0 - 1) \sum_i \sum_j \Delta S_{ij} Q_{ij}^0 + \left[\sum_i \sum_j \Delta S_{ij} Q_{ij}^0 - (Q^1/Q^0 - 1) \sum_i \sum_j \Delta S_{ij} Q_{ij}^0 \right]$$

式中，第一项为净次结构效应；第二项为动态结构效应。模型中 S 表示一国在目标市场中的份额；S_i 表示一国的产品 i 在目标市场全部 i 产品进口中的份额；S_j 表示一国的出口在目标市场 j 全部进口中的份额；S_{ij} 表示一国的产品 i 在目标市场 j 全部 i 产品进口中的份额；Q 表示目标市场的全部进口额；Q_i 表示目标市场对产品 i 的进口额；Q_j 表示目标市场 j 的总进口额；Q_{ij} 表示目标市场 j 对产品 i 的进口额；Δ 表示两个时期之间的变化量；上角标 0 和 1 分别表示起始年份和终止年份。

22.1.3　CMS 模型分解后各因素的经济解释

第一层次分解公式各因素的经济解释如下。

结构效应：假定出口国在所有目标市场中的出口份额不变，由于目标市场进口规模和进口结构变化而引起的一国出口额的变化。

竞争力效应：由于出口国竞争力的变动而导致的一国出口额的变化。它反映了一国能否在所有目标市场上的所有商品上都保持出口份额。正值表示该国在全部出口商品上的竞争力提高了。

次结构效应：由于出口国出口结构的变动与目标市场进口规模和进口结构变动的交互作用而导致的一国出口额的变动。

第二层次分解公式各因素的经济解释如表 22-1 所示。

表 22-1　Jepma 模型各因素经济解释

项　目	因素解释
增长效应	假定出口国在所有目标市场重点出口份额不变，由于整个世界市场的进口规模扩大而导致的一国出口额的变化
市场效应	由于出口的市场结构效应而导致的一国出口额的变化。它反映了一国出口在那些需要增长较快（较慢）的市场中的集中程度
商品效应	由于出口的商品结构效应而导致的一国出口额的变化。它反映了一国出口在那些需求增长较快（较慢）的商品上的集中程度
结构交叉效应	假定一国在所有目标市场上的所有商品的出口份额及在整个世界中的份额保持不变。由于特定商品与市场效应的交互作用而导致的一国出口额的变化
总竞争力效应	假定世界市场总进口规模不变，由于一国出口在世界总进口中的份额变动而导致的一国出口额的变化
商品竞争力效应	假定世界市场的进口规模及进口结构不变，由于在特定市场中特定商品上的分割变动而导致的一国出口额的变化
静次结构效应	假定世界进口结构不变，由于一国出口结构变动与世界进口规模变动的交互作用而导致的一国出口额的变化。正值表明出口国出口结构的变动能够适应世界进口规模的变动
动态次结构效应	由于一国出口结构变动与世界进口结构变动的交互作用而导致的一国出口额的变化。正值表示出口国在进口需求增长较快的市场上的份额增长较快

资料来源：孙笑丹，2005

以上模型是研究出口波动的影响因素及出口竞争力的。目前也有学者使用 CMS 模型研究进口波动的影响因素。例如，周力等（2008）在研究我国葡萄酒进口贸易波动中，以 Jepma 模型为基础，将其中的竞争力效应调整为引力效应，进一步被分解为整体引力效应和具体引力效应，并对新的变量进行了解释。另外，由于欧盟柑橘进口市场高度集中而且相对稳定，因此可以把欧盟柑橘出口市场作为单一市场处理。在不考虑市场分布效应的情况下，公式中 $j=1$，因此，市场效应和结构交叉效应可以不予考虑，而且公式中所有涉及 j 的加总都被消除。经过调整，本章所应用的 CMS 模型为

$$q = S^0 \Delta Q + \left[\sum_i S_i^0 \Delta Q_i - S^0 \Delta Q \right] + \Delta S Q^0 + \left[\sum_i \Delta S_i Q_i^0 - \Delta S Q^0 \right]$$
$$+ (Q^1/Q^0 - 1) \sum_i \Delta S_i Q_i^0 + \left[\sum_i \Delta S_i \Delta Q_i - (Q^1/Q - 1) \sum_i \Delta S_i Q_i^0 \right]$$

次模型中进口波动影响因素被分解为六个因素，依次为增长效应、商品效应、整体引力效应、具体引力效应、静交叉效应、动态交叉效应。其经济学解释见表22-2。

表22-2　CMS模型第二层次分解后的各因素经济解释

项目	含义
增长效应	由于世界柑橘进口需求增长而增长的部分。正值表示世界柑橘进口需求的增长拉动了欧盟柑橘进口的增长，负值表示世界柑橘进口需求的减少导致欧盟柑橘进口的减少
商品效应	由于进口商品结构的变化导致的欧盟柑橘进口额的变化。正值表示欧盟比世界更集中的进口增长速度较快的柑橘品种，负值表示中国比世界更集中的进口增长速度较慢的柑橘品种
整体引力效应	由于欧盟对世界柑橘整体出口市场的引力变化而带来的欧盟柑橘进口额的变化。数值反映了欧盟柑橘整体引力的大小
具体引力效应	由于欧盟对世界柑橘具体出口市场与出口品种的引力的变化导致的欧盟柑橘进口额的变化。数值反映了欧盟柑橘具体引力的大小
静交叉效应	由于欧盟柑橘进口引力变化与世界柑橘进口需求的变化的交互作用导致的欧盟柑橘进口额的变化。正值表示欧盟柑橘进口引力的变化与世界柑橘进口需求的变化趋同，负值相反
动态交叉效应	由于欧盟柑橘进口结构的变化与世界柑橘进口结构变化的交互作用导致的欧盟柑橘进口额的变化。正值表示欧盟柑橘在世界增长较快的市场上的进口份额增长较快，负则相反

资料来源：周力等，2008

22.2　欧盟柑橘进口波动原因分析

22.2.1　数据来源

模型所采用的数据来自于UNCOMTRADE数据库。模型将欧盟进口来源地视为一个整体市场，时间跨度为2000～2009年。基于统一性和可获得性，本章采用的数据是按照HS1996的商品分类方法获取的，研究对象包括0805类全部商品。

从第3章可以了解到，2000年以来，欧盟柑橘进口总额呈现波动上涨的趋势。本章根据欧盟从世界柑橘进口额的波动趋势，可以将2000～2009年分为五个阶段（图22-1）。第一阶段为2000~2001年，这个阶段内欧盟柑橘进口额涨幅较大，从2000年的7820万美元增长到2001年的10.2亿美元；第二阶段为2001~2002年，这个阶段欧盟柑橘进口大幅下降，几乎降到2000年的水平；第三阶段为2002~2006年，这个阶段欧盟柑橘进口额呈现平稳上升的趋势，2006年较上一年有所减少，其余年份平稳增长；第四阶段为2006~2008年，这个阶段欧盟柑橘进口额高速增长，从2006年的14.5亿美元增长到2008年的21.8亿美元，涨幅达到25%；第五阶段为2008~2009年，该阶段欧盟柑橘进口额出现大幅下滑，2009年欧盟柑橘进口额下降到17.6亿美元，低于2007年的进口额。

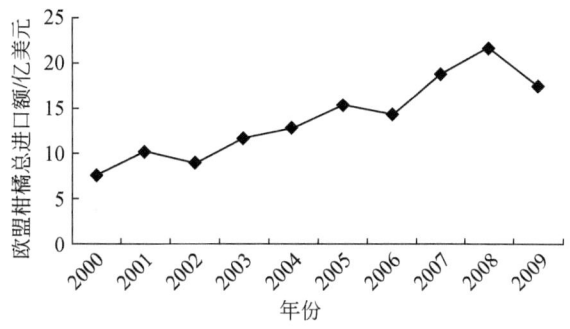

图22-1　欧盟柑橘进口变化趋势图

表22-3　欧盟柑橘进口波动 CMS 模型分析结果

项目	2000~2001年		2001~2002年		2002~2006年		2006~2008年		2008~2009年	
	绝对额/千万美元	贡献率/%	绝对额/千万美元	贡献率/%	绝对额/千万美元	贡献率/%	绝对额/千万美元	贡献率/%	绝对额/千万美元	贡献率/%
进口实际变化	2.39	100	-1.29	-100	5.54	100	7.30	100	-4.20	-100
结构效应	0.54	22.52	0.49	37.65	4.03	72.78	5.69	77.85	-2.72	-64.81
增长效应	0.51	21.49	0.78	60.13	4.33	78.17	5.31	72.63	-1.70	-40.45
商品效应	0.02	1.03	-0.29	-22.48	-0.30	-5.40	0.38	5.22	-1.02	-24.37
引力效应	1.71	71.58	-1.77	-136.80	1.10	19.95	0.95	13.02	-1.85	-44.13
整体引力效应	1.76	73.68	-1.92	-148.80	0.81	14.69	1.46	20.02	-2.71	-64.59
具体引力效应	-0.05	-2.10	0.16	12.00	0.29	5.25	-0.51	-7.00	0.86	20.46
交叉效应	0.14	5.91	-0.01	-0.85	0.40	7.28	0.67	9.13	0.38	8.95
净交叉效应	0.11	4.69	-0.13	-10.42	0.54	9.69	0.35	4.78	0.14	3.44
动态交叉效应	0.03	1.21	0.12	9.56	-0.13	-2.41	0.32	4.35	0.23	5.50

资料来源：根据 UNCOMTRADE 数据库数据计算而得，2011年3月

22.2.2　欧盟柑橘进口的 CMS 模型结果分析

运行 CMS 模型代入数据，计算出的结果见表 22-3。结果表明，2000～2001 年，结构效应和交叉效应对欧盟进口增长的影响分别占 22.52% 和 5.9%，而引力效应占 71.58%。这说明在该时期欧盟柑橘的进口增长主要依靠进口引力的提高，也就是说欧盟地区在该阶段对柑橘鲜果需求比较旺盛，超过世界平均水平。2001～2002 年，出现大幅下降，从 CMS 结果看主要是由引力效果导致。此阶段引力效应高达-136.8%，造成了 1.77 亿美元进口额的减少，而结构效应和交叉效应都为正值，这可能与 2002 年欧盟柑橘产量大幅提高有关，尽管当时世界柑橘贸易对欧盟柑橘进口有拉动作用，但终不及欧盟进口引力疲软带来的副作用。2002～2006 年，欧盟柑橘进口处于波动上升阶段。这个阶段，各效应都呈现正值，对欧盟柑橘进口增加提供动力，其中结构效应作用明显，达到 72.78%，引力效应也有 19.95%。世界柑橘进口需求扩张有力地拉动了欧盟柑橘进口的增长。2006～2008 年，欧盟柑橘进口处于高速上涨阶段。这个阶段，结构效应继续上升，达到 77.85%，说明当时世界贸易环境良好，拉动了欧盟柑橘进口，引力效应有所减少，交叉效应有所提高。2008～2009 年，欧盟柑橘进口下降剧烈，从 CMS 结果可以看出，这个阶段进口下降的原因和 2000～2001 年下降的原因是不同的。这个阶段受全球金融危机的影响，国际贸易深受其害，引力效应和结构效应都呈现出负作用，分别下降为-64.81% 和-44.13%，世界经济的衰退和进口引力的疲软共同导致了该阶段欧盟柑橘进口的衰退。

在此基础上，我们对 CMS 模型第二层结果进行进一步分析。结构效应方面，可以看出结构效应对欧盟柑橘进口的影响主要是通过增长效应来实现的，各个阶段增长效应都占了结构效应的绝大多数比重，尤其是 2001～2002 年和 2002～2006 年两个阶段，当商品效应为负值时，增长效应对欧盟柑橘进口的拉动更加明显。这说明欧盟柑橘进口受世界国际贸易大环境的影响非常明显，2008～2009 年的大幅下降就很好地证明了这一点。而商品结构体现了欧盟柑橘进口品种结构对欧盟柑橘总体进口的影响。2001～2002 年、2002～2006 年和 2008～2009 年三个阶段，商品效应呈现负值，说明欧盟柑橘进口品种结构对欧盟柑橘进口增长起到了阻碍作用。

引力效应方面，各个阶段的整体引力效应都和总的引力效应作用方向一致，而具体引力效应则表现出相反的作用，而且整体引力效应对欧盟柑橘进口变化的影响比较大。在欧盟柑橘进口处于上升趋势的三个阶段，整体引力效应都呈现正值，即欧盟市场需求对欧盟柑橘进口的拉动作用，尤其是 2001 ~ 2001 年阶段，73.68% 的整体引力效应体现了该时期欧盟强大的市场引力。而在欧盟柑橘进口处于急剧下降的两个阶段，整体引力效应则体现出对进口的负面作用，2001 ~ 2002 年阶段，由于欧盟内部柑橘产量的增加等因素使该阶段的整体引力效应下降到 -148.8%。而具体引力效应与整体引力效应的反作用体现了欧盟即使在整体引力效应很低的情况下，对某些柑橘品种的需求还是很明显的，这与欧盟的进口消费习惯和特点有关。

交叉效应方面，静态交叉效应体现了欧盟柑橘进口引力变化和世界对柑橘进口需求变化的关系，而动态交叉效应体现了欧盟柑橘进口结构与世界柑橘进口结构之间的关系。我们可以从 CMS 结果看出，大多数情况下，这两种效应都是正值，也就说明了欧盟柑橘进口引力的变化与世界柑橘进口需求的变化趋同，而且欧盟柑橘在世界增长较快的市场上的进口份额增长较快。

第 23 章
欧盟水果（柑橘）市场准入

欧盟是世界最重要的进口地区，其市场容量巨大。但是我国柑橘进入欧盟市场并不容易，因为欧盟市场准入门槛很高，不仅从宏观上调节欧盟内外水果市场，实现对欧盟水果进口的管理，而且从微观层面上建立了严密而复杂的市场准入要求，提高了外国水果进入欧盟市场的难度。本章将欧盟市场准入制度分为关税和非关税两部分，系统分析欧盟柑橘市场准入要求。

23.1　欧盟关税和进口价格政策

虽然经过世界各国努力，加强对话合作，使关税水平在世界范围内都得到了大幅下降，但关税仍是我国柑橘出口欧盟市场必须面对的问题。欧盟实行统一关税制度，执行统一的关税税率和管理制度。欧盟理事会第 Council Regulation 2913/92 号规章规定，进口关税由货物的税则归类及价值决定，成员国在欧盟内实行关税同盟，即在欧盟内对第三方进口的货物实行统一的关税。进口商品一旦在某个成员国清关后，就可以在欧盟内部自由流动。

欧盟对柑橘产品采用从价税税率，除此之外还设置了其他技术性关税，如关税高峰和季节性关税。欧盟还对柑橘实施"入市价格"，即进口水果的最低价格，柑橘属于受欧盟保护的敏感性水果，在欧盟内柑橘供应期间受到最低"入市价格"的保护，以组织进口。值得说明的是，欧盟对橙在不同的季节以复合税方式征收季节性关税外，欧盟还对其他产品以从价税、复合税和混合税等不同方式征收季节性进口关税，此外，欧盟频繁修改设定的标准价值，导致计税方式复杂、税率多变，从而增加了中国企业对欧盟出口柑橘面临的不确定性（表 23-1）。

另外，欧盟为稳定市场价格，维护地区内生产者的利益，严格控制市场上水果（柑橘）数量。对地区内实行生产控制，对进口产量则采取"入市价格系统（enter-price system）"确定水果（柑橘）的进口价格。入市价格系统会确定一个入市价格，然后规定所有进口的商品价格必须与这个价格一致。如果

表 23-1　乌拉圭回合后欧盟新鲜柑橘的约束关税水平

柑橘类水果		约束关税（最高关税）		
		时间/月度	从价税/%	其他
橙	甜橙	4.1 ~ 4.30	10.4	+71 欧元/吨
		5.1 ~ 5.15	4.8	+71 欧元/吨
		5.16 ~ 5.30	3.2	+71 欧元/吨
		6.1 ~ 10.30	3.2	
		10.16 ~ 11.30	16	
		12.1 ~ 3.31	16	+71 欧元/吨
	其他	4.1 ~ 10.15	12	
		10.16 ~ 3.31	16	
宽皮柑橘		3.1 ~ 10.31	16	
		11.1 ~ 2.28/29	16	+106 欧元/吨
柠檬类	柠檬	全年	6.4	+256 欧元/吨
	莱姆	全年	12.8	
柚类		11.1 ~ 4.30	1.5	
		5.1 ~ 10.31	2.4	
其他柑橘类		全年	12.8	

资料来源：张峭，2007

进口价格低于入市价格，那么欧盟就会通过额外征收农业税的方式将进口水果（柑橘）和欧盟内农产品（柑橘）的价格调节到一致水平。因此，进入欧盟的农产品只能靠品质等其他因素提高自身竞争力。

23.2　欧盟市场准入非关税性措施

除关税以外，欧盟还是世界上最早采取非关税贸易壁垒的地区，包括技术性贸易壁垒和食品安全标准等。技术性贸易壁垒是国际贸易活动中非关税壁垒的主要体现形势，主要指商品进口国以维护本国生产、消费安全和健康为由，通过对技术法规、技术标准和卫生检疫标准的制定或对商品包装、标签的具体规定，达到限制进口的目的或效果。

23.2.1　食品安全法规

1999 年，欧盟发布了《食品安全白皮书》；2002 年，开始实施"一般食品法"（EC178/2002 法规）；2006 年，又实施了新食品安全法规。与以往法规相比，新的食品安全法规加强了食品安全的检查，提高了食品市场的准入标准，增强了食品安全的责任可追溯性。当前欧盟非常强调食品的可追溯性，对标签也提出了更高的要求，必须标明产品特性、产品规格和原产地等。欧盟907/2004 法规修改了新鲜水果的市场营销标准，要求水果商标上至少包括生产日期、生产商和原产地，以确保能够追溯到种植者。进入欧盟的进口柑橘也必须符合这项法规。另外，欧盟要求进口柑橘具有检验检疫证明和产品质量证明，包括植物卫生风险程度检查、植物卫生认证的真实性和有效性。欧盟委员会于 2001 年 6 月实施了 EC1148/2001 规章，其中要求欧盟外进口水果在进入欧盟市场之前，必须具备获得认可的合格证明。该证明由原产国制定，由获得欧盟认可的第三国检验检疫局签发。

另外，欧盟是最早研究和发布农药残留标准的区域。欧盟委员会每年都会几度更新其农药残留限量标准，其水果农药残留标准经过频繁修改，日益严格。

23.2.2　产品合格认证

欧盟的市场准入条件十分苛刻，不仅有先进的技术法规，还实施严格的产品质量认证，主要的认证标准包括 ISO9000、SA8000、HACCP 及 EUREPGap（欧盟良好农业操作规范）。

ISO9000 标准为产品的规范化生产提供了框架，要求将质量、健康、安全和环境融入整体 ISO 管理体系中。欧盟进口商选择贸易伙伴时倾向于选择具备 ISO9000 质量体系认证的出口企业。

SA8000 标准，即社会责任标准，是根据国家劳工组织原则制定，被广泛认可的，适用于所有行业，以确保从业员工基本权利的管理系统。强调企业的社会责任也是近年来欧盟消费者消费倾向的体现，对出口企业从生产到利益分配提出了更高的要求。

HACCP 系统，即危险分析和关键点控制系统，被广泛应用在粮食的加工、包装、运输和贸易等各个环节。2006 年 1 月 1 日生效的欧盟 EC852/2004 法规强调欧盟进口产品的生产要达到欧盟内产品生产同一的质量控制要求，这意味着 HACCP 系统已经成为我国出口商与欧盟进口商贸易时的一个强制性标准。

1997 年，欧洲零售商协会国际供货商自发组织制定了食品质量安全保证体系，即 EUREPGap 标准，通过第三方的检查认证和国际统一的标准来协调农业生产者、加工者、分销商和零售商的生产、储藏和管理，从根本上降低农业生产中食品安全的风险。EUREPGap 对产品的可追溯性、记录的保存、品种和根茎、地点的历史及地点的管理、土壤和基质的管理、化肥的使用、灌溉、植物保护、收获、产品的处理、垃圾和污染物的管理、循环使用和再利用、工人的健康、安全和福利、环境问题、投诉表等 14 大类有关生产、管理方面提出了具体要求，并且不断更新。

虽然 EUREPGap 标准不是政府性标准，但是在欧盟内部得到了广泛认可，是许多大零售商（超市）认可的单一标准，只有通过该标准认证的水果才有资格进入超市，而且该标准正在全球范围内被采纳。因此，获得 EUREPGap 认证，对广大发展中国家的出口企业具有巨大吸引力，因为这不仅意味着自己的产品可以进入欧盟市场，以此扩大出口，提高售价，稳定自己的地位，而且，通过年审可以更好地获取欧盟及其他发达国家的市场需求信息，改进农业规范，提高产品质量，降低种植成本。

2005 年 5 月 23 日，我国国家认监委与 EUREPGap 签署了《中国国家认证认可监督管理委员会与 EUREPGAP/FOODPLUS 技术合作备忘录》，经过基准比较，ChinaGap 标准将等效于 EUREPGap 标准。

23.2.3 针对产品的标准

欧盟对市场上的柑橘鲜果有严格的标准，规定进入欧盟市场的柑橘必须满足欧盟市场营销标准，包括品种、尺寸、成熟度、品质、酸甜度等方面。2009 年 7 月 1 日以来，欧盟开始实行 CR1221/2008 欧盟法规，柑橘鲜果市场营销标准进行了明确规定。

包装在贸易和销售中起到了很重要的作用。欧盟市场对柑橘鲜果的包装也有明确规定，要具有一致性。每个包装中的果实品种、大小和数量必须一致，并且具有一致的来源、成熟度，其中优等品还要求色泽一致。包装内的所有果实必须和透视部分展示的果实一致，除个别注明例外的产品。

欧盟还规定了柑橘包装填充物必须干净、新鲜，不能损伤产品。禁止使用可能影响果实自然品质、口感和风味的材料。商标和产品说明书都要使用无毒材料，包装内不能有除细枝和叶片外的异物。包裹果实的纸应为干燥、无味、新鲜的较薄纸张，粘贴在果实上的标签撕毁时不能留下痕迹，也不能损伤果皮。

另外，还对产品包装物尺寸、包装材料、可回收性和环境等因素作出了规定。

第 24 章
中国柑橘出口欧盟市场的
SWOT 分析

在对欧盟柑橘供需形势、进口贸易变化影响因素整体把握的基础上，研究中国柑橘出口欧盟市场的潜力，我们还需要进一步审视中国柑橘产业自身的优势和不足之处。本章将研究视角转移到我国柑橘产业，运用 SWOT 分析方法重点分析中国柑橘产业的优势、劣势、机会和挑战，以便全面了解我国柑橘增加欧盟出口的机会。

24.1　中国柑橘开拓欧盟市场的优势

2008 年，中国已经跃居世界第一大柑橘生产国，而柑橘鲜果也在中国水果出口中占据重要地位。中国柑橘出口欧盟的竞争优势主要表现在：产量规模优势、贸易互补优势和成本价格优势。

24.1.1　产量规模优势

中国是世界柑橘原产地之一，历史悠久，是中国南方栽培面积最广、经济地位最重要的果树之一。1984 年国家对包括柑橘在内的水果进行以市场化为取向的流通体制改革以来，柑橘产业经历了飞跃性发展。目前，中国共有 19 个省（自治区、直辖市）生产柑橘。从生产布局来看，主要集中在福建、浙江、四川、湖南、广西、广东、湖北、江西、重庆和台湾等 10 个省（自治区、直辖市），这些省份的柑橘总产占全国的 90% 以上。柑橘生产集中在优势产区，而且柑橘种植面积和结构经过不断调整，逐渐合理化。总体上，中国柑橘产量稳定上升，《中国统计年鉴 2010》数据显示，截至 2009 年，中国柑橘总产量达到 2520 万吨。因此，中国柑橘总量规模优势将进一步影响世界柑橘生产格局，同时，将在国际柑橘贸易上体现出更大的规模优势（图 24-1）。

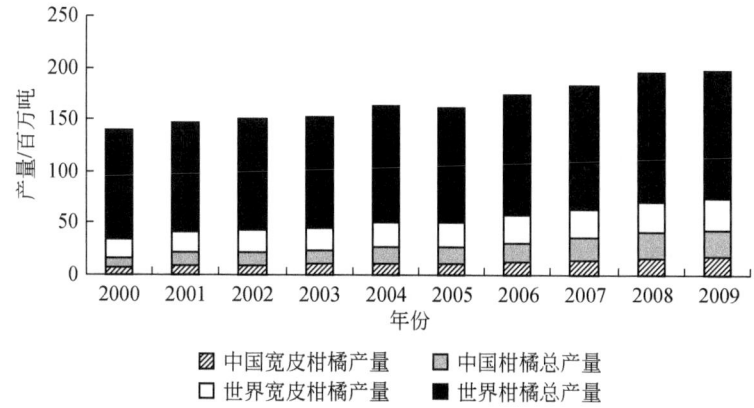

图 24-1　中国和世界柑橘总产量和宽皮柑橘总产量图
资料来源：联合国 FAOSTAT 数据库，2011 年 4 月

24.1.2　价格优势

价格是影响商品国际竞争力的重要因素之一。其具体表现是，相同或相似的商品，在同一市场范围内，价格越低则竞争力越强。

出口价格的影响因素很多，其中生产成本是最基本的因素。柑橘产业属于劳动密集型产业，其生产需要投入大量的劳动力，而中国拥有丰富的劳动力资源，并且劳动力成本低，使其生产成本相对于欧盟国家来说明显具有优势。欧盟劳动力价格相对较高，为了满足国内需求就会选择从成本较低的地区进口柑橘。

由表 24-1 可以看出，我国柑橘鲜果中，宽皮柑橘的出口价格远低于世界主要柑橘出口国和世界平均柑橘出口价格，近十年来，我国宽皮柑橘的价格比世界平均水平低 0.30 美元/千克；其他柑橘品种也或多或少低于世界平均出口价格。值得注意的是柚类和其他柑橘类水果的出口价格优势在逐渐缩小，而橙类的出口价格优势在逐渐扩大。可见，中国柑橘出口价格具有明显的竞争优势。值得说明的是，虽然我的柑橘鲜果价格优势明显，但我国柑橘的国际市场占有率一直很低。由此可见，我国柑橘鲜果的低价格成本优势并没有得到充分利用。因此我国柑橘只有在提高质量水平和营销手段的前提下，才能充分发挥其价格优势。

表 24-1　近十年世界主要柑橘出口国柑橘出口价格比较

（单位：美元/千克）

种类	地区	2000 年	2001 年	2002 年	2003 年	2004 年	2005 年	2006 年	2007 年	2008 年	2009 年
橙	世界	0.42	0.48	0.48	0.54	0.62	0.61	0.63	0.61	0.77	0.75
	巴西	0.21	0.31	0.33	0.38	0.43	0.49	0.53	0.64	0.73	0.70
	美国	0.57	0.67	0.68	0.68	0.73	0.77	0.78	1.06	0.81	0.89
	西班牙	0.44	0.52	0.53	0.64	0.74	0.73	0.73	0.79	0.95	0.82
	南非	0.41	0.50	0.43	0.50	0.63	0.60	0.65	0.41	0.80	0.77
	中国	0.43	0.39	0.41	0.44	0.44	0.42	0.47	0.51	0.54	0.49
宽皮柑橘	世界	0.63	0.66	0.67	0.81	0.78	0.78	0.81	0.90	0.97	1.02
	巴西	0.50	0.54	0.65	0.61	0.59	0.70	0.74	0.77	0.95	0.87
	美国	0.75	0.80	0.86	0.85	0.85	1.08	1.06	1.09	1.18	1.37
	西班牙	0.71	0.76	0.76	0.93	0.87	0.91	0.94	1.05	1.14	1.23
	南非	0.56	0.67	0.78	0.93	0.91	0.92	1.05	1.02	1.04	1.04
	中国	0.39	0.40	0.42	0.42	0.41	0.46	0.55	0.61	0.66	0.68
柠檬和莱姆	世界	0.56	0.55	0.54	0.63	0.66	0.70	0.68	0.82	1.23	0.86
	巴西	1.16	1.13	1.00	0.92	1.09	1.07	1.10	1.17	1.37	1.28
	美国	1.11	1.07	1.14	0.95	1.04	1.08	1.20	1.79	1.74	1.20
	西班牙	0.54	0.52	0.54	0.68	0.69	0.84	0.72	0.92	1.51	0.93
	南非	0.53	0.50	0.48	0.58	0.60	0.66	0.65	0.70	1.18	0.87
	中国	0.44	0.46	0.49	0.46	0.43	0.45	0.56	0.76	0.82	0.72
柚	世界	0.59	0.62	0.59	0.73	0.73	0.80	0.84	0.81	0.91	0.86
	巴西	0.55	0.84	0.90	1.52	1.78	0.95	0.85	1.57	1.03	1.54
	美国	0.75	0.73	0.73	0.83	0.82	1.09	1.01	0.89	0.91	0.97
	西班牙	0.44	0.53	0.57	0.72	0.83	0.88	0.88	0.89	1.10	0.96
	南非	0.51	0.55	0.50	0.74	0.70	0.71	0.79	0.82	0.97	0.88
	中国	0.43	0.49	0.43	0.36	0.44	0.65	0.78	0.84	0.88	0.85
其他柑橘	世界	1.14	0.63	0.78	0.60	0.53	0.58	0.70	0.87	0.62	0.91
	巴西	1.10	1.09	0.90	1.04	0.50	1.35	1.45	1.44	0.91	0.85
	美国	1.01	0.96	1.03	0.85	0.68	1.08	1.23	1.42	0.48	0.40
	西班牙	0.86	0.78	0.69	0.82	0.85	1.10	0.88	0.92	1.22	1.14
	南非	0.59	0.68	0.69	0.76	0.38	0.72	0.56	0.85	1.31	1.01
	中国	0.63	0.86	0.55	0.54	0.68	0.55	0.65	0.94	1.18	0.99

资料来源：UNCOMTRADE 数据经计算，2011 年 3 月

24.2　中国柑橘开拓欧盟市场的劣势

我国柑橘产业发展虽然很快，成效突出，产量和贸易量都在提高，但是我国柑橘贸易水平依旧不高，尤其是其高端市场的占有水平有限，与我国柑橘生产和种植大国的地位并不匹配，究其原因可以归结于我国柑橘产业的产业结构不合理、产品质量不过硬、市场营销手段落后等问题。

24.2.1　生产方面

1. 单产水平低，结构不合理

作为世界柑橘第一种植大国和生产大国。联合国 FAO 统计数据显示，2009 年，我国柑橘收获面积为 200.17 万公顷，产量为 2510 万吨，种植面积和产量分别占世界柑橘总种植面积和总产量的 39% 和 31.6%。其中宽皮柑橘约 1780 万吨，橙 405 万吨，柠檬和莱姆 102 万吨，柚类 66.3 万吨，分别占柑橘总产的 70.9%、16.2%、4.1% 和 2.6%。我国柑橘面积和产量都居于世界首位，但是单产却低于世界平均水平，更低于美国、以色列等国的单产。

另外，我国柑橘种植中，宽皮柑橘过多，占总产的 70% 以上。甜橙、柚、柠檬和莱姆等其他柑橘品种种植面积少、产量低，而对欧盟出口中，这些产品享有更低的关税水平。与世界其他柑橘种植大国比较可以发现，我国柑橘种植品种过于单一，结构不够优化。这也不利于适应国际市场需求的变化和风险的规避。

2. 成熟期短、产品质量低

我国 85% 的柑橘属于中熟品种，成熟期在 11~12 月，10 月底前成熟的早熟品种不到 12%，而次年成熟的晚熟品种不到 3%。柑橘种植过分集中在中熟品种，而且我国柑橘的采后加工、储藏等技术落后，大大缩短了我国柑橘贸易时间，比美国等国短两个月。而且中熟品种出口时期，正值欧盟内部柑橘成熟之际，不仅加剧了柑橘滞销、进口减少，而且这个时候也是欧盟对柑橘征收最高关税的时段。

另外，我国柑橘开拓欧盟市场面对的最大阻碍是质量问题。质量包括外观和内在品质两方面。我国柑橘多数难以达到欧盟柑橘标准。虽然我国大部分柑橘的内在品质已经能够达到或超过外国柑橘，但是从外观看，我国柑橘外观质量不高，加上采后清洗、打蜡、分级、包装等处理不到位，使我国柑橘整齐度差、果实偏小、不端正、果面光洁度和色泽等指标与发达国家柑橘有很多差距。另外，由于我国柑橘种植过程中大量使用农药等化学品，使我国柑橘在农药残留方面也有很大缺陷，这些因素都不利于我国柑橘开拓欧盟市场。

24.2.2　营销方面

（1）组织化程度低。欧盟等发达国家内一般有专门的营销公司或联合组织统一负责水果（柑橘）的销售，而我国目前还没有类似的权威的统一性组织或机构，因此缺乏出口价格调控的自律体系，对柑橘生产、加工及销售不能实施全面有效的指导和监管，进而在（柑橘）出口过程中出现相互竞价的恶性竞争，致使柑橘出口价格偏低。这不仅损害了国家、企业和果农三方面的利益，而且给外国企业和机构打压中国商品带来可乘之机。

（2）出口企业实力不强。我国水果（柑橘）在国际市场的营销主体是企业，出口企业数量不少，但大多数出口企业规模小、经济实力有限，市场竞争能力不足。出口企业缺乏研究国际市场的部门和自己的海外销售网络，一直依赖当地代理商进口销售，而欧盟进口商经常根据自身利益需要，调整柑橘进口渠道和进口数量，缺乏国际竞争力，抵制出口市场风险和突破贸易壁垒的能力不强。另外，我国柑橘产品缺乏具有国际市场影响力的品牌，这样很难打开或长久立足于国际市场，使我国柑橘产品在欧盟市场上处于不利地位。

（3）市场信息体系不健全。我国对欧盟市场研究不够，所了解的欧盟柑橘市场信息不能够满足国内企业和农户的需求。信息内容方面，表面的和直接的多，经过分析处理和具有预测性的少；信息时效方面，静态和滞后信息多，动态且及时的少；信息服务网络方面，不能有效进入农村，让农户及时了解信息，造成最需要的人得不到。目前的靠简单堆砌组成的欧盟柑橘市场信息质量低、时效差，使广大农户和出口企业不能根据市场需求、消费者喜好和市场变化来调整生产和营销策略（张峭，2007）。

24.3　中国柑橘开拓欧盟市场的机会

中国加入 WTO 后，享受了 130 多个成员国的无条件最惠国待遇，减少了农产品出口中遭遇的非关税壁垒，为中国柑橘出口提供相对良好的出口环境。这意味着，在国际市场上中国柑橘在无条件最惠国待遇的保护下，能够更好地显示其成本、价格方面的优势。另外，欧盟扩大后，新成员国平均关税率下调，执行欧盟统一关税标准，调整甚至废除了以前保护本国产品的贸易壁垒，使用统一的贸易规则和统一的管理程序。这样一来，一体化产生贸易转移的负效应缩小，这对于中国柑橘扩大欧盟市场是有利时机。

24.3.1 政府扶持

中国柑橘开拓欧盟市场的本质是参与各个柑橘贸易国之间的竞争，因此，各国政府对本国柑橘产业的支持对本国柑橘的竞争力是有很多影响的。2003年农业部发布了《优势农产品区域布局规划》将柑橘列入规划。在《柑橘优势区域发展规划（2003～2007年)》的指导下，各地积极加强指导，加大投入，推进规划实施，建设了长江上中游柑橘带、赣南-湘南-桂北柑橘带和浙南-闽西-粤东柑橘带及一批特色柑橘生产基地［简称"三带一基地"，在《中国柑橘优势区域布局规划（2008～2015年)》中，增加了鄂西-湘西柑橘带，调整为"四带一基地"]。使柑橘产业布局向优势区域集中；生产技术不断提高；品种和成熟期结构得到优化；组织化程度加强，产业链条延伸；实现柑橘种植规模、单产、销售价格和出口量的同时增长，提高了柑橘产业的经济效益，促进了我国柑橘产业的快速发展。

在良好的形势下，农业部又发布了《中国柑橘优势区域布局规划（2008～2015年)》，其中提出了我国柑橘产业未来几年的发展方向和目标。确定了提高我国柑橘产业的整体竞争力、扩大出口、减少进口的主攻任务。提出了进一步优化产业结构、品种结构和熟期结构；加强鲜果商品化处理和高效储藏能力建设；促进品牌整合，推进规模化经营等战略。

政府政策的出台，以及科技、资金、人才等方面的扶持都为我国柑橘进一步开拓欧盟市场提供了重要的推动力量。

24.3.2 欧盟市场需求

欧盟市场一体化程度非常高，是当今世界上经济一体化程度最高的区域内经济贸易集团。目前，欧盟已经基本实现了商品、资本、劳务、人员的自由流通，具有统一的政策。欧盟食品标准协调，不仅使中国柑橘出口欧盟各成员国的相关成本和费用降低了，也使中国柑橘在欧盟成员国之间得以方便的流通。

欧盟市场有 4.59 亿个消费者，人均 GDP 水平高，整体消费水平也很高，是世界最大的柑橘消费市场之一，因此欧盟市场蕴含着巨大的商机，市场空间广阔。当今生活节奏加快，单身家庭和职业妇女数量的增加使欧盟消费者更加倾向于选择方便食用的水果，因此对橙类需要榨汁或者刀切的水果的热情有所减少，而对宽皮柑橘的消费需求明显增加，尤其是皮薄、无核的小柑橘备受消费者青睐；做饭方面，随着生活压力的增加和节奏的加快，更多的欧盟居民更愿意在外就餐，因此增加了餐饮业对水果的需求，尤其是欧洲餐饮中经常用到的柠檬等。这些因素增加了欧盟对柑橘类水果的市场需求，为中国的宽皮柑橘提供了更多的市场机会。第 4 章的实证分析表明，欧盟市场内在引力对欧盟柑橘进口存在很大的影响力，因此，欧盟柑橘需求的增加能够为中国柑橘开拓欧盟市场提供广阔空间。

24.4　中国柑橘开拓欧盟市场的威胁

欧盟在贸易政策上仍然对中国农产品出口设置了种种限制，影响了中国柑橘开拓欧盟市场的进程。欧盟是对中国使用反倾销措施最多的区域集团，反倾销的范围也比较广泛，使中国产品无力与欧盟内部及其他国家产品在欧盟市场上竞争。除此之外，欧盟国家的贸易以内部贸易为主，对欧盟外的进口比较少。因此我国柑橘开拓欧盟市场仍然面临着诸多现实的挑战。

24.4.1　市场准入门槛高

欧盟的市场准入条件十分苛刻，其在社会责任、环境、卫生、安全使用及管理等多领域都有相关标准。主要的认证标准包括 ISO9000、SA8000、HACCP 及 EUREPGap（良好农业操作规范）。随着 EUREPGap 标准的兴起，许多欧洲零售商将产品是否符合 EUREPGap 标准作为进入欧洲市场的门槛，中国出口到欧盟的柑橘会因为未达到标准而受到阻碍。欧盟的技术壁垒也是我国柑橘开拓欧盟市场的主要障碍之一。新的农药残留标准和检测项目，对我国柑橘出口提出了苛刻的卫生检验检疫要求。

除了技术性壁垒外，随着欧盟消费者对食品安全问题关注度的提高，欧盟食品生产和进口的技术标准也有了很大提高。2006 年，欧盟实施了新的食品安全法规，对进口农产品大幅提高了欧盟检验检疫和市场准入标准，大大提高了我国柑橘出口欧盟市场的难度。另外，欧盟贸易壁垒，尤其是非关税壁垒频繁变化，如包装材料、有机食品认证等。中国柑橘出口企业必须时刻关注欧盟准入条件的变化，及时应对，这对中国柑橘出口的信息网络、组织管理等方面都提出了挑战。

24.4.2 欧洲经济的挑战

2004 年 5 月 1 日，波兰、匈牙利、捷克等中东欧十国加入欧盟；2007 年 1 月 1 日，罗马尼亚和保加利亚也正式加入欧盟，至此，欧盟成员国增加至 27 个。

由于欧盟消费者更乐意从欧盟内部购买产品，因此欧盟东扩虽然带来了欧盟人口的增加，但是也可能产生贸易转移显现，使某些产品原本从欧盟外进口变成从新扩展的对象进口。另外，欧盟东扩也意味着反倾销措施的严重扩大。东扩前，中国企业在中东欧国家受到反倾销的案例要比欧盟少，然而，东扩后就意味着反倾销适用范围的扩大。随之东扩的还有技术壁垒和农业补贴范围，这些因素都必然对中国开拓欧盟柑橘市场带来巨大挑战。

另外，虽然 2008 年全球经济危机的阴霾已经过去，但是全球经济全面复苏仍然任重道远。2011 年 4 月 9 日，欧盟轮值主席匈牙利经济部长托尔奇·捷尔吉在结束了 27 国财政部长非正式会议后举行的新闻发布会上表示，27 国财政部长就目前的整体经济形势交流了看法，认为欧盟仍然没有完全摆脱经济危机，未来经济增长仍然面临风险。从短期看，欧洲和全球都面临着经济发展失衡问题。从长期看，欧盟则面临着人口老龄化和经济缺乏竞争力的不利局面。全球及欧盟经济的危机势必会对包括柑橘鲜果贸易在内的欧盟国际贸易带来一定威胁。①

24.5 中国柑橘开拓欧盟市场的 SWOT 战略匹配

SWOT 分析为企业的战略决策提供关于企业自身优劣和企业外部环境利弊的分析，分别为企业内部优势（S）、企业内部劣势（W）、外部机会（O）、外部威胁（T）（表24-2）。

---

① http://www.chinadaily.com.cn/hqcj/xfly/2011-04-09/content_2254908.html.2011 年 4 月 11 日。

表 24-2　中国柑橘开拓欧盟市场的 SWOT 矩阵

优势（S）	劣势（W）
1. 历史悠久，经验丰富 2. 适合柑橘生产的气候和土壤条件 3. 劳动力丰富 4. 生产规模效应 5. 出口价格低，有竞争力	1. 单产水平低，果品质量较低 2. 品种、成熟期结构不合理 3. 产后处理不到位 4. 柑橘产业组织化程度低 5. 出口企业实力不强 6. 市场信息系统不健全
机会（O）	威胁（T）
1. 政策支持 2. 科技、资金、人才投入 3. 欧盟柑橘市场需求旺盛 4. 入世后，贸易环境优化	1. 欧盟柑橘市场准入门槛高 2. 欧盟贸易政策的多变性 3. 经济危机对欧盟经济的负面影响 4. 欧盟东扩对外部贸易的负面影响

　　SWOT 战略匹配就是结合优势、劣势、机会和威胁形成内外匹配的四种战略，即 SO 战略、ST 战略、WO 战略和 WT 战略。可以看出 SWOT 战略匹配的过程是一个客观分析和主观判断相结合的过程。不同人可能形成不同的战略匹配结果。

　　SO 战略，即优势-机会战略，是在适当的时机下，发挥中国柑橘产业自身的优势的战略。因此要利用政府出台的有利政策，生产针对欧盟市场适销对路的柑橘品种；合理利用科技、资金和人才方面的资源，生产更优质的柑橘产品，发挥劳动密集优势，进一步提高我国柑橘在国际市场上的竞争优势。

　　WO 战略，即劣势-机会战略，是利用外部机会来弥补自身劣势的战略。因此要发挥政府职能，有针对性地加大对柑橘产业的投入，科技提高单产，技术提高质量，进一步调整柑橘品种和成熟期结构，以满足欧盟等高端市场对高品质柑橘的市场需求；引进先进技术和经验，提高我国柑橘产后处理能力，保证生产到销售果实品质的对接；加强柑橘产业组织化管理，促进柑橘农民专业合作社发挥组织功能；及时公布目标市场需求信息及准入信息，从政策上给予柑橘出口企业优惠，激励其竞争实力的提升。

　　ST 战略，及优势-威胁战略，要求利用自身优势，同时回避外或减少部威胁带来损失的战略。因此要尽可能全面且及时地掌握欧盟市场准入标准，以严格的要求规范我国柑橘产业的生产，不仅要增加产量，更要提高质量，不仅维持其生产规模优势，还要提升中国柑橘的国际形象，争取柑橘国际贸易的定价权和影响贸易标准的能力；在不利的国际经济环境下，只有提升自身能力才能克服困难。

WT 战略，即劣势-威胁战略，要求在减少自身劣势的同时，回避或减少外部威胁带来损失的防御性战略。出口企业要积极获取欧盟市场的准入信息，扩展营销渠道，争取建立自己的品牌，树立影响力；在经济环境不利的情况下，目标市场可能会增加贸易壁垒，对此中国柑橘产业要做好准备，争取迅速反应，减少可能的损失。

第 25 章
研究结果与对策建议

25.1 研究结论

本章通过了解欧盟柑橘产供销状况、欧盟柑橘进口准入政策，影响欧盟柑橘进口的因素和中国开拓欧盟柑橘市场的分析，得出以下结论：

第一，从欧盟柑橘产供销形势分析可以看出，欧盟柑橘种植面积略有增长，生产结构和产量相对稳定；消费总量小幅上升，消费者对柑橘品质和安全及品种多样化等方面有更多要求；欧盟柑橘出口略有下降，而进口波动上升，从中国进口增幅较大，作为中国柑橘出口高端市场，预计短期内还会保持增长态势。

第二，从欧盟柑橘进口波动原因分析可以看出，欧盟柑橘进口受世界经济形势、国际贸易波动和欧盟市场引力的影响很大，其中市场引力的作用尤为明显，欧盟柑橘进口倾向那些增长较快的市场。中国柑橘产业发展势头良好，在国家增加科技和资金投入的背景下，其生产结构得以优化，出口竞争力也不断增强，这为中国柑橘开拓欧盟市场创造了有利条件。

第三，结合我国柑橘产业特点和欧盟进口需求特点可以看出，中国柑橘开拓欧盟市场在产量规模和价格成本方面具有一定的优势；同时，我国柑橘在单产、结构及营销等方面与发达的柑橘出口国相比也存在很大的不足；当前国际形势下，中国柑橘出口欧盟的机遇和挑战并存。因此，中国柑橘开拓欧盟市场任重道远，需要不断地扬长避短，才能彰显中国柑橘潜在的竞争优势，关注欧盟柑橘市场需求和准入条件的实时变化，才能抓住机会，克服障碍，让中国柑橘在欧盟市场上得到更广泛的认可。

25.2 对策建议

25.2.1 生产方面

（1）加大科技投入，提高产品质量。农产品的质量安全直接关系到其国际竞争力的提高。当今国际市场，尤其是欧盟这类高端市场的农产品竞争已经不是低水平的价格竞争，而直接上升到质量、品牌、服务和价格等方面的综合竞争。加强对柑橘生产过程的监管，提高我国柑橘外在品质，以增加其卖点。引进和推广国内外先进的建园技术和设备，提高我国柑橘生产的整体水平。加强技术推广工作，依靠技术降低生产成本、提高柑橘单产和内外品质，才是保证柑橘产品可持续发展的途径。

（2）进一步优化品种结构。分散柑橘种植品种，积极培育新品种、引进优良品种，尤其是无病毒培养的品种及高抗品种，这样不仅可以防止病虫害带来的减产威胁，降低柑橘生产成本，还可以提高柑橘的品质和安全性。我国柑橘成熟期集中，不利于保鲜和运输，因此应该优化早中晚熟品种结构，延长果实挂果时间，延长柑橘销售期。根据我国国情，增加种植适合外销的柑橘品种，注意鲜食品种和加工品种的合理搭配。

（3）借鉴先进经验，严把安全关。21世纪，世界农产品贸易的一个重要特征就是消费者对农产品质量安全的要求越来越高，欧盟很多进口商都要求出口商提供相关认证，以确保进口产品的品质和安全性。因此我国柑橘生产应该以生产符合高端市场的要求的柑橘为目标，完成从田间到市场的系统监控，强化柑橘生产源头的控制，构建农产品标准化生产体系，全面推行标准化无公害的有机栽培。严格控制农药、化肥的使用，确保柑橘的安全与质量。借鉴欧盟等发达国家和地区的经验，针对出口柑橘建立种植履历，实现产品可追踪体系，尽快与国际接轨。

（4）促进柑橘加工业发展，增加附加值。国际市场对原料和初级农产品的贸易比重正在下降，而对加工食品的贸易比重持续增加。发展柑橘加工不仅能够缓解销售困境，而且可以实现附加值的增加，同时，通过有关加工过程，如清洗、打蜡、包装等环节，促进柑橘卫生和安全性能的提高。

25.2.2 营销方面

（1）了解目标市场的需求和偏好，关注展会信息。我国柑橘出口企业应该详细了解欧盟各成员国的饮食文化、饮食习惯和消费趋势。欧洲人均收入高，消费者讲究营养、健康、实用，因此青睐新鲜食品。欧洲生活节奏加快，体现家庭小型化发展趋势，更多妇女参加工作，因此人们更喜欢易于加工、方便食用、小包装的食品。另外，有机食品在欧盟的需求量也很大，因此国内企业和柑橘产业协会，可以开发适销对路的深加工柑橘产品，加大柑橘出口机会。积极获取符合欧盟市场要求的产品认证和食品安全认证，这对我国柑橘进入大超市等高端营销渠道和获得消费者认可大有益处。

（2）跟踪欧盟食品法律和准入限制。近年来，欧盟贸易壁垒尤其是非关税贸易壁垒频繁多变，阻碍了中国柑橘出口。新的食品安全法规，大幅提高了对进口农产品的检验检疫和市场准入标准，欧盟这一举措大幅抬高了我国柑橘出口的门槛。因此柑橘生产、加工及出口企业都应该积极应对，深入研究欧盟新的食品安全法规，确保出口产品全过程的卫生控制和管理符合欧盟的新法规，尤其要深入研究相关药物残留量标准、标签等规定，才能确保产品顺利进入欧盟市场。及时跟踪欧盟贸易壁垒变化，对促进中国柑橘开拓欧盟市场的意义巨大。

（3）重视产品的宣传，注重营销策略。出口企业不能避重就轻，要重视对高端市场，如欧盟市场的开拓，要重视营销策略，进行市场定位，积极开展广告宣传。要积极开展市场调研，回顾近年出口统计情况，了解自身和竞争对手。在进行产品宣传时要注意欧盟消费市场的季节性特点，除了进行店铺促销和在媒体上发布广告外，还应该积极参加各类食品博览会、展销会、商品交易会和洽谈会，同时寻找最佳时机推出我国产品，利用节假日促销，以及举办产品展览和试吃等活动，都可以加强欧盟消费者对我国柑橘的了解。

（4）选择合适的销售渠道，注重品牌开发。由于食品安全管理和库存、物流管理方面的成本比较高，我国农产品进入欧盟的大型超市并不容易，而当地进口商可以在办理正常检验和海关结算手续时为我国出口商提供有价值的服务。因此，建议我国柑橘出口企业选择当地有实力、信誉度好的进口商完成贸易，做好给他们送样品的准备。要加强品牌战略，必要时聘请当地的公关、市场营销公司，通过一系列市场营销手段，在严把产品质量和安全关的基础上，打造自己的品牌，这样才能形成柑橘出口的良性循环。

（5）积极进行贸易谈判，争取正当权益。当今欧盟乃至全球经济形势仍然不容乐观，贸易保护主义有抬头之势，我国农产品企业经常在欧盟及其他市场遭受不公平待遇。在这种情况下，我国企业要据理力争，为维护自己乃至中国企业正当权益，进行积极的贸易谈判。2011年2月17日，欧盟初审法院就湖北新世纪和浙江新世纪食品公司诉欧盟一案做出判决，撤销欧盟对两企业正在实施的柑橘罐头反倾销措施，有望赢得零关税。[①] 这一胜利表明，我国柑橘农产品企业在理由充分的前提下，要积极争取自己的权利，并将取得胜利。

25.2.3 政府扶持方面

（1）对橘农加强技术培训，统一生产标准，并对柑橘生产安全实施科学有效的管理。目前，我国柑橘产品质量良莠不齐，这也是出口一大难题。由于没有统一的生产标准，不同农户生产的柑橘质量和规格也不统一，而欧盟对进口柑橘质量，包括大小、包装都有苛刻要求，从而出口商收购过来的柑橘在检验时经常会被拦在进口国海关之外。因此，政府应该发挥其宏观指导的作用，借鉴发达国家农业技术推广经验，制定相应的政策措施，加快中国柑橘技术推广进程，统一生产标准，建立和完善柑橘质量监控体系，加大政府间接补贴，在国内严格进行质量安全管理，全面提高柑橘质量，促进出口的增长。

（2）积极扶持柑橘专业合作社和企业。目前，中国柑橘出口仍面临经营分散、规模小、价格低和无序竞争等问题，行业组织的作用不明显。政府有必要加强对柑橘专业合作社等行业组织进行扶持，提高他们在信息收集、渠道沟通、行业协调和自律等方面的能力。同时，要加强对柑橘生产企业提供相应的政策支持，引导柑橘生产协会或企业和橘农建立合作关系，建立优良产区、培育优良品种、建设优良品种生产基地，及早树立国际化的生产意识、经营意识，帮助他们树立良好的国际形象。

（3）及时发布有关目标市场的信息，促进国内企业与目标市场建立关系。欧盟贸易壁垒尤其是非关税壁垒频繁多变，因此，政府驻欧盟各国领事馆商务处应该及时获取当地政府机构发布的有关法规、关税、政策、市场报告、展会等方面的最新消息，以便我国出口企业及时了解目标市场的市场需求趋势和营销渠道方面的信息，以及时采取应对策略。各级政府应该通过适当的形式资助柑橘出口企业在欧盟进行宣传和促销活动，努力促成中国柑橘出口企业和欧盟主要柑橘进口商的合作和交流，稳固双方贸易关系。

（4）积极进行贸易谈判，成为出口企业强有力的后盾。进口配额限制和反倾销也是中国柑橘进入欧盟市场的重大障碍之一。尽管欧盟规模扩大，成员国和人口在增加，但是其对中国的配额却没有相应的增加。因此，政府应该就

[①] http://www.china.com.cn/city/2011-03/18/content_22171542.htm. 2011年3月20日。

增加农产品配额或取消配额方面积极与欧盟进行谈判，为中国柑橘出口争取更大的机会。另外，在遭遇反倾销等贸易争端时，政府应该进行积极指导和必要的干预，同外国政府交涉，争取有利的贸易环境，帮助中国企业取得胜利，成为中国出口企业的强有力后盾。

参考文献

A. P. 瑟尔沃 . 2001. 增长与发展 . 郭熙保译 . 北京：中国财政经济出版社 .

常志有 . 1999. 论国家竞争优势理论在我国的运用 . 云南师范大学学报，(6)：1-3.

成维 . 2006. 中美柑橘产业资源配置的比较研究 . 武汉：华中农业大学硕士学位论文 .

郭杰，杨立钒 . 2007. 发展中国家出口品增长与发达国家进口品增长关系的实证分析 . 经济研究，(4)：8.

海闻，P·林德特，王新奎 . 2003. 国际贸易 . 上海：上海人民出版社 .

韩中和 . 2000. 企业竞争力——理论与案例分析 . 上海：复旦大学出版社 .

何树全，周静杰，苏青娥 . 2009. 中国对美国农产品出口增长因素分析——基于恒定市场份额模型的实证分析 . 统计与信息论坛，(1)：70-75.

胡宝娣 . 2010. 中国农村居民消费影响影响因素的实证分析 . 重庆：西南大学博士学位论文 .

胡倩 . 2000. 国际贸易理论与贸易结构 . 世界经济文汇，(2)：33-37.

胡求光 . 2008. 中国水产品出口贸易研究——基于需求变动的实证分析 . 杨凌：西北农林科技大学博士学位论文 .

胡银兴 . 1997. 从比较优势到竞争优势——兼论国际贸易的比较利益理论的缺陷 . 经济研究，(6)：20-26.

霍尚一 . 2008. 中国水果出口贸易影响因素的实证分析 . 杭州：浙江大学博士学位论文 .

霍尚一，林坚 . 2007. 我国柑桔的国际竞争力分析 . 对外经济贸易大学学报，(6)：60-65.

李杏园，梅燕 . 2007. 中国–欧盟农产品贸易增长的成因：基于 CMS 模型的实证分析 . 农业经济问题，(12)：44-55.

刘芳，张存根 . 2006. 中国肉羊产业国际竞争力研究 . 北京：中国农业出版社 .

刘怀桔 . 2010. 中国–东盟蔬菜贸易研究——以与东南亚为例 . 北京：中国农业科学院硕士学位论文 .

刘颖，祁春节 . 2008. 中国柑橘出口现状及其面临的国际环境分析 . 林业经济，(10)：72-75.

卢锋 . 1997. 比较优势与食物贸易结构——我国食物政策调整的第三种选择 . 经济研究，(2)：3-11.

陆宾 . 2000. 国际贸易牵引增长理论对中国的适用性及应用 . 财经研究，26 (6)：49-53.

陆文聪，梅燕 . 2005. 从产品出口结构看中国与欧盟农产品贸易关系 . 世界经济研究，(2)：15-19.

迈克尔·波特 . 2002. 国家竞争优势 . 北京：华夏出版社 .

祁春节 . 2001. 中国柑橘产业经济分析及政策研究 . 北京：中国农业出版社 .

祁春节 . 2006. 中国园艺产业国际竞争力研究 . 北京：中国农业出版社 .

祁春节，万金 . 2009. 中国园艺产品出口欧盟的贸易壁垒研究 . 生态经济，(2)：143-146.

乔娟，颜军林 . 2002. 中国柑桔鲜果国际竞争力的比较分析 . 中国农村经济，(11)：30-36.

尚涛.2009.比较优势理论、竞争优势理论的世界观与方法论分析.国际经贸探索,（3）：4-10.

沈兆敏.2011.分析柑橘生产现状,压缩面积促发展.果农之友,（4）：3-4,9.

盛小白.1998.简评竞争优势理论.国际贸易问题,（9）：1-5.

帅传敏,程国强,张金隆.2003.中国农产品国际竞争力的估计.管理世界,（1）：97-103.

孙林,赵慧娥.2004.中国和东盟农产品贸易波动的实证分析.中国农村经济.（7）：42-56.

孙笑丹.2005.国际农产品贸易的动态结构增长研究.北京：经济科学出版社.

夏晓萍,李秉龙.2010.中国肉类产品出口波动的实证分析——基于需求、结构与竞争力的三维视角.国际经贸探索.（9）：10-15.

杨霞.2009.中国开拓欧盟苹果市场研究.北京：中国农业科学院硕士学位论文.

余学军.2004.我国柑橘国际竞争力研究.重庆：西南农业大学硕士学位论文.

余艳锋.2007.中国甜橙国际竞争力的实证研究.武汉：华中农业大学硕士学位论文.

张峭.2007.欧盟水果市场研究.北京：中国农业科学技术出版社.

张玉.2009.中国柑橘生产成本变动及其对出口的影响.武汉：华中农业大学硕士学位论文.

郑风田,李茹.2003.我国柑橘国际竞争力的比较优势分析.国际贸易问题.（4）：13-18.

周辉莉.2007.中国柑桔——永春芦柑进军欧盟市场的策略选择.经济理论研究.（12）：91-92,102.

周力,应瑞瑶,江艳.2008.我国葡萄酒进口贸易波动研究—基于CMS模型的因素分解.农业技术经济.（2）：25-31.

Chen K, Duan Y F. 2000. Competitiveness of Canadian agri-food exports against 21 competitors in Asia: 1980-1997. Journal of International Food and Agribusiness Marketing, (11): 27-29.

Hill T. 1998. SWOT analysis: it's time for a product recall. The Journal of Product Innovation.

Kotan Z, Sayan S. 2001. A Comparison of the price competitiveness of Turkish and South East Asian exports in the EU market in the 1990s. The Central Bank of the Republic of Turkey.

第五篇　西亚地区柑橘鲜果市场分析及中国出口潜力研究

篇　首　语

现在中国的柑橘产量在全球名列前茅，中国柑橘种植历史悠久，产业发展迅速，规模不断扩大。同时，中国柑橘出口发展迅速，柑橘出口在增加柑橘果农的收入、平衡农产品的贸易逆差、繁荣柑橘产区的经济等方面发挥着重大的作用。但是，中国柑橘的出口仍然存在出口市场过于单一的不足。中国柑橘主要出口到东亚和东南亚国家，而对西亚地区的柑橘出口非常少，在西亚的柑橘鲜果消费市场上的份额不足1%。这种反差表明，中国还没有充分挖掘西亚市场的柑橘鲜果出口潜力，并未把已有的比较优势转化为现实的竞争优势。本篇在分析西亚地区柑橘鲜果的生产、进出口、消费和竞争等方面内容的基础上，研究中国对西亚地区柑橘鲜果的出口潜力具有一定的现实意义。

本篇按照逻辑共分为7章。第26章，阐述本篇研究的背景、目的及意义，说明研究范围，介绍研究内容与研究方法，对研究框架予以描述，并指出本篇的不足及可能的创新。

第27章为文献综述，对国内外相关研究作出文献综述，并作文献评述。文献综述包括中国柑橘贸易的文献、中国与西亚经济合作的文献和引力模型的相关文献。

第28章分析了西亚市场的宏观经济环境，并且分品种和国家对西亚柑橘鲜果生产状况和进出口状况进行了分析，最后对比了西亚的进口量和出口量。本章得到西亚柑橘鲜果生产、进口和出口都集中在少数几个国家和品种上，而且出口大于进口的研究结论。

第29章从消费总量和人均消费量两个角度对西亚地区柑橘鲜果消费量进行了分析，最后构建模型预测了2012~2020年西亚地区柑橘鲜果消费总量。本章结论为：西亚少数国家的柑橘鲜果消费量占总消费量的大多数，人口、柑橘鲜果进口量和柑橘鲜果生产量是影响柑橘鲜果消费的三个主要因素。

第 30 章运用国际市场占有率、贸易竞争指数、相关的出口价格和进口价格分析了西亚市场的主要竞争对手的柑橘鲜果市场竞争力,计算了西亚地区柑橘鲜果消费市场占有率,并分析了影响中国在西亚地区柑橘鲜果消费市场占有率的因素。本章认为,中国的柑橘鲜果国际竞争力在逐步上升,中国在西亚地区的柑橘鲜果市场经历了一个从无到有、从小到大的过程。

第 31 章首先构建引力模型,分析了影响中国对西亚地区出口柑橘鲜果的因素,然后测算了中国对西亚各国的柑橘鲜果的出口贸易潜力。得到结论如下:贸易双方的经济规模对中国柑橘鲜果出口西亚各国具有促进作用,贸易双方的距离、西亚各国的柑橘鲜果生产量、进口国国内的战争和中国的人均国内生产总值都对中国柑橘鲜果出口西亚各国具有阻碍作用。中国应该拓展以卡塔尔、土耳其、格鲁吉亚为代表的具有巨大出口贸易潜力的柑橘鲜果市场。

第 32 章得出本篇的结论,基于研究结论,从柑橘生产方面、柑橘营销方面和扩大对西亚的出口方面提供了若干政策建议。

第 26 章
研究的意义

26.1　研究背景

中国的柑橘种植历史悠久，该产业发展迅速，规模不断扩大。中国的柑橘产量在全球名列前茅。2010 年中国柑橘种植面积为 221 万公顷，产量为 2650 万吨，而 2001 年柑橘种植面积为 132 万公顷，产量 1160 万吨，分别增长了 67% 和 127%，柑橘产业成为中国南方种植面积最大、解决农村就业人员最多的水果产业，是南方农村经济的支柱产业。党和政府出台多项政策措施以发展柑橘产业。2003 年，农业部发布《柑橘优势区域发展规划》，"三带一基地"建设取得显著成效，2008 年，农业部再次发布《柑橘优势区域布局规划（2008～2015 年）》，推动建设"四带一基地"。这些措施整合了柑橘产业的优势资源、明确了柑橘的市场定位、扩大了柑橘生产规模、夯实了柑橘产业基础。

2010 年中国柑橘出口额为 6.16 亿美元，出口量为 93.3 万吨，中国成为世界第五大柑橘出口国，占世界柑橘总出口量的 6.51%。2000 年中国的柑橘出口额为 4710 万美元，出口量为 20 万吨，2010 年的出口额和出口分别比 2000 年增加了 1377.2% 和 366.5%。东边和东南亚的国家是中国柑橘的主要出口目的地。中国柑橘主要出口到亚洲国家。中国的第一大柑橘出口市场为越南，2009 年出口了 32.8 万吨，占中国出口比重的 29.84%，其次是马来西亚、印度尼西亚、俄罗斯和菲律宾。

中国柑橘出口存在最大的不足就是出口市场过于单一，特别是中国在西亚市场的柑橘鲜果出口很少。联合国粮农组织数据显示，2007 年以前中国对西亚的柑橘鲜果出口非常少，中国对西亚地区的柑橘鲜果出口大多始于 2007 年。2010 年，中国对西亚地区柑橘鲜果出口总量仅有 1.88 万吨，出口额达到 1340 万美元，中国在西亚地区柑橘鲜果消费市场拥有的份额还不足 1%。西亚柑橘鲜果市场对中国来说几乎是空白市场，这种情况下掌握西亚柑橘鲜果市场的情况及主要竞争国的状况，对西亚柑橘鲜果市场的供需、竞争现状及趋势进行分析，对贸易壁垒等进行了解，这些对于清晰地了解和定位西亚柑橘鲜果市场有一定的帮助。

26.2　研究目的及意义

本章通过研究西亚地区的柑橘鲜果生产状况、进出口状况、主要竞争国状况来了解中国对西亚地区市场开拓的潜力。研究影响贸易流量的因素能够为中国对西亚柑橘鲜果出口提供有益借鉴，有利因素加以利用，不利因素加以抑制。本章所得到的结论能够为从事开拓西亚市场的人员提供一些宏观信息，提高中国在西亚市场的竞争力，增加中国在西亚柑橘鲜果消费市场的占有率，增加中国对西亚地区的柑橘鲜果出口，从而促使柑橘出口在柑橘产区经济的繁荣、农产品贸易逆差的平衡、柑橘果农收入的增加等方面发挥更大的作用。

国际宏观环境有利于中国柑橘产业走向世界，中国应把握住机遇。加入世界贸易组织后，中国对外贸易的国际环境得到了很好的改善，有利于推动农产品出口贸易的进一步发展。20世纪90年代以来国内农业生产资源的机会成本上升导致土地等资源密集型的农产品比较优势下降，如麦、棉花、大豆等。相反的是，中国具有丰富的劳动力资源，劳动力价格低廉，因此畜产品、园艺产品等劳动密集型农产品具有较强的出口潜力。中国柑橘产品主要以出口为主，然而从实际的贸易数据来看，中国柑橘的出口量占中国柑橘总产量和世界出口总量的比重都很小，这与中国柑橘生产大国的地位不符。这种反差的存在表明中国柑橘市场竞争力并不强，已有的比较优势并未转化为竞争优势。尽管中国为世界第一大柑橘生产国，但中国的柑橘鲜果出口在世界市场中并未名列前茅。

从微观来看，增加中国对西亚地区的柑橘出口，增加西亚柑橘鲜果市场占有率，更大发挥柑橘出口对中国的经济拉动作用。中国目前对西亚柑橘鲜果出口有限，这种情况下了解西亚柑橘市场的状况及竞争对手的状况，分析西亚柑橘市场需求和竞争现状、趋势和市场准入条件等，能够清晰地了解和准确地定位西亚柑橘鲜果市场。在分析中国柑橘鲜果国际市场竞争力的基础上，研究中国柑橘鲜果出口西亚的潜力，提出中国扩展西亚柑橘鲜果市场的政策和建议。这对于提高中国柑橘产业的竞争力和提高橘农收入具有一定的理论及现实意义。

26.3 研究范围的界定

26.3.1 柑橘种类

本章分析的是柑橘鲜果,不考虑柑橘加工品。本章的贸易数据来自联合国商品贸易统计数据库,按照 HS1996 的分类把柑橘分为橙、宽皮橘(橘和柑)、柠檬莱檬、葡萄柚(包括柚子)和其他品种几个大类,生产分析也是按照这个分类标准。但在分析消费量时,橙和宽皮橘归为一类。

26.3.2 研究年度

研究年度的决定取决于数据的可得性。第 3 章分析西亚地区柑橘鲜果的市场状况用的是 2001～2010 年的数据。第 4 章分析西亚地区柑橘鲜果的消费量只找到 1998～2007 年的数据。第 6 章分析西亚地区柑橘鲜果的贸易流量和中国的出口潜力只有 2007～2010 年的数据。

26.3.3 研究地域

本章研究的是西亚地区,是一个地理上的概念。根据大多数文献的界定及研究的需要,西亚地区包括黎巴嫩、也门、巴勒斯坦、阿富汗、叙利亚、阿塞拜疆、巴林、塞浦路斯、沙特阿拉伯、阿曼、伊朗、约旦、伊拉克、以色列、格鲁吉亚、科威特、卡塔尔、亚美尼亚、土耳其、阿联酋 20 个国家。

但是由于数据的可得性,本篇在具体分析时并未包括全部西亚国家。在分析生产状况时,包括的西亚国家有黎巴嫩、也门、巴勒斯坦、阿富汗、叙利亚、阿塞拜疆、巴林、塞浦路斯、沙特阿拉伯、阿曼、伊朗、约旦、伊拉克、以色列、格鲁吉亚、科威特、卡塔尔、土耳其、阿联酋 19 个国家。在分析西亚柑橘的进出口状况时,只包括也门、阿联酋、塞浦路斯、沙特阿拉伯、阿塞拜疆、伊朗、约旦、伊拉克、格鲁吉亚、以色列、科威特、巴勒斯坦、阿曼、卡塔尔、叙利亚、土耳其、巴林、黎巴嫩共 18 个国家。在分析消费量时,只包括沙特阿拉伯、塞浦路斯、以色列、也门、叙利亚、阿联酋、约旦、土耳其、科威特、格鲁吉亚、黎巴嫩共 11 个国家。在分析贸易潜力时只包括亚美尼亚、阿联酋、格鲁吉亚、卡塔尔、土耳其、约旦、科威特、伊朗、阿曼、沙特阿拉伯和巴林共 11 个国家。

在选择主要竞争国进行分析时，西亚地区内的国家主要根据西亚地区柑橘市场占有率情况选择了伊朗、土耳其、叙利亚、以色列和黎巴嫩 5 个国家，西亚地区外的国家主要根据西亚地区柑橘市场占有率的大小选择了中国、美国和南非三个国家进行分析。

第 27 章
国内外有关研究综述

27.1 中国柑橘贸易的文献综述

1. 关于柑橘的国际贸易竞争力

乔娟和颜军林（2002）对中国柑橘鲜果国际竞争力的比较分析是笔者目前所掌握的文献里关于柑橘国际竞争力研究的最早文献。他们分析数据得知柑橘是仅次于小麦和玉米的世界第三大国际贸易农产品，而且中国柑橘类鲜果总产量仅次于巴西和美国，占世界总产量的 11.5%，但是中国柑橘鲜果及加工品的出口量仅占国内生产总量的 3%，占世界出口总量的 2.7%。他们认为中国的柑橘具有比较优势，但是参与国际贸易的比例比较小的原因是中国柑橘的国际竞争力较弱。他们测算了衡量国际竞争力的国际市场占有率和贸易竞争指数，并且还找出了影响柑橘鲜果国际竞争力的直接和间接因素，这些因素有生产成本和价格、产品质量和安全卫生、品种资源、品牌和市场营销能力，以及企业经营规模和经营方式等。张长梅（2002）对入世后中国水果的竞争力问题进行了思考，认为生产成本低是中国柑橘的竞争优势之一，但他同时也认为一些非生产成本的增加在削弱这种优势，比如运输成本高、深加工能力不足等，并且提出入世后中国水果产业提高竞争力的若干意见。郑风田和李茹（2003）选取四种衡量竞争力的比较指数：市场占有率、"显示"比较优势指数、净出口指数和相对贸易指数进行了分析并得出中国在十大柑橘出口国中不具有竞争优势，而西班牙和摩洛哥最具有竞争力，最后提出提高单产和改善品质等政策建议。余学军（2004）通过对中国柑橘国际竞争力的研究，得出基本判断：中国的柑橘鲜果，只有宽皮柑橘和其他柑橘具有一定的国际竞争力，甜橙、柠檬和酸橙、柚均没有国际竞争力；柑橘类果汁均没有国际竞争力，但普通柑橘类果汁的国际竞争力比浓缩柑橘类果汁要强；柑橘罐头具有极强的竞争力。陈正坤（2010）对中国柑橘出口比较优势进行了综合评价，并对中国柑橘出口比较优势的可持续性作出了短期与长期预测，研究认为出口显示性比较优势指数和国际市场占有率指数表明中国柑橘出口具有较强的比较优势，这种比较优势主要来源于价格优势。

2. 中国柑橘出口现状及柑橘贸易格局

刘颖和祁春节（2008）分析得出中国是柑橘生产大国，位居世界第二，但并不是出口大国，仅居世界第七。中国柑橘出口量排名前5位的贸易地区分别为越南、马来西亚、中国香港、俄罗斯联邦和印度尼西亚，其中对越南的出口量约占总出口量的26.4%。张玉等（2007）对世界柑橘贸易格局进行了分析，认为西班牙柑橘的国际市场占有率最大，其他国家较低，而且发达国家在柑橘出口中占据主导地位；柑橘进口国主要集中在欧洲，而且在进口过程中通常遵循就近原则。中国是世界第二大柑橘生产国，但柑橘出口仅排世界第七，出口量还不到西班牙的1/6。章胜勇等（2009）对中国柑橘进出口贸易形势进行了分析，认为中国有关柑橘的出口产品主要为柑橘鲜果和柑橘罐头，进口产品主要为柑橘汁。中国柑橘出口价格普遍低于进口价格，但中国柑橘出口价格优势在逐渐减弱。王艳丽（2010）对中国柑橘鲜果贸易的出口流向与流量进行了分析，中国柑橘类鲜果出口贸易在品种结构和市场结构上都存在一定程度的不合理。与其他柑橘出口大国相比，中国在柑橘类鲜果出口贸易上存在较大的相对贸易劣势、较弱的显示性比较优势、较低的进口国市场占有率。李蔚青（2011）对近年来世界柑橘贸易结构进行了分析，并且展望了中国柑橘出口形势，认为世界柑橘主要进口国大部分为欧盟成员，它们除从欧盟内部成员国进口外，欧盟外主要从南半球国家进口柑橘。世界柑橘主要出口国是西班牙、南非、美国、土耳其和中国，中国柑橘主要出口到东盟和其他周边国家，出口均价较低，在世界主要进口国的市场占有率很低。

3. 柑橘贸易的影响因素

霍尚一（2008）对中国水果出口贸易的影响因素进行了实证分析，研究发现进口国的GDP、中国的农业产值、中国与各进口国之间的距离、双方的实际汇率及双方是否为APEC成员国等是中国水果出口流量和流向的主要影响因素。吕建兴和祁春节（2011）运用引力模型对中国柑橘出口的影响因素进行了实证分析，认为进口国的GDP、中国的农业从业人口、进口国的人口、距离、汇率、中国柑橘总产量及与东盟的合作关系等7个要素显著影响中国柑橘的出口。李蔚青（2011）分析了中国柑橘市场占有率低的原因，如技术性贸易措施的影响、高关税及季节性关税的影响、品种结构单一、农药残留量偏高、种植规模小、产业化经营程度低等。宋田和祁春节（2009）分析了金融危机对中国柑橘外贸的影响，认为受国际经济环境的影响，中国的柑橘外贸形势不容乐观，并且针对金融危机影响下不容乐观的形势，展望了发展趋势。

4. 柑橘生产成本分析

余艳锋等（2008）从成本角度对中国柑橘出口的影响因素进行了分析，认为中国柑橘得益于廉价的劳动力和低价农业物质因而在生产成本上具有微弱的优势，但是成本收益率远低于美国。中国不能单一地以低价格为竞争手段，而要运用营销策略打开市场，从而提高成本收益率。张玉（2009）分析了中国柑橘生产成本，对生产成本的构成、地区成本差异的影响因素作了定性描述和经济计量分析，并对柑橘生产成本与外贸的关系进行了定量分析，研究发现中国柑橘的单位面积的成本呈上升趋势，而其中物质与服务费用占的比例过大，并且认为中部地区生产成本中人工成本所占比例大，东部地区则是化肥投入费用。

27.2 中国与西亚经济合作的文献综述

相对其他地区，西亚地区的文献较少，尤其是关于西亚地区水果市场的文献几乎是空白领域。本章对西亚地区经济方面的文献回顾主要从西亚的经济状况和中国与西亚经贸合作两方面进行归纳。

1. 西亚经济现状

贺彩虹（2007）对西亚2006年的经济形势进行了分析，认为2006年由于国际原油价格上涨所以西亚地区经济保持了较快的发展速度，据国际货币基金组织预测，2006年西亚地区经济增长率约为5.4%。吴传华（2005）展示了西亚地区出口贸易额、进口的贸易额和贸易额，并计算出出口额、进口额和总额的增长率。田文林（2011）、于培伟（2011）、张春宇和唐军（2011）、马平（2011）等分析了西亚地区政局的动荡对西亚经济的影响，认为该地区动荡的政局对内外经济均产生了一定影响。在地区经济层面，造成地区经济秩序破坏，投资环境恶化，资本流入陷入停顿，高失业率形势可能进一步恶化，地区经济复苏态势受阻。在全球经济层面，则导致该地区与世界其他国家的经济合作受到冲击，国际油价可能长期高位运行，全球通胀压力增长，金、银等贵金属价格可能迎来新一轮上涨，全球主要股指可能进入震荡和调整期，并使全球经济复苏和增长的前景面临更多不确定性。在中国与西亚国家经贸合作层面，双方贸易、投资等方面的合作，以及中国的石油进口均将产生了一定的负面影响。

2. 中国与西亚经贸合作

2006 年是中国和阿拉伯国家开启外交关系的 50 年，中国与阿拉伯国家展开了多领域全方位的经济合作，2006 年中阿贸易达到 654.7 亿美元，阿拉伯国家成为中国第 8 大贸易伙伴（贺彩虹，2007）。武芳（2011）对中国与西亚北非地区 2010 年的经贸关系进行了梳理，认为 2010 年西亚和北非地区经济发展增幅达到 4.1%，但是此地区仍存在诸多不利因素，比如通货膨胀和年轻人的高失业率。在双边贸易方面，中国与沙特阿拉伯、阿联酋、阿曼、科威特、卡塔尔和巴林等六国组成的海湾合作委员会（以下简称"海合会"）贸易量较大，其中和沙特阿拉伯的贸易量最大。展望中国与阿拉伯国家的经贸合作，既存在有利因素，如双边经济发展势头好、互补性强等，又存在不利因素，如地缘政治脆弱性和复杂的局势，另外金融危机后，这些国家加强了与国外合作的壁垒设置。傅政罗和江清华（2003）认为中国同西亚、非洲的经济合作出现明显发展的趋势，其主要特征是双边贸易快速发展、经济合作成就喜人、对外援助投资均有新进展。目前，一个全方位、多层次、宽领域的经贸合作格局正在形成。并对形成这种局面的原因和经贸合作中存在的问题进行了分析。"中国企业在西亚非洲投资状况"调研组等（2007）通过统计数据发现中国企业在西亚非洲地区的投资流量和存量规模都比较小，但在该地区的直接投资呈高速增长的态势。

27.3 关于引力模型及贸易潜力的文献综述

1. 引力模型

引力模型源自于牛顿的万有引力定律，即两个物体间的吸引力与这两个物体的质量成正比，而与物体间的距离成反比。在国际贸易领域，引力模型的含义是两国的双边贸易流量与两国的经济总量成正比，而与两国的距离成反比。在估计贸易壁垒的边界成本、鉴别国家贸易效果、评估贸易影响因素等方面，引力模型被广泛运用，其原因有三点：经济原理通俗易懂、模型所需数据常见和计量方法简单易操作。

Tinbergen（1962）和 Poyhonen（1963）是在国际贸易研究中运用引力模

型的开先河者。他们通过研究发现两国双边贸易量与两国的经济总量成正比，而与两国的距离成反比。后来不断有学者对引力模型的变量选择进行探讨。Linnemann（1966）认为两国的人口规模会影响贸易流量，因而将人口变量加入模型。Bergstrand（1985）在模型中包括了更多的变量，如人均收入、汇率、价格和其他虚拟变量。McCallum（1995）对引力模型的研究并非增加或者减少解释变量，而是开创了对引力模型"边界效应"的研究，他认为加拿大与美国之间的贸易量远小于加拿大内部各省之间的贸易量，从而得出国家"边界效应"对两国的贸易起着非常重要的影响。后来又有大量文献对"边界效应"进行了研究。Wei（1996）研究发现 OECD 各国的物品市场上存在着"国外偏见"，但这种"偏见"呈下降趋势。Anderson 和 Smith（1999）在更好数据的支撑下重新考虑了"美加"之间的"边界"效应，发现加拿大和美国之间的"边界效应"远没有原来测量的那么大，并且认为交通基础设施的完善和北美自由贸易区减少了两国的"边界效应"。针对引力模型薄弱的理论基础和计量方法不够纯熟的问题，Anderson 和 Wincoop（2001）发展了一种方法，这种方法能够持续并且有效地估计在经济理论上构建的引力模型，结果发现两个工业国之间的边界效应减少了 20% ~ 50%。Evans（2003）把价格因素考虑在内研究了边界效应的大小。

2. 贸易潜力

国外不少学者运用引力模型对贸易潜力进行了讨论。年份较早的是 Wang 和 Winters（1991）对 76 个国家市场经济的研究，他把引力模型运用到东欧国家的情况，认为东欧国家的贸易潜力本应该和 20 世纪 90 年代中叶的市场经济相似。Baldwin（1993）同样运用引力模型探讨了中欧和东欧国家的贸易潜力，认为其贸易量应该是现在的 4 倍。对该地区的贸易潜力进行研究的还有 Gros 和 Gonciarz（1996）及 Jakab 等（2001）。Egger（2002）认为已有的文献存在三个计量方面的问题需要引起注意："时间"变量影响贸易流量；在有效连续的模型估计中，模型残差必须是白噪声序列；应注意比较不同估计方法测算结果的异同。Batra（2006）同样运用引力模型对印度的国际贸易潜力进行了估计，认为印度对美国和巴基斯坦的潜力最大，而且认为如果消除印度与中国的贸易障碍，印度对中国的贸易潜力将会翻倍。Soderling（2006）运用引力模型和面板数据对西亚和北非的出口表现进行了分析，这篇文献解决了两个问题：①西亚与北非是否还存在显著的未被开发的贸易市场？②与欧盟在 90 年代中叶缔结的市场整合的努力是否有显著成效？研究结果表明，若干西亚和北非国家并未开发在美国的出口市场，并且整体上来看此地区与欧盟的市场整合的效果不太明显，只有极个别国家是显著的。

上述文献都是外国学者对引力模型的探讨，国内同样也有大量文献对引力模型和出口潜力进行研究。盛斌和廖明中（2004）运用引力模型检验了新兴市场经济体的出口贸易流量的决定，从总量和部门两个层次对中国的出口潜力进行了估算，研究表明中国的出口在总体上表现是"贸易过度"，但是对日本和俄罗斯等七个国家表现为"贸易不足"，研究还认为中国对以上七个国家或者地区"贸易不足"的首要原因是贸易伙伴的经济规模总量，其次是地理和区域贸易安排因素，最后是贸易依存度和人均收入。范爱军和曹庆林（2008）运用引力模型分析了2006年中国与前50大出口贸易伙伴和东盟国家之间的贸易流量及其决定因素，研究结果表明中国与东盟自由贸易区的优惠贸易安排效果还不明显，建立与东盟的自由贸易区还有很长的路要走。胡求光和霍学喜（2008）运用引力模型对中国水产品出口贸易的影响因素和发展潜力进行了分析，研究发现贸易双方的地理距离和制度安排、经济规模是影响中国水产品出口的主要因素。同样对中国水产品贸易潜力进行研究的还有廖泽芳（2010）。张鸿等（2009）在考察中日韩区域内贸易现状的基础上，利用引力模型对贸易流量、贸易潜力进行了研究，研究表明国家之间的距离、人均收入水平对出口贸易的影响最大，研究还认为中日韩之间的贸易还存在着巨大的发展空间。毕艳茹和师傅（2010）通过研究中国与中亚五国发现中国与中亚五国具有较大贸易互补性，而且认为随着中国与中亚五国经济实力的上升，双方的贸易额将会不断增大，基于研究结论，文献提出扩大双方的交通运输合作等措施。现有研究大多研究实物贸易，只有少数文献对服务贸易进行研究。周念利（2010）利用修正的引力模型对中国双边服务贸易流量与出口潜力进行研究，研究发现经济发展水平、物理距离、是否使用共同语言和贸易双方的经济规模均会对中国双边服务出口产生重要影响。卢现祥和马凌远（2009）同样对中国与OECD的服务贸易出口潜力进行了研究，结果显示中国对OECD国家服务出口总体上是"贸易不足"，并且认为当进口国为发达国家时，人口因素起着主要的作用，而当进口国为发展中国家时，出口不足的主要原因是贸易限制指数。

上述文献涉及的不仅有实物贸易，也有服务贸易，但是这和我们需要研究的农产品国际贸易存在一定区别，因为农产品具有易腐性、保鲜性和时效性等特征。庄丽娟等（2007）研究了广东省与东盟农产品贸易流量和贸易潜力，发现广东对东盟农产品出口量受东盟国家的GDP、人均GDP、距离和区域贸易制度的影响，而且广东与东盟大多数国家的农产品贸易呈现"贸易不足"。赵雨霖和林光华（2008）分析了中国整个国家与东盟10国双边农产品贸易流量和贸易潜力的分析，同样认为GDP总量、人口数量、空间距离和制度安排是影响中国与东盟 10 国农产品贸易流量的主要因素。张海森和谢杰（2011）认为中国与非洲农业在资源、市场和技术方面具有很强的互补性，还认为贸易双方的距离、人口规模、经济规模和政策等因素对农产品贸易存在影响，指出中国与非洲农产品贸易符合林德定理，因而发展潜力比较大。帅传敏（2009）基于引力模型和固定效应假设，对中美两国及其主要贸易伙伴的时间序列和面板数据进行了分析。研究显示，中国加入 WTO 为中美两国的农业贸易带来了机遇，但是影响中美两国农产品出口的主要因素不尽相同，这反映了两国经济增长和产业结构的不同特点，而且中美两国农产品出口具有不同的潜力空间和区域特点。

27.4　文　献　评　述

　　综合上述研究，作者认为现有文献存在如下可借鉴之处和不足。可借鉴之处：第一，对中国柑橘的国际竞争力研究非常深入透彻，理论体系和实际操作两方法都能为本研究提供借鉴。第二，对中国柑橘贸易格局及影响因素的研究能够为本研究的写作提供思路。第三，关于引力模型和贸易潜力的研究非常多，方法比较成熟，被大家接受，本研究尝试运用这个方法顺理成章。但是上述文献仍存在的不足有两点：一是对农产品贸易的研究没有向其他产品一样广泛而深入，尤其是对柑橘鲜果类农产品的研究更加少。二是大多数研究的重点放在欧盟、东盟等地区，对西亚地区的柑橘鲜果的研究几乎没有。因而本研究尝试研究中国对西亚地区柑橘鲜果的贸易流量和出口潜力，弥补上述不足。

第 28 章
西亚地区柑橘鲜果市场状况分析

28.1 西亚宏观经济环境分析

宏观经济逐渐稳定,但仍存在影响经济稳定的因素。20 年前,西亚经济不稳定主要有三个因素:通货膨胀、外债负担和政局动荡。通过实行从紧的财政政策和货币政策,尤其是缩减国家补贴的数量和范围、缩减政府投资和信贷规模,减轻了国家的财政负担。通过纠正长期存在的负利率、约束货币供应抑制过旺的投资和消费。比较有名的有土耳其的"经济稳定化计划"、签署《债务重新安排协议》等,经济逐渐稳定。西亚地区 2009 年的国内生产总值为 10 600 亿美元,人均国民收入为 3594 美元,大部分国家为中低收入国家。1990~2009 年的 20 年间,西亚地区的国内生产总值由 2654 亿美元上升到 1.06 万亿美元,人均国民总收入从 1286 美元上升到 3594 美元,足以见得西亚地区经济发展比较快。但是,动荡的政局使西亚以"火药桶"而出名,比如美国的干涉、历史遗留的种族和民族矛盾、西亚内部各国之间的贫富差距很大等都对宏观经济运行起着抑制的作用(表 28-1)。

表 28-1 2001~2010 年西亚各国的人均 GDP　　(单位:美元)

国家	2001 年	2002 年	2003 年	2004 年	2005 年	2006 年	2007 年	2008 年	2009 年	2010 年
阿富汗	92	158	169	196	228	251	307	367	425	501
亚美尼亚	691	776	917	1 168	1 598	2 080	2995	3 787	2 803	3 031
阿塞拜疆	704	763	884	1 045	1 578	2 473	3 851	5 575	4 950	5 722
巴林	12 341	13 225	15 062	16 726	18 571	19 540	19 955	20 813	17 609	—
塞浦路斯	13 797	14 862	18 429	21 381	22 431	23 864	27 860	31 928	29 428	28 779
格鲁吉亚	734	779	922	1 187	1 470	1 761	2 318	2 919	2 441	2 620
伊朗	1 741	1 732	1 990	2 369	2 754	3 158	4 004	4 678	4 526	—
伊拉克	759	742	—	957	1 135	1 585	1 946	2 867	2 097	2 565

国家	2001 年	2002 年	2003 年	2004 年	2005 年	2006 年	2007 年	2008 年	2009 年	2010 年
以色列	19 112	17 201	17 774	18 629	19 372	20 676	23 257	27 652	26 102	28 504
约旦	1 826	1 902	1 975	2 157	2 326	2 826	3 138	3 922	4 242	4 560
科威特	17 362	18 426	22 511	27 148	35 688	43 191	46 867	58 384	41 365	—
黎巴嫩	4 641	4 951	5 103	5 450	5 394	5 476	6 060	7 219	8 321	9 227
阿曼	8 753	8 706	9 222	10 374	12 721	14 777	16 360	22 968	17 280	—
卡塔尔	28 843	31 023	36 012	44 292	52 425	61 836	68 538	79 303	61 532	—
沙特	8 849	8 785	9 607	10 784	13 127	14 381	15 091	18 203	13 901	15 836
叙利亚	1 282	1 272	1 248	1 393	1 561	1 767	2 099	2 678	2 692	2 893
土耳其	3 037	3 553	4 567	5 833	7 088	7 687	9 246	10 298	8 554	10 094
阿联酋	32 803	33 741	36 562	40 411	44 385	47 634	47 757	50 727	38 960	39 625
也门	518	526	567	693	811	896	987	1 190	1 130	—

资料来源：世界银行数据库，2012 年 6 月

以国家之间贫富差距为例。2001～2010 年每年的人均 GDP 排名前五的国家为卡塔尔、阿联酋、科威特、以色列和塞浦路斯，分别为 5.15 万美元、4.13 万美元、3.45 万美元、2.33 万美元和 2.18 万美元。而倒数的三名国家为伊拉克、也门和阿富汗，每年的人均 GDP 分别为 1628 美元、812 美元和 269 美元。富国的人均 GDP 比穷国高 10 倍以上。

市场经济占主导，但仍存在市场机制扭曲和国家干预过多的现象。西亚国家放开了对生产要素的控制，加大了资源配置的市场机制建设，如放开政府对商品价格、利率、汇率和工资等的控制等。冯璐璐（2010）认为这些措施促使资源发挥最大效用，有利于经济的发展。但仍存在市场机制扭曲和国家干预过多的现象，如经济领域官僚主义现象严重，决策过于集中，缺乏经济民主。除了土耳其和以色列外，其他国家在经济上都是实行中央集中领导，往往比较强调领导人的个人权威，这就容易导致决策失误，效率也难以提高。

抓住全球化浪潮，贸易制度逐渐自由化。为了发挥进出口对经济发展的作用，西亚各国降低了进口关税、扩大了许可证适用范围，降低了各种进口壁垒。为了纠正货币定值过高现象和多重汇率现象，西亚国家采取了采取货币贬值措施。而且，西亚国家抓住经济全球化的浪潮，由区内经济合作走向跨区域经济合作，加强与世界主要发达国家的贸易关系。杨光（2007）认为西亚更加自由化的贸易制度允许物品和服务的自由流动，提高了西亚地区的经济活力。

市场主体民营化，经济展现出前所未有的活力。西亚国家颁布了鼓励私人投资的相关法规，而且对国有企业进行多种形式的民营化改造，还设立了以吸

引外资和激励出口产业发展的经济特区等，这为私人资本和外国直接投资创造了有益的环境，发挥了私人资本和外国资本在经济发展中的潜在作用。

石油经济在产业结构中比重过大而使经济结构失衡。冯璐璐（2008）认为这种失衡的经济结构将会使各产业之间难以相互促进、相互扶持，对农产品的贸易依存度很高。根据《油气杂志》数据，1999年西亚石油剩余探明储量约为919亿吨，占世界石油总储量的65%以上。世界上石油储量前5位的国家都在西亚。丰富的石油资源使西亚国家的石油产业逐渐成为西亚的经济命脉。按其经济特点可分为两种经济类型，即石油输出国和非石油输出国。石油输出国包括沙特阿拉伯、阿拉伯联合酋长国、卡塔尔、巴林、科威特、伊拉克、伊朗和阿曼等8国。石油是各国经济命脉，石油业在国民生产总值、国民收入和出口值中的比重都居绝对优势，且建筑业、运输业、加工业和商业都是以石油生产为其发展基础。战后经济发展非常迅速，人均国民生产总值居世界前列。单一经济结构常受国际市场，特别是能源市场的影响，为此，各国正在调整经济发展战略，逐步向多样化发展。劳动力资源不足，每年从国外进入大量外籍工人和技术员，成为世界重要劳务市场。国营企业为主，各种经济成份并存。非石油输出国经济多以农牧业为主。采矿业、加工业均较薄弱，发挥地理位置优势，在运输、加工和提供劳务上颇得石油之利，并且收取高额的过境费用，获相当收入。当然各国发展水平有很大差距。

西亚农业开发历史悠久，但农牧产品对外贸依存度较大。受气候影响，灌溉对西亚农业影响很大。西亚的主要粮食作物为小麦、大麦、豆类，其次为粟、稻谷等，经济作物主要有棉花、烟草、甜菜等。畜产品和干鲜果品是重要的出口产品，如椰枣、榛子、阿月浑子、石榴、油橄榄、紫羔羊、安卡拉山羊等。耕地集中在沿海、河谷和绿洲带，山地、高原草原牧场以畜牧业为主。农产品自给率低，成为世界农牧产品主要进口区之一。

综合上述对西亚地区宏观经济环境的分析，西亚地区经济的发展既面临机遇，又面临挑战。中国对西亚地区的柑橘鲜果贸易既可能遇到某种程度的推力或者拉力，同时也有可能遭遇某些阻力。

28.2 西亚柑橘鲜果生产状况分析

西亚大部分地区属于热带和亚热带干旱与半干旱气候，气候干旱，降水稀少，灌溉在西亚农业发展中占有重要地位。柑橘生产主要集中在降水较为丰富的以色列、黎巴嫩、叙利亚和土耳其等国。

28.2.1　西亚柑橘鲜果产量状况

　　西亚柑橘产量在2001～2010年变化不大，但各国产量不均衡。由表28-2知，2001～2010年，西亚地区柑橘总产量为860万～980万吨，2002～2004年向下波动，2005～2009年向上波动。西亚柑橘产量最高的五个国家为伊朗、土耳其、叙利亚、以色列和黎巴嫩，产量分别为353万吨、294万吨、89.8万吨、59.1万吨和37万吨。但西亚大部分国家每年的柑橘产量低于15万吨。卡塔尔和巴林每年的产量约为1000吨，科威特的年产量不到100吨。每年产量上升的国家有：卡塔尔、沙特阿拉伯、土耳其、叙利亚等。每年产量下降的国家有：阿联酋、阿曼、巴勒斯坦、伊拉克、以色列约旦等。2001～2005年，伊朗的产量由373万吨下降到369万吨，2006年和2007年有所上升，2008～2010年又处于下降趋势。2001年，土耳其的柑橘产量为248万吨，到2006年一直处于小幅波动但整体增长的状态，2007～2008年稳定在300万吨左右，2009～2010年增长到350万吨左右。叙利亚的柑橘产量在2003年低至65.2百万吨，而2009年上升到109万吨。黎巴嫩的柑橘产量过去几年一直在39万吨左右。因而西亚地区各国柑橘产量是不均衡的。

表28-2　2001～2010年西亚各国柑橘产量　　　（单位：万吨）

国家	2001年	2002年	2003年	2004年	2005年	2006年	2007年	2008年	2009年	2010年
阿富汗	2.2	2.3	2.0	2.0	2.0	1.0	0.9	1.0	0.7	0.8
阿塞拜疆	2.6	3.0	2.9	3.2	3.1	3.0	4.4	3.1	2.9	3.0
巴林	0.1	0.1	0.1	0.1	0.1	0.1	0.1	0.1	0.1	0.1
塞浦路斯	12.3	13.8	12.6	14.7	14.3	13.7	12.3	11.2	11.7	12.1
格鲁吉亚	6.0	3.3	5.9	3.8	12.2	5.2	9.9	5.5	9.4	5.2
伊朗	373.0	359.7	351.5	356.9	369.9	381.8	391.9	372.6	313.5	261.9
伊拉克	39.1	40.0	22.1	9.9	11.0	11.5	10.5	12.8	13.8	13.8
以色列	68.0	59.6	53.9	51.0	66.6	58.6	64.8	53.7	59.2	56.4
约旦	13.7	12.4	14.7	12.8	13.6	13.2	8.5	9.2	10.5	11.9
科威特	0.0	0.0	0.0	0.0	0.0	0.0	0.0	0.0	0.0	0.0
黎巴嫩	31.7	28.9	36.4	39.5	39.2	37.4	39.3	38.9	39.2	40.3
巴勒斯坦	12.2	10.4	7.2	6.6	6.2	6.7	5.8	6.5	7.3	7.2
阿曼	0.9	0.8	0.7	0.6	0.6	0.6	0.6	0.7	0.6	0.6

国家	2001 年	2002 年	2003 年	2004 年	2005 年	2006 年	2007 年	2008 年	2009 年	2010 年
卡塔尔	0.1	0.1	0.1	0.1	0.1	0.1	0.1	0.1	0.1	0.1
沙特	13.7	14.0	15.1	17.2	17.5	16.0	16.9	15.0	14.4	13.5
叙利亚	83.3	74.6	65.3	84.4	79.8	90.7	96.7	104.6	109.3	110.2
土耳其	247.8	249.3	248.8	270.8	291.3	322.0	298.9	302.7	351.4	357.2
阿联酋	2.2	2.1	1.6	1.6	1.7	1.2	1.3	1.3	1.3	1.3
也门	19.2	19.8	20.2	9.6	11.1	14.1	17.2	17.5	15.8	1.7
总计	928.0	894.4	861.0	885.0	940.3	977.0	980.0	956.7	961.2	897.1

资料来源：联合国粮农组织 FAOSTAT 数据库，2012 年 6 月

28.2.2 西亚柑橘鲜果收获面积情况

西亚柑橘收获面积 2001～2010 年总体上变化不大，但各国收获面积不均衡。由表 28-3 可知，2001 年，西亚柑橘总收获面积为 46.9 万公顷，2001～2007 年，收获面积有所上升，从 46.9 万公顷上升到 51.7 万公顷，自 2008 年起，柑橘收获面积缓慢下降，2010 年达到 47.4 万公顷。从各国的情况来看，2010 年西亚柑橘收获面积最大的 6 个国家为伊朗、土耳其、伊拉克、叙利亚、黎巴嫩和以色列，分别为 18.4 万公顷、11.8 万公顷、42.3 万公顷、37.8 万公顷、1.68 万公顷和 1.62 万公顷，而 2001 年这 6 国的柑橘收获面积分别为 22.2 万公顷、8.93 万公顷、3.13 万公顷、2.82 万公顷、1.53 万公顷和 1.74 万公顷。2001～2008 年伊朗的柑橘收获面积波动不大，整体上呈上升的趋势，但是 2008 年以后呈现下降趋势。2001～2010 年，土耳其和叙利亚的柑橘收获面积处于逐渐上升的趋势。以色列的柑橘收获面积在 1.60 万～1.86 万公顷波动，变化不大，其中 2005 年最低，2007 年达最高，近几年有下降的趋势。黎巴嫩的柑橘收获面积从 2001～2004 年也缓慢上升，后来一直稳定在 1.70 万公顷左右。格鲁吉亚的柑橘收获面积波动较大，最低的为 2002 年的 0.88 万公顷，最高的为 2005 年的 2.72 万公顷，2010 年为 1.28 万公顷。也门的柑橘种植面积在 2001～2003 年为 1.82 万公顷，而 2004 年骤降至 1.00 万公顷以下，之后缓慢回升，2010 年的柑橘种植面积为 1.21 万公顷。巴林和卡塔尔几乎没有柑橘种植，收获面积不足 1.00 万公顷。阿联酋近些年的柑橘收获面积也不足 1000 公顷。

表 28-3　2001～2010 年西亚各国柑橘收获面积（单位：万公顷）

国家	2001 年	2002 年	2003 年	2004 年	2005 年	2006 年	2007 年	2008 年	2009 年	2010 年
阿富汗	0.26	0.29	0.29	0.22	0.19	0.15	0.12	0.12	0.12	0.12
阿塞拜疆	0.33	0.32	0.33	0.33	0.28	0.22	0.34	0.27	0.26	0.27
巴林	0.01	0.01	0.01	0.01	0.01	0.01	0.01	0.01	0.01	0.01
塞浦路斯	0.54	0.55	0.48	0.55	0.52	0.51	0.46	0.42	0.49	0.43
格鲁吉亚	1.31	0.88	1.31	0.97	2.72	1.10	2.33	1.30	2.28	1.28
伊朗	22.15	21.86	22.55	23.66	24.14	23.98	24.72	21.40	18.49	18.39
伊拉克	3.13	3.13	3.13	3.08	3.07	3.26	3.26	4.03	4.36	4.23
以色列	1.74	1.72	1.74	1.81	1.59	1.60	1.86	1.73	1.70	1.62
约旦	0.76	0.78	0.66	0.67	0.67	0.64	0.68	0.68	0.68	0.69
科威特	0.00	0.00	0.00	0.00	0.00	0.00	0.00	0.00	0.00	0.00
黎巴嫩	1.53	1.52	1.64	1.69	1.65	1.71	1.68	1.68	1.71	16.8
巴勒斯坦	0.45	0.41	0.29	0.25	0.24	0.28	0.27	0.29	0.29	0.28
阿曼	0.16	0.17	0.12	0.12	0.12	0.12	0.12	0.12	0.12	0.12
卡塔尔	0.01	0.02	0.02	0.01	0.01	0.01	0.02	0.02	0.02	0.01
沙特	0.95	1.04	1.11	1.12	1.21	1.35	1.43	1.49	1.52	1.42
叙利亚	2.82	2.81	2.93	3.12	3.19	3.38	3.59	3.75	3.84	3.78
土耳其	8.93	9.04	9.49	9.51	9.50	9.72	9.53	9.83	10.05	11.82
阿联酋	0.11	0.10	0.10	0.10	0.10	0.09	0.06	0.06	0.06	0.06
也门	1.80	1.84	1.82	0.89	0.95	1.10	1.28	1.32	1.19	1.21
总计	46.98	46.48	48.03	48.10	50.18	49.24	51.75	48.51	47.22	47.42

资料来源：联合国粮农组织 FAOSTAT 数据库，2012 年 6 月

28.2.3　西亚各品种柑橘的生产状况

西亚地区柑橘品种主要有橙、宽皮橘（包括橘、柑）、柠檬莱檬、葡萄柚（包括柚）和其他柑橘。下面从产量和面积角度分析西亚地区各品种的柑橘生产状况。

从产量角度看，2001～2010 年西亚地区橙的产量在 400 万～600 万吨波动，平均占总产量的 52%。柠檬莱檬的产量与宽皮橘的产量不相上下，都在1600 万～1700 万吨波动，占总产量的 17%～18%。葡萄柚的产量每年在 54 万吨左右，占总产量的 5.8%。其他品种柑橘的产量较少，约有 45 万吨，占总产量的 4.8%（图 28-1）。

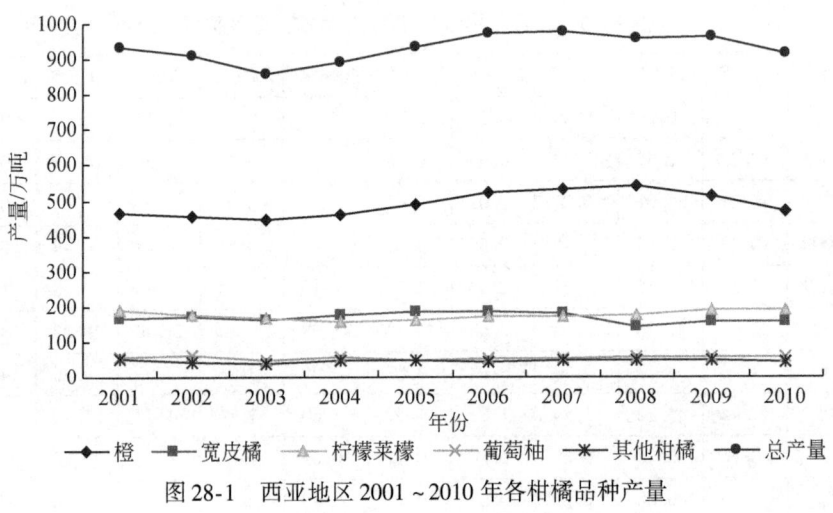

图 28-1　西亚地区 2001～2010 年各柑橘品种产量

从面积角度看，2001～2010 年西亚地区橙的收获面积在 20 万～30 万公顷波动，平均占总收获面积的 54%。柠檬、莱檬与宽皮橘不相上下，都在 8.84 万～9.4 万公顷波动，占总面积的 18%～19%。其他品种柑橘的收获面积约为 2.7 万公顷，占总收获面积的 5.6%。葡萄柚的收获面积较少，每年约有 1.3 万公顷，占总收获面积的 2.6%（图 28-2）。

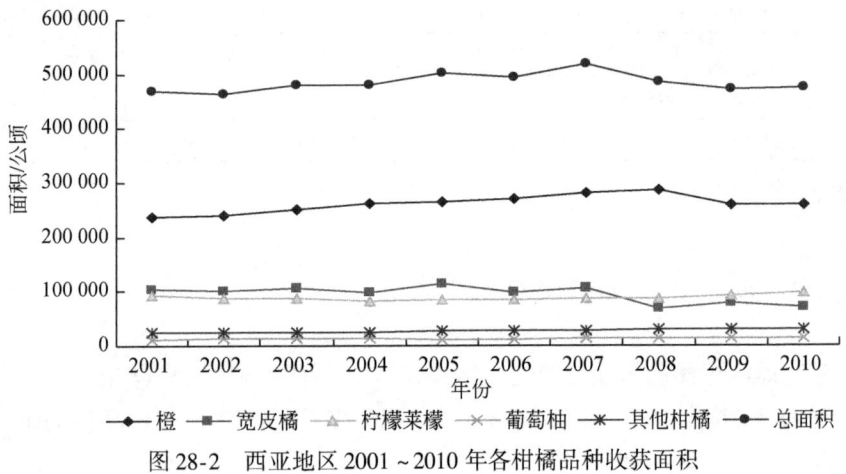

图 28-2　西亚地区 2001～2010 年各柑橘品种收获面积

综合上述分析，西亚地区的柑橘产量和种植面积变化不大，产量和面积最高的五个国家为伊朗、土耳其、叙利亚、以色列、黎巴嫩和伊拉克，这五个国家的产量和面积分别占总产量的 86.8% 和 91.8%，不管是从产量还是面积，橙约占柑橘生产的一半以上。

28.3　西亚地区柑橘鲜果进出口状况分析

28.3.1　西亚地区柑橘鲜果进口状况

2001～2010 年西亚地区柑橘鲜果进口量总体上呈上升趋势。据不完全统计，2001 年西亚地区共进口柑橘鲜果 37.2 万吨，2001～2005 年柑橘鲜果进口量一直上升，2006 年略有下降，2007～2008 年的进口量更是大增，最高达到101 万吨，2008～2009 年略有下降，2010 年稳定在 95.6 万吨。下面从品种和西亚国家角度加以分析（表 28-4）。

表 28-4　西亚 2001～2010 年各品种柑橘鲜果进口量（单位：千吨）

品种	2001 年	2002 年	2003 年	2004 年	2005 年	2006 年	2007 年	2008 年	2009 年	2010 年
橙	257.3	389.2	416.6	402.2	606.7	531.5	703.2	698.3	446.9	628.7
宽皮橘	48.6	71.2	52.1	69.0	115.9	110.4	110.1	130.4	50.0	168.0
柠檬莱檬	61.0	80.9	46.0	57.7	79.8	102.6	154.7	144.1	62.1	134.1
葡萄柚	4.3	19.0	30.3	33.0	53.1	26.8	30.7	19.0	7.5	19.7
其他柑橘	1.2	1.5	25.3	35.3	34.7	20.3	13.6	5.6	3.3	6.2
总进口量	372.4	561.8	570.3	597.2	890.1	791.6	1012.3	997.2	569.8	956.7

资料来源：UNCOMTRADE 联合国贸易统计数据库，2012 年 6 月

从品种的角度看，橙进口量最大，约占进口柑橘鲜果总量的 69%，其次是宽皮橘，约占总量的 12%，然后是柠檬莱檬，约占总量的 12%，葡萄柚和其他柑橘鲜果品种占的并不大，约占进口柑橘鲜果总量的 3% 和 2%，见表28-4。

从国家的角度看，2001～2010 年西亚地区进口柑橘鲜果最多的前五个国家是沙特阿拉伯、阿联酋、科威特、伊朗和土耳其，平均每年进口 39.9 万吨、22.1 万吨、10.7 万吨、9.37 万吨和 4.93 万吨，分别占西亚地区柑橘鲜果进口总量的 46%、26%、12%、11% 和 6%。进口柑橘鲜果最少的国家是以色列，平均每年约进口 70 吨，见表 28-5。

表 28-5　西亚各国 2001～2010 年柑橘鲜果进口量　（单位：千吨）

国家	2001 年	2002 年	2003 年	2004 年	2005 年	2006 年	2007 年	2008 年	2009 年	2010 年
阿联酋	—	149.3	162.1	159.9	164.8	206.1	219.6	282.9	307.8	337.4
阿曼	32.86	41.29	0.15	48.78	46.88	47.73	46.36	53.74	51.96	51.00

国家	2001 年	2002 年	2003 年	2004 年	2005 年	2006 年	2007 年	2008 年	2009 年	2010 年
阿塞拜疆	1.87	1.35	2.83	0.72	1.91	4.34	3.24	3.95	16.99	30.87
巴勒斯坦	—	—	—	—	—	5.69	0.03	0.04	0.00	
巴林	0.00	45.70	23.96	19.68	24.42	20.60	17.67	24.33	24.37	21.95
格鲁吉亚	4.77	4.64	3.79	3.76	3.22	6.57	5.71	5.85	7.87	6.65
卡塔尔	21.82	21.07	16.67	22.91	23.52	25.80	28.13	31.82	0.00	36.98
科威特	0.00	0.00	0.00	0.00	0.00	84.32	109.1	129.4	0.00	0.00
黎巴嫩	0.17	0.95	0.84	2.75	1.06	1.94	0.87	1.35	0.82	1.16
塞浦路斯	0.01	—	0.10	0.74	1.03	1.85	2.54	3.04	2.55	2.35
沙特	277.6	354.9	427.04	402.5	453.7	463.5	428.8	328.2	366.8	494.3
土耳其	0.42	55.91	59.67	45.38	72.54	52.30	78.05	38.41	50.21	39.79
叙利亚	5.85	10.31	14.33	17.75	20.54	23.57	24.43	52.48	0.00	0.00
亚美尼亚	0.80	0.17	0.27	3.55	4.22	6.85	5.52	8.26	11.05	17.11
也门	—	—	—	1.84	2.43	3.60	4.98	4.81	5.43	0.00
伊朗	—	—	—	—	40.72	23.01	—	—	—	217.4
以色列	0.11	0.19	0.04	—	0.09	0.05	0.03	0.08	0.02	0.03
约旦	26.16	25.27	20.54	26.78	28.87	25.56	31.54	28.60	31.71	37.11

资料来源：UNCOMTRADE 联合国贸易统计数据库，2012 年 6 月

综上所述，西亚地区的柑橘进口量总体上呈上升趋势，从品种角度看，橙的进口量最大，约占 69%；从国家的角度看，沙特阿拉伯、阿联酋、科威特、伊朗和土耳其是西亚主要的柑橘鲜果进口国。

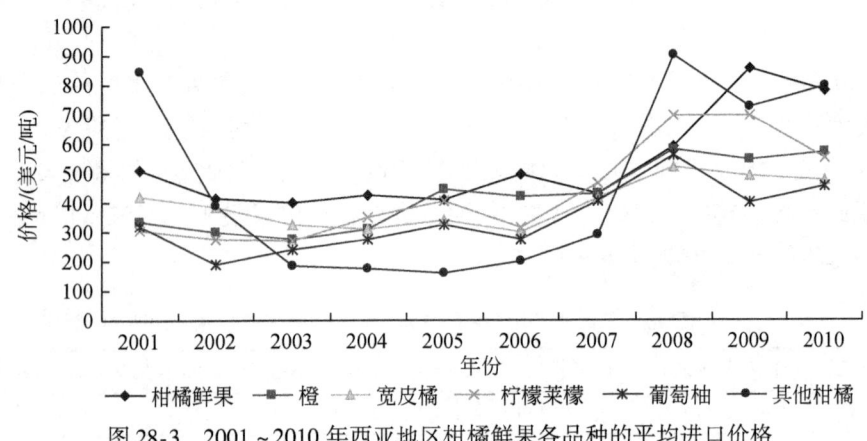

图 28-3　2001～2010 年西亚地区柑橘鲜果各品种的平均进口价格

图 28-3 反映了近 10 年来西亚地区柑橘鲜果平均进口价格的变化趋势。就柑橘鲜果的平均进口价格来说，2001 年和 2006 年都在 500 美元/吨左右，2002～2005 年基本上在 400 美元/吨左右。但 2007 年以后就较大幅度上涨，2009 年高达 857 美元/吨，之后又有所下降。

28.3.2 西亚地区柑橘鲜果出口状况

西亚地区 2001～2010 年柑橘鲜果出口量呈上升趋势。2001～2004 年柑橘鲜果总出口量稳定在 110 万吨左右，2005～2006 年出口量上升至 150 万吨，2007～2008 年有所下降，回缓至 140 万吨，2009～2010 年一直上升至 170 万吨。下面从柑橘品种角度和国家角度加以分析。

从品种的角度，西亚出口比较多的柑橘品种为橙、宽皮橘和柠檬莱檬，占总出口量的 82%。宽皮橘和柠檬莱檬的出口量呈逐渐上升趋势，橙的出口量呈逐渐下降趋势。葡萄柚的出口量稳定在 20 万吨左右，约占总量的 16%。其他品种柑橘的出口量很小，只占总量的 1%（图 28-4）。

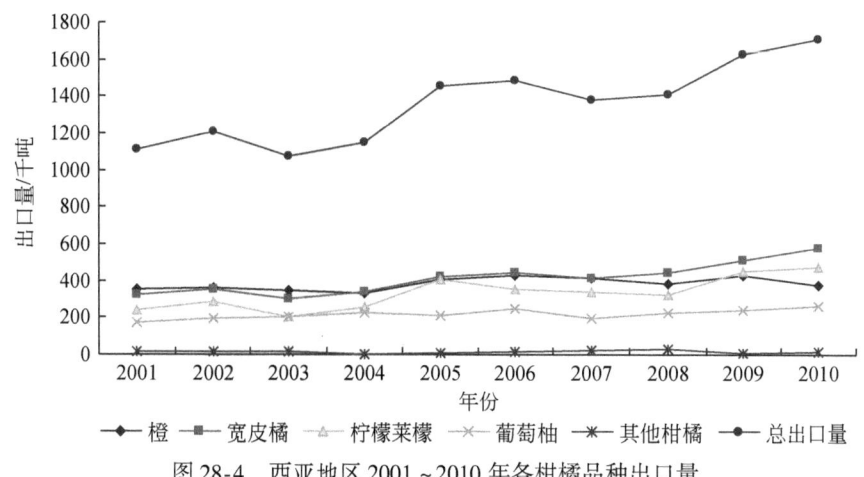

图 28-4　西亚地区 2001～2010 年各柑橘品种出口量

从国家的角度，西亚地区 2001～2010 年柑橘出口最多的三个国家为以色列、土耳其和黎巴嫩，平均每年出口 104 万吨、876 万吨和 12.9 万吨，共占西亚整个地区的 90%。出口比较少的国家有亚美尼亚、科威特、卡塔尔和也门等国，各国平均每年柑橘出口不会超过 300 吨（表 28-6）。

表 28-6　西亚各国 2001～2010 年柑橘鲜果出口量　（单位：千吨）

国家	2001 年	2002 年	2003 年	2004 年	2005 年	2006 年	2007 年	2008 年	2009 年	2010 年
阿联酋	0.0	25.5	34.5	34.7	38.9	54.7	61.1	74.9	66.4	73.8
阿曼	0.6	0.4	1.8	2.0	0.9	1.2	2.4	4.1	6.1	4.3
阿塞拜疆	0.5	1.7	2.7	1.9	6.1	4.8	16.5	14.3	12.7	11.7
巴勒斯坦	0.0	0.0	0.0	0.0	0.0	0.0	6.4	0.4	0.8	0.0
巴林	0.0	0.6	1.2	2.2	1.8	1.9	1.4	2.2	3.1	1.6
格鲁吉亚	10.9	11.8	14.2	15.0	33.8	15.8	38.6	21.1	53.7	35.3
卡塔尔	0.0	0.0	0.0	0.8	0.3	0.1	0.3	0.3	0.1	0.0
科威特	0.0	0.0	0.0	0.0	0.0	0.3	0.6	0.4	0.8	0.0
黎巴嫩	123.6	122.9	115.2	109.7	133.4	97.1	161.9	147.5	154.9	123.5
塞浦路斯	65.2	73.1	72.0	97.6	70.5	63.7	56.1	50.9	41.4	51.0
沙特	2.9	3.3	4.3	6.5	6.6	9.9	13.3	0.0	0.0	21.6
土耳其	630.1	799.7	637.5	683.5	894.5	1023.5	846.8	815.1	1180.2	1245
叙利亚	41.5	35.9	28.9	26.2	53.2	75.9	41.0	127.4	0.0	0.0
也门	0.0	0.0	0.0	0.2	0.4	0.1	0.2	0.4	0.9	0.0
伊朗	37.9	25.5	23.6	50.6	43.7	67.2	0.0	0.0	0.0	29.0
以色列	179.3	113.9	9216	0.0	150.8	110.6	124.2	142.3	164.3	177.8
约旦	16.4	15.7	8.3	13.2	24.0	12.2	8.5	6.9	11.2	6.8

资料来源：UNCOMTRADE 联合国贸易统计数据库，2012 年 6 月

　　综合上述分析，西亚地区 2001～2010 年柑橘出口量呈上升趋势，出口比较多的柑橘品种为橙、宽皮橘和柠檬莱檬，占总出口量的 82%；出口最多的三个国家为以色列、土耳其和黎巴嫩，约共占西亚出口总量的 90%。

28.3.3　西亚柑橘鲜果进出口对比

　　西亚地区 2001～2010 年柑橘鲜果出口总量远大于进口总量。这种出口大于进口的差距主要是由宽皮橘、柠檬莱檬、葡萄柚的进出口差距造成的，因为这几个品种的出口量都远大于进口量。除 2001 年外，橙的进口量大于出口量（表 28-7）。

表 28-7 西亚地区 2001~2010 年各柑橘品种进出口量对比 （单位：千吨）

品种	进出口量	2001 年	2002 年	2003 年	2004 年	2005 年	2006 年	2007 年	2008 年	2009 年	2010 年
橙	出口量	355.1	361.3	347.5	331.3	406.5	428.1	412.8	384.9	425.0	371.6
	进口量	257.3	389.2	416.5	402.2	606.7	531.5	703.2	698.2	446.8	628.7
宽皮橘	出口量	323.1	356.1	301.3	333.8	423.4	439.4	411.1	445.8	507.6	578.1
	进口量	48.6	71.2	52.1	69.0	115.9	110.4	110.1	130.3	50.0	167.9
柠檬莱檬	出口量	242.3	281.3	205.8	258.3	407.5	355.6	338.0	321.1	448.8	475.9
	进口量	61.0	80.9	46.0	57.7	79.8	102.6	154.7	144.0	62.1	134.1
葡萄柚	出口量	171.6	194.0	205.1	222.3	210.5	245.5	196.0	223.3	241.6	264.3
	进口量	4.3	19.0	30.3	33.0	53.1	26.8	30.7	19.0	7.5	19.7
其他柑橘	出口量	16.8	11.6	13.1	1.1	10.7	15.7	21.6	33.1	7.0	17.8
	进口量	1.2	1.5	25.3	35.3	34.7	20.3	13.6	5.6	3.3	6.2
总量	出口量	1108	1204	1072	1146	1458.5	1484	1379	1408	1630	1707
	进口量	372.4	561.8	570.2	597.2	890.1	791.6	1012	997.2	569.8	956.7

资料来源：UNCOMTRADE 联合国贸易统计数据库，2012 年 6 月

第 29 章
西亚地区的柑橘鲜果消费
状况及预测

29.1　西亚地区柑橘鲜果消费状况

本章从四个方面进行分析，包括西亚地区的柑橘鲜果消费总量、人均消费量、柑橘鲜果消费的来源和影响柑橘鲜果消费量的因素。

29.1.1　柑橘鲜果消费总量

从比重来看，西亚柑橘鲜果消费在西亚水果消费中占有重要地位。1998～2007 年，西亚柑橘鲜果消费量平均接近西亚水果总消费量的 29%。西亚水果消费量在 2400 万～2900 万吨波动，呈上升趋势，其中柑橘鲜果消费量在 800 万吨左右，也呈上升趋势。1998～2006 年西亚的柑橘鲜果消费量整体上呈平稳上升的趋势（图 29-1）。

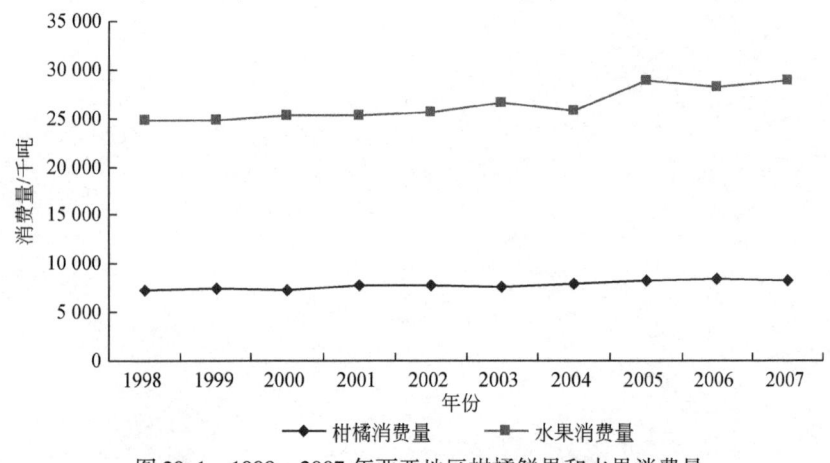

图 29-1　1998～2007 年西亚地区柑橘鲜果和水果消费量

从国家来看，西亚国家柑橘鲜果消费量排名前5位的国家是伊朗、土耳其、叙利亚、沙特阿拉伯和以色列，平均每年分别为362万吨、175万吨、70.7万吨、62.2万吨和29.9万吨。这5个国家的柑橘鲜果消费量占西亚地区柑橘鲜果消费总量的89.5%。伊朗的柑橘鲜果消费量为300万吨~400万吨，除2001~2003年略有下降外，其他年份均处于缓慢上升，2006年最高，为389万吨。土耳其的柑橘鲜果消费量平稳上升，但上升幅度较小，到2007年已超过200万吨。叙利亚的柑橘鲜果消费量小幅波动呈上升趋势，2003年稍低于60万吨，2007年为87万吨。沙特阿拉伯的柑橘鲜果消费量在1998~2000年呈小幅下降的趋势，2000~2003年保持增长，2005年接近79万吨，随后减少至2007年的61万吨。以色列的柑橘鲜果消费量虽有小幅波动，但整体上较平稳，除2005年高达45万吨之外，都在30万吨上下波动。西亚对柑橘鲜果消费最少的国家是亚美尼亚和阿塞拜疆两个国家，分别只有8610吨和3010吨（图29-2）。

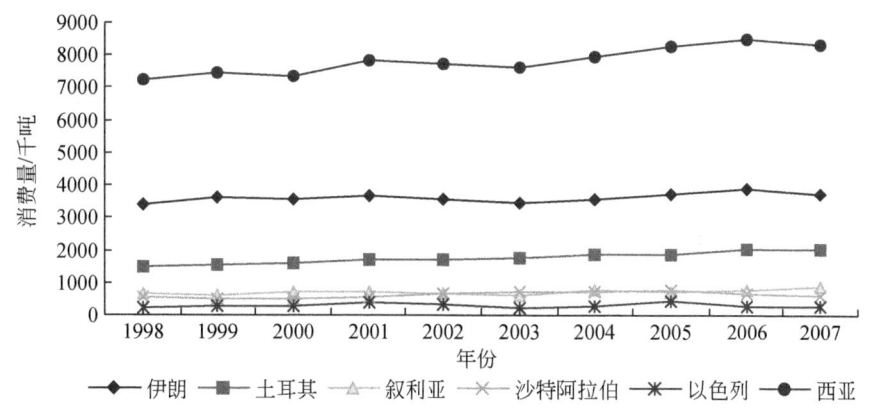

图29-2　1998~2007年西亚部分国家柑橘鲜果消费量变化趋势图

从品种上来看，橙和宽皮橘是鲜果消费量最高的品种，其次是柠檬莱檬，葡萄柚的消费量最低。在西亚地区，橙和宽皮橘是消费最多的品种，每年消费量基本上都在500万吨以上，占总消费量的73.7%。这两个品种的消费量呈现上升趋势，1998年是521万吨，2007年升至642万吨。其次是柠檬莱檬，平均每年在100万~200万吨。葡萄柚的消费量很小，每年在14万~27万吨。西亚对其他柑橘的消费量并不大，每年维持在30万~45万吨（图29-3）。

下面分品种对各个国家的消费量进行分析。

首先分析西亚各国橙和宽皮橘的消费量。1998~2007年，土耳其的橙、宽皮橘年均消费量接近142万吨，整体上有增长的趋势。叙利亚的橙、宽皮橘

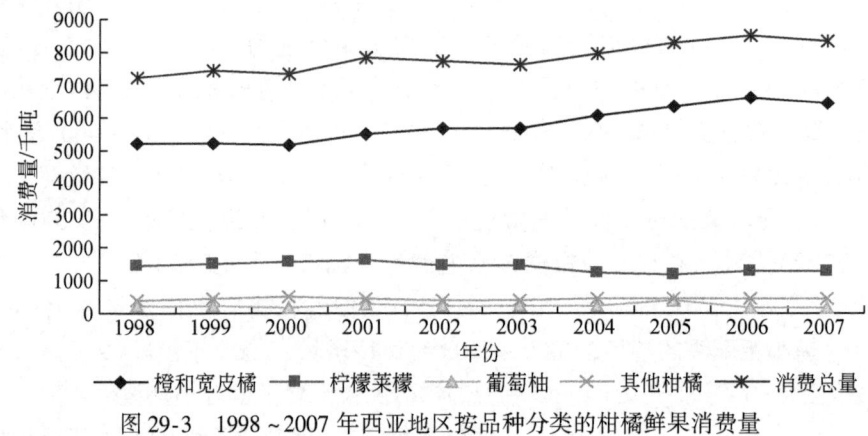

图 29-3　1998～2007 年西亚地区按品种分类的柑橘鲜果消费量

年均消费量达 40 万吨，波动较大，2000 年低至 35 万吨，2007 年高达 54 万吨。以色列的橙、宽皮橘年均消费量达 17 万吨，1999 年最低为 13 万吨，2003 年猛增至 21 万吨，随后波动较大，2007 年回升到 20 万吨。沙特阿拉伯和也门的橙、宽皮橘年均消费量都接近 15 万吨，沙特阿拉伯从 1998 年的 10 万吨逐渐增长到 2005 年的 17 万吨，也门从 1998 年的 16 万吨逐渐增长到 2003 年的 18 万吨，2004 年骤降至 8 万吨，2007 年回升到 14 万吨。黎巴嫩的橙、宽皮橘年均消费量达 10 万吨，从 1998 年的 10 万吨增长到 1999 年的 14 万吨，2000 年降至 7 万吨，随后逐年增长到 2004 年的 14 万吨，2005 年又降至 10 万吨，2006 年增至 13 万吨，2007 年下降到 7 万吨。约旦的橙、宽皮橘年均消费量达 9 万吨，大部分年份的消费量都在 9 万吨以上，但 1999 年和 2001 年分别为 5 万吨和 7 万吨。

　　其次分析西亚各国的柠檬莱檬消费量。1998～2007 年，土耳其的柠檬莱檬年均消费量接近 29 万吨，从 1998 年的 25 万吨逐渐增长到 2002 年的 28 万吨，2003 年突增到 35 万吨，2005 年又骤降到 20 万吨，2007 年回升到 32 万吨。叙利亚的柠檬莱檬年均消费量接近 9 万吨，1998～2003 年相对平稳在 7 万吨，2004 年增长到 11 万吨，然后小幅波动呈上升趋势。黎巴嫩的柠檬莱檬年均消费量接近 6 万吨，小幅波动整体平稳。沙特阿拉伯的柠檬莱檬年均消费量为 4 万吨，上下波动幅度为 2 万吨左右，1999 年高达 6 万吨，2004 年低至 2 万吨，随后回升到 2007 年的 6 万吨。以色列的柠檬莱檬年均消费量为 3 万吨，1998 年从接近 2 万吨增长到 2005 年的 6 万吨，随后将到 2007 年的 4 万吨。阿拉伯联合酋长国和约旦的柠檬莱檬年均消费量都接近 3 万吨，约旦除 1999 年低于 2 万吨之外，其他年份均在 2 万吨以上，2003 年接近 4 万吨，阿拉伯联合酋长国在 2003 年低于 2 万吨，2005 年低于 1 万吨，随后上涨到 2007 年的 4 万吨。塞浦路斯和巴勒斯坦的柠檬莱檬年均消费量也都超过 1 万吨。

最后分析西亚各国葡萄柚的消费量。1998～2007 年，以色列的葡萄柚年均消费量为 8 万吨，整体波动较大，2005 年达到 19 万吨，而 2007 年低至 2 万吨。土耳其的葡萄柚年均消费量接近 4 万吨，一年增长，接着一年下降，一直重复着波动，1999 年接近 6 万吨，2006 年低至 1 万吨，2007 年回升到 3 万吨。黎巴嫩和沙特阿拉伯的葡萄柚年均消费量都超过 10 万吨，两个国家都是在 2003 年消费量开始超过 10 万吨。

综合以上分析，可以得出：西亚地区柑橘鲜果消费需求呈不断上升趋势，但大多数国家消费量都不高，土耳其、叙利亚、沙特阿拉伯和以色列占西亚地区柑橘鲜果消费需求总的 89.5%，橙和宽皮橘是消费量最多的，占总消费量的 73.7%。

29.1.2 柑橘鲜果人均消费量

总体来说，西亚柑橘鲜果人均消费量基本上以 3 年为周期、以 24.5 千克/（人·年）为中心值上下波动。1998～2000 年呈下降趋势，2000～2001 年人均柑橘鲜果消费量陡增，2001～2003 年消费量又呈下降趋势。2003～2005 年呈上升趋势，2005～2007 年又呈下降趋势。西亚柑橘鲜果人均消费量［23～26 千克/（人·年）］高于世界柑橘鲜果人均消费量［14～17 千克/（人·年）］，而低于美国柑橘鲜果人均消费量［40～60 千克/（人·年）］，如图 29-4 所示。

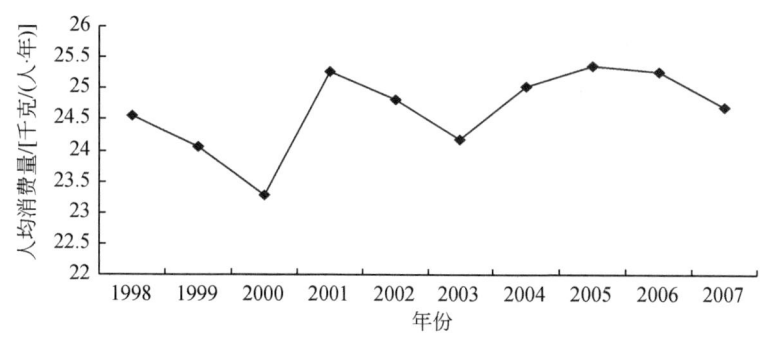

图 29-4　1998～2007 年西亚柑橘鲜果人均消费量变化趋势图

从国家角度来看，西亚地区每年柑橘鲜果人均消费量较高的国家有塞浦路斯、黎巴嫩、以色列、叙利亚。这四个国家在 1998～2007 年平均每年的人均消费量分别为 58.01 千克、44.46 千克、46.94 千克和 38.87 千克，明显高于整个西亚地区柑橘鲜果人均消费量 24.64 千克。而也门和亚美尼亚每年的人均柑橘鲜果消费量不到 10 千克，远低于西亚的平均水平（表 29-1）。

表 29-1　西亚部分国家柑橘鲜果人均消费量统计表　　　（单位：千克/人）

国家	1998 年	1999 年	2000 年	2001 年	2002 年	2003 年	2004 年	2005 年	2006 年	2007 年
塞浦路斯	74	72.8	65.6	55	48.9	40.2	58.6	58.3	54	52.7
伊朗	46.9	49.3	47.3	47.4	45.8	43.7	44.9	46.7	47.8	45.7
黎巴嫩	44.8	53.8	41.2	38.9	33.9	47.2	53.2	44.6	49.8	37.2
以色列	42.3	46	45.9	58.6	53.9	35.3	43.1	67.2	38.3	38.8
叙利亚	41.7	38.6	34.6	42.8	37.7	33.3	41.1	36.9	39.3	42.7
土耳其	22.9	23.7	23.5	24.9	25.1	25	26.7	26.4	27.9	27.4
阿联酋	24.4	27.3	19.1	26.1	38.5	35	19.8	6	31.3	33.4
沙特	27.8	24.4	22.7	26	29.3	32.5	31.5	33.3	27.1	24.7
约旦	32.4	17.5	24.9	27.7	26.8	29.1	24.8	23.4	23.7	17
科威特	27.6	25.5	26.6	26.6	13.5	11	11.8	11.6	25.3	17.7
也门	9.8	9.9	9.8	9.8	9.8	9.7	4.7	5.5	6.4	7.3
亚美尼亚	3.17	4.08	0.49	1.16	0.89	1.09	2.77	3.85	5.96	4.54
西亚	24.55	24.05	23.27	25.26	24.81	24.17	25.02	25.35	25.26	24.69

资料来源：联合国粮农组织 FAOSTAT 数据库，2012 年 6 月

从品种角度看，西亚柑橘鲜果人均消费量最多的是橙和宽皮橘，占柑橘鲜果人均消费量的 70% 以上，柠檬莱檬的人均消费量接近柑橘鲜果人均消费量的 20%，葡萄柚的人均消费量最少，不到总量的 2%。这个结论和柑橘鲜果消费总量分析得到的结论一致（图 29-5）。

29.1.3　西亚柑橘鲜果消费的来源

根据各国的产量及进出口量可以看出，叙利亚、以色列、塞浦路斯、巴勒斯坦、也门、土耳其、阿塞拜疆、格鲁吉亚、黎巴嫩的柑橘鲜果基本上可以满足国内消费，但大多数国家也有少量进口。约旦的橙和宽皮橘、柠檬莱檬的进口较多，葡萄柚基本上可以满足国内消费需求。阿拉伯联合酋长国的橙和宽皮橘消费全部依靠进口，葡萄柚消费从 2002 年开始也全部依靠进口，柠檬莱檬消费大部分依靠进口。沙特阿拉伯的橙和宽皮橘、柠檬莱檬及葡萄柚的消费全部依靠进口。科威特、亚美尼亚的柑橘鲜果消费基本上依靠进口（图 29-5）。

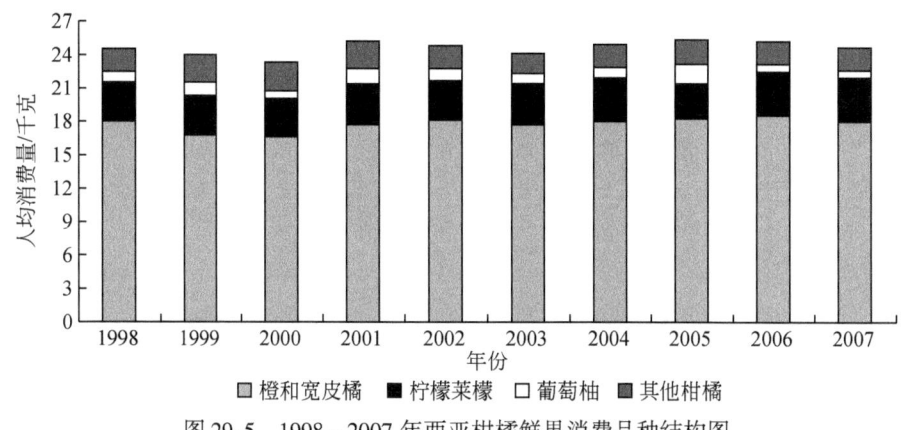

图 29-5　1998~2007 年西亚柑橘鲜果消费品种结构图

29.2　西亚地区柑橘鲜果消费预测

29.2.1　影响西亚柑橘鲜果消费的因素

影响因素选取是依据以前学者相似研究的选取因素，并结合实际情况进行分析。

（1）可支配收入。柳尚武等（2007）通过调研发现收入水平与水果消费意愿之间存在显著的正向关系。作者认为家庭可支配收入越多，就有更多的空余资金用于购买水果，水果消费量越大；反之，家庭可支配收入越低，柑橘消费量就越低。本节用西亚各国的人均可支配收入。

（2）各国人口量。人口越多的国家柑橘鲜果消费总量可能就越多，人口越少消费量可能就越小。

（3）柑橘鲜果的进口量。柑橘鲜果的进口量越大，市场中就有更多的柑橘鲜果供给，消费者将会有更多的柑橘鲜果进行消费；反之将只能消费更少的柑橘鲜果。

（4）本国柑橘鲜果生产量。本国的柑橘鲜果生产量越大，市场中就有更多的柑橘鲜果供给，价格将会降低，消费者将会消费更多的柑橘鲜果。

（5）汇率。影响柑橘进出口量的另一个重要因素是汇率。汇率表示货币兑换的比例，直接影响商品在国际市场上的价格，从而影响其竞争力。本章统一用直接标价法表示汇率，即 1 美元能兑换的西亚各国货币量。汇率越高，意味该国货币贬值，就会制约对西亚国家的柑橘鲜果出口。汇率越低，意味该国货币升值，将会促进对西亚国家的柑橘鲜果出口。这种汇率的高或者低将会影响到西亚柑橘鲜果市场的供应量，从而影响西亚各国的柑橘鲜果消费量。

29.2.2 构建模型预测柑橘鲜果消费

根据上文的解释，本章构建如下模型来预测西亚各国的柑橘鲜果：

$$C_{it} = \beta_0 + \beta_1 \text{Income}_{it} + \beta_2 \text{People}_{it} + \beta_3 \text{Import}_{it} + \beta_4 \text{Product}_{it} + \beta_5 \text{Rate}_{it} + a_i + u_{it}$$

$$(29-1)$$

式中 C、Income、People、Import、Product 和 Rate 分别代表柑橘鲜果消费量、人均可支配收入、各国人口总量、柑橘鲜果进口量、本国柑橘生产量和汇率；β 为相应变量的系数；a_i 表示不随时间变动的国家固定效应；u_{it} 表示随时间变动的残差；i 表示国家；t 表示年份。

由于数据的可得性和完整性，本部分的样本来自巴勒斯坦、格鲁吉亚、科威特、黎巴嫩、塞浦路斯、沙特阿拉伯、土耳其、叙利亚、也门、伊朗、以色列、约旦和阿塞拜疆共 13 个国家 1998～2007 年的数据（表 29-2）。

表 29-2　样本的基本描述性统计特征

变量名	单位	样本量	极小值	极大值	均值	标准差
消费量	万吨	13	2.178	388.730	59.398	99.433
人均可支配收入	美元	130	0.00	47625.14	8207.05	9573.12
人口	万人	13	90.806	7143.550	1743.034	2212.10
进口量	万吨	13	0.00	46.357	3.495	9.819
产量	万吨	13	0.002	391.900	67.790	109.886
汇率	当地货币单位/美元	130	0.26	9281.15	578.85	1828.91

注：消费量和产量数据来源于粮农组织数据库；人均可支配收入由来源于联合国国家账户统计数据库的可支配收入；人口和汇率数据来源于世界银行数据库；进口量数据来源于 UNCOMTRADE 数据库

本节运用包括西亚 13 个国家、10 年（1998～2007 年）的面板数据来估计式（29-1）。一种方法是直接把 13 个国家、10 年的数据混合起来进行 OLS 分析，称为混合 OLS 法。另外两种对面板数据进行分析的方法是固定效应模型和随机效应模型。在本章分析面板数据时，对于固定效应模型和随机效应模型的选用，取决于 Hausman 检验的结果。本章得出的 Hausman 检验结果为：卡方值等于 42.27，P 值为 0.00，在 0.01 的显著性水平上拒绝原假设，因而本章的面板数据适用于固定效应模型。再次采用 F 统计量对固定效应和混合 OLS 进行选择，结果认为同样认为固定效应模型是更为合适的模型。

表 29-3 柑橘鲜果消费计量模型

变量	混合 OLS	固定效应模型	随机效应模型
Income	−0.002 6	−0.000 7	−0.000 6
	(0.158 7)	(0.515 6)	(0.539 5)
People	−0.001 6	0.014 1 ***	0.0174 ***
	(0.541 0)	(0.004 5)	(0.0000)
Import	1.434 4 ***	0.243 8 **	0.171 7
	(0.000 0)	(0.043 3)	(0.104 6)
product	0.810 5 ***	0.409 5 ***	0.459 6 ***
	(0.000 0)	(0.000 0)	(0.000 0)
Rate	0.093 7 ***	0.002 5	0.003 3
	(0.000 0)	(0.618 9)	(0.633 1)
常数项	−10.048 8	66.915 9	−23.890 9
	(0.723 0)	(0.319 3)	(0.633 1)
Adj-R^2	0.969 4	0.998 1	0.830 9
残差平方和	3 740 443	206 359	306 361

*、**、***分别表示在 10%、5%、1% 的显著性水平下显著；P 值在括号内

由表 29-3 可知，对西亚地区柑橘消费影响最大的三个因素是人口、柑橘进口量和柑橘生产量。与预期相同，这三个变量的对西亚地区柑橘消费量都是正向影响。人均可支配收入和汇率对西亚地区柑橘消费量的影响很小而且不显著。

综合上述检验，认为固定效应模型是本章数据最为适合的模型。得到柑橘消费量的计量模型：

$$C_{it} = 66.9259 - 0.0007\text{Income}_{it} + 0.0141\text{People}_{it} + 0.2438\text{Import}_{it}$$
$$+ 0.4095\text{Product}_{it} + 0.0025\text{Rate}_{it}$$

如果能够预测这 5 个解释变量的值，那么就能够得到柑橘消费量的预测值。本节预测出 2012 年西亚地区柑橘消费量约为 777 万吨，2020 年柑橘消费量约为 853 万吨（表 29-4）。

表 29-4 2012~2020 年西亚柑橘鲜果消费量预测值（单位：万吨）

项目	2012 年	2013 年	2014 年	2015 年	2016 年	2017 年	2018 年	2019 年	2020 年
预测值	768.934	778.591	788.469	798.576	808.923	819.521	830.380	841.511	852.929

第 30 章
西亚地区的柑橘鲜果
市场竞争状况分析

本章首先分析西亚地区柑橘鲜果主要竞争对手的国际竞争力，然后分析各国的西亚柑橘鲜果市场占有率并找出中国的市场占有率低的原因。

30.1　西亚主要柑橘鲜果供应国竞争状况

本章根据数据的可得性，选用国际市场占有率和贸易竞争指数两个指标来反映西亚主要柑橘鲜果供应国的竞争力状况。

伊朗和土耳其是西亚地区的柑橘生产和消费大国，在西亚柑橘鲜果市场的份额分别为 41% 和 26% 左右。南非平均每年对西亚柑橘出口金额达到 14.6 亿美元，大概占西亚进口总额的 18.83%。美国柑橘出口量在世界上排名前列，具有典型代表性，美国是中国在国际柑橘市场上的主要竞争对手。分析各国的国际竞争力的目的是了解中国柑橘鲜果在国际柑橘市场上的竞争优势。基于上述原因，在分析柑橘国际竞争力时，本章主要选择中国、南非、土耳其、伊朗和美国共 5 个国家进行分析。

30.1.1　国际市场占有率

国际市场占有率是指一国某产品在国际市场中所占有的市场份额，在本书中指某国柑橘鲜果出口额占全世界柑橘鲜果出口总额的百分比，用公式表示为

$$A \text{ 国柑橘国际市场占有率} = \frac{A \text{ 国柑橘出口额}}{\text{全世界柑橘出口额}} \times 100\% \qquad (30\text{-}1)$$

如果在一段时间内，柑橘鲜果的国际市场占有率上升，说明柑橘鲜果的竞争力上升，反之则表明竞争力下降。

从整个柑橘鲜果来看，美国的国际市场占有率最高，这十年间平均占有全

球柑橘市场份额的10%，但是美国的占有率呈现下降趋势，2001年为13.4%，2010年降至8.2%，表明美国的柑橘鲜果竞争力在下降。其次是南非和土耳其，年均占有率分别为6%和5.5%，这两个国家的国际市场占有率呈上升趋势，表明这两个国家柑橘的国际竞争力在逐步上升。伊朗是西亚地区生产柑橘的大国，伊朗的国际柑橘市场占有率并不高，但是呈现上升趋势。中国的柑橘国际市场占有率由2001年的0.9%上升到2010年的5.3%，同样表明中国柑橘在国际市场上的竞争力逐渐上升。

从各个品种看，中国在宽皮橘上的国际市场占有率最高，年均5.6%，而且呈上升趋势，表明中国的橘和柑这两个品种最具有竞争优势，而且优势在加强。中国的葡萄柚具有一定的优势。中国在其他品种柑橘上的竞争优势并不明显（表30-1）。

表30-1　主要柑橘竞争国的柑橘鲜果国际市场占有率　　（单位:%）

品种	国家	2001年	2002年	2003年	2004年	2005年	2006年	2007年	2008年	2009年	2010年
柑橘鲜果	中国	0.9	1.1	1.2	1.5	2	2.1	2.8	4	5.6	5.3
	南非	4.4	4	5.3	6.6	6.7	6.6	6.6	6.1	5.9	7.7
	土耳其	4.5	4.8	4.1	4.3	5.6	6.1	5.6	5.3	7.4	7.4
	伊朗	0.1	0.1	0.1	0.2	0.2	0.3	0.5	0.3	0.3	0.2
	美国	13.4	12.2	10.7	10	8.9	9.6	7.9	7.7	7.3	8.2
橙	中国	0	0.1	0.3	0.4	0.7	0.7	1	1.4	2	1.8
	南非	6.7	6	8.5	9.7	10.3	10.9	11.8	10.4	9.6	13
	土耳其	2.4	2.5	2.3	1.8	2.9	3.5	2.8	2.3	4	3.4
	伊朗	0.1	0	0	0.3	0.3	0.4	0.3	0.3	0.4	0.4
	美国	16.3	14.8	14.2	13.2	14.5	13	8.2	10.5	9.8	11.8
宽皮橘	中国	2.4	2.8	2.8	3.6	4	4.4	5.2	8.3	11.1	10.8
	南非	1.8	1.2	1.6	2	2	2.2	1.8	1.9	1.9	2.2
	土耳其	4.9	4.9	4	4.1	4	5.2	4.7	5.3	6.7	7.2
	伊朗	0.2	0.1	0.2	0.3	0.4	0.7	0.7	0.7	0.7	0.2
	美国	2	1	0.8	0.8	0.8	1.1	0.9	1.3	1.2	1.1
柠檬莱檬	中国	0	0	0	0	0	0	0.1	0.1	0.2	0.2
	南非	2.5	2.5	3.6	4.7	4.6	4	3.4	3.5	4.2	4.4
	土耳其	9.6	10.3	7.6	8.4	13.7	12	12	9.2	15.8	13.8
	伊朗	0.2	0.2	0.1	0.1	0.2	0.3	0.3	0.3	0.3	0.6
	美国	10.3	10.1	8.3	6.4	7	7.4	9.4	7.1	7.1	6.6

品种	国家	2001年	2002年	2003年	2004年	2005年	2006年	2007年	2008年	2009年	2010年
葡萄柚	中国	0.3	0.4	0.5	0.6	1.4	2.9	5.7	8.4	10.1	9.7
	南非	6.2	7.9	9.1	13.6	16	10.5	11.7	10.1	10.5	11
	土耳其	4.5	6.5	6.2	9.3	8.2	10.4	8.5	10.1	11	11.8
	伊朗	0	0	0	0	0	0	0	0	0	0
	美国	48.3	48.8	40.7	40.5	25.2	33.7	31.5	24	23.1	23.2

资料来源：作者根据 UNCOMTRADE 联合国贸易统计数据库的数据计算得出，2012 年 6 月

30.1.2　贸易竞争指数

另外一个反映柑橘国际竞争力的指标是贸易竞争指数。柑橘鲜果贸易竞争指数可以用公式表示如下：

$$TC_{ij} = (X_{ij} - M_{ij})/(X_{ij} + M_{ij}) \tag{30-2}$$

式中，TC 为贸易竞争指数；X 为出口总额；M 为进口总额；i 为国家；j 为柑橘品种。贸易竞争指数能够反映进出口结构的变化。如果 TC>0，说明该国的该柑橘品种生产效率高于国际水平，竞争优势比较大；如果 TC<0，则说明该国的该柑橘品种生产效率低于国际水平，在竞争中处于不利地位。如果 TC=0，则表明该国该柑橘品种的生产效率与国际水平相当，其进出口纯属于国家间的品种交换。

从整个柑橘鲜果来说，中国的贸易竞争指数为正，而且越来越大，表明中国柑橘的国际竞争力越来越强。美国柑橘贸易竞争指数虽然为正，但是越来越小，这说明美国的柑橘生产效率虽然高于世界平均水平，但是生产效率在逐渐下降。南非和土耳其的贸易竞争指数基本维持在 0.9 的水平，呈现出很高的柑橘生产水平。

从品种来看，中国的橙、柠檬莱檬的贸易竞争指数呈现先负后正，这表明中国在这两类柑橘品种上的生产率在 21 世纪初是低于国际水平的，但经过多年的发展，生产效率变为高于国际水平。中国的宽皮橘和葡萄柚的贸易竞争指数几乎都为正而且呈现上升趋势，这表明中国这两类柑橘的生产效率同样呈现上升趋势。南非和土耳其各个品种的贸易竞争指数都比较大，显示出较为客观的生产效率。美国在宽皮橘和柠檬莱檬品种上不具备竞争优势（表 30-2）。

表 30-2　主要柑橘竞争国的柑橘鲜果贸易竞争指数

品种	国家	2001 年	2002 年	2003 年	2004 年	2005 年	2006 年	2007 年	2008 年	2009 年	2010 年
柑橘鲜果	中国	0.133	0.331	0.224	0.369	0.523	0.494	0.650	0.733	0.778	0.706
	南非	0.993	0.996	0.994	0.996	0.995	0.992	0.993	0.991	0.994	0.996
	土耳其	0.998	0.949	0.933	0.942	0.928	0.966	0.945	0.954	0.968	0.970
	美国	0.390	0.399	0.289	0.296	0.199	0.174	0.075	0.241	0.199	0.219
橙	中国	-0.96	-0.78	-0.67	-0.49	-0.31	-0.34	0.046	0.096	0.279	0.047
	南非	0.997	0.998	0.994	0.999	0.998	0.995	0.997	0.991	0.997	0.999
	土耳其	1.000	0.846	0.803	0.796	0.742	0.898	0.777	0.818	0.895	0.898
	美国	0.736	0.711	0.718	0.682	0.648	0.600	0.303	0.677	0.585	0.641
宽皮橘	中国	0.898	0.915	0.875	0.90	0.955	0.908	0.824	0.934	0.950	0.949
	南非	0.992	0.984	0.991	0.988	0.980	0.981	0.977	0.979	0.979	0.980
	土耳其	0.999	0.999	0.999	0.994	0.993	0.985	0.990	0.994	0.992	0.985
	美国	-0.63	-0.76	-0.826	-0.76	-0.78	-0.78	-0.77	-0.63	-0.65	-0.66
柠檬莱檬	中国	-0.96	-0.98	-0.994	-0.96	-0.96	-0.97	-0.62	-0.31	-0.51	0.029
	南非	0.992	0.984	0.991	0.988	0.980	0.981	0.977	0.979	0.979	0.980
	土耳其	1.000	0.990	0.975	0.987	0.994	0.994	0.988	0.977	0.991	0.992
	美国	0.002	-0.07	-0.147	-0.36	-0.31	-0.31	-0.22	-0.14	-0.20	-0.23
葡萄柚	中国	-0.01	0.053	0.279	0.325	0.638	0.752	0.890	0.907	0.874	0.828
	南非	0.982	0.992	0.990	0.990	0.994	0.984	0.988	0.991	0.991	0.993
	土耳其	0.982	0.904	0.911	0.923	0.889	0.963	0.970	0.974	0.977	0.978
	美国	0.969	0.980	0.982	0.985	0.978	0.980	0.976	0.978	0.978	0.977

注：伊朗由于出口额数据缺失并未考虑在内

资料来源：根据 UNCOMTRADE 联合国贸易统计数据库计算得出，2012 年 6 月

　　综合上述可以得到以下结论：中国柑橘鲜果的国际竞争力在逐步上升，尤其是宽皮橘和葡萄柚这几个品种具有明显的竞争优势；中国在西亚柑橘鲜果市场的主要竞争对手——伊朗和土耳其的国际竞争力同样在逐渐上升。美国柑橘的国际竞争力在逐渐下降。

30.2　主要竞争国在西亚柑橘鲜果市场的竞争力比较

30.2.1　西亚柑橘鲜果消费市场占有率

　　本章首先用西亚市场占有率来分析各国在西亚地区的柑橘鲜果竞争状况。

相对于国际市场占有率，区域市场占有率比较复杂，因为某一区域内的柑橘由本地柑橘和来自于区域外的"舶来品"两部分组成。本地供应的柑橘由本地柑橘的生产量减去出口量得到。本节对西亚国家和非西亚国家在西亚地区的市场占有情况分别计算。对于西亚国家 i 而言，该国在西亚地区的市场占有率用公式表示为

$$Q_{ij} = \frac{S_{ij} - E_{ij} + e_{ij}}{S_j - E_j + I_j} \times 100\% \tag{30-3}$$

对于非西亚国家 n 而言，该国在西亚地区的市场占有率用公式表示为

$$Q_{nj} = \frac{I_{nj}}{S_j - E_j + I_j} \times 100\% \tag{30-4}$$

式中，Q_{ij} 和 Q_{nj} 分别为西亚国家 i 和非西亚国家 n 在西亚某品种柑橘市场的占有率；S、E、I 分别为生产量、出口量和进口量。那么（$S_j - E_j + I_j$）表示西亚整个区域市场上的柑橘品种 j 的数量。（$S_{ij} - E_{ij}$）为西亚地区内的国家 i 在本国柑橘市场上柑橘品种 j 的数量，e_{ij} 表示西亚国家 i 出口给西亚地区的柑橘品种 j 的数量。（$S_{ij} - E_{ij} + e_{ij}$）表示西亚国家 i 国在西亚市场上的柑橘品种 j 供应量。I_{nj} 为非西亚地区的出口国家 n 在西亚市场上柑橘品种 j 供应量。如果西亚区域市场占有率越高，就说明该国该产品在西亚地区的竞争力越强。反之，则越弱。

从整个柑橘鲜果来看，伊朗和土耳其在西亚柑橘鲜果市场中的份额最多，分别占 41% 和 26% 左右。伊朗的市场占有率在逐渐下降，2001 年为 43.2%，2010 年下降到 31.2%。土耳其的市场占有率在逐渐上升，2001 年为 22.5%，2010 年上升至 31.5%。最终两国的市场占有率几乎持平。在西亚柑橘鲜果市场中，市场占有率排名前五位的国家均为西亚本地区的国家，分别为伊朗、土耳其、叙利亚、以色列和黎巴嫩。这五国大约共占西亚柑橘鲜果市场份额的 86%。西亚地区以外的国家在西亚的柑橘市场中份额很小。南非和美国约拥有西亚柑橘鲜果市场份额的 3.2% 和 0.1%。值得肯定的是，南非和美国在西亚柑橘市场中的份额在逐渐增大。2001 年，南非的市场占有率为 1.6%，美国的市场份额小于 0.1%。2010 年南非的市场份额升至 3.2%，美国升至 0.1%。

从不同品种看，橙、宽皮橘、柠檬莱檬这三个品种的市场格局和整体市场格局一致，都是伊朗土耳其占据着优势，并且国外柑橘所占市场份额很少。比较例外的是在葡萄柚的市场格局中，市场份额最大的不是伊朗和土耳其，而是以色列。以色列占据了西亚葡萄柚市场约 58% 的份额，伊朗和土耳其分别只占 13.5% 和 13.9%（表 30-3）。

表30-3　各国西亚柑橘鲜果消费市场占有率　（单位:%）

品种	国家	2001 年	2002 年	2003 年	2004 年	2005 年	2006 年	2007 年	2008 年	2009 年	2010 年
柑橘鲜果	伊朗	43.2	42.4	43.4	42.7	42.1	42.3	41.7	40.6	36.6	31.2
	土耳其	22.5	21.3	23.9	25.3	24.1	26.1	24.1	25.7	30.8	31.5
	叙利亚	9.7	8.8	8	10.1	9.1	10.1	10.3	11.2	12.8	13.1
	以色列	5.8	5.7	6.7	6.1	5.9	5.3	5.6	4.3	5	4.6
	黎巴嫩	3.7	3.4	4.5	4.7	4.5	4.1	4.2	4.2	4.6	4.8
	南非	1.6	1.9	2	1.6	6.9	3.5	2.5	2.7	5.1	4
	中国	0	0	0	0	0	0	0	0.1	0.4	0.2
	美国	0	0	0	0	0	0	0	0.2	0.2	0.1
橙	伊朗	41.1	41	41.9	45.5	44.2	45.2	44.8	45.8	39	30.4
	土耳其	24.7	23.7	24.2	25.3	24.9	25.3	23.2	23.2	29.8	31.9
	叙利亚	10.2	9.3	8.9	10.6	8.9	10.4	10.8	11.5	13.5	14.7
	以色列	3.4	2.8	3.2	2.6	3.1	2.5	2.8	1.5	2.1	2.1
	黎巴嫩	3.4	3.4	4.9	5	4.6	4.4	4.1	4	4.5	4.9
	南非	2.3	2.4	2.6	2	8.8	4.7	3.1	3.2	5.2	5.4
	中国	0	0	0	0	0	0	0	0.2	0.6	0.3
	美国	0	0	0	0	0	0	0	0.3	0.3	0.2
宽皮橘	伊朗	49.7	50	52.4	51.3	44.9	43.5	41.6	25.4	25.3	23.7
	土耳其	27.3	25	27.2	32.2	31.6	34.5	34	46	51.2	45.6
	叙利亚	2.1	1.7	1.2	1.6	1.5	1.6	1.6	2.3	2.6	2.8
	以色列	4.3	6.8	6	6.3	6.5	6.9	7.6	9.1	8.5	9.5
	黎巴嫩	3.3	3	3.2	2.7	2	2.3	2.3	3.1	3.2	3.4
	南非	0.3	0.3	0.3	0.3	0.3	0.3	0.4	0.7	0.8	0.9
	中国	0	0	0	0	0	0	0	0	0.2	0.2
	美国	0	0	0	0	0	0	0	0	0	0
柠檬莱檬	伊朗	60.6	57.1	52.8	42	47.5	44	44.1	44.2	46.6	44.8
	土耳其	20.8	21.5	27.5	31.9	22.9	31.2	27	30.9	31.3	29.5
	叙利亚	4.6	5.4	4.7	8.3	8.6	8.1	8.6	7.6	9.2	8.8
	以色列	1	2.8	3.1	3.7	5.3	2.6	2.7	1.9	4	3.9
	黎巴嫩	6	5.2	5.5	7.9	8.7	6.3	7.5	7.2	7.5	7.2
	南非	1.5	1.8	2.3	2.7	11.3	3.6	3.5	3.3	9.4	3.6
	中国	0	0	0	0	0	0	0	0	0	0.1
	美国	0	0	0	0	0	0	0	0	0	0

品种	国家	2001 年	2002 年	2003 年	2004 年	2005 年	2006 年	2007 年	2008 年	2009 年	2010 年
葡萄柚	伊朗	8.6	7.9	12.5	13.7	16.4	17.8	14	13.4	14.9	15.4
	土耳其	15.5	4.1	17.2	6.5	16.7	11	11.9	13.1	19.5	23.3
	叙利亚	0	5.1	5.9	6.5	7.1	8.1	6.5	7.3	8.5	7.9
	以色列	59.9	42.3	86.8	65	56.4	70.4	62.5	51	47.2	37.3
	黎巴嫩	2.7	2.2	5	4.2	3.6	5.6	4.4	3.4	3.5	3.3
	南非	0.2	0.3	0.6	0.2	0.6	1.4	2	0.9	5.8	1.3
	中国	0	0	0	0	0.1	0.2	0.2	0.3	0.4	0.5
	美国	0	0	0	0	0.1	0.1	0	0	0	0

注：小于 0.1% 的都表示为 0

资料来源：根据 UNCOMTRADE 联合国贸易统计数据库计算得出，2012 年 6 月

对于中国而言，中国在西亚地区的柑橘市场经历了一个从无到有、从小到大的过程。在橙、宽皮橘、柠檬莱檬这三个品种的市场上，2008 年以前中国占据的份额非常小，几乎为零，2008 年以后才拥有 0.2% 的份额。葡萄柚市场上，中国从 2005 年就至少占有 0.1% 的市场份额，2010 年升至 0.5%。从这些数据可以看出，西亚柑橘鲜果市场对中国来说是空白市场，中国应发挥自身优势，加大对西亚的柑橘鲜果出口，开拓西亚市场。

30.2.2 主要竞争国出口到西亚的柑橘鲜果价格

在不存贸易扭曲的或产品差异很大的情况下，出口价格一般直接反映国际竞争力。出口价格是出口额与出口量之商测定的。

从整体来看，中国对西亚地区的柑橘鲜果出口价格虽有波动但整体上呈现下降趋势，意味着中国的价格优势在逐渐增强，2001 年中国对西亚地区的柑橘鲜果出口价格为 1.73 美元/千克，2010 年为 0.71 美元/千克；2001～2010 年伊朗的出口价格呈下降趋势，虽然从 5.79 美元/千克下降到 1.22 美元/千克，但在这几个竞争国中还是最高的；西班牙的出口价格整体上称上升趋势，近两年基本上稳定在 1 美元/千克；土耳其的出口价格从 2001～2010 年也呈逐渐上升的趋势，2010 年为 0.69 美元/千克；南非的出口价格虽有波动但整体上呈现上升趋势，虽然从 0.24 美元/千克上升到 0.59 美元/千克，但在这几个竞争国中还是比较低的；叙利亚的出口价格在 0.4 美元/千克上下波动；美国的出口价格在近 3 年稳定在 0.60 美元/千克左右，2010 年为 0.65 美元/千克。

总的就出口价格来说，土耳其、中国和美国的竞争优势较明显。下面从品种进行分析。

就橙类来看，土耳其、西班牙和南非的出口价格整体呈上升趋势，伊朗、叙利亚、美国和中国的出口价格大体呈下降态势，伊朗和西班牙的价格较高，叙利亚和南非的价格较低；就宽皮橘来说，伊朗的出口价格最高呈下降状态，土耳其的出口价格呈逐渐上升趋势，南非和中国的价格总体呈上升趋势，西班牙的价格近 4 年在 1.2 美元/千克左右波动，叙利亚的价格最低且呈下降趋势；就柠檬莱檬来说，西班牙和伊朗的价格较高，叙利亚、土耳其和南非的价格呈上升的趋势，中国和美国的出口价格有下降趋势；就葡萄柚来说，近 7 年中国的出口价格在 0.7 美元/千克左右，美国和叙利亚的出口价格较低，伊朗和西班牙的出口价格较高。

中国的橙和柠檬莱檬的出口价格呈现下降趋势，而宽皮橘和葡萄柚的出口价格在逐渐上升，这反映出中国各个柑橘品种在西亚市场的竞争力具有差异，橙和柠檬莱檬具有一定的价格优势，而宽皮橘和葡萄柚的价格优势在逐渐减弱（表 30-4）。

表 30-4　西亚市场主要竞争国的柑橘鲜果出口价格

（单位：美元/千克）

品种	国家	2001 年	2002 年	2003 年	2004 年	2005 年	2006 年	2007 年	2008 年	2009 年	2010 年
柑橘鲜果	伊朗	5.79	4.56	3.24	3.21	1.91	1.95	—	—	—	1.22
	土耳其	0.34	0.32	0.36	0.39	0.39	0.41	0.52	0.63	0.61	0.69
	叙利亚	0.50	0.42	0.39	0.24	0.19	0.23	0.30	0.43	—	—
	南非	0.24	0.21	0.37	0.46	0.12	0.32	0.38	0.43	0.31	0.59
	中国	1.73	0.30	0.27	0.71	0.49	0.67	0.90	0.57	0.60	0.71
	美国	0.74	0.64	1.00	0.45	0.42	0.49	0.88	0.57	0.60	0.65
	西班牙	0.57	0.65	0.74	0.89	0.95	0.84	1.00	1.24	1.02	1.08
橙	伊朗	5.54	5.66	3.67	3.58	1.66	1.83	—	—	—	1.44
	土耳其	0.31	0.28	0.31	0.34	0.33	0.35	0.46	0.54	0.57	0.66
	叙利亚	0.53	0.40	0.41	0.24	0.22	0.23	0.33	0.37	—	—
	南非	0.23	0.19	0.34	0.44	0.10	0.29	0.37	0.42	0.37	0.55
	中国	—	0.80	—	0.66	0.48	0.87	0.97	0.52	0.57	0.68
	美国	0.77	0.65	0.54	0.43	0.32	0.49	0.79	0.57	0.60	0.65
	西班牙	0.36	0.58	0.58	0.85	0.74	0.78	0.91	1.11	0.85	0.95

品种	国家	2001 年	2002 年	2003 年	2004 年	2005 年	2006 年	2007 年	2008 年	2009 年	2010 年
宽皮橘	伊朗	9.94	8.85	5.30	3.08	2.27	2.23	—	—	—	1.38
	土耳其	0.32	0.30	0.34	0.36	0.35	0.38	0.57	0.61	0.64	0.67
	叙利亚	0.45	0.49	0.28	0.23	0.15	0.30	0.23	0.27	—	—
	南非	0.32	0.28	0.69	0.94	0.92	0.98	0.78	0.68	0.57	0.82
	中国	—	0.35	0.50	0.94	0.44	0.73	0.72	0.75	0.70	0.84
	美国	—	—	—	—	—	—	0.84	0.56	0.60	
	西班牙	1.00	0.83	0.87	1.00	1.04	0.94	1.12	1.34	1.29	1.23
柠檬莱檬	伊朗	1.54	1.21	1.26	1.99	1.50	1.28	—	—	—	1.11
	土耳其	0.38	0.36	0.40	0.43	0.43	0.47	0.55	0.82	0.63	0.72
	叙利亚	0.56	0.34	0.39	0.34	0.22	0.25	0.43	0.84		
	南非	0.28	0.27	0.40	0.49	0.13	0.42	0.42	0.44	0.20	0.70
	中国	1.73	—	—	—	—	0.20	0.86	1.04	0.92	0.84
	美国	1.09	0.84			0.96	—	—	0.58	0.64	0.62
	西班牙	0.58	0.44	0.78	0.82	0.72	0.79	1.14	1.21	0.91	1.01
葡萄柚	伊朗	9.75	7.00	4.87	4.23	—	3.41	—	—	—	1.33
	土耳其	0.24	0.22	0.29	0.31	0.36	0.36	0.54	0.59	0.64	0.69
	叙利亚	—	—	0.35	0.21	0.15	0.18	0.26	0.39		
	南非	0.21	0.21	0.34	0.49	0.41	0.23	0.13	0.54	0.15	0.58
	中国	—	—	0.15	0.72	0.55	0.59	0.61	0.74	0.71	0.70
	美国	0.55	0.31	0.50	0.56	0.61	0.50	0.44	0.69	0.45	0.41
	西班牙	—	0.57	0.50	0.70	0.79	0.82	0.69	1.15	0.93	1.14

资料来源：根据 UNCOMTRADE 数据库计算得出，2012 年 6 月

30.2.3　西亚国家进口柑橘鲜果的价格

因出口价格不考虑税收、运输等方面的因素，所以有必要对西亚国家从这 7 个竞争国进口柑橘鲜果的价格进行比较分析。进口价格是指进口额与进口量之商。进口价格越低，说明竞争力越大；反之，则越小。

从整体来看，西亚国家从伊朗和土耳其进口柑橘鲜果的价格最低，具有很大的价格优势，从西班牙进口的价格最高，从美国进口的价格相对较高，从中国、叙利亚和南非进口的价格相差不大，在 0.6 美元/千克左右，所有的进口价格都较波动（表 30-5）。

表 30-5　2001～2010 年西亚国家进口柑橘鲜果的价格

（单位：美元/千克）

品种	国家	2001 年	2002 年	2003 年	2004 年	2005 年	2006 年	2007 年	2008 年	2009 年	2010 年
柑橘鲜果	中国	1.00	0.31	0.51	0.59	0.53	0.56	0.81	0.69	0.60	0.67
	伊朗	0.64	0.49	0.40	0.22	0.28	0.45	0.56	0.65	0.65	0.32
	南非	0.65	0.35	0.39	0.41	0.45	0.47	0.57	0.68	0.53	0.67
	西班牙	1.69	0.77	0.70	0.79	0.80	0.75	0.93	1.16	1.05	1.06
	叙利亚	0.62	0.52	0.50	0.55	0.47	0.42	0.46	0.61	0.82	0.59
	土耳其	0.40	0.33	0.23	0.25	0.22	0.22	0.22	0.45	0.53	0.38
	美国	2.51	0.91	0.75	0.62	0.71	0.63	1.42	0.65	0.73	0.77
橙	中国	—	—	0.32	0.49	0.56	0.49	1.25	0.63	0.62	0.57
	伊朗	0.40	0.56	0.21	0.41	0.27	0.53	0.49	0.62	0.77	0.34
	南非	0.46	0.33	0.34	0.36	0.44	0.46	0.55	0.62	0.53	0.61
	西班牙	0.30	0.83	0.46	0.71	0.86	0.66	0.87	1.13	0.91	0.97
	叙利亚	0.57	0.52	0.54	0.51	0.49	0.43	0.46	0.53	0.81	0.57
	土耳其	0.24	0.33	0.24	0.29	0.33	0.30	0.30	0.33	0.49	0.53
	美国	0.74	0.64	0.74	0.65	0.66	0.38	1.39	0.64	0.71	0.45
宽皮橘	中国	1.07	0.55	0.33	0.27	0.58	0.55	0.58	0.70	0.60	0.55
	伊朗	0.33	0.30	0.32	0.30	0.28	0.50	0.98	0.99	1.05	0.29
	南非	0.43	0.37	0.44	0.55	0.69	0.65	0.98	1.02	0.97	0.86
	西班牙	0.55	0.83	0.48	0.69	0.76	0.79	1.02	1.22	1.11	1.01
	叙利亚	0.58	0.52	0.31	0.91	0.45	0.35	0.44	1.60	1.27	0.59
	土耳其	0.25	0.29	0.15	0.15	0.17	0.14	0.18	0.39	0.27	0.23
	美国	1.50	0.62	0.57	0.31	1.51	1.84	1.50	0.70	0.66	0.65
柠檬莱檬	中国	0.69	0.25	1.84	—	0.39	0.56	0.76	0.87	0.74	0.74
	伊朗	1.05	1.05	0.87	0.80	0.29	0.37	0.43	0.64	0.77	0.33
	南非	0.33	0.34	0.37	0.42	0.46	0.47	0.58	0.83	0.56	0.67
	西班牙	0.48	0.54	0.53	0.79	1.72	0.58	0.93	1.13	1.22	1.33
	叙利亚	0.59	0.41	0.41	0.54	0.49	0.43	0.66	0.74	1.05	0.64
	土耳其	0.27	0.26	0.23	0.34	0.26	0.16	0.20	0.51	0.56	0.24
	美国	1.40	0.71	1.60	2.28	1.20	0.43	1.32	1.17	0.59	0.52

品种	国家	2001 年	2002 年	2003 年	2004 年	2005 年	2006 年	2007 年	2008 年	2009 年	2010 年
葡萄柚	中国	—	—	0.30	0.40	0.53	0.69	0.76	0.90	1.20	0.94
	伊朗	0.41	1.14	0.37	0.45	0.34	0.54	0.88	0.61	—	0.38
	南非	0.35	0.39	0.36	0.37	0.46	0.49	0.55	0.58	0.61	0.53
	西班牙	—	—	0.69	0.65	0.51	0.84	0.78	1.25	1.11	1.05
	叙利亚	0.49	0.49	0.40	0.50	0.30	0.25	0.29	0.49	0.70	0.45
	土耳其	0.25	0.24	0.20	0.20	0.44	0.16	0.37	0.50	0.42	0.36
	美国	0.75	0.82	0.85	1.18	0.88	0.67	1.56	1.41	0.98	0.31

资料来源：根据 UNCOMTRADE 数据库计算，2012 年 6 月

就橙类而言，从西班牙进口的价格呈上升趋势，2010 年为 0.97 美元/千克，在这几个国家中是最高的。2001~2008 年从土耳其进口的价格稳定在 0.3 美元/千克，近两年有所上升。从伊朗进口的价格一直处于上下波动状态。从进口中国的价格从 2003~2007 年呈上升趋势，2007 年高达 1.25 美元/千克，2010 年又下降到 0.57 美元/千克。从南非和叙利亚进口的价格波动不大，近两年稳定在 0.6 美元/千克。从美国进口的价格在 2007 年上升到 1.39 美元/千克，2010 年下降至 0.45 美元/千克。

就宽皮橘来说，从中国进口的价格，近 6 年来稳定在 0.6 美元/千克左右。2001~2005 年从伊朗的进口价格稳定在 0.3 美元/千克，之后逐渐上升到 2009 年的 1.05 美元/千克，2010 年又骤降到 0.29 美元/千克。从南非和西班牙进口的价格大体上呈上升的趋势，近 4 年在 1 美元/千克左右波动。从叙利亚进口的价格在 2001~2007 年，除了 2004 年达 0.91 美元/千克，基本上在 0.5 美元/千克左右波动，然后在 2008 年高达 1.6 美元/千克后下降，2010 年为 0.59 美元/千克。从土耳其进口的价格在 2003~2007 年曾低于 0.2 美元/千克，其他年份在 0.3 美元/千克左右。从美国进口的价格近 3 年在 0.65 美元/千克左右，而在 2005~2007 年不低于 1.5 美元/千克。

就柠檬莱檬来说，从中国进口的价格出了 2003 年高达 1.84 美元/千克之外，差不多都在 0.7 美元/千克左右。从伊朗进口的价格比较波动，2010 年为 0.33 美元/千克。从南非进口的价格缓慢上升，2010 年为 0.67 美元/千克。从西班牙进口的价格呈上升趋势，2010 年为 1.33 美元/千克。从叙利亚进口的价格比较平稳，近 4 年有所上升，2009 年高达 1.05 美元/千克，2010 年下降为 0.64 美元/千克。从土耳其进口的价格除了 2008~2009 年在 0.5 美元/千克之上，其他都在 0.3 美元/千克。

就葡萄柚来看，从中国和西班牙进口的价格基本上呈上升趋势，2010 年

的价格在这几个竞争国中是最高的。从土耳其进口的价格比较低，也相对比较稳定。从美国进口的价格不稳定，2007 年高达 1.56 美元/千克，而 2010 年又低至 0.31 美元/千克。从南非、伊朗和叙利亚进口的价格相对稳定。

从中国进口宽皮橘的价格呈下降趋势，进口橙的价格稍微有所上升，进口葡萄柚的价格呈上升趋势，进口柠檬莱檬的价格变化不大。

30.2.4　影响中国在西亚地区柑橘鲜果竞争力的因素

影响因素选取是依据以前学者相似研究的选取因素，并与实际情况综合考虑。

1. 生产成本

柑橘的生产成本包括机械操作、灌溉、临时劳动力、固定劳动力、播种、施肥除虫等种植成本，运输和技术援助等收获之后的成本，利息等财政成本，以及折旧等。为了简单起见，本章比较中国和美国的生产成本。陈云等（2002）通过考察中美两国四个典型产区的生产成本总水平发现 1998 年中美两国的甜橙生产总成本平均为 1781 元/亩和 2575.1 元/亩，中国比美国低 44.3%，说明中国柑橘具有明显的成本优势和价格优势。祁春节（2001）认为虽然中国具有一定的成本优势，但中国的柑橘产业属于劳动密集型产业，十年前廉价的劳动力为柑橘产业的发展提供的有利条件，但随着近几年劳动力成本的上升，中国柑橘生产成本上的优势将会逐渐消失，这就必须依靠科技的力量来支撑整个产业。

本章通过比较生产者价格来分析中国柑橘在生产成本上的优势和劣势。柑橘生产者价格反映的是果农出售柑橘时的价格。生产者价格越低，说明生产成本越低，在市场上就具有较高的竞争力。反之，生产者价格越高，柑橘的竞争力就越弱。当然，这里排除了农户推行市场推销策略等各种影响柑橘购买的因素。从表 30-6 中可以看出，中国的宽皮橘和葡萄柚两个柑橘品种上生产者价格比较低，反映出中国在这两个品种上具有较强的竞争优势；中国的橙和柠檬莱檬的生产者价格比较高，尤其是在柠檬莱檬品种上，中国的生产者价格几乎是伊朗和土耳其的一倍以上，这反映出中国在这两个柑橘品种上不具备竞争优势（表 30-6）。

表30-6　各国2000～2009年生产者价格　（单位：美元/吨）

品种	国家	2000年	2001年	2002年	2003年	2004年	2005年	2006年	2007年	2008年	2009年
橙	中国	125.9	160.6	179.9	206.6	227.1	229.5	349.9	305.1	392.9	431.9
	美国	93.0	100.0	110.0	92.0	97.0	114.0	158.0	255.0	175.0	165.0
	南非	116.4	164.4	129.7	220.8	278.7	189.0	195.3	303.0	297.1	265.5
	土耳其	249.3	159.7	181.2	242.8	315.3	409.4	351.1	439.1	497.1	380.0
	伊朗	668.7	772.0	322.1	261.3	187.0	237.0	314.3	378.8	368.6	422.5
宽皮橘	中国	125.9	160.6	179.9	187.4	207.5	215.9	231.3	267.4	213.7	222.5
	美国	185.0	205.0	249.0	261.0	217.0	337.0	276.0	384.0	370.0	390.0
	南非	236.0	125.3	243.0	430.4	519.6	435.8	505.1	424.3	454.7	403.8
	土耳其	261.3	186.4	230.5	334.6	376.1	409.4	414.3	533.5	567.0	471.0
	伊朗	489.8	285.5	165.1	223.0	144.9	274.5	249.8	362.4	231.7	399.1
柠檬莱檬	中国	1774	1309	1200	902.5	1024	1028	1378	1425	1703	1757.0
	美国	275.0	144.0	330.0	189.0	232.0	237.0	307.0	464.0	771.0	234.0
	南非	187.3	166.5	132.1	229.4	314.1	174.6	228.3	313.6	354.7	199.4
	土耳其	428.7	299.9	357.0	490.3	542.6	610.4	540.7	755.0	850.7	654.8
	伊朗	1313	1238	309.8	296.7	295.3	197.9	237.7	274.3	517.6	626.7
葡萄柚	中国	125.9	160.6	179.9	187.4	207.5	215.9	231.3	267.4	213.7	222.5
	美国	185.0	205.0	249.0	261.0	217.0	337.0	276.0	384.0	370.0	390.0
	南非	236.0	125.3	243.0	430.4	519.6	435.8	505.1	424.3	454.7	403.8
	土耳其	261.3	186.4	230.5	334.6	376.1	409.4	414.3	533.5	567.0	471.0
	伊朗	489.8	285.5	165.1	223.0	144.9	274.5	249.8	362.4	231.7	399.1

资料来源：根据FAO整理而来，2012年6月

2. 汇率

另外，汇率也是影响商品在国际竞争力的重要因素。一般情况下，用直接标价法表示的本国汇率上升，是指本国货币贬值，那么本国商品在国际市场上的价格优势增强。中国的汇率逐渐下降，这表明人民币升值，一般情况下会降低出口商品的竞争力。伊朗的汇率逐渐上升，这表明里亚尔贬值，一般会提高出口商的竞争力（表30-7）。

表 30-7 2001～2010 年主要竞争国的汇率

国家	2001 年	2002 年	2003 年	2004 年	2005 年	2006 年	2007 年	2008 年	2009 年	2010 年
中国	8.3	8.3	8.3	8.3	8.2	8.0	7.6	6.9	6.8	6.8
伊朗	1754.2	6907.1	8193.9	8614.0	8964.0	9170.9	9281.2	9428.5	9864.3	10254.2
南非	8.6	10.5	7.6	6.5	6.4	6.8	7.0	8.3	8.5	7.3
叙利亚	11.2	11.2	11.2	11.2	11.2	11.2	11.2	11.2	11.2	11.2
土耳其	1.2	1.5	1.5	1.4	1.3	1.4	1.3	1.3	1.5	1.5
西班牙	1.1	1.1	0.9	0.8	0.8	0.8	0.7	0.7	0.7	0.8

注：表中的汇率指与美元的汇率，采用直接标价法

资料来源：世界银行数据库，2012 年 6 月

3. 产品质量和卫生

柑橘的质量是决定柑橘竞争力的重要因素。柑橘的质量有内在质量和外在质量之分，内在质量包括柑橘的品种、口味等能够满足消费者需要的特性，外在质量包括产品的色泽、新鲜程度、残次率等。柑橘的内在质量主要依靠科技来提高。以中国在西亚市场的主要竞争对手南非为例，南非的柑橘生产一直增长，并不断更新市场需要的品种，采用先进的管理方式以保证给市场供应高质量的水果。南非的柑橘产业被认为是提供高质量水果的供应商，不论是味道、个头大小，还是颜色都很好。2009～2010 年市场年创下了柑橘鲜果出口记录，出口量为 150 万吨。其中蜜奈夏橙因其突出的食用品质而闻名。蜜奈夏橙是一种夏橙变种，它比标准的脐橙小，无籽，味甜而多汁，内在品质非常好，欧盟市场上对这种小个橙需求很大。但是中国目前对柑橘的质量并没有形成非常统一完整的标准，而且由于果农素质不高和品种等方面原因是中国的优质果率仅 30%。这严重影响了中国柑橘的竞争力。柑橘的采后处理和分类分级主要从柑橘果实均匀度、果实光洁度和着色度入手进行打蜡、包装设计等。以美国为例，美国在柑橘的外在品质上非常注重，因而美国的柑橘鲜果通常在高端产品市场占有优势，而中国在这些方面并没有注重，这就使得大量优质国外进口水果被当做会议和送礼佳品而摆在高端货架上，中国自产柑橘鲜果只被当做普通水果消费。

柑橘的卫生主要指从农药的使用。在一些柑橘主要生产国，如美国，果园施用农药的结构大致是：除草剂用得最多，首先是杀菌剂，最后是杀虫剂。而中国是相反的，毒性较强的杀虫剂用得比较多。乔娟和颜军林（2002）认为大量施用杀虫剂不但会提高劳动成本，更为严重的是中国的柑橘出口由于农药残留超标而经常被禁运，这就使中国柑橘的竞争力大大降低了。

4. 生产水平

中国的柑橘生产水平与发达国家相比还具有较大的差距。本章用柑橘的单产来衡量柑橘的生产水平，见表30-8。

表30-8　主要竞争国柑橘各品种单产　　（单位：吨/公顷）

品种	国家	2001 年	2002 年	2003 年	2004 年	2005 年	2006 年	2007 年	2008 年	2009 年	2010 年
柑橘鲜果	中国	8.90	8.67	9.10	9.34	9.34	10.12	8.84	9.67	11.01	11.90
	南非	24.82	23.57	27.26	26.54	28.44	31.47	31.15	31.40	30.64	30.46
	美国	33.60	34.55	33.05	37.42	27.45	34.85	27.08	33.81	31.40	29.84
	土耳其	27.75	27.59	26.21	28.48	30.68	33.14	31.38	30.81	34.95	30.23
	伊朗	16.84	16.46	15.59	15.09	15.33	15.92	15.85	17.41	16.95	14.25
橙	中国	5.67	5.79	6.74	6.87	7.62	8.43	9.18	10.76	11.95	13.31
	南非	24.41	23.59	28.21	26.62	30.40	35.46	35.26	35.41	33.40	34.51
	美国	33.62	34.87	32.69	37.81	28.12	35.90	25.24	34.06	31.18	28.75
	土耳其	31.81	31.89	30.74	31.48	35.86	37.53	35.03	32.82	37.85	32.13
	伊朗	15.92	15.67	15.05	14.87	15.26	16.00	15.97	17.28	16.67	13.08
宽皮橘	中国	9.47	8.99	9.38	9.65	9.45	10.32	5.74	6.22	7.09	7.55
	南非	28.46	20.20	21.62	21.73	26.78	26.59	26.47	27.16	27.00	26.39
	美国	20.94	24.97	23.40	25.82	20.13	26.48	21.99	29.17	22.47	29.12
	土耳其	20.28	20.34	17.57	22.11	23.21	25.10	24.99	25.28	27.51	25.80
	伊朗	16.65	16.63	16.00	17.18	15.73	16.55	16.37	28.27	28.27	28.27
柠檬莱檬	中国	9.58	12.30	11.94	12.61	12.87	12.71	13.22	13.94	15.17	17.71
	南非	20.71	20.01	22.67	25.15	19.99	20.66	18.96	19.16	18.57	19.63
	美国	34.46	27.82	37.22	29.91	33.34	36.73	29.57	23.52	34.65	34.69
	土耳其	28.55	28.28	28.69	30.51	30.00	34.15	31.30	32.13	37.03	31.04
	伊朗	19.40	18.75	17.02	13.64	14.97	15.29	14.77	15.42	15.11	13.94
葡萄柚	中国	7.14	7.75	7.96	8.27	8.06	8.67	39.17	41.95	43.85	47.19
	南非	28.27	28.65	29.40	30.01	29.04	30.76	29.90	30.99	33.89	28.36
	美国	38.01	39.58	35.99	42.28	22.16	30.35	42.33	41.61	36.36	36.42
	土耳其	40.91	36.87	37.82	37.50	41.10	48.25	43.60	44.74	50.52	35.26
	伊朗	16.38	14.40	14.23	20.21	21.80	22.17	24.00	23.35	24.27	22.14

资料来源：FAO，2012 年 6 月

从整个柑橘看，中国、南非、美国、土耳其和伊朗在 2001～2010 这十年的年均每公顷产量分别为 9.69 吨、28.58 吨、32.31 吨、30.12 吨和 15.97

吨。这可以看出，中国的柑橘生产力远远低于其他国家。单产过低，果农必须花费更多的资源来收获同样数量的柑橘，这就会增加柑橘的生产成本，从而在西亚市场上表现出较低的竞争力。

从品种来看，中国葡萄柚种植的单产比较高，每年均为22吨/公顷的产量。其他品种柑橘单产都比较低。这就需要中国加快农业科技投入，在柑橘生产中增加科技含量，使柑橘产业由劳动密集型和资源浪费型向科技密集型和资源节约型产业转变。

5. 柑橘流通

中国与西亚地区距离比较远，途径高原、高山和诸多中亚国家，陆路运输非常不便，主要运用货轮把柑橘从中国运输到西亚。货轮运输耗时长，柑橘的保鲜性得不到保障，而且经过温度高的热带地区，柑橘很容易腐烂，这就需要更高的流通成本来保障柑橘的质量，体现在市场上的就是柑橘销售价格高，从而降低了柑橘在西亚地区的市场竞争力。而对西亚内部国家来说，距离近，运输耗时短，运输成本低，市场上价格相对较低，比较具有市场竞争力。西亚地区政局动荡，某些国家出于政治或者其他方面的考虑，有时限制国外力量的渗入。西亚柑橘鲜果市场占有率排名前五位的国家均为西亚本地区的国家，这说明流通方面的因素对各国竞争力起着非常重要的作用。

6. 贸易政策

贸易政策有国内贸易政策和国外贸易政策。首先看国内的贸易政策，国内新的水果出口政策提高了柑橘出口门槛。为了确保出口水果质量安全，国家质检总局要求加强出口水果检验检疫，如全面实施出口水果果园、包装厂注册登记制度，水果进出口企业要建立进货和销售台账，并拟建立出境不合格水果召回制度等。而目前国内许多长期从事柑橘出口的柑橘果园和加工企业都未办理注册登记手续，复杂的注册登记手续必将成为部分柑橘主产区柑橘鲜果出口的瓶颈，从而对柑橘出口造成不利影响。再看国外的柑橘贸易政策，以伊朗为例，2006年伊朗为了减少水果的进口，将水果进口税率从4%提高到45%，尽管这种高进口税不会持续太长时间，但是断断续续的税率政策给柑橘进口带来阻碍。

7. 柑橘的市场营销

目前柑橘的竞争已经由量向质转变，因而品牌对柑橘销售的影响逐渐重要。以美国为例，美国的"新奇士"柑橘自中国加入WTO就对中国市场展开信息公司，以树立良好的品牌形象。美国的柑橘产业不仅有自己的合作社和公司，还和其他各种力量联合，以扩展销售渠道。相比之下，中国的柑橘产业在营销方面存在如下不足：首先，果农素质较低，缺少柑橘合作社和相关行业的支撑。绝大多数果农都既是生产者又是销售商，缺乏其他连接果农和市场的纽带，比如合作社、中间商或龙头企业等，柑橘流通渠道不畅且交易成本高。而且中国柑橘没有相关行业的强力支撑，商品化处理也较落后，经过分级、清洗、打蜡上色和包装进入超市货架的很少，大部分还是以简易包装或散装销售，不仅产品增值率低，还导致储运中损失居高不下。即使已采用纸箱包装，在纸箱外观质量、结实度及规格等方面也都尚需改进。其次，中国企业在营销实践中强调信息宣传而缺乏自觉的品牌策划和运作。因此，中国优质柑橘与国外产品的质量差距主要表现在外观质量而不是内容物质上。部分柑橘果农缺乏品牌维护意识，受短期利益驱使，采取以次充好、人工催熟等手段销售柑橘，在很大程度上损害了优质柑橘的品牌形象，动摇了消费者对优质柑橘品牌的信心，导致柑橘销量下滑。正是这些营销策略上的差异使西班牙、美国等的柑橘鲜果占领了中国高档产品市场。

30.3 西亚柑橘鲜果市场的准入政策

西亚国家没有统一的市场准入政策，既没有统一的关税率，也没有统一的非关税壁垒，但对食品的进口管理比较严格。有些国家隶属于国际或区域组织，除了遵循组织的规定外，各国还制定的本国的标准。本章从关税和非关税两方面来简单分析西亚柑橘鲜果市场的准入政策。

30.3.1 西亚市场准入关税性措施

亚美尼亚、巴林、塞浦路斯、格鲁吉亚、以色列、约旦、科威特、阿曼、卡塔尔、沙特阿拉伯、土耳其、阿联酋是 WTO 成员国。阿联酋、阿曼、巴林、卡塔尔、科威特和沙特阿拉伯属于海湾阿拉伯国家合作委员会的成员国。约旦、伊拉克、也门属于阿拉伯合作委员会的成员国。

在海湾合作委员会国家，可食用水果属于免税商品。土耳其针对柑橘类水果的税率是 54%。伊朗对农产品征收 25% 的进口关税。以色列对农产品的平均关税为 32.9%。阿富汗对柠檬征收 5% 的关税（表 30-9）。

表 30-9　西亚部分国家的水果、蔬菜及植物产品的关税税率　　　（单位:%）

国家	最终约束税率		最惠国实施税率			进口额	
	平均税率	最高从价税率	平均税率	免税比例	最高从价税率	该产品种类的进口额份额	最惠国免税进口额的比例
巴林	35	35	3.3	32.7	5	1.2	63.2
格鲁吉亚	13.3	30	9.6	18.5	12	1.4	17.3
以色列	104.6	560	20.1	17.5	244	0.8	26.1
约旦	23.5	91	20.2	15.5	91	2.1	15.7
科威特	100	100	3.3	32.7	5	2.8	69.3
阿曼	19.7	100	5.1	32.7	100	1.2	66.5
卡塔尔	14.9	15	3.3	32.7	5	1	70.1
沙特	12.2	40	3.3	32.7	5	1.7	80.9
土耳其	38.8	146	33.1	9	146	0.5	11.9
阿联酋	15	15	3.3	32.7	5	1.3	55.7

注：从价税率

资料来源：《2011 年世界关税形势》，WTO 关税数据库

从关税方面来看，海湾合作委员会六国基本上没有关税壁垒。相对来说，土耳其、以色列、伊朗和约旦的关税壁垒较高。

30.3.2　西亚市场准入的非关税政策

由于西亚地区的宗教信仰和民族的独特性，所以出口到该地区的食品需要尊重其宗教信仰的规定。需要注意的是 Halal 认证和 Kosher 认证。Halal 认证是穆斯林食品认证的标志，即符合穆斯林生活习惯和需求的食品及食品添加剂。Kosher 认证是犹太食品认证的标志，对产品生产过程中原辅材料及生产工艺流程操作进行控制，通过犹太食品规范实验室专家的审核。因此取得 Halal 食品认证和 Kosher 认证有助于中国的食品企业进入西亚地区。

据《海湾合作委员会控制进口食品指南》，所有进口食品必须有原产地当局主管部门出具的健康证书，证明出口的食品符合海湾合作理事会国家的食品安全规制和技术要求，符合食品法典委员会（CODEX）、国际植物保护公约（IPPC）的标准和要求。进口食品还要进行产品质量认证，主要的认证标准危害分析与关键控制点（HACCP）和良好卫生规范（GHP）等。

总的来说，西亚国家柑橘鲜果的非关税贸易壁垒不高。中国应把握机会开辟和发展西亚市场，规避发达国家的高技术贸易壁垒。

第 31 章
中国在西亚市场的柑橘鲜果出口
贸易潜力：引力模型分析

31.1　引力模型构建及数据说明

31.1.1　引力模型构建

国际贸易理论认为地理距离和经济规模对贸易流量有着显著的影响。与牛顿万有引力定律相似，国际贸易中的引力模型认为不同国家和地区的贸易流量与各自的经济规模成正比，而与地理距离成反比。学者在这个基本思想的基础上逐步将殖民关系、语言、人口、优惠贸易协定等解释变量加入到引力模型中对贸易流量进行扩展。尽管不少学者认为引力模型缺少经济理论支撑，但由于引力模型经济原理通俗易懂、模型所需数据常见和计量方法简单易操作等特点被大量学者用于检验双边贸易流量的影响因素、测算贸易潜力等。

用公式表示引力模型：

$$\text{EXP}_i = A(YY_i)/\text{DIST}_i \tag{31-1}$$

式中，EXP_{ij} 表示中国对西亚第 i 国的柑橘鲜果出口额；A 为常数；Y 表示中国的 GDP，Y_i 表示西亚某国 i 的 GDP；DIST_i 代表中国与西亚国家 i 的距离，通常用中国北京与贸易国首都之间的距离表示。

从形式上看，通常用几何形式表示现实经济生活中的各因素关系，所以引力模型基本上采用对数形式。将式（31-1）两边取对数，从而把函数形式变成线性的形式，则有

$$\ln(\text{EXP}_i) = \beta_0 + \beta_1 \ln(Y) + \beta_2 \ln(Y_i) + \beta_3 \ln(\text{DIST}_i) + u_i \tag{31-2}$$

式中，$\ln(\text{EXP}_i)$、$\ln(Y)$、$\ln(Y_i)$ 和 $\ln(\text{DIST}_i)$ 分别是 EXP_i、Y、Y_i 和 DIST_i 的自然对数形式；β_0 为常数，β_1、β_2 和 β_3 分别为相应变量的回归系数；u_i 为标准随机误差。

由于人均 GDP、国内柑橘鲜果产量、是否加入 WTO 和国内是否有战争等变量均会影响中国对西亚地区的柑橘出口量，故在原有模型基础上，本章加入反映中国和西亚国家人均国内生产总值的变量——人均 GDP（Y/P 和 Y_i/P_i），反映柑橘鲜果产出的变量——鲜果生产量（C_i），反映出口国是否存在战争的虚拟变量 WAR_i 和反映出口国是否加入 WTO 的虚拟变量 WTO_i。

根据表 31-1，构建如下扩展的引力模型：

$$\ln(EXP_i) = \beta_0 + \beta_1 \ln(Y) + \beta_2 \ln(Y_i) + \beta_3 \ln(DIST_i) + \beta_4 \ln(Y/P)$$
$$+ \beta_5 \ln(Y_i/P_i) + \beta_6 \ln(C_i) + \beta_7 WAR_i + \beta_8 WTO_i + u_i \quad (31\text{-}3)$$

式中，变量均按上文所述定义。β_4、β_5、β_6、β_7 和 β_8 为相应解释变量的系数。基于上述引力模型，本章对中国与西亚各国柑橘鲜果贸易流量和贸易潜力进行分析。

表 31-1 变量的含义、预期符号和理论说明

变量	含义	预期符号	理论说明
Y	中国名义国内生产总值/亿美元	+	反映中国出口供给能力，经济规模总量越大，潜在的出口能力越大，双边的贸易流量就越大
Y_i	贸易国名义国内生产总值/亿美元	+	反映西亚进口国的需求能力，经济规模总量越大，潜在进口需求就越大，双边贸易流量就越大
$DIST_i$	北京与进口国首都之间距离/千米	−	反映柑橘鲜果运输成本，距离越大，运输成本越大，贸易流量就越小
Y/P	中国人均名义国内生产总值/美元	−	反映中国居民个人对柑橘鲜果的需求能力，人均收入越大，国内需求就过多，贸易流量就越小
Y_i/P_i	贸易国人均名义国内生产总值/美元	+	反映贸易国居民个人对柑橘鲜果的需求，人均收入越大，贸易国需求就越多，贸易流量就越大
C_i	进口国柑橘鲜果总产量	−	反映贸易国国内供给能力，国内柑橘产量越大，对进口柑橘的需求就越小
WAR_i	虚拟变量。1 代表进口国内有战争	−	当贸易国内有战争时，经济环境不稳定，贸易流量将会下降
WTO_i	虚拟变量。1 代表进口国已加入 WTO	+	当贸易国属于世贸组织时，由于存在优惠贸易安排，贸易流量将会上升

31.1.2 数据说明

上述模型基于面板数据进行估计。由于数据的完整性、连续性限制，分析包括亚美尼亚、巴林、格鲁吉亚、伊朗、约旦、科威特、阿曼、卡塔尔、沙特阿拉伯、阿联酋和土耳其共 11 个国家 2007～2010 年的数据。中国对西亚国家的出口额来源于联合国商品贸易统计数据库（UN Comtrade），以美元为单位。GDP 和人均 GDP 都来源于 World Bank 数据库。西亚地区柑橘产量的数据来源于粮农组织。上述指标某些年份数据缺失，作者取前后两年的平均值代替。盛斌（2004）研究表明绝对距离在显著性方面优于相对距离，因此本章采用绝对距离衡量两国的距离。北京至西亚国家首都的距离来自 http：//www. timeanddate. com/网站。以伤亡在 150 人以上的骚乱作为衡量国内存在战争的标准。各国加入 WTO 的年份均来源于世贸组织官方网站。

31.2 实证结果

31.2.1 引力模型检验结果

本章对引力模型的检验一共有 4 个模型。模型 1 检验了经济规模和距离对贸易流量的影响；模型 2 检验了进口国国内柑橘生产量的影响；模型 3 检验了战争的影响；模型 4 检验了人均国民生产总值的影响。这里需要说明的是加入 WTO 这个虚拟变量由于在数据分析时各个方程中的系数值都为负，这和实际不符合，因而在实际分析中并未考虑。

对面板数据运用混合 OLS、固定效应法和随机效应法比较显示：本章所用面板数据并不适合固定效应模型，模型 1 和模型 4 都是运用随机效应模型进行计算最为合适；模型 2 和模型 3 的数据运用混合最小二乘法进行计算最为合适。检验结果见表 31-2。

表 31-2　引力模型检验结果

解释变量	模型 1	模型 2	模型 3	模型 4
Y	3.3166 *** (0.0003)	3.2753 *** (0.0178)	2.8338 ** (0.0281)	93.7919 (0.4700)
Y_i	0.6589 * (0.0672)	0.8019 *** (0.0005)	0.5811 *** (0.0039)	0.7367 (0.1109)
$DIST_i$	−7.1036 (0.2491)	−6.5049 * (0.0740)	−9.0916 *** (0.0062)	−7.8392 (0.2736)
Y/P	—	—	—	−93.3710 (0.4858)

解释变量	模型 1	模型 2	模型 3	模型 4
Y_i/P_i	—	—	—	−0.0888
				(0.8665)
C_i	—	−0.0783	—	—
		(0.3666)		
WAR_i	—	—	−1.6635***	—
			(0.0112)	
常数项	33.8691	28.3209	56.6036*	−169.7081
	(0.5290)	(0.4076)	(0.0721)	(0.5815)
Adj-R^2	0.2926	0.2977	0.3929	0.2659
残差平方和	45.4710	109.9673	95.0443	1.0728
F 统计量	6.9294	5.5666	7.9599	4.1153

*、**、***分别表示在 10%、5%、1% 的显著性水平下显著；P 值在括号内

（1）经济规模和距离对贸易流量产生了重要影响。由模型 1 可知，中国 GDP 对数的系数值为 3.32，并且在 1% 的显著水平下显著，西亚各国的 GDP 的对数的系数值为 0.66，并且在 10% 的显著水平下显著，这表明中国与西亚各国的国民生产总值对中国和西亚柑橘贸易具有正向的促进作用。中国与西亚各国的距离的对数值的系数为−7.10，这说明中国与西亚柑橘贸易双方的距离越大，贸易流量就越小，贸易双方的距离对中国柑橘出口起到了阻碍作用。这和引力模型的基本思想一致。

（2）西亚各国的柑橘生产量对中国和西亚的柑橘贸易产生了重要作用。由模型 2 可知，西亚各国的柑橘生产量的对数的系数值为−0.08，这意味着西亚地区柑橘生产量增加 1%，中国和西亚的柑橘贸易量就会减少 0.08%。这可能是因为西亚当地生产的柑橘能够作为进口柑橘的替代品，因而减少了对进口柑橘的需求。

（3）西亚柑橘进口国国内的战争对中国和西亚柑橘贸易具有阻碍作用。由模型 3 可知，战争虚拟变量的系数值为−1.66，并且在 1% 的显著水平下显著，这意味着兴起一场战争，中国和西亚国家的柑橘贸易流量将会显著减少 1.66%，不管这个数字能否真实反映实际情况，系数为负就足以说明战争对中国和西亚柑橘贸易具有阻碍作用。

（4）中国和西亚各国的人均 GDP 对中国和西亚的柑橘贸易起着重要的作用。由模型 4 可知，中国人均 GDP 的对数的系数值为−93.37，这意味着中国人均 GDP 增加 1%，中国和西亚地区的贸易流量就会减少 93.37%，这可能是

因为中国居民人均收入越大，居民对柑橘鲜果的需求能力就越大，国内总需求就过多，贸易流量就越小。西亚各国人均 GDP 的对数的系数值为–0.09，这意味着西亚各国人均 GDP 增加 1%，中国和西亚地区的贸易流量就会减少 0.09%，这和作者的理论预期相悖。

综合上述分析，贸易双方的经济规模对中国对西亚各国的柑橘出口具有促进作用，贸易双方的距离、西亚各国柑橘生产量、进口国国内的战争和中国的人均 GDP 均对中国对西亚各国的柑橘出口具有阻碍作用。

31.2.2　贸易潜力的测算

本章运用模型 3 的回归系数值来估计中国对西亚国家柑橘鲜果出口贸易的潜力（表 31-3）。其基本思想是运用引力模型回归值计算"模拟"出口额，然后比较模拟值和中国对西亚地区柑橘鲜果贸易的实际出口额。如果实际出口额大于模拟出口额，就称为"贸易过度"，如果实际出口额小于模拟出口额，就称为"贸易不足"。

表 31-3　中国对西亚各国 2007～2010 年柑橘贸易潜力

国家	2007 年			2008 年			2009 年			2010 年		
	R	M	R/M	R	M	R/M	R	M	R/M	R	M	R/M
亚美尼亚	2.4	1.9	1.3	5.1	4.5	1.2	8.4	5.0	1.7	9.8	8.5	1.2
巴林	1.2	1.9	0.6	3.9	4.5	0.9	15.2	5.7	2.7	8.6	48.4	0.2
格鲁吉亚	2.4	2.2	1.1	1.0	5.3	0.2	2.1	6.3	0.3	5.5	10.8	0.5
伊朗	1.4	43.0	0.0	397.1	98.5	4.0	891.0	128.7	6.9	192.8	204.7	0.9
约旦	1.0	0.6	1.8	4.7	1.3	3.6	9.4	1.9	5.1	3.8	3.2	1.2
科威特	3.5	5.2	0.7	47.1	12.6	3.7	47.5	14.0	3.4	65.2	24.5	2.7
阿曼	25.1	6.9	3.7	2.5	17.7	0.1	27.7	20.2	1.4	18.1	179.2	0.1
卡塔尔	3.6	4.8	0.8	2.8	11.8	0.2	9.0	14.6	0.6	10.3	23.5	0.4
沙特	47.1	11.7	4.0	35.3	27.5	1.3	206.8	31.6	6.6	109.9	56.2	2.0
阿联酋	31.7	15.3	2.1	156.7	35.7	4.4	735.5	43.2	17.0	915.5	74.4	12.3
土耳其	1.2	4.6	0.3	1.8	10.2	0.2	0.5	12.3	0.0	1.3	22.1	0.1

注：R 代表真实出口额（万美元）；M 代表模拟出口额（万美元）；R/M 代表真实出口额除以模拟出口额，即贸易潜力值

资料来源：作者计算而来

沿用帅传敏（2009）等的做法，将中国与西亚柑橘贸易伙伴之间的贸易潜力关系划分为三类：

第一类是贸易潜力成熟型，即实际额与模拟额的比值大于或者等于1.2，以亚美尼亚、沙特阿拉伯、阿联酋、科威特和约旦5个国家为代表。这几个国家处于"贸易过度"的饱和状态，由于这几个国家的进口需求比较大，进口市场比较稳定。

第二类是贸易潜力成长型，即实际额与模拟额的比值在0.8和1.2之间，这类国家在西亚地区比较少，格鲁吉亚在2007年是这种类型，但是2008～2010年变成潜力巨大型。

第三类是贸易潜力巨大型，即实际额与模拟额的比值小于或者等于0.8，以卡塔尔、土耳其、格鲁吉亚为代表。这几个国家的柑橘市场具有巨大的潜力，中国应该拓展在这几个国家的柑橘市场。

其中几个国家在2007～2010年这4年中变化比较大，如巴林在2007～2008年和2010年属于潜力巨大型，但在2009年属于贸易潜力成熟型；又如伊朗在2007年和2010年属于潜力巨大型，但在2008～2009年则属于贸易潜力成熟型。阿曼在2007年和2009年属于贸易潜力成熟型，但在2008年和2010年则属于贸易潜力巨大型。上述这几个国家的变化不规则，可能是因为其他偶然的因素引起的，如战争、恶劣气候等。

第 32 章
结论与建议

32.1 研究结论

本章首先对西亚地区柑橘鲜果的市场状况进行了分析，其次构建模型对西亚地区柑橘鲜果消费进行了预测，然后分析了向西亚国家出口柑橘的主要竞争对手的状况，最后运用引力模型测算了中国对西亚柑橘鲜果出口的贸易潜力，结论如下。

（1）从西亚柑橘的市场状况可以看出，西亚柑橘生产、进口和出口都集中在少数几个国家和品种上，而且出口大于进口。

西亚地区的柑橘产量和种植面积在 2001～2010 年变化不大，产量和面积最高的 5 个国家为伊朗、土耳其、叙利亚、以色列、黎巴嫩和伊拉克，这五个国家的产量和面积分别占总产量的 86.8% 和 91.8%。不管是产量还是面积，橙的产量约占西亚柑橘总产量的一半以上；西亚地区的柑橘进口量总体上呈上升趋势，从品种角度看，橙的进口量最大，约占 69%，从国家的角度看，沙特阿拉伯、阿联酋、科威特、伊朗和土耳其是西亚主要的柑橘进口国；西亚地区 2001～2010 年柑橘出口量呈上升趋势，出口比较多的柑橘品种为宽皮橘、柠檬莱檬和橙三种，占总出口量的 82%，出口最多的三个国家为以色列、土耳其和黎巴嫩，约共占西亚出口总量的 90%；西亚地区 2001～2010 年柑橘出口总量远大于进口总量，这种出口大于进口的差距主要是由宽皮橘、柠檬莱檬、葡萄柚三个品种的进出口差距造成的，因为这三个品种的出口量都远大于进口量。

（2）从西亚地区柑橘鲜果消费状况来看，少数国家的柑橘鲜果消费占总消费量的大多数，人口、柑橘鲜果进口量和柑橘鲜果生产量是影响柑橘消费的三个主要因素。

西亚地区柑橘鲜果消费需求呈不断上升趋势，但大多数国家消费量都不高，土耳其、叙利亚、沙特阿拉伯和以色列占西亚地区柑橘消费需求总量的89.5%，橙和宽皮橘是消费量最多的品种，占总消费量的73.7%。对西亚地区柑橘消费影响最大的三个因素是人口、柑橘进口量和柑橘生产量，这三个变量的对西亚地区柑橘消费量都是正向影响。通过构建模型预测出2012年和2020年西亚地区柑橘消费量分别为776.847万吨和852.929万吨。

（3）从柑橘的市场竞争力看，中国的柑橘国际竞争力在逐步上升，中国在西亚地区的柑橘市场经历了一个从无到有、从小到大的过程。通过计算国际市场占有率和贸易竞争指数这两个指标，我们得到结论：中国的柑橘国际竞争力在逐步上升，尤其是宽皮橘和葡萄柚这几个品种具有明显的竞争优势；中国在西亚地区主要柑橘竞争对手——伊朗和土耳其的国际竞争力同样在逐渐上升。美国柑橘的国际竞争力在逐渐下降。中国在西亚地区的柑橘市场经历了一个从无到有、从小到大的过程。影响中国在西亚地区柑橘鲜果竞争力的因素主要有柑橘的生产成本和价格、柑橘的质量和卫生、柑橘生产水平、柑橘流通和贸易政策、柑橘的市场营销等。

（4）从贸易潜力来看，贸易双方的经济规模、贸易双方的距离、西亚各国的柑橘生产量、西亚国家的国内战争均影响着中国柑橘对西亚的出口，中国应着重拓展以卡塔尔、土耳其、格鲁吉亚为代表的具有巨大出口潜力的柑橘市场。

贸易双方的经济规模对中国对西亚各国的柑橘出口具有促进作用，贸易双方的距离、西亚各国柑橘生产量、进口国国内的战争和中国的人均GDP均对中国对西亚各国的柑橘出口具有阻碍作用。中国应该拓展以卡塔尔、土耳其、格鲁吉亚为代表的具有巨大潜力的柑橘市场。

32.2 对策建议

32.2.1 柑橘生产方面

（1）加大在农业科学技术方面的投入。实现中国柑橘产业持续稳定发展、长期确保柑橘有效供给的根本出路在科技。和美国等发达国家相比，中国的柑橘生产缺少科技含量，因而导致品质不高、单产不高、生产资源浪费严重等问题，这就要求中国加大对农业科技方面的投入，加快农业科技人才的培养，加大农业技术的推广。比如依靠科技的力量更新优良的柑橘品种、预防病虫害等，这样能够保证中国柑橘产业的可持续发展。

（2）保证柑橘的质量。柑橘的质量对柑橘的国际市场竞争力有着非常紧密的关系。柑橘产业的国际竞争早已是质而不是量的竞争。中国柑橘生产的目标应该瞄向高端市场，这就需要从田间到市场的有效监控，强化控制柑橘生产源头，推行无公害的有机栽培，从而构建柑橘生产的标准化体系。对化肥、农药的使用要按照标准，确保柑橘的质量和安全。借鉴以美国为代表的发达国家的经验，建立出口柑橘的可追踪系统，尽快与国际接轨。

（3）提高出口柑橘的附加值。未经加工的原始农产品在国际市场上的竞争力不强。笔者认为提高柑橘加工有两种途径，一种是提高柑橘鲜果的美观性和卫生程度，如清洗、打蜡、包装等，这样不仅能够促进销售，而且可以通过简单易操作的步骤就能实现附加值的增加。另一种途径是发展柑橘的加工业，如榨柑橘汁、制作柑橘罐头等，这个途径需要一定的技术，但是同样能够有效提高柑橘的附加值。

32.2.2　柑橘营销方面

（1）树立中国柑橘的品牌。建立优质柑橘生产基地、建设一批中国特有的优质柑橘品种，树立中国绿色柑橘品牌。中国要借鉴美国打造"新奇士"柑橘的经验，扶持柑橘专业合作社和农业龙头企业，整合中国柑橘品牌的优势资源，使其发挥在柑橘生产与销售之间的纽带作用。提高果农的素质，在果农心目中树立品牌和国际市场的意识，并通过保证柑橘的质量来维护品牌。

（2）拓展柑橘营销渠道。建立中国与西亚地区柑橘贸易的营销网络，一方面，要加强中国柑橘出口的交通设备的投入，扩大储藏、保鲜和转运的能力；另一方面，要建立和完善西亚地区柑橘鲜果市场信息服务体系，通过准确而又及时的信息来指导中国柑橘鲜果出口商和果农。

（3）提高柑橘流通效率，减少柑橘流通成本。中国柑橘鲜果对西亚地区柑橘鲜果出口最大障碍就是空间距离比较长。由于柑橘鲜果保质期短、易腐烂变质等特性，较长的空间距离限制了中国对西亚地区的柑橘出口。解决这一问题的关键在于加大科技研究，提高柑橘鲜果运输的保鲜技术，这样就能减少中国柑橘向西亚出口时的流通成本，提高柑橘流通效率。

32.2.3　扩大对西亚的出口方面

（1）注重西亚柑橘鲜果市场的开发，加强政策支持。对西亚柑橘鲜果消费市场进行更加深入细致的研究，收集、归纳和分析西亚市场的需求信息和竞争者的信息，积极与西亚的水果进口商进行沟通交流，建立互信互惠的合作关系。整合各方面的资源，提高中国柑橘在西亚地区的市场占有率，探索出新的盈利模式。

（2）积极与西亚国家进行柑橘贸易谈判，逐渐减少和消除贸易壁垒。中国应该与西亚各国政府在关税、配额等各方面进行谈判，为中国柑橘出口争取更大的机会。如果遭遇反倾销等贸易争端，政府应该积极帮助中国的柑橘出口企业，同外国政府交涉，争取有利的柑橘贸易环境，成为中国柑橘出口企业的后盾，帮助中国柑橘企业维护正当权益。

（3）减少西亚地区战争和政局动荡对中国对该地区柑橘出口的影响。中国是崇尚和平和负责任的大国，中国应该积极推动西亚各国和其他国家把西亚营造成一个和平的市场环境。中国对西亚各国出口柑橘是互惠双赢的事情，应和西亚各方利益谈判，尽量减少西亚国家动荡的政局对中国柑橘出口的影响。

参 考 文 献

毕燕茹, 师博. 2010. 中国与中亚五国贸易潜力测算及分析——贸易互补性指数与引力模型研究. 亚太经济, (03): 47-51.

陈云, 李强, 祁春节. 2002. 中美柑橘生产成本核算方法的比较与拟合. 农业经济问题, (10): 49-52.

陈正坤. 2010. 我国柑橘出口比较优势及其可持续性研究. 武汉: 华中农业大学硕士学位论文.

范爱军, 曹庆林. 2008. 中国对东盟地区的贸易流量分析——基于引力模型的研究. 亚太经济, (03): 38-43.

冯璐璐. 2008. 石油与中东现代化关系的经济学透视. 沈阳大学学报, (06): 11-16.

冯璐璐. 2010. 中东经济现代化进程中的国家干预. 西亚非洲, (02): 20-24.

傅政罗, 江清华. 2003. 略论中国同西亚非洲的经贸合作. 西亚非洲, (06): 14-18.

贺彩宏. 2007. 西亚和非洲经济的总体形势. 建筑机械, (07): 37-38.

胡求光, 霍学喜. 2008. 中国水产品出口贸易影响因素与发展潜力——基于引力模型的分析. 农业技术经济, (03): 100-105.

霍尚一. 2008. 中国水果出口贸易影响因素的实证分析. 杭州: 浙江大学博士学位论文.

李蔚青. 2011. 近年世界柑橘贸易结构及中国柑橘出口形势展望. 农业展望, (06): 51-55.

廖泽芳. 2010. 中国水产品出口贸易流量与潜力分析——基于引力模型的研究. 中国渔业经济, (03): 139-148.

刘颖, 祁春节. 2008. 中国柑橘出口现状及其面临的国际环境分析. 林业经济, (10): 72-75.

柳尚武, 夏则飞, 王永善. 2007. 进口水果消费影响因素的实证研究——以南京市场为例. 现代农业科技, (18): 184-187.

卢现祥, 马凌远. 2009. 中国服务贸易出口潜力研究. 中国软科学, (09): 21-35.

陆宾. 2000. 国际贸易牵引增长理论对中国的适应性及应用. 财经研究, (06): 49-53.

吕建兴, 祁春节. 2011. 基于引力模型的中国柑橘出口贸易影响因素研究. 林业经济问题, (03): 254-257.

马平. 2011. 中东政局动荡及对中国的影响因素. 回族研究, (03): 114-118.

祁春节. 2001. 中国柑橘产业的经济分析与政策研究. 武汉: 华中农业大学博士学位论文.

乔娟, 颜军林. 2002. 中国柑橘鲜果国际竞争力的比较分析. 中国农村经济, (11): 30-36.

盛斌, 廖明中. 2004. 中国的贸易流量与出口潜力: 引力模型的研究. 世界经济, (02): 3-12.

帅传敏. 2009. 基于引力模型的中美农业贸易潜力分析. 中国农村经济, (07): 48-58.

宋田, 祁春节. 2009. 金融危机对中国柑橘外贸的影响分析及展望. 农业展望, (07): 33-35.

田文林. 2011. 中东政局动荡及其外部影响. 国际资料信息, (03): 37-40.

中国柑橘出口贸易及其可持续性研究

王艳丽. 2010. 中国柑橘类鲜果出口贸易流向与流量的制约因素研究. 武汉：华中农业大学硕士学位论文.

吴传华. 2005. 1990–2003 年西亚商品贸易额及增长率. 西亚非洲，(04)：41.

武芳. 2011. 中国与西亚北非经贸关系：年度评述. 国际经济合作，(01)：41-44.

杨光. 2007. 全球化与中东经济体制调整——新世纪中东经济发展问题之一. 西亚非洲，(11)：12-18.

于培伟. 2011. 西亚北非动荡的经济根源. 中国经贸，(07)：42-44.

余学军. 2004. 我国柑橘国际竞争力研究. 重庆：西南农业大学硕士学位论文.

余艳锋，周开洪，邓仁根. 2008. 制约中国柑橘出口能力提升的成本因素分析. 中国热带农业，(05)：8-10.

张长梅. 2002. 关于入世后我国水果出口竞争力的思考. 国际贸易问题，(06)：7-11.

张春宇，唐军. 2011. 中东政局动荡的经济影响. 西亚非洲，(06)：42-49.

张海森，谢杰. 2011. 中国–非洲农产品贸易的决定因素与潜力——基于引力模型的实证研究. 国际贸易问题，(03)：45-51.

张鸿，彭璟，王悦. 2009. 中日韩区域贸易潜力分析——基于贸易引力模型的角度. 国际商务研究，(04)：70-77.

张玉. 2009. 中国柑橘生产成本变动及其对出口的影响. 武汉：华中农业大学硕士学位论文.

张玉，赵玉，祁春节. 2007. 世界柑橘贸易格局分析. 世界农业，(12)：26-29.

章胜勇，韩松立，祁春节. 2009. 中国柑橘进出口贸易形势分析. 中国果业信息，26 (1)：1-4.

赵雨霖，林光华. 2008. 中国与东盟 10 国双边农产品贸易流量与贸易潜力的分析——基于贸易引力模型的研究. 国际贸易问题，(12)：69-77.

郑风田，李茹. 2003. 我国柑橘国际竞争力的比较优势分析. 国际贸易问题，(04)：13-18.

周念利. 2010. 基于引力模型的中国双边服务贸易流量与出口潜力研究. 数量经济技术经济研究，(12)：67-79.

庄丽娟，姜元武，刘娜. 2007. 广东省与东盟农产品贸易流量与贸易潜力分析——基于引力模型的研究. 国际贸易问题，(06)：81-86.

"中国企业在西亚非洲投资状况"调研组，杨光，李智彪. 2007. 中国企业在西亚非洲直接投资状况考察. 西亚非洲，(09)：64-71.

Anderson J E，Van Wincoop E，2007. Gravity with gravitas：a solution to the border puzzle：national Bureau of Economic Research.

Anderson M，Smith S. 1999. Do national borders really matter？Canada-US regional trade reconsidered［J］. Review of International Economics，7 (2)：219-227.

Baldwin R. 1993. The potential for trade between the countries of EFTA and Central and Eastern Europe［J］. CEPR Discussion Papers.

Batra A. 2006. India's global trade potential：the gravity model approach［J］. Global Economic

Review, 35 (3): 327-361.

Batra A. 2006. India's global trade potential: the gravity model approach. Global Economic Review, 35 (3): 327-361.

Bergstrand J H. 1985. The gravity equation in international trade: some microeconomic foundations and empirical evidence. The review of economics and statistics: 474-481.

Egger P. 2002. An econometric view on the estimation of gravity models and the calculation of trade-potentials. The World Economy, 25 (2): 297-312.

Evans C L. 2003. The economic significance of national border effects. The American Economic Review, 93 (4): 1291-1312.

Gros D, Gonciarz A. 1996. A note on the trade potential of Central and Eastern Europe. European journal of political economy, 12 (4): 709-721.

Jakab Z M, Kovács M A, Oszlay A. 2001. How far has trade integration advanced: an analysis of the actual and potential trade of three Central and Eastern European countries. Journal of Comparative Economics, 29 (2): 276-292.

Linnemann H. 1966. An econometric study of international trade flows [D]. Netherlands School of Economics.

McCallum J. 1995. National borders matter: Canada-US regional trade patterns. The American Economic Review, 85 (3): 615-623.

Tinbergen J. 1962. Shaping the world economy suggestions for an international economic policy.

Wang Z K, Winters L A. 1991. The trading potential of Eastern Europe. CEPR Discussion Papers.

Wei S J. 1996. Intra-national versus international trade: how stubborn are nations in global integration? National Bureau of Economic Research.

第六篇 中国柑橘产业国际竞争力动态：
基于出口和成本的分析

篇 首 语

柑橘作物是全球仅次于小麦、玉米的世界第三大的贸易农产品。1978年之前，中国柑橘年产量稳定在 30 万吨左右。此后连年产量增加。2009年，中国柑橘产量以 2500 万吨超过连续几十年占据世界第一的巴西。但产量的增加不代表竞争力的提升。2004 年以来，国内农业生产资料价格和农业劳动力成本不断上升，柑橘产业在出口和成本环节上与世界其他柑橘生产大国还存在着一定的差距。因此，基于出口和成本两大环节，对中国柑橘产业国际竞争力进行全面的评价和分析，提出提升我国柑橘产业国际竞争力的对策，具有重要的现实指导意义。

本篇运用国际经济学、国际贸易和产业经济学的相关理论，构建了柑橘国际竞争力的研究框架。然后利用该框架对中国柑橘国际竞争力进行全面的评价和分析。可能存在的创新点有：第一，从柑橘产业竞争业绩、竞争实力和竞争潜力三个角度对中国柑橘产业国际竞争力进行了定量评价与分析，较为完善、具体；第二，在评价和分析中国柑橘产业国际竞争力的过程中，与世界其他柑橘生产大国进行了对比分析，找出了其中的差距和不足，并将中国柑橘产业国际竞争力在近 10～15 年的发展动态定量地表现出来，具有一定的新意。

本篇按照逻辑顺序分为 6 章，研究内容及其结论如下：

第 33 章导论，阐明研究目的与意义，总结国内外研究成果，介绍研究框架与方法，指出创新之处和可能存在的不足。

第 34 章详细介绍比较优势理论、竞争优势理论，对文中将要使用的方法与部分指标进行了梳理。

第 35 章首先从柑橘出口总量、柑橘出口品种结构、柑橘的出口流向和柑橘的出口价格四个角度对中国柑橘出口现状进行描述，接着选取与出口有关的竞争力评价指标与模型——国际市场占有率指数、显示性比较优势指数和固定市场份额模型，从出口环节对中国柑橘国际竞争力现状进行分析，研究其发展动态，最后得出结论：中国宽皮柑橘和其他柑橘类水果具有一定的出口竞争力优势，但与世界其他出口国家相比还存在较大差距，中国除此之外的其他柑橘鲜果品种竞争力都很弱。总的看来，在2001年后，随着中国加入世界贸易组织，柑橘鲜果产业竞争力得到了较大幅度的提升。

第36章先对中国柑橘生产成本构成进行剖析，然后对2000～2009年中国柑橘生产成本进行分析，研究其发展动态，最后得出结论：中国柑橘在生产成本环节中相比其他柑橘生产大国存在的很多不足；中国柑橘生产成本在近10年间的变动规律为每亩柑橘的生产成本呈现上升趋势，物质与服务费用和人工成本占据柑橘生产成本最主要的部分，化肥和农药投入较大导致物质与服务费用较高，人工成本呈现上升趋势；接着选取成本竞争力评价指标，对中美两国柑橘的生产成本核算后进行对比，发现中国柑橘在生产成本环节上相比其他柑橘生产大国存在的不足之处：物质投入结构不合理；从事柑橘生产的企业分散且实力不强，管理手段落后；果农市场销售意识薄弱；柑橘生产过程中机械投入太少，主要采用的是人工劳作的方式。

第37章设计包含26个指标的评价指标体系对中国柑橘产业国际竞争潜力进行分析，并对其发展动态进行研究，最后得出结论：2000～2009年，中国柑橘的国际竞争潜力是在不断提升的，然而我们与世界柑橘生产大国，如美国、西班牙等国的差距还是很明显的：人均耕地面积和科研人才不足，交通和通信设施方面发展较为落后；经济发展水平和城市化水平较低；农用资料生产部门国际竞争力不高，柑橘社会化服务总体水平很低；柑橘生产的集约化程度低，机械化水平不高，劳动者接受教育程度低，素质普遍不高。

第38章从产业机构、科技投入、机械化作业、合作组织建立、多渠道营销网络和政府支持等方面，提出了提升中国柑橘产业国际竞争力的政策建议。

第 33 章
中国柑橘产业国际竞争力
动态研究的意义

33.1 问题的提出

柑橘类水果在世界范围内分布广泛，是全球第一大水果，在全球贸易中占据着十分重要的地位。柑橘类水果营养价值、药用价值极高。在近 20 年，世界大面积种植柑橘，产量从 1995 年的 9337.05 万吨增长到 2010 年的 12 472.39 万吨，发展中国家对此贡献是最大的。到 2010 年为止，共有 140 多个国家种植柑橘，中国、巴西和美国产量位居世界前列。[①]

中国是柑橘作物原产地之一，有着 4000 多年的柑橘栽培历史。中国柑橘的种植面积是所有果树中最大的，经济地位非常重要，中国的南方柑橘主产区农民主要经济收入来源就是柑橘作物。因此，柑橘作物给农民带来了经济收入，提高了城乡居民的就业率，并且柑橘作物起到了改善生态环境的作用。近 15 年来，我国柑橘产量快速增长，1995 年产量为 869.73 万吨，2010 年增长到 2393.81 万吨。自从 2001 年中国加入 WTO，对中国柑橘的出口影响很大，以宽皮柑橘为例，2010 年的出口量是 2001 年的 5.37 倍，出口额则是 2001 年的 9.87 倍。[②]

尽管中国柑橘产业取得了可喜的成绩，发展势头强劲，但仍存在很多问题：第一，中国年产量虽增加很快，已位居世界第一位，但这主要是来自于种植面积的增加，柑橘单产水平还不高，低于世界平均水平；第二，我国柑橘以宽皮柑橘为主，成熟期集中在了一起，多为鲜食，加工比例小，从而导致市场供过于求，柑橘"卖难"现象经常发生，这大大地损害了橘农的利益，打击

---

① FAO 数据库，1995~2010 年。

② 联合国商品贸易统计数据库，1995~2010 年。

了他们种植柑橘，提高柑橘质量的积极性；第三，中国是世界柑橘第一大主产国，但在柑橘出口中与其他世界柑橘大国相比，并无优势，表明中国柑橘的国际竞争力不强。

柑橘在国际市场上的竞争力主要体现在出口竞争力上。而柑橘出口竞争力的基础是生产成本。因为一方面提高柑橘质量会体现在柑橘生产成本水平上，另一方面，柑橘出售价格的主要构成主体是其生产成本，成本越高，出售价格也越高，反之，则出售价格越低。

本章主要运用比较优势和竞争优势理论的基本原理与方法，探讨我国柑橘产业国际竞争力及提高柑橘产业国际竞争力的理论依据，研究的主线和中心问题是我国柑橘产业国际竞争力动态，需要解决的问题主要有：我国柑橘产业国际竞争力与其他柑橘主要生产国相比处于怎样的水平；近年来我国柑橘产业国际竞争力发展动态是怎样的；如何提高我国柑橘产业国际竞争力。

33.2　国内外研究综述

33.2.1　国外研究现状

1. 对农产品竞争力的研究

国际社会有很多专家学者将竞争力方面的知识运用到农业领域，农产品竞争力研究成果丰硕。巴拉萨（Balassa，1965）在发表的文章中重点测算所研究国家在贸易方面的比较优势，将显示比较优势方法运用其中。Leishman，等，1999）对所研究国家的牧羊业的国际竞争力进行测算和评价，运用的是显示性比较优势指数。Pearson 和 Mayer（1974）具体研究非洲几个国家的咖啡产业比较优势，运用资源成本系数法，他们认为商品的比较优势是建立在该商品的边界价格高于生产该商品所需资源的机会成本之上。Master 和 Nelson（1995）在发表的论文中重点讨论了国内资源成本方法，文中提出农业比较优势可以从社会成本利润率角度进行考察。Anderson（1990）将搜集到的 60 年代中期至 80 年代后期中国在农产品等方面的数据，运用显示比较优势法对中国的农产品的比较优势进行了细致的分析，并在发表的研究报告中指出 80 年代后期中国的轻工制造业将比农业更具比较优势。

Salvacruz（1996）对比研究美国和东南亚国家联盟中的 10 个国家在农产品方面的国际竞争力，他认为在国际竞争力上东南亚国家联盟中各国的变化幅度较大，但在最近几年农产品竞争力提升较快；美国农产品竞争力变化起伏不大，一直很稳定。Kennedy 和 Harrison（1997）对所研究国家的糖业国际竞争力进行分析。他们将研究重点放在总成本和影响总成本的各个要素上，建立相关模型描述出总成本和影响要素之间的关系，再在此基础上分析各个影响要素对总成本的贡献度和对国际竞争力的影响。Thorne（2005）对 1996~2000 年欧盟成员国谷类产品竞争力进行研究。研究结果表明德国、意大利、丹麦的谷类产品竞争力不及英国、法国、爱尔兰的谷类产品竞争力；意大利会计成本是参评各国中最低的，但其经济成本却是最高的；谷类产品竞争力一个重要的影响因素是自有资源的机会成本。

Lee 和 Tang（2000）在发表的文章中运用比较产出价格对比分析加拿大和美国的产业竞争力。Uchida 和 Cook（2005）在论文中用显示性比较优势指数表示贸易竞争力，用技术比较优势表示技术竞争力，重点分析贸易竞争力和技术竞争力的关系，讨论国内竞争对它们的影响。

2. 对柑橘产业竞争力状况的研究

1929 年《柑橘产业》月刊在美国出版发行。该月刊对柑橘生产销售过程中的生产成本、贸易状况及新技术运用程度等方面进行研究，并详细介绍世界柑橘产出国的发展状况。在 20 世纪 60 年代成立的国际柑橘学术研讨会上，各国柑橘产业专家递交大量关于柑橘经济分析的论文，相互探讨学习。FAO 经济和社会发展部发表的《橙汁：世界产量和国际贸易的趋势和前景》（2004年）一文中，对柑橘的加工、消费和贸易，以及贸易政策及其调整等问题进行了重点研究。

FAO 发表的《有机柑橘和柑橘汁世界市场现状分析和中期展望》（2003年）一文中对日本、美国和欧共体的柑橘鲜果和柑橘加工产品进行了研究，在具体分析需求市场规模及价格和市场前景后提出这些国家的柑橘产业在未来仍会依赖于进口的结论，并对未来柑橘加工产品的生产、消费、贸易的前景进行了预测。每年美国农业部对外公布《柑橘类水果概要》，对美国柑橘主产区柑橘的栽种面积、产量和产值，以及成本效益进行汇总和分析。巴西 Macros Fava Neves 教授发表《橘农与果汁加工厂之间的关系——以巴西为例》一文，具体讨论巴西柑橘种植者与柑橘加工部门之间的交易关系，指出巴西与美国各自的柑橘产业竞争优势，巴西的优势主要表现在柑橘的种植、采收、托运和柑橘产品的加工等各个环节上，而美国的竞争优势主要体现在柑橘的运输和分销等相关环节上。

33.2.2 国内研究现状

1. 对农产品竞争力的研究

程国强（1999）在发表的文章中将社会净收益指数法、资源的成本系数法等方法运用到对中国农产品比较优势分析上。彭延军和程国强（1999）对我国农产品的比较优势进行测评，主要运用的方法是资源成本系数法，他们创新性地将有效保护率和社会净收益结合在一起进行分析。潘文卿（2000）对我国农产品的比较优势进行测评时，主要运用的是显示性比较优势指数和净出口指数。钟甫宁等（2000）主要运用农产品收购价格指数法、生产者价格指数法等方法，详细地分析了我国农产品的比较优势。

刘雪（2002）在其博士论文中重点讨论将我国蔬菜产业的比较优势转化为竞争优势的途径和方法，较为具体地评价了该产业的国际竞争力。余鸣（2002）在发表的《WTO 框架下我国畜牧业的比较优势与国际竞争力》一文中通过显示性比较优势指数与净出口指数对各种畜产品的比较优势进行测定，并定性分析影响中国畜牧业国际竞争力的因素。屈小博和霍学喜（2007）具体分析了我国农产品的国际竞争力，运用的主要指标和模型有 TC、RCA 和 CMS 模型。帅传敏（2003）在发表的文章中针对性地研究我国农产品国际竞争力在相当长的一段时间内将会如何变化，主要采用的是市场份额模型，并通过显示性比较优势指数对不同类型的农产品国际竞争力进行研究。傅龙波（2000）在发表的文章中重点研究中国农产品国际竞争力，他认为一国农产品是否具有国际竞争力可以从生产环节、贸易环节及消费者对产品的满意程度等多个方面表现出来。彭介林（2002）对黑龙江大豆、玉米、大米、畜产品的竞争优势和劣势、竞争力水平的影响因素和环境进行具体分析，在此基础上提出提高黑龙江农产品竞争力的宏观政策和具体措施。

黄季焜和马恒运（2000）在《中国主要农产品生产成本与主要国际竞争者的比较》一文中重点研究了中国的畜牧产品、水果蔬菜等农产品的国际竞争力，是从价格和生产成本两个角度进行分析的。胡小平和徐文涛（2003）在《中美两国小麦市场竞争力比较分析》一文中具体分析对比了中国和美国小麦的市场竞争力，是从价格、成本及流通费用三个角度进行分析的。

2. 对柑橘产业竞争力状况的研究

国内学者对于柑橘产业也进行了大量的研究。祁春节（2000）在《中美两国柑橘产业的比较研究》一文中，重点对比中国和美国两国柑橘产业，对两国产业特点进行了很好的梳理，找出了其中的差距，并提出两国柑橘产业具有互补性的观点，市场的开放程度对于中国柑橘产业的发展至关重要，最后针对中国柑橘产业的发展特点和存在的问题提出了有利于产业发展的政策。郑凤田和李茹（2003）在《我国柑橘国际竞争力的比较优势分析》一文中总结了我国柑橘产业的发展特点及具有的国际竞争力优势，他们提出，中国柑橘产业在国际市场上占据优势不仅仅要努力提高产品的质量和产量，还要得到政府的大力支持，政府的相关政策实施尤为关键。苏航和谢金峰（2004）通过与世界柑橘产出大国进行比较后，分析研究中国柑橘产业的竞争力，总结出中国柑橘产业具有的优势和有利条件。

邓烈等（2005）重点分析研究世界柑橘产业的发展状况，对世界主要柑橘产出国的柑橘产业生产贸易现状进行了详细的描述，并对它们在未来的发展趋势进行了很好的预测。余学军（2006）评价分析了中国柑橘产业国际竞争力，他在文中运用钻石模型，提出我国柑橘产业应把提高柑橘产业组织化程度作为一切工作的重点，大力培养较高级别的生产要素。孙钧（2007）重点研究浙江省柑橘产业，对该省当前柑橘产业的发展特点进行了总结，并发现了发展过程中存在的诸多问题，具有针对性地提出了产业发展规划。陈仕俏（2008）对比世界柑橘产业和中国柑橘产业的发展特点和现状，指出了中国柑橘产业在产销环节及柑橘加工等环节上存在的问题。

第 34 章
国际竞争力的理论分析

34.1　比较优势理论与竞争优势理论

34.1.1　外生比较优势理论

对于外生比较优势理论，首先需要提到的是李嘉图。他的比较优势理论认为任何国家若想在国际贸易中取得优势，在生产技术方面必须存在相对的差别。而绝对差别并不是贸易存在的唯一基础。他将劳动作为唯一的生产要素，在此基础上构建模型。劳动生产率是各国产业唯一生产上的差别。他从模型分析中得到结论：某国产业的比较优势是由其他国家工资率和同一产业劳动生产率双重因素决定；绝对优势产生贸易利益，而贸易利益直接导致比较优势的出现。李嘉图的理论认为生产技术是外生决定的，他没有考察技术进步的原因。在李嘉图的理论之后，赫克歇尔、俄林的理论更好地发展了比较优势理论。该学说指出了产品生产需要一系列资源要素，不同产品的生产对资源要素要求的比例是不同的，从而产生了产业的比较优势。他们还从成本和价格角度对产业的比较优势进一步进行了描述和分析。在他们之后，又有很多新的理论相继出现，如林德的"需求相似学说"和弗农的"产品生命周期理论"等。比较优势理论不断向前发展，已经成为国际贸易理论的坚固基石。

34.1.2　内生比较优势理论

20 世纪 70 年代末期，国际贸易得到迅速发展，很多专家转而开始研究产业内贸易，构建起内生贸易理论框架。克鲁格曼的规模经济理论详细介绍了规模经济的作用和意义。杨小凯认为专业化分工是内生比较优势出现的一个重要因素，因为分工不断积累人力资本。卢卡斯等重点研究比较优势产生的内在原因和转移的动态过程，他将技术作为内生变量进行处理。内生比较优势理论与产业国际竞争力理论之间具有密切的关系，具体表现在，一是产业国际竞争力的影响因素不仅仅在于成本，还和很多其他因素有关，如分工、规模经济、技术革新等；二是产业的发展应注重后期的建设，不仅仅是由初期要素禀赋所决定。后期的建设途径包括加大人力资本投资，提高产业内人员的业务能力；加强科学技术的开发以及应用；将基础设施建设作为一项重要工作任务；加强制度建设，特别是关于产业分工深化的相关制度。

34.1.3 竞争优势理论

提到竞争优势理论，重点要阐述的是迈克尔·波特创立的"钻石模型"分析范式。在他的分析框架中，主要包括生产要素，需求条件，相关支持产业，企业的战略、结构与竞争状态等四个关键要素；政府政策和机遇作为变数间接影响到产业国际竞争力。这六个因素构成波特竞争力研究当中所采用的完整的"钻石模型"，由它们所构成的竞争环境决定了国家具有国际竞争力的产业群和由此形成的国际竞争地位。其中除了机遇因素可以被视为外生变量，其他的因素之间都是互动的，也就是说每一个因素都能够强化或者削弱其他因素的表现。波特的"钻石模型"如图 34-1 所示。

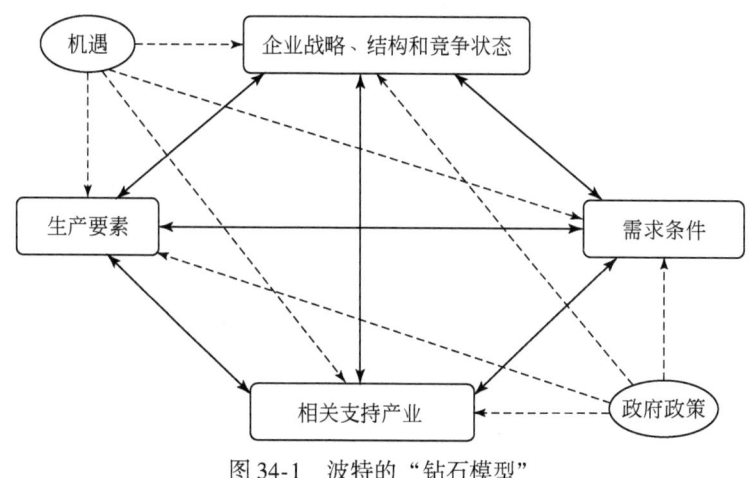

图 34-1　波特的"钻石模型"

34.1.4 比较优势与竞争优势的关系

竞争优势理论中并没有使用外生的比较优势理论，它的前提假设条件是不完全竞争市场，在此基础之上用一种动态的眼光来分析产业竞争相关问题。在这一点上它与内生比较优势理论完全一致。另外，竞争优势理论站在新的角度，运用独特的分析方法对产业国际竞争力相关问题进行研究。比较优势和竞争优势同属于产业国际竞争力研究的理论基础，因此在对某一具体产业进行国际竞争力研究时，无须将它们的作用区分开来。

34.2　农业国际竞争力相关理论

34.2.1　农业国际竞争力的定义

对农业国际竞争力概念进行界定，首先要了解竞争内涵所涵盖的四要素：竞争主体、竞争对象、竞争能力和竞争结果。农业国际竞争力的本质是农业比较生产率，农产品市场竞争力是农业国际竞争力的表现形式。基于这种认识，我们定义农业国际竞争力为某国农业相对具有更高的劳动生产率，产出更多优势农产品，从而占有更大的国际市场占有率，获得更多的利润。

34.2.2　农产品市场竞争力的影响因素及内在联系机制

农产品市场竞争力的直接影响因素有两个：农产品价格和农产品的差异性。这两大因素对农产品市场竞争力的作用机制是：①在农产品无差异的情形下，价格较低的农产品具有较高的市场竞争力，反之，则缺乏竞争力。②在农产品价格相同的情形下，农产品差异性通过引发消费者偏好的特殊性，进而使产品在市场竞争中占据有利地位。③在价格和差异性共同作用下，农产品市场竞争力取决于市场供求关系、消费者偏好和收入水平三方面因素。

34.2.3　农业国际竞争力分析框架

目前，理论界对农业国际竞争力的研究都是着眼于市场业绩的评价和分析，但市场业绩是由哪些因素引起的？这种业绩能否持续？变化趋势又是什么？因此我们有必要建立一个农业国际竞争力的分析框架。该分析框架可以从以下三个方面进行：①竞争业绩分析。主要是反映农业国际竞争力的实际结果。②竞争实力分析。主要是反映农产品市场竞争力的情况，主要包括价格竞争力分析、农产品成本分析、农产品质量分析和农产品市场营销能力分析。③竞争潜力分析。重点反映生产要素、需求条件、相关支持产业、企业的战略、结构与竞争状态等四个关键要素状况及政府政策和机遇两个辅助性要素的状况。这三个方面内容构成了农业国际竞争力系统的理论分析框架，基本上可以反映出一国农业国际竞争力概况。

34.3 国际竞争力评测指标和模型简介

34.3.1 国际市场占有率指数

农产品国际市场占有率指数指的是一国某种农产品的出口量与世界该种农产品出口总量之间的比例。比例提高则表示该种农产品竞争力增强，比例下降则表示其国际竞争力减弱。公式表示如下：

$$MS_{ij} = \frac{X_{ij}}{X_{wj}}$$

式中，MS_{ij} 为 i 国 j 类产品的国际市场占有率；X_{ij} 为 i 国 j 类产品的出口额；X_{wj} 为世界 j 类产品的出口总额。

34.3.2 显示性比较优势指数

该指数最能表明某种产品是否具有国际竞争力，它由经济学家巴拉萨在 1965 年提出的。农产品显示性比较优势指数具体指的是某国一种农产品的出口总值占该国所有产品出口总值的份额与世界该类农产品的出口总值占世界所有产品出口总值的份额的比率。公式表示如下：

$$RCA_{ij} = \frac{X_{ij}/X_{it}}{X_{wj}/X_{wt}}$$

式中，RCA_{ij} 为 i 国 j 类产品的显示性比较优势指数；X_{ij} 为 i 国 j 类产品的出口总额；X_{it} 为 i 国所有产品得出口总额；X_{wj} 为世界 j 类产品的出口总额；X_{wt} 为世界所有产品的出口总额。

当 RCA<0.8 时，则说明该产品的竞争力较弱；当 0.8 ≤ RCA ≤ 1.25 时，则说明该产品保持中等竞争力；当 1.25 ≤ RCA ≤ 2.5 时，则说明该产品保持较强的竞争力；当 RCA>2.5 时，则说明该产品保持极强的出口竞争力。

34.3.3 固定市场份额模型

该模型主要是用来研究出口产品国际竞争力趋势。模型假定的前提条件是若一国某种商品出口竞争力保持不变，则这种商品的市场份额也保持不变。因此可以得出当一国某种商品的出口结构或者出口竞争力发生变化时，这个国家该种商品出口的变化量与其竞争对手该商品的出口变化量一定会产生差异。公式表示如下：

$$CMS_{ij} = XY_{ij} - XK_{ij}$$

式中，CMS_{ij} 为 j 国 i 产品固定市场份额模型指数；XY_{ij} 为 j 国 i 产品一定时期的实际出口增长率；XK_{ij} 为 j 国为保持 i 产品原有的国际市场占有份额应有的出口增长率。

$$实际出口增长率 = \frac{当年出口额}{上一年出口额}$$

$$为保持原有的国际市场占有份额的出口额增长率 = \frac{世界当年出口总额}{世界上一年出口总额}$$

当 $CMS_{ij} > 0$ 时，说明该国此种农产品的国际竞争力有所提高；当 $CMS_{ij} < 0$ 时，说明该国此种农产品的国际竞争力有所下降。

第 35 章
中国柑橘出口及其竞争力分析

35.1 我国柑橘出口现状

35.1.1 出口总量分析

柑橘是世界第一大水果，占据了世界水果总产量的 1/5。世界共有 92 个国家和地区生产柑橘，年产量在 35 万吨以上的国家和地区有 35 个。20 世纪 80 年代以来，柑橘在世界农产品贸易额中仅次于玉米和小麦，位列第三，稳居世界第一大水果之列。近年来中国柑橘产业发展极为迅速，不断扩大种植规模，总产量稳步提升。由图 35-1 可看出，入世以来，我国柑橘产业出口量和出口额呈不断增长的趋势。2006 年，我国柑橘产量为 1789.83 万吨，仅次于巴西，位列世界第二；2008 年产量达到了 2331 万吨，超过了巴西，跃居世界第一位。但出口量仅为 86.21 万吨，占世界柑橘出口量的 6% ~9%，只占国内柑橘总产量的不到 5%，柑橘水果消费主要依靠国内市场。

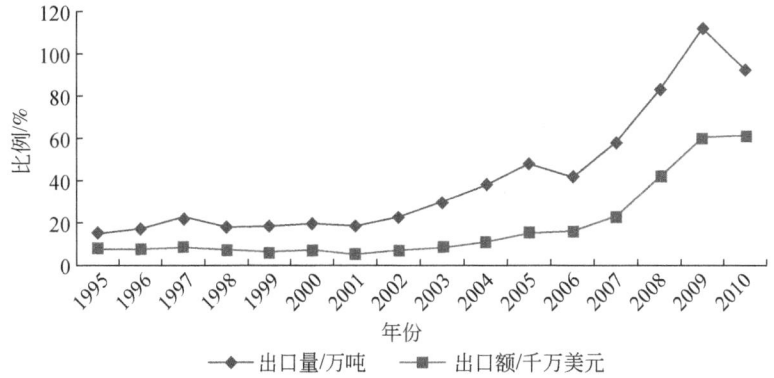

图 35-1　1995~2010 年中国柑橘出口量与出口额

注：以上统计的是柑橘类鲜果或干果的出口量和出口额

资料来源：联合国商品贸易统计数据库，1995~2010 年

从出口省份来看，福建、广西、广东、山东和黑龙江是我国柑橘类水果生产和出口大省，见表35-1，2010年这5个省份的出口量占全国柑橘属水果出口总量的85%以上。

表 35-1　2010 年 1～12 月地区出口情况（累计）

地区	2009 年 1～12 月		2010 年 1～12 月		同期比%	
	数量/吨	金额/万美元	数量/吨	金额/万美元	数量/吨	金额/万美元
北京	124.8	8.3	109.5	7.6	−12.2	−7.8
天津	0.0	0.0	0.0	0.0	—	—
河北	25.6	1.2	275.3	12.5	975.3	937.3
内蒙古	16 547.2	904.6	15 409.5	447.0	−6.9	−50.6
辽宁	3 473.9	207.5	4 100.4	260.8	18.0	25.7
吉林	469.0	15.2	2 296.8	453.6	389.7	2 889.4
黑龙江	76 636.5	3 993.6	64 905.4	3 924.9	−15.3	−1.7
上海	4 304.1	257.5	4 315.7	305.2	0.3	18.5
江苏	1 653.4	104.6	423.2	30.6	−74.4	−70.7
浙江	19 206.0	1 414.9	19 908.5	1 529.5	3.7	8.1
安徽	109.0	6.8	92.9	6.3	−14.8	−7.5
福建	382 724.7	27 612.3	327 084.2	26 794.9	−14.5	−3.0
江西	6 910.1	504.6	13 276.6	1 238.7	92.1	145.5
山东	69 235.8	4 247.8	74 576.7	5 741.5	7.7	35.2
河南	0.0	0.0	521.2	33.5	—	—
湖北	46.0	3.2	1 489.2	187.7	3 137.3	5 753.7
湖南	7 221.8	450.3	4 234.4	285.9	−41.4	−36.5
广东	138 716.6	6 131.3	118 692.4	7 113.9	−14.4	−36.5
广西	326 601.3	10 113.3	225 046.2	8 515.3	−31.3	−15.8
海南	0.0	0.0	38.3	3.2	—	—
重庆	15.0	1.2	70.4	5.2	369.3	336.7
四川	3 414.2	205.5	1 043.2	83.9	−69.4	−59.2
云南	5 393.9	200.3	9 825.4	512.8	82.2	156.0
陕西	0.0	0.0	77.7	7.6	—	—
甘肃	144.0	11.8	805.8	67.6	459.6	472.9
宁夏	67.6	5.6	0.0	0.0	−100.0	−100.0
新疆	48 808.7	2 821.7	44 451.9	4 007.3	−8.9	42.0

资料来源：商务部统计资料，2009～2010 年

35.1.2 出口的品种结构分析

按照 FAO 统计标准，我国柑橘鲜果出口品种有以下几种类型：橙、宽皮柑橘、柠檬和酸橙、柚子及其他柑橘类水果。如图 35-2 所示，中国宽皮柑橘在中国柑橘类鲜果出口中占据很大比例，1995～2009 年，各年出口量占总出口量的比例都超过 70%；其次是橙类和柚类，其出口量总体呈现上升趋势，橙类鲜果出口量比例从 1995 年的 10.11% 上升到 2009 年的 16.33%，柚类鲜果出口量比例从 1995 年的 4.79% 上升到 2009 年的 10.85%；柠檬和酸橙及其他柑橘类鲜果相对出口量都较小，其中其他柑橘类鲜果出口量比例在 2002～2009 年总体呈现下降趋势，2002 年的出口量比例为 5.49%，2009 年下降至 0.20%。

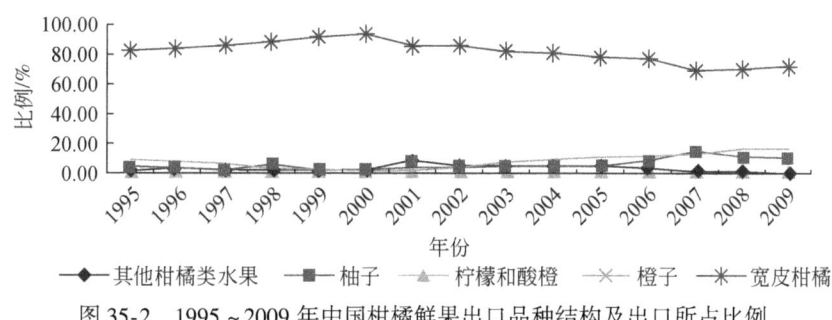

图 35-2　1995～2009 年中国柑橘鲜果出口品种结构及出口所占比例

35.1.3 出口流向分析

中国加入世界贸易组织后，柑橘产业出口年年递增，在国际市场上占据着重要的席位，始终保持净出口国的地位。从出口国别来看，共出口至全球 57 个国家和地区，由表 35-2 可以看出，2010 年出口量排名前 5 位的分别是越南、印度尼西亚、马来西亚、俄罗斯联邦和菲律宾，其中对越南的出口量约占总出口量的 24.8%，柑橘出口市场主要分布在我国周边的亚洲国家，柑橘出口遵循就近原则。

表 35-2　2010 年中国柑橘水果出口贸易额前十位的国家或地区

出口国家或地区	出口额/美元	出口额所占比例/%	出口量/吨	出口量所占比例/%
印度尼西亚	127 942 638	24.8	159 418	19.4
马来西亚	120 652 131	21.8	136 966	16.7

出口国家或地区	出口额/美元	出口额所占比例/%	出口量/吨	出口量所占比例/%
越南	87 051 494	15.8	230 964	28.1
俄罗斯联邦	71 072 384	12.9	115 719	14.1
菲律宾	43 665 301	8.0	49 508	6.0
荷兰	37 596 037	6.9	44 754	5.4
加拿大	21 363 095	3.8	27 731	3.4
孟加拉国	16 570 071	3.1	24 025	2.9
泰国	15 464 820	2.7	13 480	1.6
哈萨克斯坦	12 262 705	2.2	20 030	2.4
总计	553 640 686	100	822 595	100

资料来源：联合国商品贸易统计数据库，2010

35.1.4 出口价格分析

按照 FAO 统计标准，将柑橘鲜果出口品种分为橙、宽皮柑橘、柠檬和酸橙、柚子及其他柑橘类水果。如图 35-3 所示，1995～2009 年，宽皮柑橘出口价格呈现 U 形变化趋势：1995～2000 年，宽皮柑橘出口价格从 446.58 美元/吨下降到 240.43 美元/吨；2001～2009 年，宽皮柑橘出口价格开始反弹，2009年价格为 524.92 美元/吨。橙类鲜果价格在 1995～2001 年保持下降趋势，从258.44 美元/吨下降至 168.59 美元/吨；加入 WTO 后，橙类鲜果价格开始反弹，2009 年价格为 471.48 美元/吨。柚类水果出口价格总体上也是呈现 U 形，

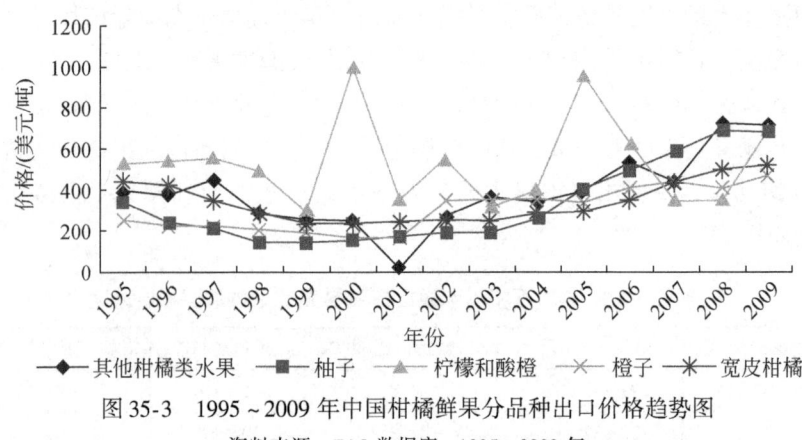

图 35-3　1995～2009 年中国柑橘鲜果分品种出口价格趋势图

资料来源：FAO 数据库，1995～2009 年

1999 年其出口价格最低，为 146.33 美元/吨，2008 年出口价格最高，为 692.65 美元/吨。其他柑橘类鲜果与柠檬和酸橙类鲜果出口价格走势很不稳定。1995～2009 年其他柑橘类水果年平均价格为 403.33 美元/吨；柠檬和酸橙年平均价格为 534.28 美元/吨。

35.2 中国柑橘竞争力分析：基于出口贸易

35.2.1 竞争力评价指标与模型的选取

各国农业通过市场平台汇聚在一起参与竞争，市场的业绩水平反映出一国农业国际竞争力的强弱。直接观察市场业绩中的占有份额和盈利水平，可以衡量和检验一国农业国际竞争力（陈卫平，2005）。因此我们选取以出口数据为基础的国际竞争力评价指标与模型来分析我国柑橘竞争力。

一个国家柑橘产业的出口份额增加或相对于本国其他商品出口份额增加，就表明柑橘产业国际竞争力增强了。从市场份额来衡量柑橘产业国际竞争力通常有以下三个指标和模型：国际市场占有率指数 MS、显示性比较优势指数 RCA 和固定市场份额模型 CMS。

35.2.2 数据来源及处理

本章将会利用国际市场占有率、显示性比较优势指数和固定市场份额模型对中国柑橘国际竞争力水平进行测算。本章将使用 FAO 及联合国商品贸易统计数据库的统计数据，对柑橘鲜果及各个品种的出口数据进行统计。其中，鲜果的品种包括橙、宽皮柑橘、柠檬和酸橙、柚子、其他柑橘类水果。然后通过评价指标和模型将中国与世界柑橘生产贸易大国美国、西班牙和南非等进行对比分析。

35.2.3 相关指标和模型的测算

1. 国际市场占有率指数

国际市场占有率指标是一国出口总额占世界出口总额的比例。利用 FAO 提供的数据，对中国、西班牙、美国、南非的柑橘鲜果总的国际市场占有率进行测算（图 35-4）。

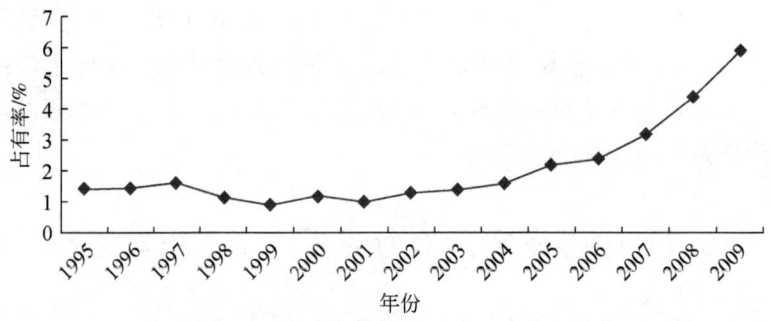

图 35-4 1995～2009 年中国柑橘产业国际市场占有率

资料来源：FAO 数据库，1995～2009 年

由图 35-4 我们可以观察到，1995～2009 年，中国柑橘国际市场占有率波动较小，年平均柑橘国际市场占有率为 2.02%。1999 年，中国柑橘国际市场占有率最低，只有 0.93%。2002 年后，随着中国加入世界贸易组织，柑橘国际市场占有率呈较快增长趋势，2009 年高达到了 5.87%，可见入世对中国柑橘产业的发展起到了积极的作用。观察图 35-5，西班牙柑橘年均国际市场占有率高达38.35%，美国柑橘年平均国际市场占有率为 12.8%，南非柑橘年平均国际市场占有率为 5.47%。与这些国家相比，我国柑橘国际市场占有率还是很小的。

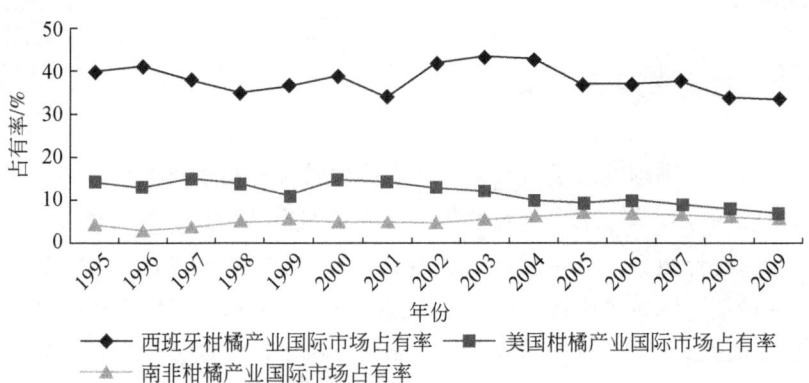

图 35-5 1995～2009 年西班牙、美国、南非柑橘产业国际市场占有率

资料来源：FAO 数据库，1995～2009 年

再通过表 35-3 详细看一下柑橘各个品种的年均国际市场占有率情况，数据统计年度为 1995～2009 年。中国的宽皮柑橘和其他柑橘类水果的年均国际市场占有率分别为 4.75% 和 11.65%，相比中国柑橘鲜果总的国际市场占有率还是较高的。但是橙、柠檬和酸橙和柚子的国际市场占有率非常低，年均值仅为 0.53%、0.04% 和 2.17%。其他柑橘类水果是我国最具有优势的柑橘出口品种，但是优势也并不是非常明显；宽皮柑橘的出口也具有一定的优势，年均

国际市场占有率也较高，但是西班牙宽皮柑橘年均国际市场占有率是中国的12.5倍，可见差距还是很大的。

表35-3　1995～2009年四国柑橘分品种年均国际市场占有率

（单位:%）

柑橘品种	中国	美国	西班牙	南非
橙	0.53	13.88	34.63	8.83
宽皮柑橘	4.75	1.61	58.80	1.62
柠檬和酸橙	0.04	10.57	29.79	3.09
柚子	2.17	37.82	3.31	8.73
其他柑橘类水果	11.65	7.79	2.75	6.13

注：1995～2009年柑橘分品种国际市场占有率平均值

2. 显示性比较优势指数

柑橘产业显示性比较优势指数指一个国家柑橘产品占其出口总值的份额与世界柑橘产品占世界出口份额的比率。1995～2009年中国、美国和西班牙柑橘产业显示性比较优势指数 RCA 如表35-4 和图35-6 所示。

表35-4　1995～2009年三国柑橘产业显示性比较优势指数 RCA

年份	中国	美国	西班牙
1995	0.43	1.19	21.02
1996	0.45	1.05	19.90
1997	0.46	1.13	18.58
1998	0.30	1.09	16.88
1999	0.26	0.88	17.86
2000	0.27	1.16	21.36
2001	0.21	1.17	17.38
2002	0.22	1.18	20.56
2003	0.22	1.14	20.07
2004	0.24	1.11	20.61
2005	0.27	1.03	19.59
2006	0.28	1.12	20.38
2007	0.34	0.98	19.83
2008	0.47	0.99	18.65
2009	0.57	0.85	17.74

注：数据根据显示性比较优势指数计算公式计算得出

资料来源：联合国商品贸易统计数据库，1995～2009年；联合国粮食及农业组织 FAO 数据库，1995～2009年

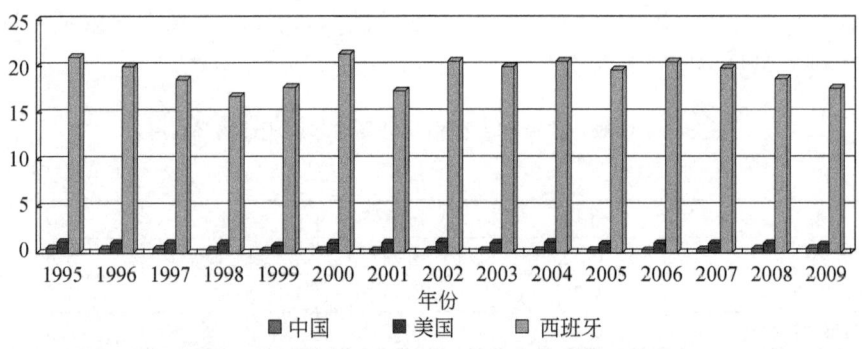

图 35-6　1995~2009 年三国柑橘产业显示性比较优势指数 RCA 柱状图

从表 35-4 和图 35-6 我们发现，1995~1997 年中国柑橘显示性比较优势指数维持在 0.44 左右，而 1998~2001 年显示性比较优势指数呈现明显的下降趋势，基本维持在 0.25 左右；从 2002 年开始中国柑橘国际竞争力有所提升，2009 年中国柑橘显示性比较优势指数达到了最高值 0.57。1995~2007 年美国柑橘显示性比较优势指数保持在 1.16 左右，变化幅度不大，而 2007~2009 年，该指数有所下降，2009 年达到了最低点 0.85。西班牙柑橘显示性比较优势指数年均值 19.36，是参评各国中最高的。从上述分析中可以看出，西班牙柑橘显示性比较优势指数大于 2.5，出口竞争力非常强。美国柑橘显示性比较优势指数始终保持在 0.8~2.25，属于中等出口竞争力。而中国柑橘显示性比较优势指数小于 0.8，因此出口竞争力非常弱。

再来研究中国、美国、西班牙三国柑橘分品种显示性比较优势指数，详见表 35-5。中国柑橘鲜果各品种中其他柑橘类水果的显示性比较优势指数高于橙、宽皮柑橘、柠檬和酸橙及柚子，为 2.88，大于 2.5，因此具有极强的国际竞争力。中国宽皮柑橘的显示性比较优势指数为 1.24，介于 0.8~1.25，因此具有中等国际竞争力；美国最具有竞争力的是柚子，其次是橙及柠檬和酸橙，可见具有竞争力的品种多于中国；相比之下，中国与贸易大国西班牙差距非常大，西班牙宽皮柑橘的显示性比较优势指数约是中国的 33 倍，另外橙、柠檬和酸橙都具有极强的出口竞争力，柚子和其他柑橘类水果也具有较强的国际竞争力。

表 35-5　1995~2009 年三国柑橘分品种显示性比较优势指数

柑橘品种	中国	美国	西班牙
橙	0.58	1.62	19.44
宽皮柑橘	1.24	0.20	33.72

柑橘品种	中国	美国	西班牙
柠檬和酸橙	0.12	1.06	17.28
柚子	0.22	3.95	1.85
其他柑橘类水果	2.88	0.68	1.62

注：表中数值为 1995~2009 年各国柑橘分品种显示性比较优势指数平均值

3. 固定市场份额模型

该模型的假设条件是若一国的某种出口商品的竞争力不变，它的市场份额也应当不变。从假设条件可以得出，出口结构的变化或者竞争力的变化，会导致一国出口商品的变化量与其对手的出口商品的变化量不一致。1995~2009年中国、美国、西班牙和南非柑橘产业固定市场份额 CMS 如表 35-6 所示。

表 35-6　1995~2009 年四国柑橘产业固定市场份额 CMS

国家	1995年	1996年	1997年	1998年	1999年	2000年	2001年	2002年	2003年	2004年	2005年	2006年	2007年	2008年	2009年	趋势
中国	-0.11	-0.01	0.18	-0.31	-0.14	0.19	-0.16	0.28	0.16	0.26	0.30	0.12	0.39	0.49	0.34	波动↑
南非	0.13	-0.36	0.23	0.29	0.17	-0.16	-0.03	-0.06	0.38	0.21	0.03	0.03	0.00	-0.10	-0.05	波动↓
西班牙	0.00	0.01	-0.05	-0.06	0.01	0.06	-0.14	0.10	-0.02	0.00	-0.13	0.01	0.00	-0.12	-0.01	波动→
美国	-0.05	-0.13	0.13	-0.03	-0.21	0.29	-0.02	-0.09	-0.17	-0.10	-0.11	0.08	-0.17	-0.04	-0.09	波动→

注：表中数值为 FAO 数据库数据经计算得出

在本节中我们运用 CMS 模型，主要是从竞争力是否有所提升这个角度进行分析，并不能通过该模型判断竞争力的强弱。从表 35-6 中我们可以清晰地看到，中国在 2001 年加入世界贸易组织后，柑橘产业竞争力相对于其他主要出口国的固定市场份额有所提升，竞争力相对于往年有所提升；南非 1995~2003 年 CMS 固定市场份额保持一定的起伏，但从 2004 年开始一直下降，说明其竞争力在原有的基础上有所减弱；西班牙 1995~2009 年 CMS 指数变化幅度不大；美国的固定市场份额一直保持起伏状态，但最终 2009 年的固定市场份额和 1995 年相差不大。

35.3　结论与讨论

本章属于中国柑橘竞争业绩分析，选取了国际市场占有率、显示性比较优势指数、固定市场份额模型这三个既有联系又相互区别的指标和模型测算了中国柑橘鲜果及各个品种的竞争力水平。结论如下：①从国际市场占有率指标看，中国柑橘鲜果国际市场占有率很小，年均值仅为2.02%，但从2002年开始，呈现快速增长趋势，与中国加入世界贸易组织有着很大的关系。宽皮柑橘和其他柑橘类水果相对来说具有一定的竞争力，但是中国宽皮柑橘的国际市场占有率仅为4.75%，远小于西班牙的58.80%，可见与其他世界出口大国还存在很大差距。②从显示性比较优势指数看，中国柑橘鲜果出口竞争力非常弱，1998～2001年，竞争力下降幅度较大。2002年开始才有所提升。与国际占有率指标得出结论一样，宽皮柑橘和其他柑橘类水果具有一定的出口竞争力，但其他品种的柑橘竞争力和其他世界出口大国相比非常弱，中国其他柑橘类水果的年均显示性比较优势指数为2.88，高于美国和西班牙，表现出了很强的出口竞争力。中国宽皮柑橘具有中等国际竞争力，与世界出口大国如西班牙相比，差距明显。③从固定市场份额模型得出的结论来看，1995～2001年，中国柑橘固定市场份额保持一定的起伏，2001年加入世界贸易组织后，柑橘鲜果产业的竞争力得到了显著的提升，2008年的固定市场份额指数达到了最大值0.49，这与国际市场占有率指标和显示性比较优势指数得出的结论基本上相同。

综上所述，中国宽皮柑橘和其他柑橘类水果具有一定的出口竞争力优势，中国除此之外的柑橘鲜果品种——橙、柠檬和酸橙及柚子的竞争力都很弱。总的看来，在2001年中国加入WTO后，中国柑橘鲜果产业国际竞争力有了很大幅度的提升。

第 36 章
中国柑橘生产成本及其竞争力分析

对柑橘国际竞争实力的评价也就是对决定柑橘国际竞争业绩的直接因素进行评价。柑橘产品在国际市场上所具有的竞争力强弱都是由这些因素所决定的（陈卫平，2005）。本章首先分析 2000~2009 年中国柑橘在生产成本环节上的发展动态，然后着重分析成本竞争力这一关键性因素，并对其设计评价指标。

36.1 中国柑橘生产成本构成

36.1.1 农产品生产成本概念的界定

农产品成本是指在生产农产品的过程中使用的各种物质投入和活劳动的总和。农产品价格以生产中使用的生产资料支出、家庭用工或者雇工的劳动力支出、土地费用及与生产相关的各种管理费用等为基础。在对农产品生产成本进行分析时，要对会计成本和经济成本两个概念加以理解和区分。会计成本又称显性成本，是会计记录在公司账册上的各种有形支出，如购买生产所需的生产资料、用工费用及土地使用费等；而经济成本是显性成本和隐性成本之和，其中隐性成本指的是投入自有生产要素所付出的机会成本。本章对中美两国柑橘生产成本进行分析时，将着重于分析会计成本。

36.1.2 中国柑橘生产成本的构成

柑橘成本指的是生产和销售柑橘过程中所支付的货币总额，主要包括物质与服务费用、用工作价（人工支出）、土地成本和成本外支出。在物质费用中主要有直接生产费用和间接生产费用两大块。直接生产成本指的是在生产过程中所耗费的费用及生产过程中所采取的各项有助于产品形成的各项费用；间接生产成本指的是生产过程中在经营管理和组织生产等方面所花费的费用。人工支出指的是生产过程中在劳动力方面的支出，具体包括家庭用工费用和雇工费用。土地成本在 2004 年之前被划分在期间费用之中，现在被单独列出，分为流转地租金和自营地租金。成本外支出是我国所独有的一个费用项目，不同于世界其他柑橘产出国。中国柑橘生产成本的具体构成如图 36-1 所示。

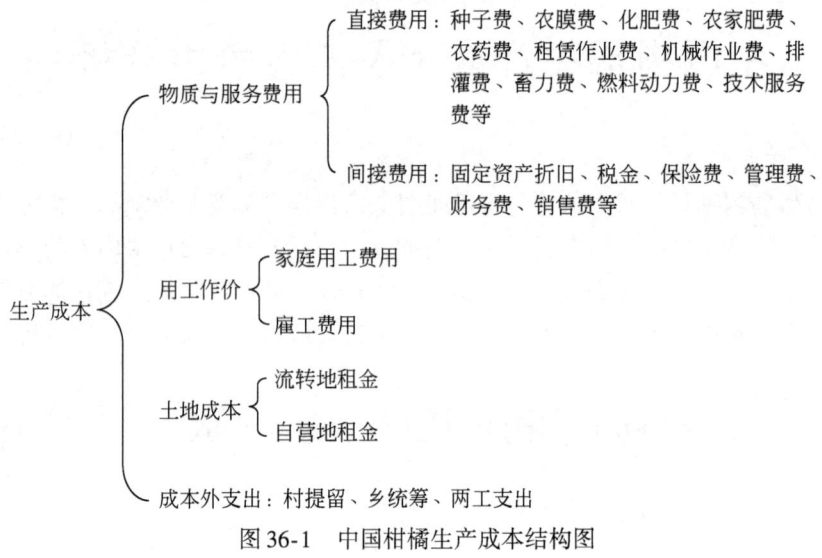

图 36-1　中国柑橘生产成本结构图

36.2　2000～2009 年中国柑橘在生产成本环节上的动态分析

36.2.1　每亩柑橘成本总体结构分析

　　表 36-1 和图 36-2 反映出 2000～2009 年中国柑橘每亩生产成本变化情况。由图 36-2 可以很清晰地看到，在这 10 年间中国柑橘每亩生产成本呈现出上升的总趋势。柑橘成本受物质与服务费用和人工成本的影响最大，物质与服务费用和人工成本是柑橘生产成本的主要构成部分。物质与服务费用 2000 年为 484.92 元/亩，后保持稳步上升趋势，2009 年上升至 723.95 元/亩。人工成本变化起伏不大，但由于劳动力需求量的增大和劳动力价格的上升，在 2006 年人工成本急剧上升。柑橘产业属于劳动密集型产业，人工成本的上升无疑给柑橘产业带来了巨大的挑战。我国具有劳动力成本低廉这一关键性优势，因此我国柑橘具有较强的价格竞争力，然而劳动力成本的提高，导致我国之前拥有的这一优势丧失殆尽。可见，中国柑橘产业走低生产成本发展路线的过程中，必须要将降低人工成本作为一项重要工作任务。土地成本在每亩生产成本中所占

比例小于物质与服务费用和人工成本在每亩生产成本中所占比例，且在 2000 ~ 2009 年变化幅度不大。由于我国耕地的稀缺性，从 2004 年开始，土地成本有小幅度上升趋势。

表 36-1　2000 ~ 2009 年中国柑橘每亩生产成本

年份	生产成本	物质与服务费用		人工成本		土地成本		成本外支出	
		金额/ (元/亩)	比例/%	金额/ (元/亩)	比例/%	金额/ (元/亩)	比例/%	金额/ (元/亩)	比例/%
2000	901.86	484.92	53.77	376.00	41.69	12.62	1.40	28.32	3.14
2001	1139.17	668.32	58.67	408.72	35.88	30.7	2.69	31.43	2.76
2002	1278.47	762.56	59.65	449.00	35.12	60.25	4.71	6.66	0.52
2003	1188.39	648.69	54.59	479.36	40.34	53.75	4.52	6.59	0.55
2004	1418.46	840.50	59.25	415.88	29.32	159.99	11.28	2.09	0.15
2005	1505.95	896.74	59.55	492.83	32.73	115.07	7.64	1.31	0.09
2006	2165.65	859.50	39.69	1191.42	55.01	113.80	5.25	0.93	0.04
2007	1684.93	685.08	40.66	859.92	51.04	137.47	8.16	2.46	0.15
2008	1670.66	807.95	48.36	684.67	40.92	174.87	10.47	3.17	0.19
2009	1566.57	723.95	46.21	717.04	45.77	125.58	8.02	0.00	0.00

资料来源：《全国农产品成本收益资料汇编》（2000 ~ 2009）

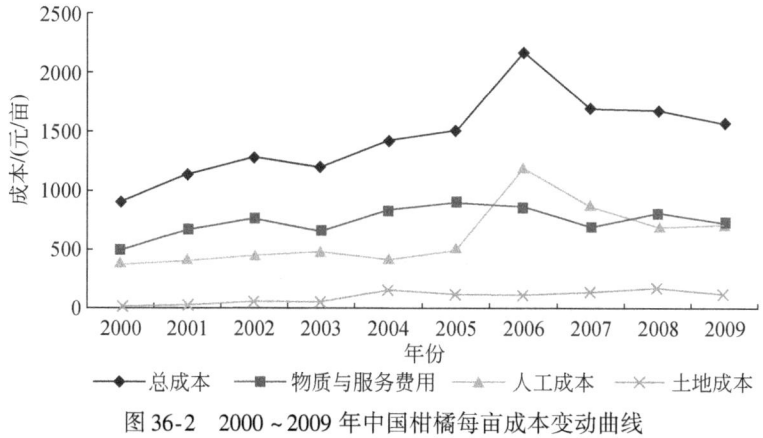

图 36-2　2000 ~ 2009 年中国柑橘每亩成本变动曲线

36.2.2　物质与服务费用变化情况分析

本节我们在对物质与服务费用变化分析时，主要选取化肥、农家肥、农药和税金四个重要组成部分进行研究，它们占据物质与服务费用的比例最大，详见表36-2。

表36-2　四个重要组成部分的支出成本及占物质与服务费用的比例

年份	物质与服务费用	农家肥费		化肥费		农药费		税金	
		金额/（元/亩）	比例/%	金额/（元/亩）	比例/%	金额/（元/亩）	比例/%	金额/（元/亩）	比例/%
2000	484.92	64.35	13.27	145.82	30.07	116.14	23.95	92.38	19.05
2001	668.32	65.54	9.8	193.81	29.00	187.71	28.09	91.89	13.75
2002	762.56	100.35	13.16	239.09	31.35	229.77	30.13	95.84	12.57
2003	648.69	85.28	13.15	248.64	38.33	214.96	33.14	19.95	3.08
2004	840.50	82.24	9.78	396.21	47.14	192.26	22.87	7.8	0.93
2005	896.74	153.27	17.09	475.34	53.01	116.63	13.01	0	0
2006	859.50	233.0	27.11	194.71	22.65	278.46	32.40	0	0
2007	685.08	67.53	9.86	333.5	48.68	185.36	27.06	0	0
2008	807.95	32.65	4.04	408.2	50.52	246.58	30.52	0	0
2009	723.95	37.44	5.17	313.59	43.32	249.01	34.40	0	0

资料来源：《全国农产品成本收益资料汇编》（2000～2009）

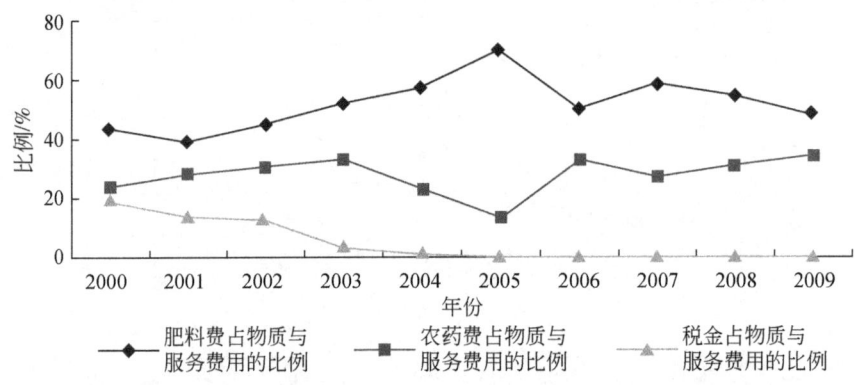

图36-3　肥料费、农药费和税金占物质与服务费用的比例趋势图

　　从图36-3中我们可以清晰地看到，肥料费（化肥费和农家肥费之和）所占物质与服务费用的比例最大，变化范围在38.80%～70.10%。2000～2001年肥料费占物质与服务费用的比例略微下降，从2001年开始至2009年，肥料费占物质与服务费用的比例形成了M形的波动状态，在2001～2005年该比例急剧上升。化肥费的投入量基本都多于农家肥费的投入量，这是由于柑橘生产较为依赖化肥，且化肥的价格不断上升。总的来说，2000～2009年肥料费占物质与服务费

用的比例呈现上升趋势，从而可知肥料在柑橘生产中起到了非常大的作用。

再来观察农药在物质与服务费用中所占比例的变化情况。农药在物质与服务费用中所占的比例仅次于肥料费，变化趋势不稳定，原因在于柑橘种植过程中所遇到的病虫害威胁程度不同，针对不同的病虫害威胁程度就要施用不同量的农药。在 2000~2009 年，农药投入在物质与服务费用中所占的比例保持在 13.01%~34.40%。在 2005 年，农药支出费用在物质与服务费用中所占比例为最低的 13.01%，这一现象出现的原因不仅在于农药投入费用减少，还和当年物质与服务费用上升有关。

税金方面的支出在物质与服务费用中所占比例在 2000~2004 年一直处于急剧下降趋势，这是因为 2000 年国家提出了农业税费改革，2005 年后柑橘税金全部取消。

36.3 中国柑橘竞争力分析：基于生产成本

在上一节中，我们对中国柑橘生产成本进行了动态分析，对近 10 年间中国柑橘生产成本的变化情况有了一定的了解。本节我们着重分析 2009 年中国柑橘的生产成本环节，通过与美国柑橘产业进行对比，从而发现中国柑橘产业在此环节上所存在的问题和差距。

36.3.1 成本竞争力评价指标的设计

国际竞争力是某国产品在国际间进行交易中能够获得比同类产品的其他出口国更多的市场份额。任何时候价廉物美的产品总是占有市场最大的份额，获得消费者最大程度的认可。成本是国际竞争力的基础构成要素，它的高低直接决定了柑橘产品价格的高低，从而决定了产品的价格竞争优势和占有市场能力及获利能力。柑橘生产成本比较法就是先计算出柑橘生产的总成本，然后再进行国际横向比较，通过观察柑橘生产成本的高低来判断本国在生产柑橘时是否具有竞争力（陈卫平，2005）。

36.3.2 中美两国柑橘生产成本比较研究：基于 2009 年

由于国外柑橘的生产成本资料较难收集，本章只对中国和美国主要的柑橘生产基地及柑橘主要品种——甜橙的生产成本进行比较。我们先了解两国柑橘成本核算所采用的方法。

美国柑橘成本主要分为两大部分：农户直接支出的费用和生产柑橘过程中农户需花费但不直接支付的费用。前一部分被称为现金成本，它又被细分为可变现金成本和固定现金成本。可变现金成本主要包括种子费、肥料费、农药费、燃料费、电费及人工支出等；固定现金成本主要包括利息、税金、保险费和农场管理费等。除了这些，生产者还需要投入自有的机器、劳动、土地，这些产生的费用没有通过市场交换，因此需要以机会成本的形式进行计算。

中国柑橘成本在本章第一节详细介绍了，在此不再赘述，通过对比可知中美两国柑橘成本核算有如下几点不同：①美国柑橘成本包括园内生产、收获成本及包装和运输过程中产生的费用，这其中包括了狭义成本和广义成本，是与目前我国小农生产经营所不同的；②美国的柑橘成本主要计算的是经济成本，指的是柑橘生产中使用如资金、劳动力和土地等资源，那么这些资源就不能再用到其他的生产活动中，这就有可能会损失利益，将其也计算到总成本中，而中国柑橘成本主要计算的是会计成本；③美国将生产作业为项目的指标体系作为柑橘成本核算体系，又被称为环节指标体系，而中国将以要素支出（物质、人工）为主要项目的指标体系作为柑橘成本核算体系（表36-3、表36-4）。

表36-3　2009～2010年美国佛州中部和西南部甜橙生产成本核算表

项目		佛州中部生产成本		佛州西南部生产成本	
		成本/(元/亩)	比例/%	成本/(元/亩)	比例/%
1 狭义生产成本		1072.72	100	1051.43	100
生产环节	所含作业				
杂草控制	割除行间草	55.04	5.13	31.62	3.01
	化学除草	11.74	1.09	17.92	1.7
	园林全面整理	31.94	2.98	31.94	3.04
	除草剂除草	126.39	11.78	104.87	9.97
	液肥喷施	199.72	18.62	169.1	16.08
	固体肥料施用	282.83	26.37	288.66	27.45
	石灰施用	12.08	1.13	14.38	1.37
枝条修建	打尖	13.86	1.29	11.09	1.05
	围篱	13.66	1.27	13.66	1.3
	砍削灌木丛	7.33	0.68	7.33	0.7
植株的更新与养护	拖运新苗木	20.46	1.91	27.28	2.59
	挖坑栽新竹	44.37	4.14	59.16	5.63
	维护新苗	75.42	7.03	50.28	4.78

项目		佛州中部生产成本		佛州西南部生产成本	
		成本/(元/亩)	比例/%	成本/(元/亩)	比例/%
微型喷灌		177.88	16.58	177.88	16.92
灌渠维护				46.89	4.46
2. 管理费		48		48	
3. 利息		48.12		47.23	
4. 税金		61		61	
5. 排污费和采收费		1108.41		1199.71	
6. 柑橘评估费		114.96		122.16	
广义会计生产成本 (1~6项合计)		2453.12		2529.53	
7. 机会成本		575.06		575.42	
广义经济生产成本 (1~7项合计)		3029.27		3104.95	

注：表中按1美元=6.80元人民币进行折算（2009年汇率），下同

资料来源：http://www.crec.ifas.ufl.edu/extension/economics/，University of Florida，2009~2010

表36-4　2009~2010年中国广东省、湖北省甜橙生产成本核算表

项目		广东省		湖北省	
		生产成本/(元/亩)	比例/%	生产成本/(元/亩)	比例/%
一、生产成本		3682.03	92.73	1211.65	82.39
1. 物质费用		2288.57	57.64	519.44	35.32
（1）直接生产费用		2191.91	55.20	478.31	32.52
种子秧苗费		13.73	0.35		
农家肥费		221.64	5.58	7.36	0.50
化肥费		765.68	19.28	325.75	22.15
农膜费		75.08	1.89	4.29	0.29
农药费		1067.08	26.87	131.51	8.94
畜力费					
机械作业费					
排灌费		24.75	0.62	8.78	0.60
燃料动力费				0.62	0.04
棚架材料费					
其他直接费用					

项目	广东省		湖北省	
	生产成本/(元/亩)	比例/%	生产成本/(元/亩)	比例/%
(2) 间接生产费用	96.66	2.43	41.13	2.30
固定资产折旧	67.95	1.71	27.94	1.90
小农具购置和修理费	28.71	0.72	13.19	0.90
其他间接费用				
2. 人工支出	1490.12	37.53	692.21	47.07
直接用工	1009.25	25.42	129.30	8.79
间接用工	480.87	12.11	562.91	38.28
二、期间费用	223.36	5.63	207.32	14.10
土地承包费	201.01	5.06	116.97	7.95
管理费				
销售费	22.35	0.56	90.35	6.14
财务费				
三、成本外支出			3.59	0.24
四、税金	0	0	0	0
总成本	3905.39	100	1422.56	100

资料来源:《全国农产品成本收益资料汇编》(2009)

通过表36-3和表36-4的统计数据可知，两国核算体系大为不同，要想将二者进行比较，必须建立新的指标体系。美国柑橘成本核算的各个环节耗费都是比较详尽的，而中国的核算体系主要是由人工、物质和机械费用几大方面构成，剥离各环节的支出非常困难。因此将美国的核算体系进行一定的改造，是具有可行性的。我们把美国的环节指标体系转换为要素指标体系，分解出各项作业在各要素中的支出，详见表36-5（其中，M 表示耗费的物质材料成本，L 表示在人工支出方面的成本，E 表示在机械使用上的支出成本）。

表36-5　2009～2010年美国甜橙生产成本要素分离表

(单位：元/亩)

项目	所含作业	佛州中部			佛州西南部		
杂草控制		M	L	E	M	L	E
	割除行间草		55.04			31.62	
	化学除草	11.74			17.92		
	园林全面整理		31.94			31.94	
	除草剂除草	101.11		25.28	82.57		22.30

项目	所含作业	佛州中部			佛州西南部		
杂草控制		M	L	E	M	L	E
液肥喷施		124.83		74.90	111.25		57.85
固体肥料施用		233.74		49.09	251.00		37.65
石灰施用		12.08			14.38		
枝条修剪							
	打尖		13.86			11.09	
	围篱		13.66			13.66	
	砍削拖运灌木		7.33			7.33	
植株更新养护							
	托运新苗木	20.46			27.28		
	挖坑栽新苗		44.37			59.16	
	维护 1~3 年苗木	75.42			50.28		
微型喷灌		177.88			177.88		
灌渠维护					46.89		
小计		757.26	166.20	149.27	779.45	154.80	117.80
合计		1072.73			1052.05		

资料来源：根据 http：//www. crec. ifas. ufl. edu/extension/economics/，University of Florida（2009～2010）的资料计算所得

完成以上工作后，我们开始建立新的核算体系——不考虑机会成本，只采用会计成本。利用以上三个表的指标，拟合新的指标，拟合结果如下：

（1）植保费。美国甜橙生产成本指标体系的化学除草和除草剂除草中的物质材料费用；中国甜橙生产成本指标体系的农药费。

（2）有机肥费。美国甜橙生产成本指标体系"液肥喷施"环节中物质材料费用；中国甜橙生产成本指标体系的农家肥。

（3）化肥费。美国甜橙生产成本指标体系中固体肥料施用环节中物质材料费用；中国甜橙生产成本指标体系中的化肥费。

（4）种苗费。美国甜橙生产成本指标体系中"植株更新养护"环节中托运新苗木的物质材料费用；中国甜橙生产成本指标体系的种子秧苗费。

（5）材料费。美国甜橙生产成本指标体系的石灰施用环节与维护苗木环节耗用的物质材料费用之和；中国甜橙生产成本指标体系的农膜费和棚架材料费之和。

（6）畜力费。美国甜橙生产成本指标体系无此项；中国甜橙生产成本指

标体系的畜力费。

（7）机械费。美国甜橙生产成本指标体系所有生产环节机械作业费总和；中国甜橙生产成本指标体系的机械作业费和燃料动力费之和。

（8）人工支出。美国甜橙生产成本指标体系分离出的人工支出总和加上美国甜橙生产成本指标体系的采收费；中国甜橙生产成本指标体系的用工支出。

（9）灌溉费。美国甜橙生产成本指标体系的微型喷灌与灌渠维护之和；中国甜橙生产成本指标体系的灌溉费。

（10）管理费。直接使用原值。

（11）销售费。美国甜橙生产成本指标体系的柑橘评估费；中国甜橙生产成本指标体系的销售费。

（12）利息。美国甜橙生产成本指标体系的利息；中国甜橙生产成本指标体系的财务费。

（13）资产占用。美国果农委托公司进行生产，自己基本无须资产占用，因此该指标值为零；中国甜橙生产成本指标体系的固定资产折旧与小农具购置和修理费之和。

（14）土地承包费。美国果农自己拥有果园，使用土地支付费用较少；中国甜橙生产成本指标体系的土地承包费。

（15）税金。美国甜橙生产成本指标体系的税金；中国甜橙生产成本指标体系的税金。

根据上述新指标，建立表 36-6。

表 36-6　2009 年中美甜橙主产区甜橙生产成本比较分析表

项目	佛州中部		佛州西南部		广东省		湖北省	
	生产成本/（元/亩）	/%	生产成本/（元/亩）	/%	生产成本/（元/亩）	/%	生产成本/（元/亩）	/%
植保费	112.85	4.60	100.49	3.97	1067.08	26.39	131.51	8.96
有机肥费	124.83	5.09	111.25	4.40	221.64	5.48	7.36	0.50
化肥费	233.74	9.53	251.00	9.92	765.68	18.94	325.75	22.20
种苗费	20.46	0.83	27.28	1.08	13.73	0.34	0.00	0.00
材料费	87.50	3.57	64.66	2.56	75.08	1.86	4.29	0.29
畜力费	0.00	0.00	0.00	0.00	0.00	0.00	0.00	0.00
机械费	149.27	6.08	117.80	4.66	0.00	0.00	0.62	0.04
人工支出	1274.61	51.96	1354.51	53.53	1490.12	36.85	692.21	47.46
灌溉费	177.88	7.25	224.77	8.88	24.75	0.61	8.78	0.60

项目	佛州中部		佛州西南部		广东省		湖北省	
	生产成本/(元/亩)	/%	生产成本/(元/亩)	/%	生产成本/(元/亩)	/%	生产成本/(元/亩)	/%
管理费	48.00	1.96	48.00	1.90	0.00	0.00	0.00	0.00
销售费	114.96	4.69	122.16	4.83	22.35	0.55	90.35	6.16
利息	48.12	1.96	47.23	1.87	0.00	0.00	0.00	0.00
资产占用	0.00	0.00	0.00	0.00	96.66	2.39	41.13	2.80
土地承包费	0.00	0.00	0.00	0.00	201.01	4.97	116.97	7.97
税金	61.00	2.49	61.00	2.41	0	0	0	0
合计	2453.22	100	2530.15	100	3978.10	100	1418.97	100

资料来源：根据表36-3、表36-4、表36-5拟合计算所得

我们从两个角度详细分析表36-6：①从绝对数量上来看，表36-6前5项代表每亩物质投入，4个地区的前5项值之和分别为579.38元、554.68元、2143.21元和468.91元，分别计算中美两国两个地区物质投入平均值，中国为1306.06元/亩，美国为567.03元/亩，可见中国柑橘产业在物质投入方面远大于美国；美国每亩支出较多的机械费，分别为149.27元和117.8元，而中国的广东省机械费为零，湖北省也只有0.62元；人工支出方面，广东省的每亩1490.12元高于美国两地和湖北省，不同于以往（根据以往的资料显示，广东省的人工支出成本要低于美国两地区）；广东省和湖北省需支付每亩201.01元和116.97元的土地承包费，而美国没有；美国果农委托公司进行生产，因此没有资产占用方面的支出，中国果农需为固定资产折旧与小农具购置和修理支付每亩96.66元和41.13元；美国两地在柑橘生产过程中的管理费都为48元/亩，而中国两地的柑橘生产管理费都为零。总的看来，美国的柑橘生产成本除了物质投入、资产占用、土地承包费等方面，其他各个环节成本都要高于中国。而在总成本上，内地湖北相对优势明显，低于其他三个地区，而沿海的广东省却是最高的。②从相对数量上来看，中国的物质投入占生产成本的比例分别为53.01%和31.95%，美国的前5项比重之和分别为23.62%和21.93%，远高于美国；美国的机械费所占生产成本的比例分别为6.08%和4.66%，而中国的比例却极低；美国两地人工支出比例为51.96%和53.53%，均要高于中国两地；美国两地的销售费占生产成本的比例也远高于中国的广东省。可见，中国柑橘生产大量依靠的是物质投入，而美国柑橘生产以技术作为支撑点，在很多方面投入了大量的技术，现代化程度较高。与此同时，美国果农比中国果农更注重推销自己的产品，这个结论可以从美国两地每亩使用100多元

的销售费用中清晰地得出。

36.4 结论与讨论

通过对 2000～2009 年中国柑橘在生产成本环节上进行动态分析，可知中国柑橘生产成本在近 10 年间的变动规律：①每亩柑橘的生产成本不断增加。这说明每亩土地为了产出同样产量的柑橘，费用在不断上升。②柑橘生产成本的重要组成部分是物质与服务费用及人工成本。这说明物质与服务费用和人工成本的增加是导致每亩柑橘生产成本的增加的主要原因。③物质与服务费用较高是由于化肥和农药投入较大导致。因此要在柑橘生产过程中科学合理地进行施肥、施药。④人工成本不断增加。这主要归结于社会经济的发展速度飞快，大量的农业劳动力流入发达城市，农业劳动力变少，从而导致农业劳动力供给价格上升。

通过对 2009 年中美两国柑橘生产成本进行对比，可知中国柑橘在生产成本环节上相比其他柑橘生产大国存在的不足之处：①中国柑橘生产过程中物质投入结构不合理，投入的化肥、农药远比美国的多，这不仅增加了柑橘的生产成本，还对柑橘生长不利，对柑橘出口也会造成一定的影响；②中国柑橘生产过程中从事柑橘生产的企业过于分散且实力不强，管理手段落后，难以与国外大型柑橘企业竞争；③果农市场销售意识薄弱，不注重将自己的产品推销市场，常出现柑橘卖难现象，对中国柑橘产业造成了沉重的打击；④柑橘生产过程中机械投入太少，主要采用的是人工劳作的方式。过多地依赖劳动力，导致农业劳动力需求量加大，而近年来我国农业劳动力人数减少，劳动力的供给价格上升，这大大增加了我国柑橘产业的人工成本，促使生产成本提高，削弱了中国柑橘产业国际竞争力优势。

第 37 章
中国柑橘产业国际竞争潜力的
综合评价与分析

在前两章，我们从出口和成本两方面对中国柑橘产业竞争力进行了测评，并对中国柑橘产业发展动态进行了分析和总结。然而很多来自于其他方面的因素也会对中国柑橘产业的竞争力产生影响，因此要想更透彻地了解和分析中国柑橘产业的国际竞争力，必须对深层次的影响因素——国际竞争潜力进行研究。

37.1 中国柑橘产业国际竞争潜力的评价指标与模型

在第 34 章理论部分，我们提到了迈克尔·波特的"钻石理论"，本章以该理论为依据，结合中国柑橘产业自身的发展特点，立足于柑橘生产要素、柑橘国内需求、柑橘业相关和辅助产业、柑橘生产经营主体状况和政府作用五个要素，对中国柑橘产业国际竞争潜力进行测评，运用综合评价方法对这五个要素建立评价指标体系和综合评价模型。

37.1.1 中国柑橘产业国际竞争潜力评价指标体系

以柑橘生产要素、柑橘国内需求、柑橘业相关和辅助产业、柑橘生产经营主体状况和政府作用五个要素为基础，本章设计出中国柑橘产业国际竞争潜力评价指标体系，其中包含 26 个指标，各个指标之间相互联系、相互影响。这些指标对评价总目标的作用大小各不相同，即各指标的重要程度不一样。为了反映出 26 个指标对中国柑橘产业国际竞争潜力的重要程度，需要给这些指标设定权重。这里我们采用的是"专家问卷调查法"。

我们首先依据所建立的指标体系，按总分 100 分设计。然后在 2011 年 9 ~ 12 月先后向华中农业大学经济管理与土地管理学院、武汉纺织大学经济管理学院、华中科技大学经济学院等几所高校的专家发放近 70 份调查问卷。截至 2012 年 1 月 1 日，共收回调查问卷 45 份。收回问卷之后，我们运用 Excel 对所有问卷的各指标评分进行统计分析，计算方法用公式表示为

$$V = \frac{\sum i_j A_j}{N}$$

式中，V 代表某个具体指标权重；N 代表专家数，即回收的问卷数；j 表示在 N 份问卷中某个指标的不同分值的个数；A_j 表示某个指标的第 j 种分值；i_j 表示有 i 个专家给出第 j 种分值。通过计算，最后我们得出了柑橘产业国际竞争潜力综合评价指标的权重，详见表 37-1。

表 37-1　柑橘产业国际竞争潜力综合评价指标及权重

评价目标	竞争力要素	竞争力子要素	评价指标
柑橘产业 国际竞争 潜力 （总分：100）	柑橘业生产 （分值：30）	基本要素 （分值：17）	指标1：果园面积占世界果园面积比重（分值：5）
			指标2：人均淡水资源（分值：3）
			指标3：灌溉地面积占作物面积百分比（分值：3）
			指标4：农业劳动力人数占世界农业劳动力总数的比重（分值：6）
		高级要素 （分值：13）	指标5：交通基础设施水平（其中公路和铁路分值各为2分）（分值：4）
			指标6：通信设施水平（分值：4）
			指标7：每百万人中研究人员和技术人员数（分值：2）
			指标8：研究与开发经费占 GDP 百分比（分值：3）
	国内需求 （分值：12）	需求性质 （分值：5）	指标9：人均国内生产总值（分值：1）
			指标10：城市化水平（分值：2）
			指标11：居民生活质量（分值：2）
		需求成长 （分值：3）	指标12：柑橘国内需求量（分值：3）
		需求国际化 （分值：4）	指标13：参与区域贸易集团的程度（分值：2）
			指标14：国家海外形象（分值：1）
			指标15：出国旅游人数（分值：1）
	柑橘业相关 和辅助产业 （分值：17）		指标16：农用生产资料生产部门的国际竞争力（分值：7）
			指标17：柑橘加工程度（分值：7）
			指标18：社会化服务水平（分值：3）
	柑橘生产经营 主体状况 （分值：15）		指标19：劳动者受高等教育的比例（分值：5）
			指标20：每 100 平方公里耕地拥有的拖拉机数量（分值：4）
	政府作用 （分值：26）		指标21：人均耕地面积（分值：6）
			指标22：关税水平（分值：4）
			指标23：农业生产者支持水平（分值：8）
			指标24：政府经济政策（分值：5）
			指标25：农业科研知识产权（分值：4）
			指标26：法律体系（分值：5）

37.1.2 中国柑橘产业国际竞争潜力综合评价模型

在上述 26 个具体的评价指标中，它们所属类型各不相同。为了不影响评价结果，便于分析，我们首先对计算这 26 个指标的标准化值（STD 值），对它们进行标准化处理。

在统计学中，标准离差法、极值法、均值法等都属于标准化处理方法。在本章中为了能够使计算简便易操作，考虑到这 26 个具体指标的设置情况，我们采用"极值法"——指标中任意一个指标数据和该指标所有数据中最小值之差与该指标所有数据中最大值和最小值之差的比率，用公式表示为

$$(\text{STD 值})_{ij} = \frac{X_{ij} - \min\{X_j\}}{\max\{X_j\} - \min\{X_j\}}$$

式中，i 代表所评价的国家；j 为评价指标；X_{ij} 为 i 国 j 项指标的原始值；$\max\{X_j\}$ 为所有国家中 j 项指标原始值中的最大值；$\min\{X_j\}$ 为所有国家中 j 项指标原始值中的最小值；$(\text{STD 值})_{ij}$ 为 i 国 j 项评价指标的标准化值。

得出 26 个评价指标的标准化值之后，根据每个指标的权重，运用加权求和综合评价模型计算出各个国家或地区柑橘国际竞争潜力的得分与排名：总体得分与排名、竞争力要素得分与排名和子要素的得分与排名。用公式表示的综合评价模型如下。

竞争力子要素的评价模型：

$$B_{ij} = \sum_{k=1}^{n} S_{ijk} W_{ijk}$$

竞争力要素的评价模型：

$$A_i = \sum_{j=1}^{m} B_{ij}$$

柑橘产业国际竞争潜力总体评价模型：

$$F = \sum_{i=1}^{5} A_i$$

式中，S_{ijk} 为某国家 i 要素中第 j 个竞争力子要素的第 k 个指标的标准化值；W_{ijk} 为其权重值；B_{ij} 为某国家 i 要素中第 j 个竞争力子要素的评价得分值；A_i 为某国家第 i 个竞争力要素的评价得分值；F 为某国家柑橘国际竞争潜力的总得分值。

37.2 指标的测算与分析

37.2.1 数据说明

本章以 2009 年柑橘产业国际竞争潜力综合评价指标数据为基础，对中国与美国、西班牙、南非、巴西、土耳其、阿根廷、墨西哥、意大利等 8 个国家进行综合评价。选取这些国家的原因在于它们都是柑橘生产大国，都将是中国柑橘产业国际市场上的主要竞争对手，与它们一起进行对比分析具有一定的现实意义。

37.2.2 模型测算过程

1. 整理并计算 STD 值和指标得分

1）柑橘业生产要素条件的评价指标

对柑橘业生产要素条件的评价就是要反映出各国的柑橘业生产要素的稀缺或丰裕程度。因而，我们设计了各种柑橘业生产要素的相关指标进行评价，如果指标数值较高，就说明该国柑橘业生产要素比较丰裕，具有比较优势。

（1）基本要素。基本要素主要包括：①果园面积占世界果园面积比重；②人均淡水资源；③灌溉地面积占作物面积百分比；④农业劳动力人数占世界农业劳动力总数的比重（表 37-2 ~ 表 37-5）。

表 37-2 2009 年各国柑橘园面积占世界柑橘园面积的比重、得分及排名

国家	比重原始值	得分（=STD·5）	排名
美国	0.082521	3.8159	2
西班牙	0.005662	0.1349	8
南非	0.020296	0.8358	6
巴西	0.054101	2.4549	3
土耳其	0.007959	0.2449	7
阿根廷	0.028738	1.2401	4
墨西哥	0.021033	0.8711	5
意大利	0.002845	0	9
中国	0.107244	5	1

资料来源：FAO 数据库，2009

表 37-3 2009 年各国人均淡水资源、得分及排名

国家	人均淡水资源/（立方米/人）		
	原始值	得分（=STD·3）	排名
美国	9 179	0.914 6	2
西班牙	2 422	0.167 4	7
南非	908	0	9
巴西	28 037	3	1
土耳其	3 160	0.249 0	5
阿根廷	6 889	0.661 4	3
墨西哥	3 651	0.303 3	4
意大利	3 032	0.234 9	6
中国	2 113	0.133 3	8

资料来源：世界银行指标数据库，2009

表 37-4 2009 年各国灌溉地面积占作物面积百分比、得分及排名

国家	灌溉地面积占作物面积百分比		
	原始值	得分（=STD·3）	排名
美国	54.4	3	1
西班牙	11.9	0.589 8	5
南非	15.0	0.765 6	3
巴西	11.1	0.544 2	6
土耳其	13.4	0.674 9	4
阿根廷	1.5	0	9
墨西哥	5.5	0.226 8	8
意大利	18.8	0.981 1	2
中国	10.2	0.493 4	7

资料来源：FAO 数据库，2009；维基百科全书，2009

表 37-5 2009 年各国农业劳动力人数占世界农业劳动力总数的比重、得分及排名

国家	农业劳动力人数占世界农业劳动力总数的比重		
	原始值	得分（=STD·6）	排名
美国	0.002 008	0.022 9	5
西班牙	0.000 811	0.000 5	8
南非	0.001 925	0.021 4	6
巴西	0.008 291	0.140 9	2
土耳其	0.005 62	0.090 8	4

国家	农业劳动力人数占世界农业劳动力总数的比重		
	原始值	得分（=STD·6）	排名
阿根廷	0.001 201	0.007 8	7
墨西哥	0.007 903	0.133 6	3
意大利	0.000 786	0	9
中国	0.320 384	6	1

注：此处用研究农业劳动力人数占世界农业劳动力总数的比重间接说明从事柑橘业的劳动力人数方面的情况

资料来源：FAO 数据库，2009

（2）高级要素。高级要素包括：交通基础设施水平；通信设施水平；每百万人中研究人员和技术人员数；研究与开发经费占 GDP 百分比（表37-6～表37-9）。

表 37-6　2009 年各国交通基础设施水平、得分及排名

国家	铁路网密度原始值/（公里/万平方公里）	得分（=STD·2）	公路网密度原始值/（公里/万平方公里）	得分（=STD·2）	交通基础设施水平得分	排名
美国	247	0.8	68	0.7532	1.5532	3
西班牙	301	1.0038	132	1.5844	2.5882	2
南非	181	0.5509	32	0.2857	0.8366	5
巴西	35	0	22	0.1558	0.1588	9
土耳其	113	0.2943	54	0.5714	0.8657	4
阿根廷	91	0.2113	10	0	0.2113	8
墨西哥	139	0.3925	19	0.1169	0.5094	6
意大利	565	2	164	2	4	1
中国	68	0.1245	39	0.3766	0.5011	7

资料来源：世界银行指标数据库，2009

表 37-7　2009 年各国通信设施水平、得分及排名

国家	通信设施水平（每100人所拥有的电话线路数量）		
	原始值	得分（=STD·4）	排名
美国	50	4	1
西班牙	44	3.414 6	2
南非	9	0	9

国家	通信设施水平（每100人所拥有的电话线路数量）		
	原始值	得分（=STD·4）	排名
巴西	21	1.1707	7
土耳其	23	1.3659	6
阿根廷	24	1.4634	4
墨西哥	17	0.7805	8
意大利	36	2.6341	3
中国	24	1.4634	4

资料来源：国际电信联盟，2009

表 37-8　2009 年各国每百万人中研究人员和技术人员数、得分及排名

国家	每百万人中研究人员和技术人员数		
	原始值	得分（=STD·2）	排名
美国	4863	2	1
西班牙	2944	1.1490	2
南非	395	0.0186	8
巴西	694	0.1512	6
土耳其	680	0.1450	7
阿根廷	980	0.2780	5
墨西哥	353	0	9
意大利	1616	0.5601	3
中国	1180	0.3667	4

资料来源：世界银行指标数据库，2009

表 37-9　2009 年各国研究与开发经费占 GDP 百分比、得分及排名

国家	研究与开发经费占 GDP 百分比/%		
	原始值	得分（=STD·3）	排名
美国	2.79	3	1
西班牙	1.42	1.2052	3
南非	0.98	0.6288	6
巴西	1.04	0.7074	5
土耳其	0.76	0.3406	8
阿根廷	0.55	0.0655	7

国家	研究与开发经费占 GDP 百分比/%		
	原始值	得分（=STD·3）	排名
墨西哥	0.50	0	9
意大利	1.15	0.8515	4
中国	1.63	1.4803	2

资料来源：国际统计年鉴，2009

2）柑橘国内需求条件的评价指标

柑橘国内需求对柑橘业国际竞争力的影响有三种方式：一是柑橘需求性质；二是柑橘的国内需求的大小与成长速度；三是柑橘国内需求国际化能力，也就是一国农产品的国内需求转向国际、将本国的农产品或服务推向国外市场的能力。因此对柑橘业国内需求的评价也应从这三方面展开。①需求性质。影响一国柑橘国内需求性质的因素有很多，笔者选择了人均国内生产总值、城市化水平和居民生活质量三个指标进行评价（表37-10~表37-12）。②需求成长。柑橘国内需求成长可以通过柑橘国内需求量来衡量（表37-13）。一国农产品国内需求规模越大，则拥有越大的母国市场，从而有利于农业竞争优势的形成。③需求国际化。柑橘国内需求的国际化能力很难用直接指标对其作具体评价，一般来说它是与一国市场开放程度有关，若这个国家积极融入世界贸易经济，开放程度高，那么相应会增加柑橘流动性，也更易让其他国家了解本国柑橘产品，从而使柑橘越容易走出国门，为他国所接受具体因素包括：参与区域贸易集团的程度、国家海外形象、出国旅游人数（表37-14~表37-16）。

表37-10　2009年各国人均国内生产总值、得分及排名

国家	人均国内生产总值/美元		
	原始值	得分（=STD·1）	排名
美国	45758	1	1
西班牙	31 891	0.669 9	3
南非	5 733	0.047 2	8
巴西	8 251	0.107 2	5
土耳其	8 554	0.114 4	4
阿根廷	7 665	0.093 2	7
墨西哥	7 852	0.097 7	6
意大利	35 073	0.745 6	2
中国	3 749	0	9

资料来源：世界银行指标数据库，2009

表 37-11　2009 年各国城市化水平（城镇人口占总人口的比例）、得分及排名

表 37-11　2009 年各国城市化水平（城镇人口占总人口的比例）、得分及排名

国家	城市化水平（城镇人口占总人口的比例）/%		
	原始值	得分（=STD·2）	排名
美国	82	1.5833	3
西班牙	77	1.3750	5
南非	61	0.7083	8
巴西	86	1.7500	2
土耳其	69	1.0417	7
阿根廷	92	2	1
墨西哥	78	1.4167	4
意大利	68	1.0000	6
中国	44	0	9

资料来源：世界银行指标数据库，2009

表 37-12　2009 年各国居民生活质量（人均国民总收入）、得分及排名

国家	居民生活质量（人均国民总收入）		
	原始值/美元	得分（=STD·2）	排名
美国	38 269	2	1
西班牙	15 638	0.746 8	3
南非	3 602	0.080 3	8
巴西	4 257	0.116 6	7
土耳其	4 886	0.151 4	6
阿根廷	9 721	0.419 1	4
墨西哥	5 664	0.194 5	5
意大利	18 454	0.902 7	2
中国	2 152	0	9

资料来源：世界银行指标数据库，2009

表 37-13　2009 年各国柑橘国内需求量、得分及排名

国家	柑橘国内需求量/千克		
	原始值	得分（=STD·3）	排名
美国	633 310 327	3	1
西班牙	174 407 539	0.814 2	3
南非	3 463 142	0	9
巴西	4 459 679	0.004 7	8
土耳其	50 208 495	0.222 7	5

国家	柑橘国内需求量/千克		
	原始值	得分（=STD·3）	排名
阿根廷	7 655 193	0.020 0	7
墨西哥	21 215 776	0.084 6	6
意大利	423 906 594	2.002 6	2
中国	91 635 299	0.420 0	4

注：由于数据较难搜集，我们利用各国柑橘的进口量代替需求量，间接说明问题

资料来源：商品贸易统计数据库（COMTRADE），2009

表37-14　2009年各国参与区域贸易集团的程度、得分及排名

国家	参与区域贸易集团的程度		
	原始值	得分（=STD·2）	排名
美国	8.96	2	1
西班牙	8.48	1.84	2
南非	2.96	0	9
巴西	5.71	0.9166	5
土耳其	3.92	0.32	8
阿根廷	4.28	0.44	7
墨西哥	5.62	0.8866	6
意大利	7.94	1.66	3
中国	6.43	1.1566	4

资料来源：世界竞争力年鉴，2009

表37-15　2009年各国海外形象、得分及排名

国家	国家海外形像		
	原始值	得分（=STD·1）	排名
美国	9.12	1	1
西班牙	8.04	0.8457	3
南非	3.12	0.1429	8
巴西	7.86	0.82	4
土耳其	5.82	0.5286	6
阿根廷	2.12	0	9
墨西哥	3.24	0.16	7
意大利	8.62	0.9286	2
中国	7.24	0.7314	5

资料来源：世界竞争力年鉴，2009

表 37-16　2009 年各国出国旅游人数、得分及排名

国家	出国旅游人数		
	原始值/人	得分（＝STD·1）	排名
美国	61 419 000	1	1
西班牙	12 844 000	0. 1477	5
南非	4 424 000	0	9
巴西	4 952 000	0. 0093	8
土耳其	10 493 000	0. 1065	6
阿根廷	4 975 000	0. 0097	7
墨西哥	13 942 000	0. 1670	4
意大利	29 060 000	0. 4322	3
中国	47 656 000	0. 7585	2

资料来源：世界旅游组织，2009；《旅游统计年鉴》，2009；《旅游统计手册》及数据资料，2009

3）果业相关和辅助产业的评价指标

柑橘相关和辅助产业要素的竞争力主要是指柑橘业的产前与产后部门的竞争力。一般而言，柑橘业产前部门就是指农用生产资料生产部门，柑橘业产后部门包括柑橘产品加工和销售部门。因此我们设计 3 个指标用以衡量柑橘相关和辅助产业要素的竞争力，分别是农用生产资料生产部门的国际竞争力（各国农用必需品出口的国际市场占有率）、柑橘加工程度（各国柑橘汁的产量占世界柑橘汁产量的比例）、农业社会化服务水平（农村第三产业从业人员人数占总就业人数的比例）（表 37-17 ～ 表 37-19）。

表 37-17　2009 年各国农用生产资料生产部门的国际竞争力、得分及排名

国家	农用生产资料生产部门的国际竞争力		
	原始值	得分（＝STD·7）	排名
美国	12. 94	7	1
西班牙	9. 76	5. 2527	3
南非	0. 2	0	9
巴西	0. 9	0. 3846	6
土耳其	1. 24	0. 5714	5
阿根廷	0. 4	0. 1099	8
墨西哥	0. 75	0. 3022	7
意大利	10. 85	5. 8516	2
中国	4. 96	2. 6154	4

资料来源：FAO 数据库，2009

表 37-18　2009 年各国柑橘加工程度、得分及排名

国家	柑橘加工程度/%		
	原始值	得分（=STD·7）	排名
美国	13.52	3.0897	2
西班牙	4.27	0.7179	5
南非	2.24	0.1974	8
巴西	28.77	7	1
土耳其	2.76	0.3307	7
阿根廷	1.47	0	9
墨西哥	6.85	1.3795	4
意大利	3.95	0.6359	6
中国	7.94	1.6590	3

资料来源：FAO 数据库，2009

表 37-19　2009 年各国农业社会化服务水平、得分及排名

国家	农业社会化服务水平/%		
	原始值	得分（=STD·3）	排名
美国	79	3	1
西班牙	71	2.4783	3
南非	70	2.4130	4
巴西	61	1.8261	7
土耳其	52	1.2391	8
阿根廷	75	2.7391	2
墨西哥	62	1.8913	6
意大利	67	2.2174	5
中国	33	0	9

注：由于数据较难搜集，此处用研究农业社会化服务水平所得到的结果间接说明柑橘业社会化服务水平

资料来源：世界银行指标数据库，2009

4）柑橘生产经营主体状况的评价指标

柑橘业市场主体的素质及其自身经营实力或经营规模会影响到市场主体行为，进而影响柑橘业国际竞争力。鉴于此，笔者对柑橘生产经营主体状况的评价主要从柑橘业市场主体的素质和柑橘业经营规模两方面进行，具体包括：劳动者受高等教育的比例（高等院校入学人数占总人数的比例）；每 100 平方公里耕地拥有的拖拉机数量；人均耕地面积（表 37-20 ~ 表 37-22）。

表 37-20 2009 年各国劳动者受高等教育比例、得分及排名

国家	劳动者受高等教育的比例/%		
	原始值	得分（=STD·5）	排名
美国	89	5	1
西班牙	73	3.9333	2
南非	14	0	9
巴西	36	1.4667	6
土耳其	46	2.1333	5
阿根廷	69	3.6667	3
墨西哥	27	0.8667	7
意大利	66	3.4667	4
中国	24	0.6667	8

注：此处用研究劳动者受高等教育的比例所得到的结果间接说明从事柑橘业的劳动者受高等教育情况

资料来源：世界银行指标数据库，2009

表 37-21 2009 年各国每 100 平方公里耕地拥有的拖拉机数量、得分及排名

国家	每 100 平方公里耕地拥有的拖拉机数量		
	原始值/辆	得分（=STD·4）	排名
美国	280	1.0738	4
西班牙	825	4	1
南非	80	0	9
巴西	132	0.2255	6
土耳其	489	2.1960	3
阿根廷	116	0.1933	7
墨西哥	98	0.0966	8
意大利	764	3.6725	2
中国	277	1.0577	5

资料来源：世界银行指标数据库，2009

表 37-22 2009 年各国人均耕地面积、得分及排名

国家	人均耕地面积/公顷		
	原始值	得分（=STD·6）	排名
美国	0.5	3.4286	2
西班牙	0.3	1.7143	3
南非	0.3	1.7143	3

国家	人均耕地面积/公顷		
	原始值	得分（=STD·6）	排名
巴西	0.3	1.7143	3
土耳其	0.3	1.7143	3
阿根廷	0.8	6	1
墨西哥	0.2	0.8574	7
意大利	0.1	0	8
中国	0.1	0	8

资料来源：世界银行指标数据库，2009

5）政府作用的评价指标

政府的产业政策环境和农业制度环境主要是要反映出政府对柑橘业的支持程度，一个国家政府在柑橘产业上支持水平越高，则越有利于该国柑橘业竞争力的提升。笔者从关税、农业支出、补贴等角度，以及根据 IMD 出版的《世界竞争力年鉴》所设计的国家"制度环境"竞争力的评价指标，选取了 5 个指标来评价我国的政府作用，分别为关税水平、农业生产者支持水平（农业支出占财政支出百分比）、政府经济政策（补贴和其他拨款占支出比例）、农业科研知识产权（居民专利申请量）、法律体系（法律权利力度指数，其中 0＝弱，10＝强）（表 37-23 ~ 表 37-27）。

表 37-23　2009 年各国关税税率、得分及排名

国家	关税税率/%		
	原始值	得分（=STD·4）	排名
美国	4	0	6
西班牙	4	0	6
南非	8	1.4545	4
巴西	15	4	1
土耳其	4	0	6
阿根廷	15	4	1
墨西哥	10	2.1818	3
意大利	4	0	6
中国	9	1.8182	5

资料来源：世界银行指标数据库，2009

表 37-24　2009 年各国对农业生产者支持水平、得分及排名

国家	农业支出占财政支出百分比/%		
	原始值	得分（=STD·8）	排名
美国	12.68	8	1
西班牙	10.84	6.4407	3
南非	3.24	0	9
巴西	4.46	1.0339	8
土耳其	7.92	3.9661	6
阿根廷	9.82	5.5763	4
墨西哥	7.48	3.5932	7
意大利	11.82	7.2712	2
中国	8.84	4.7458	5

注：由于数据较难搜集，此处用研究对农业生产者支持水平所得到的结果间接说明对柑橘业生产
者支持水平

资料来源：国际统计年鉴，2009

表 37-25　2009 年各国补贴和其他拨款占支出比例、得分及排名

国家	补贴和其他拨款占支出比例/%		
	原始值	得分（=STD·5）	排名
美国	65	3.0263	3
西班牙	80	5	1
南非	63	2.7632	4
巴西	49	0.9211	6
土耳其	44	0.2632	8
阿根廷	42	0	9
墨西哥	47	0.6579	7
意大利	66	3.1579	2
中国	50	1.0526	5

注：此处用研究补贴和其他拨款占支出比例所得到的结果间接说明政府在柑橘业上的补贴和拨款
力度

资料来源：世界银行指标数据库，2009

表 37-26　2009 年各国居民专利申请量、得分及排名

国家	居民专利申请量		
	原始值	得分（=STD·4）	排名
美国	224 912	3.9267	2

国家	居民专利申请量		
	原始值	得分（=STD·4）	排名
西班牙	3596	0.0520	5
南非	625	0	9
巴西	4023	0.0595	4
土耳其	2555	0.0338	6
阿根廷	1324	0.0122	7
墨西哥	822	0.0034	8
意大利	8814	0.1434	3
中国	229096	4	1

注：由于数据较难搜集，此处用研究农业科研知识产权所得到的结果间接说明柑橘业科研知识产权的状况

资料来源：世界银行指标数据库，2009；国际统计年鉴，2009

表 37-27　2009 年各国法律权力力度、得分及排名

国家	法律权利力度		
	原始值	得分（=STD·5）	排名
美国	9	4.2857	2
西班牙	6	2.1429	3
南非	10	5	1
巴西	3	0	8
土耳其	4	0.7143	7
阿根廷	5	1.4286	5
墨西哥	5	1.4286	5
意大利	3	0	8
中国	6	2.1429	3

注：法律权利力度指数衡量的是担保品法和破产法通过保护借款人和贷款人权利而促进贷款活动的程度。指数范围为 0~10，数值越高表明担保品法和破产法越有利于获得信贷

资料来源：世界银行指标数据库，2009

2. 2009 年中国柑橘产业国际竞争潜力总体排名情况

我们经过加总计算得出中国柑橘产业国际竞争潜力总分为 38.27 分，在所有参评国家中排名第 4，处于中等水平。其他各国排名如下：美国第 1 名，71.72 分；西班牙第 2 名，47.42 分；意大利第 3 名，43.34 分；巴西第 5 名，30.67 分；阿根廷第 6 名，30.63 分；土耳其第 7 名，19.61 分；墨西哥第 8

中国柑橘出口贸易及其可持续性研究

名，19.09 分；南非第 9 名，17.63 分。

3. 2009 年中国柑橘产业竞争力要素排名情况

1）中国的生产要素竞争力排名

通过加总计算结果，得出中国的生产要素竞争力得分为 15.43 分，其他各国得分分别为：美国 18.3 分，西班牙 9.25 分，南非 3.12 分，巴西 5.32 分，土耳其 3.98 分，阿根廷 3.92 分，墨西哥 2.82 分，意大利 9.25 分。中国排名第 2。柑橘属于劳动密集型产品，中国果园面积和劳动力人数具有绝对优势，因此使得柑橘生产成本相对较低。但在交通和通信设施方面发展较为落后，且从事科研的人才不足。

2）中国柑橘国内需求要素排名

通过加总计算结果，得出中国柑橘国内需求要素得分为 3.07 分，其他各国得分分别为：美国 11.58 分，西班牙 6.45 分，南非 0.98 分，巴西 3.72 分，土耳其 2.48 分，阿根廷 2.98 分，墨西哥 3.01 分，意大利 7.67 分。中国排名第 5。国内居民对柑橘鲜果的需求，是我国柑橘需求的重要组成部分。中国人口多，可以产生庞大市场需求量，但是目前我国柑橘国内需求量与世界其他国家相比相差较大。原因主要有两大方面：一是中国城市化水平不高，经济发展水平和发达国家尚有差距，柑橘生产者由于消费者较低的需求档次从而缺乏提高产品质量的动力；二是中国人均国民总收入水平很低，柑橘消费量占食物支出比重并没有明确的增长趋势。

3）中国柑橘相关和支持产业竞争能力排名

通过加总计算结果，得出中国柑橘相关和支持产业竞争能力得分为 4.28 分，其他各国得分分别为：美国 13.09 分，西班牙 8.45 分，南非 2.61 分，巴西 9.21 分，土耳其 2.14 分，阿根廷 2.85 分，墨西哥 3.57 分，意大利 8.71 分。中国排名第 5。中国的农用资料生产部门国际竞争力与发达国家相比还具有一定的差距；柑橘社会化服务总体水平很低，主要体现在柑橘科技服务、农机作业服务、柑橘产后服务、柑橘信息服务水平、柑橘生产资料供应服务水平及柑橘基础设施建设等服务水平上。

4）中国柑橘生产经营主体竞争力排名

通过加总计算结果，得出中国柑橘生产经营主体竞争力得分为 1.73 分，其他各国得分分别为：美国 9.5 分，西班牙 9.64 分，南非 1.71 分，巴西 3.41 分，土耳其 6.04 分，阿根廷 6.19 分，墨西哥 1.83 分，意大利 7.14 分。中国排名第 8。中国柑橘生产的集约化程度低，机械化水平不高，拥有的拖拉机数量也远低于其他国家；从事柑橘生产的劳动者接受教育程度低，素质普遍不高，影响了他们接受新技术的能力和生产技术水平；人均耕地面积也仅为美国的1/5。

　　5）中国政府作用要素排名

　　通过加总计算结果，得出中国政府作用要素得分为13.76分，其他各国得分分别为：美国19.25分，西班牙13.63分，南非9.21分，巴西6.01分，土耳其4.97分，阿根廷11.02分，墨西哥7.86分，意大利10.57分。中国排名第2。可见中国政府加大了对农业的支持和保护力度，在公共服务方面也有较好的表现。

37.3　2000～2009年中国柑橘产业国际竞争潜力的动态分析

　　在上一节中，我们详细分析了2009年中国柑橘产业国际竞争潜力，通过和其他柑橘生产大国进行对比后，我们清楚地了解到中国柑橘产业国际竞争潜力在竞争者中所处的位置。本节我们将对近10年间中国柑橘产业的国际竞争潜力进行动态分析，观察其发展变化情况（表37-28）。

表37-28　2000～2009年中国柑橘生产要素竞争力的评价指标原始值

年份	指标1	指标2	指标3	指标4	指标5（1）	指标5（2）	指标6	指标7	指标8
2000	0.107 686	2287	8.7	0.334 59	61.1	15	11	549	0.90
2001	0.107 469	2221	8.9	0.333 274	61.5	16	14	582	1.02
2002	0.107 546	2197	8.9	0.331 78	62.0	18	17	630	1.12
2003	0.107 591	2183	9.0	0.330 204	63.0	19	20	666	1.20
2004	0.108 451	2164	9.4	0.328 646	63.6	19	24	710	1.25
2005	0.108 023	2152	9.7	0.326 977	64.8	35	27	853	1.33
2006	0.108 15	2144	9.9	0.325 278	66.1	36	28	927	1.42
2007	0.106 805	2134	10.0	0.323 742	66.3	37	28	1 071	1.50
2008	0.106 77	2122	10.1	0.322 087	63.3	38	26	1 077	1.55
2009	0.107 244	2113	10.2	0.320 384	68.2	39	24	1 180	1.63
趋势	波动↑	持续↓	持续↑	持续↓	持续↑	持续↑	持续↑	持续↑	持续↑

资料来源：FAO数据库，2009；世界银行指标数据库，2009

　　其中，各项指标分别为表37-1中的各项指标，在此不再赘述，下同。

　　表37-28中的8个指标是中国柑橘生产要素竞争力的评价指标，从指标的原始数据中我们可以清晰地看到，指标3、指标5、指标6、指标7和指标8都呈上升趋势，指标1变化幅度不大；指标2和指标4处于下降趋势，这与整个

社会经济不断向前发展导致的。因此总的来说，在近十年中，中国柑橘生产要素竞争力不断提升。

表 37-29 中的 7 个指标是中国柑橘国内需求要素评价指标，从指标的原始数据中我们可以清晰地看到，在 2000～2009 年，指标 12 呈上下波动的趋势，不过在 2007 年后，指标呈上升趋势；其余 6 个指标均保持上升趋势。因此总的来说，在近十年中，中国柑橘国内需求要素的竞争力也是不断提升的。

表 37-29　2000～2009 年中国柑橘国内需求要素评价指标原始值

年份	指标 9	指标 10	指标 11	指标 12	指标 13	指标 14	指标 15
2000	949	36	938	618 608 16	3.24	4.86	104 730 00
2001	1 042	37	1 010	678 602 91	4.12	5.24	121 330 00
2002	1 135	38	1 090	581 947 57	4.35	5.53	166 020 00
2003	1 274	39	1 185	766 367 30	4.64	5.73	202 220 00
2004	1 490	39	1 294	668 893 02	4.88	5.98	288 530 00
2005	1 731	40	1 439	615 303 35	4.98	6.01	310 260 00
2006	2 069	41	1 604	789 312 62	5.25	6.25	345 240 00
2007	2 651	42	1 815	744 212 76	5.64	6.46	409 540 00
2008	3 414	43	1 976	799 463 88	6.02	6.99	458 440 00
2009	3 749	44	2 152	916 352 99	6.43	7.24	476 560 00
趋势	持续↑	持续↑	持续↑	波动↑	持续↑	持续↑	持续↑

资料来源：FAO 数据库，2009；世界银行指标数据库，2009

表 37-30 中的 3 个指标是中国柑橘相关和支持产业竞争能力评价指标，从指标的原始数据中我们可以清晰地看到，2000～2009 年，这三个指标都呈现出不断上升的趋势。因此我们可以得出结论：在近 10 年中，中国柑橘相关和支持产业竞争能力同样也是不断在提升的。

表 37-30　2000～2009 年中国柑橘相关和支持产业竞争能力评价指标原始值

年份	指标 16	指标 17	指标 18
2000	2.24	3.96	28
2001	2.36	5.48	28
2002	2.52	5.72	29
2003	2.64	5.85	29
2004	2.88	6.24	31
2005	3.04	6.75	31

年份	指标 16	指标 17	指标 18
2006	3.42	6.98	32
2007	3.85	7.23	32
2008	4.24	7.65	33
2009	4.96	7.94	33
趋势	持续↑	持续↑	持续↑

资料来源：FAO 数据库，2009；世界银行指标数据库，2009

表 37-31 中的 3 个指标是中国柑橘生产经营主体竞争能力评价指标，从指标的原始数据中我们可以清晰地看到，在 2000～2009 年，指标 19、指标 20 都呈现上升趋势，指标 21 基本保持不变。因此总的来说，在这 10 年间，中国柑橘生产经营主体竞争能力也是不断提升的。

表 37-31　2000～2009 年中国柑橘生产经营主体竞争能力评价指标原始值

年份	指标 19	指标 20	指标 21
2000	8	82	0.1
2001	10	95	0.1
2002	13	77	0.1
2003	15	85	0.1
2004	18	93	0.1
2005	19	119	0.1
2006	21	143	0.1
2007	22	189	0.1
2008	23	240	0.1
2009	24	277	0.1
趋势	持续↑	持续↑	持续→

资料来源：FAO 数据库，2009；世界银行指标数据库，2009

表 37-32 中的 5 个指标是中国政府作用要素评价指标，从指标的原始数据中我们可以清晰地看到，在 2000～2009 年，指标 23、指标 24、指标 25 和指标 26 都呈现上升趋势，指标 22 呈现下降趋势。指标 22 反映的是关税税率，关税的下降有利于增加本国产品的国际竞争力，因此总的来说，在这 10 年间，中国政府作用是不断加强的。

表 37-32　2000～2009 年中国政府作用要素评价指标原始值

年份	指标 22	指标 23	指标 24	指标 25	指标 26
2000	17	5.21	39	253 46	2
2001	15	5.42	39	300 38	3
2002	12	5.74	41	398 06	3
2003	11	5.98	43	567 69	3
2004	10	6.43	43	657 86	4
2005	10	6.74	44	934 85	4
2006	10	7.12	45	122 318	4
2007	10	7.64	46	153 060	5
2008	9	8.21	48	194 579	6
2009	9	8.84	50	229 096	6
趋势	持续↓	持续↑	持续↑	持续↑	持续↑

资料来源：FAO 数据库，2009；世界银行指标数据库，2009

37.4　结论与讨论

通过对中国与世界其他 8 个柑橘产出国在柑橘产业国际竞争潜力方面进行比较分析后，得出以下结论：

第一，中国国土面积广阔，果园面积与其他各国相比占有绝对优势。因此可以大面积种植柑橘，提高柑橘产量，但是中国人均耕地面积很小，仅为美国的 1/5；中国是个多人口的国家，从事柑橘生产的劳动力资源十分丰富，加之柑橘属于劳动密集型产品，大量的劳动力使柑橘生产成本相对较低，但中国从事柑橘生产的劳动者接受教育程度低，素质普遍不高，影响了他们接受新技术的能力和生产技术水平；柑橘生产过程中集约化程度低，机械化水平不高，拥有的拖拉机数量也远低于其他国家。

第二，中国的农用资料生产部门国际竞争力与发达国家相比还具有一定的差距；柑橘社会化服务总体水平很低，主要体现在柑橘科技服务、农机作业服务、柑橘产后服务、柑橘信息服务水平、柑橘生产资料供应服务水平及柑橘基础设施建设等服务水平上。

第三，中国城市化水平不高，经济发展水平和发达国家尚有差距，柑橘生产者由于消费者较低的需求档次从而缺乏提高产品质量的动力，柑橘消费量占食物支出比重并没有明确的增长趋势，因此中国人口虽然众多，但是柑橘国内需求水平却很低。

第四，近年来中国政府制定了一系列优惠政策，加大了对柑橘产业的支持和保护力度，公共服务方面也有较好的表现。但是政府在公共设施的投入方面略显不足，在交通和通信设施方面发展与发达国家相比还较为落后，不利于中国柑橘产业更好、更快的发展。

通过对 2000～2009 年这 10 年间中国柑橘产业国际竞争潜力的动态进行分析后，得出结论是在生产要素竞争力、国内需求要素的竞争力、相关和支持产业竞争能力、生产经营主体竞争能力及中国政府作用等方面，中国柑橘产业都是在不断增强的，也就是说中国柑橘产业国际竞争潜力在这 10 年间是不断提升的。

第38章
提升中国柑橘产业国际竞争力的对策建议

38.1 研究结论

本章从柑橘产业竞争业绩分析、竞争实力分析和竞争潜力分析三个方面对中国柑橘产业国际竞争力强弱进行评价与分析，对中国柑橘产业近十年来的发展动态有了一定的了解，也暴露出产业发展中存在的问题。现将本章得出的结论总结如下：

第一，自2001年中国加入WTO后，柑橘鲜果产业竞争力得到了很大的提升；近年来中国政府制定了一系列优惠政策，加大了对柑橘产业的支持和保护力度，公共服务方面也有较好的表现。

第二，中国宽皮柑橘和其他柑橘类水果具有一定的出口竞争力优势，但与世界其他出口国家相比还存在较大差距，中国除此之外的柑橘鲜果品种——橙、柠檬和酸橙及柚子的竞争力都很弱。

第三，物质与服务费用和人工成本的增加导致每亩柑橘生产成本增加；柑橘生产过程中机械投入太少，主要采用的是人工劳作的方式；柑橘生产过程中从事柑橘生产的企业过于分散且实力不强，管理手段落后，难以与国外大型柑橘企业竞争；果农市场销售意识薄弱，不注重将自己的产品推销市场，常出现柑橘卖难现象。

第四，中国从事柑橘生产的劳动者接受教育程度低，素质普遍不高，柑橘生产过程中集约化程度低；农用资料生产部门国际竞争力与发达国家相比还具有一定的差距，且柑橘社会化服务总体水平很低；中国的城市化水平不高，经济发展水平和发达国家尚有差距，柑橘国内需求量较小，柑橘生产者由于消费者较低的需求档次从而缺乏提高产品质量的动力；政府在公共设施的投入方面略显不足，在交通和通信设施方面发展与发达国家相比还较为落后。

38.2 对策建议

38.2.1 调整产业结构，优化品种结构和熟期结构

中国各地柑橘品种大同小异，没有突出的地方优势品种，各地柑橘成熟期基本一致。柑橘产业结构性矛盾的突出和区域性布局的不合理导致无论是产地还是销地，柑橘"卖难"现象此消彼长，且有愈演愈烈之势，柑橘生产经营比较效益逐年走低，严重影响了产业的持续稳定发展。要使柑橘产业走上规模化、集约化道路，必须实现产前、产中、产后各环节的协调发展。一要按照总体规划安排品种布局，大力发展加工柑橘和晚熟柑橘品种，加快推广应用优良品种；二要以优化产业结构、品种结构、熟期结构为核心，优化早、中、晚熟柑橘品种比例，加强早熟、晚熟柑橘基地建设，大力发展特色品种，促进我国柑橘产业提质增效，促进农民增收。

38.2.2 加大科技投入力度，调整投入结构

我国具有丰富的廉价劳动力，因此我国柑橘生产成本在国际市场上具有一定的比较优势。但近年来我国劳动力成本优势锐减，原因在于人工成本上升较快。由于耕地面积是有限的，依靠扩大耕种面积来提高柑橘产量不现实。因此柑橘产业的可持续发展依赖于科技投入。应加大科技投入，形成效率高、投入稳定、针对性强、新技术推广应用快的科研体系。一要继续推广应用丰产栽培技术，提高单位产量；二要常年聘请国内外知名专家到各产区实地考察指导，推广与运用国内外成熟的先进建园技术与设备；三要建立效率高、投入稳定、针对性强、新技术推广应用快的科研体系；四要加大对农民的培训力度，其中包括柑橘种植技术的培训和应对复杂多变的市场的应变能力。在前面的实证分析得出结论，在柑橘生产过程中，物质和服务费用较高，原因在于生产中投入了较多的化肥和农药。化肥使用过多，土质会变硬，产量就会下降；农药使用过多，柑橘上的农药残留量就会超过国际标准，直接导致柑橘出口遭遇贸易壁垒，对柑橘出口带来不利影响。因此，应将工作的重心放在如何合理地投入使用化肥和农药上。我们应在全国实施"测土配方施肥""无公害标准化生产"，大力发展高新技术培育柑橘高抗品种。

38.2.3 实行集约化生产，提高机械化水平

我国大部分地区柑橘种植过程基本上主要利用的是劳动力资源，用工作价占生产成本比例很大。而近年来我国柑橘的生产成本不断上升，出口竞争压力不断增大，出口比较优势逐渐丧失，因此我国柑橘生产者应抓住时机，结合农艺要求实现柑橘果园的开发、管理、植保、修剪、灌溉和果品集结及商品化处理等技术集成，实行集约化生产，提高机械化水平。在机械化过程中，以机器代替人工，减少在劳动力资源上成本。这样才能一定程度上实现规模经济，减少资源的投入和消耗，改变生产成本结构。我们应做到以下几点：一要发展果园机械化灌溉技术；二要推广机械化植苗和果园培管技术；三要大力推进柑橘产后商品化处理；四要积极发展柑橘的精深加工技术。

38.2.4 实行规模经营，建立和健全柑橘合作组织

中国柑橘在国际市场缺乏竞争力，其中一个重要原因就是种植柑橘的果农和从事柑橘生产的企业过于分散且实力不强，管理手段落后，难以与国外大型柑橘企业竞争。中国没有专门的柑橘行业协会，缺乏生产和营销的合作组织，也没有具备相当规模的跨国柑橘企业，这就使得国内的柑橘生产者难以形成合力，柑橘生产和市场之间脱节，往往造成盲目生产、销售渠道狭窄、良种和技术推广困难等问题，严重制约了中国柑橘产业的发展。因此要将各生产要素进行最优组合和有效运行，取得最佳的经济效益，从而实现规模经营；通过立法保障，指定优惠政策及完善规章制度，建立和健全中国柑橘合作组织，从而对柑橘产业的发展起到良好的推动作用。

38.2.5 建立多渠道营销网络，积极扩大出口

在本章实证分析中曾得出结论：我国果农销售意识薄弱，从而在我国经常会出现柑橘"卖难"现象。加之柑橘具有易腐烂、不易保存的特点，从而很大程度上损害了农民的经济利益。为此我们应建立多渠道营销网络，在柑橘主产区建立多种形式的集贸市场，在柑橘集散区建立区域性专业市场，加快建设信息服务网络，加强对柑橘市场的分析和预测，完善信息收集和发布制度，以便指导果农的生产、经营活动。与此同时应积极打造区域品牌，开拓国内外市场。在不同柑橘主产区之间建立沟通协调机制，共同协调解决柑橘生产销售存

在的问题，致力打造区域品牌，提高区域柑橘的知名度。不仅要在国内市场上打开销路，还要将高品质产品推向国际舞台，拓展出口渠道，扩大出口。

38.2.6 加大政府的支持力度

政府应加强宏观调控，发挥政府引导作用。一要完善基础设施，降低成本：大力兴建果园路、集雨节水窖、标准化储藏库及柑橘产业的纸箱包装厂等；二要吸纳社会资金进入柑橘产业，简化项目审批程序，形成多元化的投资体系；三要积极鼓励企业扩大生产规模、更新技术和设备，支持龙头企业承担国家级项目，给予税收优惠，对柑橘科技进步项目进行奖励；四要引导金融机构建立产业基金，增加对柑橘产业的信贷投放，健全柑橘生产者的补偿机制。

参 考 文 献

陈仕俏. 2008. 我国柑橘的发展现状与展望. 农产品加工 (学刊), (3): 22-25.

陈仕俏, 赵文红, 白卫东. 2008. 我国柑橘的发展现状与展望. 农产品加工, (3): 21-25.

陈卫平. 2005. 中国农业国际竞争力——理论、方法与实证研究. 北京: 中国人民大学出版社.

陈云, 李强, 祁春节. 2002. 中美柑橘生产成本核算方法的比较与拟合. 农业经济问题, (10): 49-52.

陈正坤. 2010. 我国柑橘出口比较优势及其可持续性研究. 武汉: 华中农业大学硕士学位论文.

程国强. 1999. 善用比较优势——中国农产品比较优势与国际竞争力分析. 国际贸易, (12): 4-9.

崔挺. 2008. 中国苹果产业国际竞争力研究. 杨凌: 西北农林科技大学硕士学位论文.

邓烈, 吴厚玖, 周常勇, 等. 2005. 世界柑桔产销现状与趋势. 柑桔与亚热带果树信息, 01: 1-4.

邓秀新. 2001. 中国柑橘及其产品进出口现状及发展趋势. 世界农业, (10): 23-25.

段晓明. 2005. 湖北农产品竞争力研究. 北京: 中国农业出版社.

傅龙波. 2000. 试析我国农产品的国际竞争力. 粮食与油脂, (7): 16-17.

高媛. 2006. 陕西苹果业竞争力及提升途径研究. 杨凌: 西北农林科技大学硕士学位论文.

何劲, 祁春节. 2010. 中外柑橘产业发展模式的比较与借鉴. 经济纵横, (2): 110-113.

胡小平, 徐文涛. 2003. 中美两国小麦市场竞争力比较分析. 管理世界, (9): 90-95.

黄季焜, 马恒运. 2000. 中国主要农产品生产成本与主要国际竞争者的比较. 中国农村经济, (5): 18-22.

霍尚一. 2008. 中国水果出口贸易影响因素的实证分析. 杭州: 浙江大学博士学位论文.

霍尚一. 2011. 中国对俄罗斯水果出口变化的原因——基于 CMS 模型的分析. 西北农林科技大学学报, (1): 48-52.

季丹群. 2008. 浙江柑橘产业竞争力研究. 杭州: 浙江大学硕士学位论文.

黎峰. 2009. 湖南省柑橘产业竞争力研究. 长沙: 湖南农业大学硕士学位论文.

李崇光, 于爱芝. 2004. 农产品比较优势与对外贸易整合研究. 北京: 中国农业出版社.

李明晶. 2007. 中国苹果及浓缩果汁出口问题研究. 大连: 东北财经大学硕士学位论文.

林建安. 2010. 中国苹果产品出口贸易发展研究. 泰安: 山东农业大学硕士学位论文.

刘峰. 2010. 河北省苹果产业发展研究. 保定: 河北农业大学硕士学位论文.

刘汉成. 2007. SPS 措施对中国水果出口的影响及应对研究. 武汉: 华中农业大学博士学位论文.

刘汉成, 易法海. 2007. 中国水果出口特征及国际竞争力分析. 农业现代化研究, (4): 450-453.

刘雪. 2002. 中国蔬菜产业的国际竞争力研究. 武汉: 华中农业大学博士学位论文.

刘颖，祁春节.2008. 中国柑橘出口现状及其面临的国际环境分析. 林业经济，（10）：72-75.

刘拥军.2004. 比较优势、经济市场化与中国农业发展. 北京：经济科学出版社.

吕建兴，祁春节.2011. 基于引力模型的中国柑橘出口贸易影响因素研究. 林业经济问题，（3）：252-257.

苗洪亮.2006. 中国苹果及果汁出口的市场环境分析及对策研究. 武汉：华中农业大学硕士学位论文.

潘伟光.2005. 中韩两国水果业生产成本及价格竞争力的比较——基于苹果、柑橘的分析 国际贸易问题，（10）：49-53.

潘文卿.2000. 面对WTO中国农产品外贸优势及战略选择. 农业经济问题，（10）：6-11.

彭介林.2002. 黑龙江省主要农产品竞争力分析及对策研究. 学术交流，（1）：79-88.

彭延军，程国强.1999. 中国农产品国内资源成本的估计. 农业经济研究，（1）：28-32.

祁春节.2000. 中美两国柑橘产业的比较研究. 国际贸易问题，（7）：30-33.

屈小博，霍学喜.2007. 我国农产品出口结构与竞争力的实证分析. 国际贸易问题，（3）：9-15.

帅传敏.2003. 中国农产品国际竞争力的估计. 经济研究参考，（31；）：27.

苏航，谢金峰.2004. 我国柑橘产业比较优势分析. 生态经济，（S1）：153-156.

孙钧.2007. 浙江柑橘产业现状与对策研究. 浙江柑桔，（4）：11-15.

余鸣.2002. WTO框架下我国畜牧业的比较优势与国际竞争力. 经济纵横，03：31-32.

余学军.2006. 中国柑橘产业国际竞争力研究——基于"钻石"模型的分析［J］. 惠州学院学报，（4）：29-32.

郑风田，李茹.2003. 我国柑橘国际竞争力的比较优势分析. 国际贸易问题，（4）：13-18.

钟甫宁，杨文辉.2000. 比较价格与比较价格指数分析. 中国农村经济，（2）：68-73.

Anderson K. 1990. Changing comparative advantage in China：effectson food，feed and fibre markets". OECD.

Balassa B. 1965. Trade Liberalization and Revealed Comparative Advantage. The Manchester School of Economics and Social Studies.

Baldwin R E, Ito T. 2008. Quality competition versus price competition goods：an empirical classification. NBER working paper series，September.

Buckley P J, Pass C, Prescott C. 1988. Measures of international competitiveness：a critical survey. Journal of Marketing Management，4：175-200.

Lee F C, Tang J M. 2002. Productivity levels and international competitiveness between Canada and the U. S Industries. Industry-Level Productivity and Competitiveness Between Canada and the United States（series）. The American Economic Riview. 5：176-179.

Leishman D, et al. 1999. Revealed comparative advantage and the measurement of international competitiveness for agricultural commodities：an empirical of wool exporters. Presented at Western Agricultural Economics Associa-tion Annual Meeting，Fargo，ND.（7）：11-13.

Masters W A, Winter-Nelson A. 1995. Measuring the comparative advantage of agriculture actibities: domestic resource costs and the social cost-benefit ratio. American Journal of Agricultural Economics, (77): 243-250.

Pearson S R, Mayer P K. 1974. Comparative advantage among african coffee producer. American Journal of Agricultural Economics.

Salvacruz J C. 1996. Competitiveness of the United States and the ASEAN in the International Agricultural Market. Journal of Food Distribution Research.

Thorne F S. 2004. Measuring the Competitiveness of Irish Agriculture (1996- 2000). Rural Economy Research Centre, 19 Sandymount Avenue, Ballsbridge, Dublin 4, Ireland. February.

Uchida Y, Cook P. 2005. The transformation of competitive advantage in East Asia: an analysis of technological and trade specialization. World Development, 701-728.

参考文献

第七篇 我国柑橘出口比较优势及其可持续性研究

篇 首 语

柑橘类水果营养价值高，在全球被广泛种植。我国柑橘主要种植于南方，种植面积位居世界第一，产量现在也已位居世界第一，但是单位面积产量低下。柑橘属于劳动密集型产品，而我国劳动力资源丰富。入世以来，我国柑橘出口量与出口额都显著增加，尽管如此，柑橘出口量只占国内产量的5%左右。2004年以来，我国农业生产资料价格和劳动力成本不断上升，"民工荒"现象越来越频繁，在这种现状下探讨我国柑橘出口比较优势的大小，分析其可持续性，提出增强我国柑橘出口比较优势的对策具有重要的现实指导意义。

本篇综合运用经济学、农业经济学、国际贸易学的原理，采取理论分析与实证分析相结合、定性分析与定量分析相结合，以及描述统计、计量模型分析等多种方法，解释有关柑橘出口比较优势及其可持续性规律，分析其内在政策意义。

本篇按照逻辑顺序共分6章。第39章阐明研究目的与意义，界定相关概念，包括比较优势概念、出口比较优势概念及出口比较优势可持续性概念，分析了国内外研究动态，论述了研究结构方法，介绍了创新点与可能的不足之处。第40章详细介绍比较优势理论及其发展状况，对测度比较优势的方法与部分指标进行了梳理。第41章介绍我国柑橘种植面积与产量，分析柑橘生产成本构成及其发展变化趋势，发现劳动日平均工价成为我国柑橘生产成本上升的主导因素，接着对出口现状作了简单的总结，为测度我国柑橘出口比较优势作铺垫。第42章选取了显示性比较优势指数与国际市场占有率两个指标对我国柑橘出口比较优势大小进行测度，得出目前我国柑橘出口比较优势较强的结论，并对测度结果进行了讨论。第43章首先依据柑橘流通中价格形成和利益分配环节，分别测算了国际柑橘出口均价与我国柑橘出口价格之差、我国柑橘出口价格与收购价格之差、收购价格与柑橘生产成本之差对柑橘生产成本的弹性，发现我国柑橘出口价格在实证期内受国际市场影响较强。在此基础上运用自回归移动平均模型对我国柑橘出口比较优势的可持续性进行了短期预测，运用半对数模型从生产成本角度主要是从劳动日平均工价角度对其进行长期预测。长期预测结果表明目前我国柑橘出口比较优势是可持续的，劳动日平均工价尚未上升到导致出口比较优势完全丧失的第二临界点。如果考虑汇率变动因素，估计现在的柑橘劳动日平均工价和柑橘实际稳定出口价格已经达到导致出口比较优势开始丧失的第一临界点。第44章提出了增强我国柑橘出口比较优势的政策建议。

第 39 章
我国柑橘出口比较优势及其可持续性研究的重要性和意义

39.1　研究的目的与意义

39.1.1　问题的提出

柑橘类水果营养价值高，而且含有多种人体所需的保健物质，在全球被广泛种植。在过去 20 多年里，世界柑橘种植面积由 1988 年的 569.5852 万公顷增加到 2008 年的 871.6265 万公顷，柑橘产量由 1988 年的 7207.1645 万吨增长到 2008 年的 12 208.7751 万吨（联合国粮农组织统计数据），增加的种植面积与增长的产量主要来自于发展中国家。2008 年，全球种植柑橘的国家有 140 多个，巴西、中国和美国的柑橘产量位居世界前列。

中国是世界柑橘的原产地之一，有 4000 多年的栽培历史。柑橘主要种植于我国南方，主要种植省份或地区有浙江省、福建省、湖北省、湖南省、广东省和重庆市，它是我国三大种植水果之一。自 1984 年水果流通体制改革后，我国柑橘种植面积和产量快速增长，1984 年我国柑橘种植面积与产量分别为39.7302 万公顷、185.1999 万吨；2008 年则分别为 187.7555 万公顷、2059.1430 万吨。加入 WTO 对我国柑橘的出口也产生了重要影响，以宽皮柑橘为例，2008 年出口量是 2001 年的 4.1380 倍，出口额则是 2001 年的8.6434 倍。

尽管我国柑橘产业发展迅速，但也存在很多问题。第一，我国柑橘单产水平低于世界平均水平，柑橘总产量增加主要依靠种植面积的扩大。第二，我国柑橘种植以宽皮柑橘为主，柑橘成熟期集中，主要用来鲜食，加工比例小。柑橘在短时期内涌向市场，很容易造成市场供过于求，柑橘"卖难"现象时有发生。第三，我国柑橘整体质量不够高，缺乏著名柑橘品牌。建立著名柑橘品牌，有利于细分消费者市场，减缓柑橘种植过程中低成本竞争的压力，提高橘农收入水平。第四，虽然我国柑橘种植面积位列世界第一，产量位居世界第二，但柑橘出口量、出口额与出口单价均远远落后于位列第一的西班牙，与摩洛哥、土耳其等柑橘出口国不相上下。这一方面说明我国柑橘出口竞争力有待提高，另一方面说明我国柑橘出口还面临着激烈的竞争。

柑橘作为劳动密集型产品，用工成本对其生产成本有着重要的影响。我国具有丰富的劳动力资源，劳动力成本相对低廉，这是我国柑橘出口具有比较优势的重要原因。《中国农产品贸易发展报告2008》指出，2004年以来，全国化肥、农药等农业生产资料价格稳步上涨，与此同时，我国劳动力机会成本也呈上升趋势，"民工荒"现象在沿海地区已不鲜见。现状对我国柑橘出口比较优势有怎样的影响？目前我国柑橘出口有没有比较优势？我国柑橘出口比较优势是不是可持续的？探索这些问题不仅对于我国柑橘出口有着重要的指导意义，而且对于其他劳动密集型园艺产品的出口也有着重要的借鉴作用。

39.1.2 研究的目的和意义

我国是柑橘生产大国与消费大国。柑橘是我国三大果品之一，柑橘业在我国农村经济发展中占有重要地位，是我国南方山区、相对贫困地区致富奔小康的支柱产业之一，柑橘出口还为我国赚取了不少的外汇。在21世纪，随着我国经济的持续发展，我国柑橘出口面临着严峻的挑战，生产成本对我国柑橘出口的影响越来越大，我国柑橘出口即将面临着转折时期。

本章的研究目的在于，在现有经济体制条件下，测算目前我国柑橘出口比较优势大小并探索其可持续性。本章的研究具有重要的实践意义，可以为政府制定相应的政策措施提供参考作用，同时对柑橘种植者和出口商的生产和经营决策有一定的帮助。

39.2 相关概念的界定

39.2.1 比较优势

比较优势概念来源于Robert于1815年在他《关于玉米对外贸易的论文》中提出的"比较成本"学说，1817年李嘉图在其著作《政治经济学及赋税原理》中对其加以完善和发展形成比较优势理论。1936年，哈伯勒用机会成本理论解释了比较优势原理。美国经济学家Krugman在其编著的第五版《国际经济学》教材中这样定义比较优势："如果一个国家生产某种产品的机会成本（用其他产品来衡量）低于另外一个国家生产这种产品的机会成本的话，那么该国在生产这种产品上就具备比较优势。"这是许多国际经济学教材中最为明确定义的比较优势概念，可以将这个定义作为比较优势概念的标准定义。对某种产品的机会成本进行客观度量时，一般规定产品 X 对产品 Y 的机会成本指的是把生产 1 单位 X 的资源拿去生产 Y 所得到的 Y 的产量。

由以上定义可见，比较优势概念以机会成本概念为基础，范畴限定在实物生产领域，并不涉及产品价格形成过程中的流通成本与交换过程，因此它是一种潜在的优势。

一种产品是否具备比较优势取决于两方面，一方面是该产品在国内生产时的机会成本，另一方面是该产品在国外生产时的机会成本。只要有一方面发生变化，该产品就可能会从原来的具备比较优势变成丧失比较优势，或从原来的不具备比较优势变成拥有比较优势。

机会成本有不变机会成本和递增机会成本之分。在不变机会成本情况下，根据比较优势概念能预言完全的国际分工；而在递增机会成本情况下，根据比较优势概念只能断言不完全的国际分工，一个国家只会多生产其具有比较优势的产品并出口。

Krugman 还指出："一个部门的比较优势不仅取决于该部门相对于其他国家同一部门的劳动生产率，也取决于本国相对于外国的工资率。"他的这句话表明，如果考虑资源禀赋因素、汇率因素的话，产品的比较优势不再由本国相对外国的产品生产率单独决定。

39.2.2　出口比较优势

在市场经济条件下，产品生产与产品价格之间的关系为：产品价格尤其是产品的相对价格决定产品是否被生产、生产多少；产品生产成本反作用于产品的价格，一般情况下，产品生产成本高，要求其市场价格也比较高。在没有国际贸易时，在完全竞争市场条件下，市场达到均衡时，产品的相对价格等于其相对投入。

比较优势能不能转化为比较利益，需要一定的条件。首先，需要自由贸易。任何人为的贸易扭曲都可能导致一国原本具有比较优势的产品在国际贸易中不能实现其应有的交换价值。其次，需要该国产品在国内市场上的机会成本小于其在国际市场上的交换价值，也即表现出价格差。

出口比较优势指的是相对价格优势，指的是如果某国在一种产品上的国内相对价格低于它在国际市场上的相对价格，那么该产品就具备出口比较优势。出口比较优势与比较优势的差别在于，后者是一种潜在的优势，而前者是一种外在的优势。二者间的关系为，有比较优势的产品不一定就有出口比较优势，有出口比较优势的产品往往具有比较优势，出口比较优势是一种"显性的比较优势"。

39.2.3 出口比较优势的可持续性

在完全竞争市场条件下，产品的价格能够很好地反映产品的生产成本和流通成本大小。但在实际生活中，完全竞争市场几乎不存在，产品价格所包含的信息十分丰富并且其构成来源难以完全显现出来，有时只能对其主要构成部分作出大致的判断，尤其是在国际贸易的环境下。

考虑到定义概念时的严密性，作者将出口比较优势的"可持续性"定义为国际市场完全竞争状态下产品出口价格低于同类产品国际市场价格时则该产品的出口比较优势是可持续的，否则就是不可持续的。

39.3 国内外研究综述

39.3.1 农产品生产成本与农业生产要素关系的相关研究

新古典经济学分析生产者最大化行为时使用了两个基本假定：利润最大化假定和边际报酬递减规律。在生产过程只有资金和劳动两种投入要素的情况下，生产者理性选择行为的模型是：

$$\text{Max} \cdot \pi(L, K) = P \cdot f(L, K) - (w \cdot L + r \cdot K)$$
$$S \cdot Q = f(L, K) \tag{39-1}$$

式中，π、P、L、K、w、r、Q 分别代表利润、商品价格、劳动投入量、资本投入量、劳动日工价、资本价格、产品产量。在生产成本既定的条件下，生产者的决策标准为

$$w/P = \text{MP}_L$$
$$r/P = \text{MP}_K \tag{39-2}$$
$$w/r = \text{MP}_L/\text{MP}_K$$

上面三个式子的含义是：生产者为了实现利润最大化的目标，在使用一项生产要素时必须使该要素的实际成本等于其边际产量。在农业生产中生产要素的边际产量通常不能够直接观察出来，但是可以通过变换各种生产要素的使用

数量比例实现上述利润最大化标准。

由于存在边际报酬递减规律，某种生产要素数量使用得越少，其边际产量就越高。柑橘属于劳动密集型产品，其生产过程中劳动日投入必须满足一定的数量，否则会出现"颗粒无收"的状况，见图39-1。

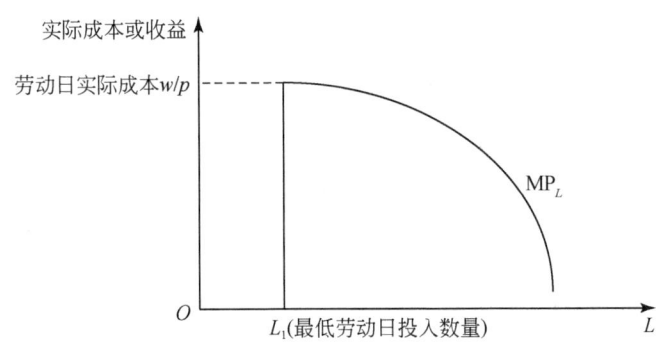

图39-1　柑橘生产最低劳动日投入数量

彭珏（2000）指出了传统农产品生产成本核算理论的缺陷。辛毅（2003）分析了我国农业生产要素的供需机制。郭熙保（2002）探讨了农村静态与动态剩余劳动力的问题。方松海等（2008）分析了我国农产品价格波动及其原因，指出生产资料价格上涨与劳动力成本上升是我国农产品价格普遍上涨的内在动力。孙蕾（2008）分析了湖北省秭归脐橙的生产成本函数，得出化肥、农药和劳动力成本是秭归脐橙生产的主要成本。上述研究为研究我国柑橘生产状况提供了重要背景。

胡靖（1998）分析了农户的非企业特征与农户选择农业的原因及机会成本，初步确定了促进我国农业发展的机会成本补偿层次。刘凤芹（2003）通过实证研究发现，中国农民在可兼业的情况下小规模的个体农户经营方式是符合规模经济要求的。

上述研究表明，我国农业生产要素的需求受到双重因素的影响，一是农业本身的生产特征与成本收益状况；二是兼业机会，二者都会对农产品生产成本产生重要影响。这对于解释我国柑橘出口比较优势的来源及变化趋势有着重要启发作用。

39.3.2　农产品比较优势的相关研究

钟甫宁等（2001）研究了我国粮食生产的区域比较优势，测算了各省、市、自治区内主要粮食作物的国内资源成本系数，依据其全国平均值对每种作物的国内资源成本系数进行排序，恰当地运用了李嘉图的比较优势原理。黄季焜和马恒运（2000）将我国主要农产品生产成本与主要国际竞争者进行了比较，总结出我国耕地密集型产品生产成本较高，劳动密集型产品生产成本较低的规律。于爱芝（2002）指出比较优势是国际贸易的基础，一国农产品出口贸易结构和贸易模式应该与该国农产品比较优势和状况相一致，并在此基础上提出了农产品比较优势和对外贸易结构整合的构架。李崇光（2000）从资源禀赋角度阐述了我国农产品比较优势现状，指出未来我国农产品进出口贸易应由初级型劳动密集型比较优势模式转向高级型以资金和技术密集的比较优势。辛毅（2003）在建立测算我国主要农产品比较优势的理论框架时，认为比较优势是不同产品之间投资报酬率的比较。刘春香和宋玉华（2004）认为在不完全竞争的国际市场中，农产品完全依靠比较优势所得到的国际贸易利益将会越来越少，所以我国农产品应该将比较优势与竞争优势结合起来。

以上研究表明，各位学者根据比较优势概念的内涵从不同角度对农产品比较优势进行了有意义的分析。农产品比较优势有静态和动态之分，一国农产品的比较优势可以随着资源禀赋的积累而改变，也可以随着时间的推移变得越来越强。

39.3.3 我国柑橘出口比较优势相关研究

祁春节在其博士论文《中国柑橘产业的经济分析与政策研究》中运用国内资源成本系数、贸易专业化系数和显示性比较优势指数对我国柑橘总体比较优势进行了实证研究，发现我国柑橘产品的比较优势主要来源于价格优势，而这种价格优势又主要来自于生产成本优势。郑风田和李茹（2003）运用多种指标分析了我国柑橘出口国际竞争力，得出我国在十大柑橘出口国中不具有比较优势的结论。潘伟光（2005）比较了中韩两国柑橘的生产成本和出口价格，发现我国柑橘生产成本和价格优势明显。刘颖和祁春节（2008）分析了我国柑橘生产及出口现状。这些研究为测度我国柑橘出口比较优势提供了借鉴作用。

第 40 章
比较优势理论与比较优势测度

40.1 比较优势理论与其发展

40.1.1 比较优势理论

比较优势理论指出，在自由贸易条件下如果每个国家都生产并出口其具备比较优势的产品，进口其具有比较劣势的产品，那么各个国家都能获益。比较优势理论具有深刻的内涵：首先，它认为决定国际贸易基础的是劳动生产率的相对差异而不是绝对差异；其次，如果进行自由贸易，每个国家都能找到其具备比较优势的产品，从而全世界实现完全的专业化分工。比较优势理论本质上是一种国际分工理论。

比较优势理论对许多国际贸易现象具有很强的解释力，是整个国际贸易理论的基石。当然，它也存在局限性。第一，比较优势理论使用的是静态分析法，假定比较优势固定不变，没有说明一国比较优势的来源和发展变化趋势。第二，比较优势理论假设不存在运输费用，关注的只是生产领域。第三，比较优势理论假设自由贸易，而现实生活中由于各种原因贸易保护主义政策普遍存在，特别是针对国内主导产业的保护。第四，比较优势理论假设劳动是唯一的生产要素，实际上产品的生产需要多种生产要素，产品的比较优势是由多种生产要素共同决定的。第五，比较优势理论假设国际与国内市场完全竞争，不完全符合现实。第六，比较优势理论解释的只是不同产业间的贸易现象。第七，比较优势理论虽然证明了国际分工与贸易能给一国带来利益，但并没有说明带来的利益是多少及利益在各个国家之间的分配情况。

40.1.2 比较优势理论的发展

比较优势理论自其提出以来就受到众多学者的关注和讨论。向国成和韩绍凤（2005）认为比较优势理论经历了三大转变：由单因素向多因素转变；由外生向外生与内生并重转变；由国内、国际贸易理论分离向国内、国际贸易理论统一转变。由此他们提出经济主体应该在充分利用外生比较优势的基础上，致力于专业化基础上的内生比较优势的形成和发展，以及交易效率的不断提高。林毅夫和李永军（2003）指出竞争优势的发挥建立在比较优势的基础之上，对比较优势与竞争优势的关系作出了阐释。

赫克歇尔–俄林模型（简称 H-O 模型）表明，在没有生产技术差异的情况下，国际贸易会因各国的资源禀赋不同而产生。产品的生产需要多种生产要素，而且生产每种产品耗费的生产要素比例是不同的。某种生产要素禀赋丰裕的国家，在生产该种生产要素密集型的产品上具有比较优势。赫克歇尔–俄林模型将李嘉图模型的单一生产要素假定扩展到两种生产要素，更贴近现实。

迪克西特–斯蒂格利茨模型认为消费者的需求多样化与厂商的规模经济之间存在两难冲突。利用国际市场，扩大产品的消费市场，降低固定生产成本进而降低总生产成本，也会形成一个国家在生产某种产品上的比较优势。迪克西特–斯蒂格利茨模型的贡献在于从另外的角度解释了李嘉图模型中比较优势的来源，将比较优势的外生性转为内生性，它还解释了产业内贸易现象。

杨小凯提出的超边际分析法将交易费用纳入了国际贸易理论分析的范畴。杨小凯指出，国际贸易是由国内贸易发展起来的。当交易费用很大时，自给自足是最佳选择。当交易费用减小或者生产率大幅度提高时，专业化分工并交换得到的利益会大于自给自足时的利益，这时专业化分工得以实现。从交易费用角度对比较优势理论进行拓展，将比较优势解释为比较价格优势，是杨小凯对国际贸易理论作出的重要贡献。

以林德（Lindar）为代表提出的需求偏好相似理论认为每个国家的经济发展水平不同，收入水平也不同，因此代表性需求商品不同，主导性消费品产业不一样。如果各个国家都生产自己具有代表性需求的产品并进行贸易，更容易实现规模经济，同时满足了本国的非代表性需求。需求偏好相似理论实际上从侧面反映出随着一国的经济发展比较优势具有动态性的特点。

曾铮和张亚斌（2008）提出了"相对效用价格比"概念，指出产品的比较优势不仅取决于产品的相对生产成本，还取决于产品的相对质量，也就是给消费者带来的相对效用。"相对效用价格比"概念整合了相对价格优势与非价格优势，是对李嘉图模型中完全竞争市场假定的一种突破。

以上各种模型与理论都对李嘉图模型与比较优势理论进行了补充和发展。它们共同揭示了产品比较优势的来源是多种多样的，并且比较优势是在不断发展变化的。

40.1.3　比较优势理论与其他优势理论的关系

波特提出的国家竞争优势理论实质上也是一种国际贸易理论。国家竞争优势理论是由波特在总结归纳发达国家经济与产业发展经验的基础上形成的，强调的是一个国家的竞争优势特别是差异型竞争优势如何得以产生。竞争优势理论是从价值链角度对比较优势与绝对优势来源的一种细致而深刻的解释，与比较优势理论研究的侧重点不同。

后发优势指的是后发国家与地区因经济发展相对落后而具备的实现经济快速发展的有利条件。后发优势理论研究的主要内容是发展中国家如何利用后发优势缩小与发达国家之间的差距，在超越发达国家时存在哪些困难及应该如何解决。发展中国家应该利用比较优势实现后发优势，同时应努力避免"比较优势陷阱"也就是克服后发劣势，实现经济快速发展并赶超发达国家。可见，后发优势理论与比较优势理论研究的对象不同，但两者之间存在紧密联系（聂华林和杨坚，2009）。

40.2　比较优势的分析方法

分析产品的比较优势可以采用不同的方法。黄季焜和马恒运（2000）从农产品生产成本方面把我国与外国进行了比较，谭砚文等（2003）从生产成本与收益角度对中美棉花生产进行了比较，彭珏（2000）、辛毅（2003）从机会成本的角度指出了我国农产品成本核算存在的问题。钟甫宁和羊文辉（2000）运用价格比较法分析了中国对欧盟主要农产品的价格比较优势变动情况，乔娟（2001）通过比对世界主要畜产品的生产者价格指数，分析了中国猪肉、牛肉和羊肉的比较优势。周琛影和王宏（2007）从品牌的视角对比较优势原则进行了扩充，认为产品质量和品牌也是影响一国产品出口比较优势的重要因素，并从我国产品出口结构的变动角度对我国出口产品的比较优势变化进行了实证分析。

对产品的比较优势进行实证分析可以设立两类指标：一类是显示性指标，从最终结果反映产品的出口是否具备比较优势；另一类是分析性指标，反映产品出口比较优势的来源与潜力。陈卫平（2005）对各种指标进行了全面的归类与比较。

在显示性指标中，反映产品出口比较优势的有贸易专业化指数（trade specialization coefficient，TSC 指标）、出口绩效相对系数（index of relative export performance）、固定市场份额模型（the constant market share model，CMS 指标）、显示性比较优势指数（revealed comparative advantage index，RCA 指标）。这四种指数都是建立在国际贸易理论的基础之上，从不同侧面反映出产品出口比较优势的大小。国际市场占有率（international market-possessing rates，MS）在完全竞争市场条件下是最直接反映产品出口比较优势大小的指标。

分析性指标中，国内资源成本系数（domestic resource cost coefficient，DRCC）与资源禀赋系数具有代表性。国内资源成本系数根据赫克歇尔-俄林模型演化而来，是从不可贸易要素禀赋角度反映比较优势的指标。资源禀赋系数则是从某一生产要素方面反映一个国家或地区的资源禀赋的指标。

以上对比较优势的分析方法大多针对的是单一产品，从静态的角度进行分析。对比较优势的动态分析大多针对的是整个产业或所有出口产品，使用的统计方法有核密度函数、马尔科夫链及洛伦兹曲线等。由于这些分析方法与本章的研究对象不一致，在此不进行讨论。

40.3　比较优势测度指标简介

40.3.1　贸易专业化指数

贸易专业化指数（TSC）又叫贸易竞争指数、净出口竞争力指数，国外大多数学者称其为"可比净出口指数"（normalized trade balance，NTB）。

其计算公式如下：

$$\mathrm{TSC}_{jk} = （X_{jk} - M_{jk}）/（X_{jk} + M_{jk}） \tag{40-1}$$

式中，TSC 代表净出口竞争力指数；j 代表商品；k 代表国家；X 代表出口值；M 代表进口值。

贸易专业化指数是分析行业内部结构变化的有力工具，能够说明一个行业内部的产品国际专业化分工状态。TSC 作为一个与贸易总额的相对值，剔除了通货膨胀等宏观总量方面的波动。无论一国的进出口绝对量是多少，它总介于 -1 和 $+1$ 之间，在不同时期、国家之间是可比的。

TSC 等于 -1 表示该产品只进口不出口，等于 1 表示只出口不进口。一般来说，TSC>0 表明该产品具有出口比较优势，TSC<0 表明该产品缺乏比较优势。TSC>0.8 表明该产品具有较强的出口比较优势。由于农产品进出口普遍存在鼓励出口和限制进口的政策制约，还受到自由贸易协定等因素的影响，存在贸易专业化指数不能正确反映产品出口比较优势强弱的情况。由于本节只研究我国柑橘鲜果的出口状况，所以运用该项指标的意义不大。

40.3.2 显示性比较优势指数

显示性比较优势指数（RCA）最初由 Balassa 于 1965 年提出，是一个具有较高经济学分析价值的测度产品比较优势的指标，被国内外学者和研究机构广泛使用。该指数定义为：i 国 k 产品出口量占 i 国产品出口总量比重与世界 k 产品出口量占世界产品总出口量比重之比。

显示性比较优势指数的公式为

$$RCA = (X_{ik}/X_i)/(X_k/X) \tag{40-2}$$

式中，RCA 表示显示性比较优势指数；X_{ik} 表示 i 国家 k 产品的出口量；X_i 表示 i 国的总出口量；X_k 表示世界 k 产品的总出口量；X 代表世界的总出口量。

这一指标反映出一个国家某一产品的出口水平相对于世界该产品的出口水平的相对优势，剔除了一国出口总量与世界出口总量波动的影响，较好地反映出该产品的出口比较优势。RCA 指数的变化可以分解为国内产业结构调整导致的比较优势变化，以及国际消费结构变动引起的比较优势变化。

RCA 反映了一国某产品出口贸易专业化优势。如果 RCA>1，表明 i 国在出口 k 产品上具备比较优势；如果 RCA<1，则表明没有比较优势。一般认为，若 RCA>2.5，表明该国产品具有极强的出口比较优势；若 RCA 小于 2.5 大于1.25，表明该国产品具有较强的出口比较优势；若 RCA<0.8，则表明该产品的出口比较优势较弱。从动态角度看，RCA 指数上升表明出口比较优势在加强，RCA 指数下降表明出口比较优势在减弱。

RCA 指数从最终出口结果对产品出口比较优势进行分析，属于一种事后分析法，忽略了国际贸易中各种贸易壁垒对产品出口的影响。

40.3.3 国内资源成本系数

国内资源成本系数（DRCC）由美国斯坦福大学（Stanford University）皮尔逊（Scott R. Pearson）教授于 1976 年提出。国内资源成本（domestic resource cost，DRC）定义为：从事某种生产活动所赚取的一边际单位外汇所需要投入的国内资源的机会成本。

$$DRC = \frac{国内各种投入要素机会成本 - 外部效果}{国内产品的边界价格 - 可贸易投入要素的成本} \tag{40-3}$$

如果将 DRC 除以该国的影子汇率（EX）则可得到国内资源成本系数，即

$$DRCC = \frac{DRC}{EX} \qquad (40\text{-}4)$$

DRCC 值越小，则表明资源用于该产品生产并出口越具有比较优势。DRCC<1 时，表明该产品的出口是有利的；DRC>1 时，表明该出口产品实际上不具备比较优势；DRCC＝1 时，表明该产品的出口达到盈亏平衡。

国内资源成本系数在经济学界得到了广泛的应用，彭廷军和程国强（1999）、钟甫宁和羊文辉（2000）运用此方法对我国农产品的比较优势进行了测度。但在应用国内资源成本系数时存在一些问题：确定国内各种不可贸易投入要素的机会成本存在分歧；DRCC 受汇率的波动影响大，而各国的汇率可能存在扭曲，影子汇率的确定比较困难；DRCC 还假定产品的生产技术不变。由于数据资料的不全面性和难以获得性，本节在测度我国柑橘比较优势时避免采用该指标。

40.3.4　国际市场占有率

国际市场占有率指一国或地区某类产品出口额（量）占世界同类产品出口额（量）的比重。

其计算公式为

$$MS = X_k / X_w \times 100\% \qquad (40\text{-}5)$$

式中，X_k 为 k 国家或地区的某类产品的出口额或出口量；X_w 为世界同类产品出口额或出口量。

一般认为，某产品 MS 越大，表示该产品在国际上的出口比较优势越强。但有时候 MS 的下降并不意味着某产品的出口比较优势下降，主要原因有：有些情况下 MS 的变化是产品质量提高的结果；有些情况下反映的是地区市场消费结构发生变化，或者贸易环境的变化。

40.3.5　资源禀赋系数

资源禀赋系数（EF）是国际上通常采用的用于反映一个国家或地区某种资源相对丰富程度的计量指标，可以定义为：某国一地区 i 资源在世界或全国的份额与该区国民生产总值在世界或全国国民生产总值中的份额之比。计算公式如下：

$$EF = (V_i / V_{wi}) / (Y / Y_w) \qquad (40\text{-}6)$$

式中，V_i 表示某国或某地区拥有的 i 资源；V_{wi} 表示世界或中国拥有的 i 资源；Y

表示该国或该地区的国民生产总值；Y_w 表示世界或全国国民生产总值。

如果 EF>1，则某国或某地区 i 资源在 H-O 模型的意义上是丰富的，拥有比较优势；如果 EF<1，则某国或某地区拥有的 i 资源在 H-O 模型的意义上是短缺的，不具有比较优势。当某种资源在质量上存在很大差异时，运用资源禀赋系数度量该种资源的相对丰富程度时会产生偏差，如劳动力资源。

第41章
我国柑橘生产及出口现状分析

41.1 我国柑橘生产现状

41.1.1 2008 年我国柑橘种植面积与产量

2008 年，我国柑橘生产面积达 187.7555 万公顷，总产量达 2059.1430 万吨，单产水平约为 10.9672 吨/公顷。同年，巴西生产面积为 94.5913 万公顷，总产量为 2077.4752 万吨，单产水平约为 21.9626 吨/公顷；美国生产面积为 33.9286 万公顷，总产量为 1169.2770 万吨，单产水平约为 34.4629 吨/公顷。与国际柑橘生产大国相比我国柑橘总产量大的原因在于种植面积大，而柑橘单产水平低。

2008 年，我国柑橘各种类的种植面积和产量见表 41-1。

表 41-1　2008 年中国柑橘种植面积与产量

品种	种植面积/公顷	面积比例/%	产量/吨	产量比例/%
甜橙	389 578	20.75	3 454 125	16.77
宽皮柑橘	1 359 162	72.39	15 622 593	75.87
柠檬和酸橙	65 705	3.50	917 166	4.45
葡萄柚和柚	62 060	3.31	567 546	2.76
其他柑橘	1 050	0.06	30 000	0.15
总计	1 877 555	100	20 591 430	100

注：为了研究上资料来源的统一性，上述数据与中国官方的《中国农业统计资料 2008》不一致

资料来源：FAOSTAT

表 41-1 说明，2008 年我国柑橘生产以宽皮柑橘和甜橙为主，其中宽皮柑橘无论是种植面积还是产量都占绝大部分。

41.1.2　历年我国柑橘种植面积与产量

　　以 1993～2008 年为例，我国柑橘种植面积与产量经历了几次明显的波动，如图 41-1 所示。

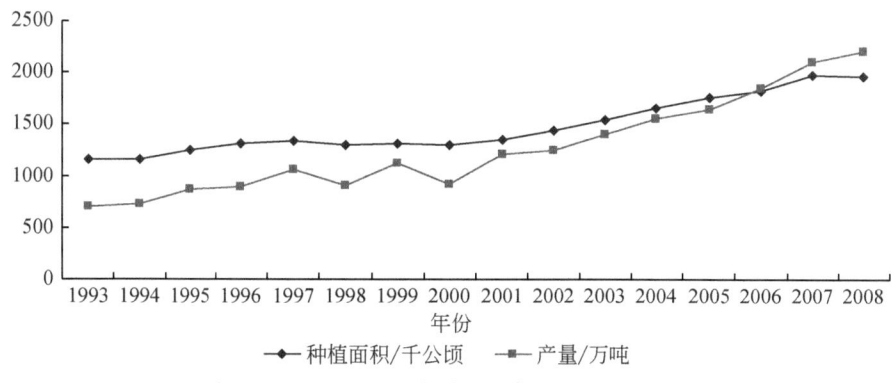

图 41-1　1993～2008 年中国柑橘种植面积与产量

资料来源：联合国粮农组织统计数据库（FAOSTAT）

　　柑橘种植面积 1993～1994 年度平稳，1995～1997 年缓慢增长，1998～2000 年略微下降，2001～2007 年快速增长，2007～2008 年柑橘种植面积趋于平稳。1993～2008 年，宽皮柑橘的种植面积由 77.9422 万公顷增加到 135.9162 万公顷，甜橙的种植面积由 28.1746 万公顷增加到 38.9578 万公顷（图 41-1）。

　　柑橘总产量 1993～1997 年快速增长，1998～2001 年上下波动，2002～2007 年一直处于平稳快速增长阶段，2007～2008 年产量增长速度减缓。1993～2008 年，宽皮柑橘的产量由 458.7872 万吨增长到 1562.2593 万吨，甜橙的产量由 175.0281 万吨增长到 345.4125 万吨。

　　我国柑橘单产水平见图 41-2。柑橘单产水平在 1993～2001 年总体处于上升趋势，由 6.0581 吨/公顷增长到 8.8993 吨/公顷，但期间波动幅度较大，8 年间单产平均每年增长 0.3551 吨/公顷。2002～2005 年柑橘单产水平逐步提高，由 8.6647 吨/公顷增长到 9.3361 吨/公顷，2006～2008 年相比以前快速提高，2008 年单产为 10.9672 吨/公顷。2002～2008 年 6 年期间单产平均每年增长 0.3837 吨/公顷，增长速度与 1993～2001 年基本持平。

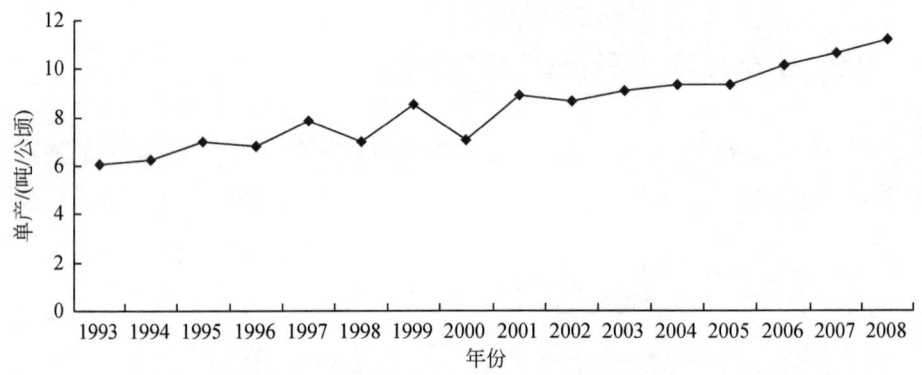

图 41-2　1993～2008 年中国柑橘单位面积产量

资料来源：FAOSTAT

41.2　我国柑橘生产成本与投入现状

41.2.1　柑橘生产成本概念及其构成

　　成本有会计成本和经济成本之分。会计成本是显性成本，指的是所有客观和有形的支出，可以用货币计量。经济成本是显性成本和隐形成本之和，隐性成本指的是因使用自有资源而放弃的出售这些资源得到的最高收入。目前我国农产品成本收益核算体系从总体上来说采用的是会计成本核算方法。

　　柑橘生产成本是指为生产柑橘所发生的各项费用之和。2004 年起，我国农产品成本收益核算体系将总成本划分为生产成本、土地成本两类，土地成本在这之前被划分在期间费用之内。土地本来是柑橘生产过程中投入的主要生产要素之一，将土地成本单独列出是因为我国土地资源稀缺，土地制度不同于西方的土地制度，土地成本不能完全反映其机会成本，因此这种划分具有一定的合理性。本章将柑橘生产成本视作我国农产品成本收益核算中的柑橘生产总成本。

　　我国柑橘生产成本的具体构成见图 41-3。

　　柑橘生产成本分为单位产品生产成本与单位面积生产成本。前者指的是生产一个单位重量的柑橘所需投入的各种成本之和，如每千克柑橘生产成本；后者指的是单位面积下生产柑橘投入的各种成本之和。我国农产品成本收益核算中统计的是单位面积生产成本，即每亩柑橘生产成本。本章将单位产品生产成本定义为：单位产品生产成本＝单位面积生产成本/单位面积产量。

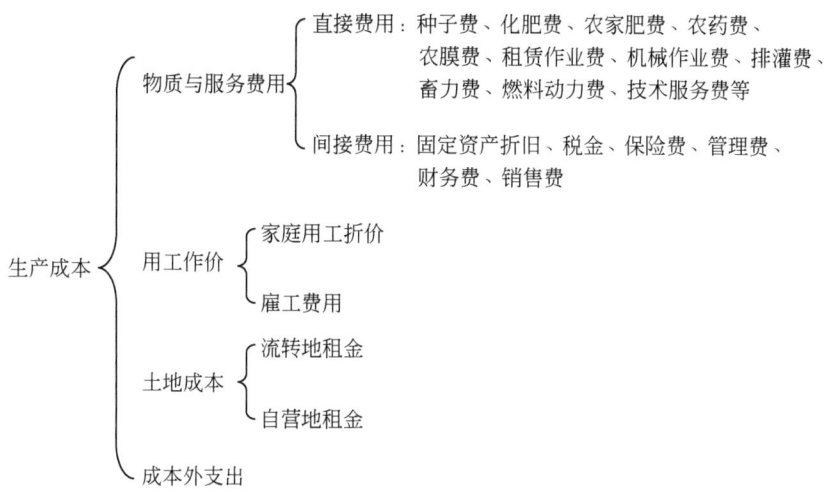

图 41-3 中国柑橘生产成本结构图

41.2.2 历年我国柑橘生产成本与投入

单位面积生产成本与单位产品生产成本具有不同的含义：前者反映出土地这一生产要素固定不变时各种投入的比例，能够体现产品当时的生产技术水平；后者反映出单位质量不变时分摊的各种投入的比例，统计误差比前者要大一些。为了更好地分析总结我国柑橘生产成本的变化规律与现状，采用单位面积生产成本比较合适。我国《全国农产品成本收益资料汇编》中对柑橘的调查统计分为柑和桔两大类，国际上将柑橘类水果分为甜橙、宽皮柑橘、柠檬和酸橙、葡萄柚和柚及其他柑橘类水果五大类。由于我国柑橘生产以宽皮柑橘为主，考虑到数据的可获得性与本研究的目的，本章将柑橘的研究范围主要限定为宽皮柑橘。我国的桔大体上可以代表宽皮柑橘，所以将桔的单位面积生产成本视为我国柑橘单位面积生产成本。

祁春节（2001）将我国柑橘生产经营成本同美国相比较，认为由于我国柑橘生产经营方式落后导致生产要素使用效率低和经营管理相对粗放，柑橘生产主要靠物质投入为支撑。张玉（2009）分析我国1990~2006年的每亩柑橘生产成本构成时，总结出直接物质费用与人工成本是构成我国柑橘生产成本的主要部分，而物质与服务费用中，化肥、农家肥及农药费用占主要部分。本节将每亩柑橘生产成本、肥料费（为化肥费与农家肥费之和）、农药费、用工作价及后三者之和（肥料费、农药费与用工作价之和）作为研究对象，以1993~2008年为例对我国柑橘生产成本与构成进行分析（图41-4）。

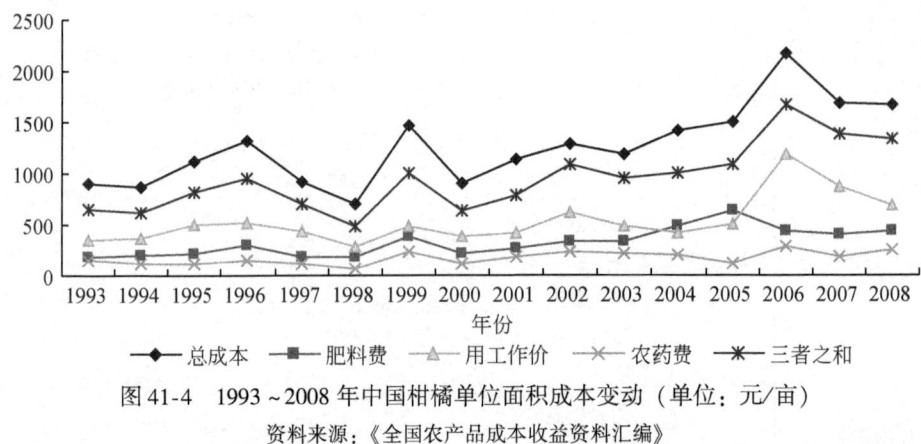

图 41-4　1993～2008 年中国柑橘单位面积成本变动（单位：元/亩）

资料来源：《全国农产品成本收益资料汇编》

　　从图 41-4 看出，单位面积生产成本呈现总体上升趋势。1994 年单位面积生产成本比 1993 年略有下降，1995～2000 年剧烈波动；2001～2007 年单位面积生产成本总体稳步上升，期间有些年份略有下降，2006 年受用工作价影响突然达到最高值，2007 年下降但仍高于 2006 年；2008 年单位面积生产成本与 2007 年基本持平。柑橘单位面积生产成本波动规律比较明显，以 2 年或 1 年为周期，这种波动与上一年柑橘收购价格及橘农对当年柑橘收购价格的预期密切相关（何劲和祁春节，2009）。

　　肥料费波动与用工作价波动在 1993～2002 年完全一致，且与单位面积生产成本波动一致。肥料费波动与用工作价波动 2003～2004 年相反，2004～2005 年一致，2005～2006 年相反，2006～2007 年一致，2007～2008 年相反。2003 年我国劳动日平均工价为 11.2000 元/天，2004 年上涨为 18.9208 元/天。受劳动日平均工价突然大幅上涨影响，2004 年、2005 年每亩用工数量相比 2003 年的 42.80 天急剧下降，与此同时肥料费大幅上升，使得 2004 年、2005 年肥料费超过用工作价，但随后年份肥料费下降低于用工作价，且波动相对平稳。2004 年我国柑橘生产每亩用工数量 21.98 天，为 1993～2008 年的历史最低水平，可以视做现有生产技术水平下柑橘生产每亩用工数量的下限值。2004 年以来，劳动日平均工价稳步上涨，由 2004 年的 18.9208 元/天上涨到 2008 年的 29.7942 元/天。每亩用工数量在 2004～2008 年剧烈波动，呈"倒 V"形，分别为 21.98 天、25.37 天、52.76 天、34.53 天、22.98 天，这是由柑橘收购价格的剧烈波动导致的，2003～2007 年每千克柑橘的收购价格分别为 1.4257 元、1.6233 元、1.9572 元、2.4804 元、1.7109 元。

　　农药费在 1993～2008 年波动平稳。肥料费、农药费和用工作价之和在 1993～2008 年波动方向与单位面积生产成本完全一致，实际上三者之和占单位面积生产成本的80%左右。以2008年柑橘生产为例，肥料费占单位面积生产成本的26.39%，用工作价占40.98%，农药费占14.76%，三者之和占单位面积生产成本的82.13%。

柑橘属于劳动密集型产品，柑橘生产过程中，嫁接、整枝、修剪和果实采摘都需要耗费必不可少的劳动，劳动投入在柑橘生产过程中有着不可替代的地位。随着我国劳动力资源日益稀缺，劳动日平均工价稳步上涨，目前我国柑橘生产每亩用工数量在生产技术变化不大的情况下不可能大幅回升，除非柑橘收购价格在一定的基础上持续上涨。加大肥料投入对增加单位面积柑橘产量有着重要作用，但其作用是非常有限的，况且长期以来我国柑橘生产过程中物质资料使用效率低。依靠继续提高肥料投入来实现对稀缺劳动力资源的替代是不可能的，以上对图41-4的分析就证明了这一点。预计劳动日平均工价将会成为导致我国柑橘生产成本提高的主要因素。

41.3　我国柑橘出口现状

我国柑橘产业目前以出口柑橘水果和桔瓣罐头为主，2008年柑橘水果出口额为4.3737亿美元，桔瓣罐头出口额为2.8406亿美元。由图41-5可以看出，入世以来，我国柑橘出口量与出口额迅速增长。2008年我国柑橘水果出口状况见表41-2。从表中看出，宽皮柑橘占我国柑橘水果出口的绝大部分；葡萄柚和柚出口单位价值高。与国内产量相比较，葡萄柚和柚出口量占国内葡萄柚和柚产量的17.43%；柑橘总出口量占国内柑橘总产量的4.19%左右。

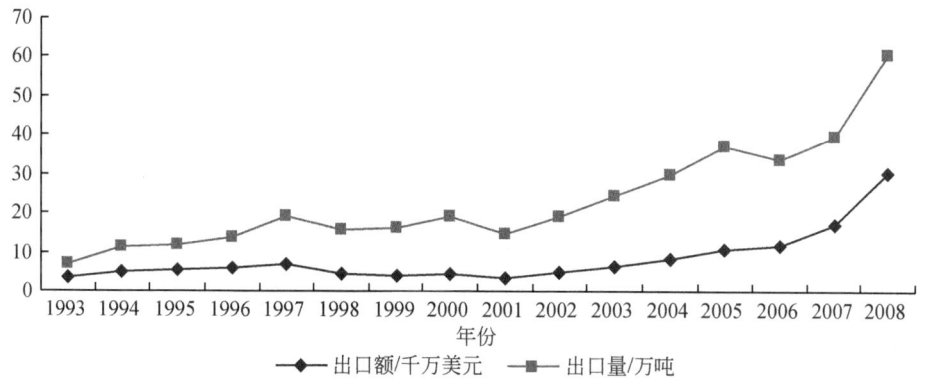

图41-5　1993～2008年中国柑橘出口量与出口额

注：以上统计的是宽皮柑橘出口量与出口额

资料来源：联合国商品贸易统计数据库（UN comtrade）

表 41-2　2008 年中国柑橘类水果出口量与出口额

出口产品	出口量/吨	出口量所占比例/%	出口额/美元	出口额所占比例/%
甜橙	141 922	16.46	57 389 576	13.12
宽皮柑橘	606 853	70.39	304 749 096	69.68
葡萄柚和柚	98 879	11.47	68 286 913	15.61
柠檬与酸橙	9 400	1.09	3 293 923	0.75
其他柑橘	5 051	0.59	3 653 971	0.84
总计	862 105	100	437 373 479	100

资料来源：联合国商品贸易统计数据库（UN comtrade）

张玉（2007）分析世界柑橘贸易格局时得出结论，柑橘出口遵循就近原则。以我国宽皮柑橘出口为例，2008 年出口贸易额前十位的国家或地区如表41-3 所示。

表 41-3　2008 年中国柑橘水果出口贸易额前十位的国家或地区

出口国家或地区	出口额/美元	出口额所占比例/%	出口量/吨	出口量所占比例/%
马来西亚	76 735 350	25.70	113 365	19.30
印度尼西亚	69 025 320	23.12	106 592	18.14
越南	55 559 006	18.61	195 875	33.34
菲律宾	36 987 462	12.39	50 107	8.53
俄罗斯	25 468 270	8.53	60 535	10.30
加拿大	15 322 046	5.13	23 300	3.97
新加坡	9 617 270	3.22	14 136	2.41
泰国	4 146 503	1.39	6 880	1.17
哈萨克斯坦	3 436 599	1.15	10 969	1.87
吉尔吉斯斯坦	2 286 293	0.77	5 701	0.97
总计	298 584 119	100	587 458	100

资料来源：联合国商品贸易统计数据库（UN comtrade）

从表41-3 可以看出，我国柑橘出口市场主要分布在我国周边亚洲国家，主要出口市场有：马来西亚、印度尼西亚、越南、菲律宾和俄罗斯，柑橘出口遵循就近原则。

41.4　结论与讨论

我国柑橘种植面积世界第一，柑橘产量世界第二，但单位面积产量低，柑橘生产技术进步缓慢，主要种植的是宽皮柑橘。柑橘种植面积自 2001 年以来快速稳步扩大，但在 2008 年种植面积相比 2007 年变化不大。柑橘产业主要出口柑橘水果与桔瓣罐头，宽皮柑橘占出口柑橘水果的绝大部分。2008 年我国柑橘出口总量约为 86.2105 万吨，只占国内柑橘总产量的 5% 不到，柑橘水果消费主要依靠国内市场。

自 2004 年以来，我国劳动日平均工价稳步上涨，劳动力资源日益稀缺，柑橘生产每亩用工数量完全受收购价格左右，在收购价格不能继续提高的情况下，柑橘生产每亩用工数量已经接近底线。增加肥料投入对提高我国柑橘单位面积产量的作用不大，也不能实现对用工的替代，况且我国柑橘生产过程本来就长期存在着物质使用效率低下的状况。

由于我国柑橘生产以家庭经营为基础，柑橘生产规模小、经营管理粗放，先进的生产技术不能得到有效推广，从整体上提高柑橘质量与单位面积产量阻力大。随着劳动日平均工价的进一步提高，每千克柑橘生产成本将会刚性上升，而国内市场需求不能继续扩大，国外市场需求量有限，预计我国柑橘种植面积将会下降，柑橘生产供应将进入自我调整阶段。

由于橘农在生产过程中可以根据需要适当减少每亩劳动日投入数量，加上我国柑橘生产存在缓慢的技术进步，所以预计短期内柑橘单位质量生产成本不会上升很快，对我国柑橘出口影响不大。

第 42 章
我国柑橘出口比较优势的综合评价

42.1 评价指标的选取

　　根据联合国粮农组织统计数据库统计，2007 年我国宽皮柑橘出口量与出口额均居世界第二，但与位居第一的西班牙差距很大，具体数据如下：2007年，我国宽皮柑橘出口量为 39.7688 万吨，出口额为 1.7251 亿美元，单位出口价格为 437.3735 美元/吨；西班牙宽皮柑橘出口量为 165.2428 万吨，出口额为 16.8220 亿美元，单位出口价格为 1018 美元/吨。2007 年，世界宽皮柑橘出口额位列前 20 的国家或地区出口宽皮柑橘 341.4493 万吨，出口额约27.4847 亿美元，平均单位出口价格为 805 美元/吨。以上数据说明，我国宽皮柑橘出口具有价格优势。2008 年，在我国国内柑橘滞销的情况下，我国宽皮柑橘出口量猛增到 60.6853 万吨，比 2007 年增加了 20.9185 万吨，增长率为 52.60%；出口额为 3.0475 亿美元，比上年增加了 1.3224 亿美元，增长率为 76.66%，且单位出口价格上涨到 502 美元/吨。这说明我国宽皮柑橘出口国际市场容量存在扩大的可能。尽管如此，我国宽皮柑橘的国际市场需求量相比国内市场需求量还是很小的，国际市场需求量的扩大对国内市场的冲击作用不大。

　　赫克歇尔–俄林模型告诉我们，一国资源要素禀赋与出口产品的使用要素密集度之间联系紧密。柑橘作为劳动密集型产品，一国农业劳动力资源是否丰富对其出口成本有着重要影响，我国劳动力成本对我国柑橘出口价格优势也有着重要影响。自 2004 年以来，我国劳动日平均工价稳步上涨，我国《全国农产品成本收益资料汇编》开始将用工作价分为家庭用工折价和雇工费用分别进行统计，2004~2008 年我国柑橘单位面积用工构成见表 42-1。

表 42-1　2004～2008 年柑橘单位面积用工作价构成

项目		2004 年	2005 年	2006 年	2007 年	2008 年
用工作价构成	用工作价/(元/亩)	415.88	492.83	1191.42	859.92	684.67
	平均工价/(元/亩)	18.92	19.43	22.58	24.90	29.79
	用工数量	21.98	25.37	52.76	34.53	22.98
家庭用工折价构成	折价/(元/亩)	194.54	246.94	398.33	434.21	333.94
	工价/(元/亩)	13.70	15.30	16.90	18.70	21.60
	天数	14.20	16.14	23.57	23.22	15.46
雇工费用构成	费用/(元/亩)	221.34	245.89	793.09	425.71	350.73
	工价/(元/亩)	28.45	26.64	27.17	37.64	46.64
	天数	7.78	9.23	29.19	11.31	7.52

资料来源：历年《全国农产品成本收益资料汇编》

从表 42-1 可以看出，我国劳动力资源日益稀缺，家庭劳动日工价与雇工工价均稳步上涨，且雇工工价上涨幅度大大高于家庭劳动日工价上涨幅度。家庭劳动日工价与雇工工价相差很大，是因为家庭劳动力与雇佣劳动力的机会成本不同，柑橘种植者主要是在家务农的妇女或老弱，并非青壮年劳动者，且柑橘种植者只是在农忙季节才不得已雇工。除 2006 年外，雇工天数均小于家庭用工天数，约为家庭用工天数的一半，说明家庭用工数量是柑橘生产人工投入数量的主要构成部分，家庭劳动日工价是柑橘生产劳动日平均工价的决定性因素。

为反映我国劳动力资源日益稀缺对我国柑橘出口比较优势的长期影响，选取显示性出口比较优势指数即 RCA 指数对我国柑橘出口比较优势进行测度。为反映短期我国柑橘出口比较优势的大小，采用国际市场占有率指标即 MS 指标进行测度。

42.2　数据来源及处理

由于农民可以根据收益自由决定土地的农产品种植品种，可以在种植柑橘与种植其他农作物之间进行选择，参照伍小梅（2006）的做法，将 RCA 指数公式稍作修改定义为我国柑橘出口额占我国农产品出口额的比例与世界柑橘出口额占世界农产品出口额的比例之比，这样调整使 RCA 指数变大，但更具有现实意义。为统一计算口径，计算 RCA 指数的数据均来源于粮农组织统计数据库，由于 2008 年数据未统计，所以以 1993～2007 年为例。

计算 MS 指标时，考虑到我国柑橘出口主要依靠价格优势，将我国柑橘出口量世界占有率与出口额世界占有率都计算出来，并进行对比。计算数据来源于粮农组织统计数据库，时间跨度为 1993～2007 年。

42.3 计算及结果

42.3.1 显示性比较优势指数

1993～2007 年的显示性比较优势指数（RCA）指数见图 42-1。

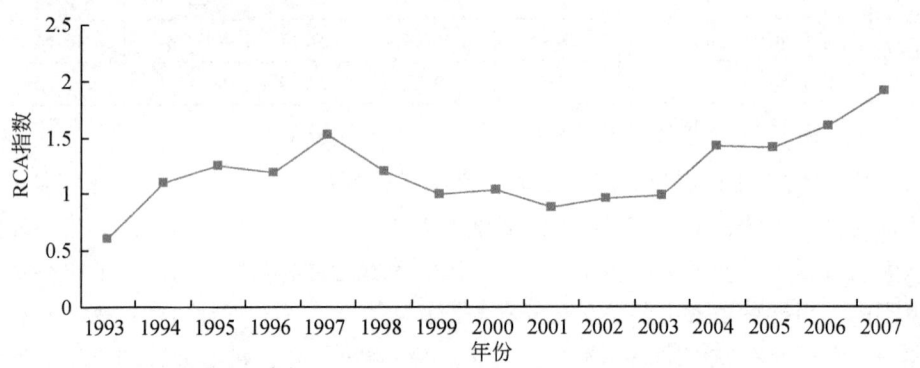

图 42-1 1993～2007 年中国柑橘出口显示性比较优势指数

从图 42-2 看出，我国柑橘出口 RCA 指数波动分为三个阶段：1993～1997 年为 RCA 指数上升阶段，RCA 指数由 1993 年的 0.6010 上升到 1997 年的 1.5222，期间略有波动；1998～2003 年为 RCA 指数的下降后徘徊阶段，1998 年 RCA 指数下降为 1.1950，此后 RCA 指数一直在 1 附近波动，2003 年 RCA 指数为 0.9791；2004～2007 年为 RCA 指数的上升阶段，RCA 指数由 2004 年的 1.4152 上升为 2007 年的 1.9118。

2007 年 RCA 指数大于 1.25 小于 2.5，说明 2007 年我国柑橘出口具有较强的国际竞争力。2002～2007 年以来，RCA 指数总体上处于稳步上升趋势，说明加入 WTO 对我国柑橘出口比较优势的发挥有着积极促进作用。

42.3.2 国际市场占有率指标

1993～2007 年的 MS 指标见图 42-2。

从图 42-3 看出，我国柑橘出口量国际市场占有率的波动分为四个阶段：1993～1997 年为上升阶段，由 1993 年的 4.66% 上升到 1997 的 8.02%；1998～

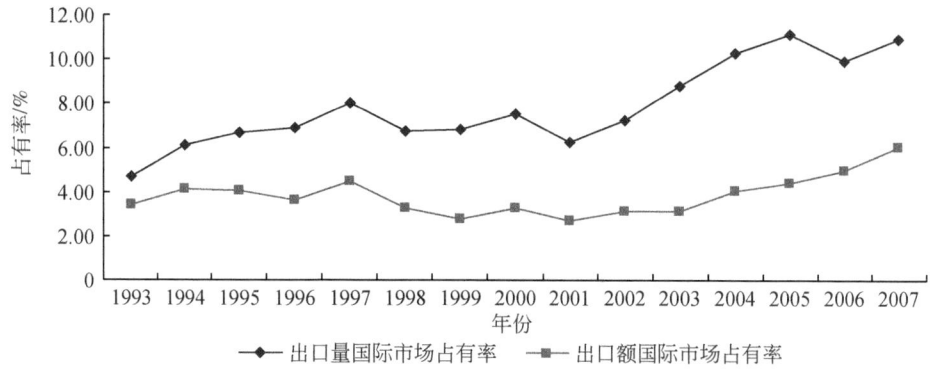

图 42-2　1993～2007 年中国柑橘出口量与出口额国际市场占有率

2002 年为平稳波动阶段，出口量国际市场占有率在 6%～8% 波动；2003～2005 年为快速上升阶段，2005 年出口量国际市场占有率达到 11.18%；2006 年下降为 9.95% 后 2007 年再回升至 10.96%。在 1993～2005 年，出口额国际市场占有率波动方向基本与出口量国际市场占有率波动方向一致，2006～2007 年出口额国际市场占有率继续保持上升，与出口量国际市场占有率在 2006 年的下降成鲜明的对比，说明 2006 年国内柑橘出口价格的增长幅度大于出口量的下降幅度。

　　从出口量国际市场占有率曲线与出口额国际市场占有率曲线之间的差距来看，1993～2005 年二者之间差距逐渐扩大的过程，2006～2007 年两者之差开始缩减，但二者之间仍存在较大差距，2007 年我国柑橘出口量国际市场占有率为 10.96%，出口额国际市场占有率为 6.05%，二者相差 4.91%。

42.4　结论与讨论

　　本章将 RCA 指数定义为我国柑橘出口额占我国农产品出口额的比例与世界柑橘出口额占世界农产品出口额的比例之比，会导致 RCA 指数计算结果扩大。郑凤田和李茹（2003）计算的 2000 年我国柑橘出口 RCA 指数为 0.38，本章的相应计算结果为 1.03。其中主要原因是，我国主要出口产品并不是农产品，如果考虑到我国非农产品的出口，我国柑橘出口 RCA 指数将大大减小，说明我国柑橘出口产业在整个国民经济出口产业中属于弱势产业。本章计算的 2004～2007 年的 RCA 指数均大于 1.25 而小于 2.5，说明在目前状况下我国柑橘出口在整个农产品出口产业中占有较强的比较优势。究其原因，如表 42-1 所示，我国柑橘生产过程中家庭劳动日工价与雇佣劳动日工价之间存在很大差距，二者的机会成本差异显著。雇佣劳动日工价是由整个农业劳动力市场自发形成的，反映的是全国农业劳动力资源的稀缺状况，从长期来看，它的变化更能代表农业劳动力资源稀缺程度的变动趋势，而柑橘生产家庭劳动日工价反映的只是现阶段我国柑橘种植者这一特殊群体劳动力资源的稀缺程度。

从我国柑橘出口量国际市场占有率来看，我国柑橘出口比较优势明显。从我国柑橘出口量国际市场占有率与出口额国际市场占有率的比较来看，目前我国柑橘出口具有很强的价格优势。

总体来说，现阶段我国柑橘出口比较优势较强，但从长期来看我国柑橘出口比较优势是不是可持续的呢？

第 43 章
我国柑橘出口比较优势的可持续性实证分析

43.1　问题的提出

　　《中国农产品贸易发展报告》（2008）指出，自 2004 年以来，我国化肥、农药、农膜和农用柴油等农业生产资料价格稳步上涨。与此同时，我国农产品成本收益汇编资料反映我国农业劳动力资源也处于日益稀缺的状况，无论是家庭劳动日工价还是雇工劳动日工价都在稳步上升。2004 年 3 月以来，我国经济发达地区"民工荒"现象屡有发生，并从沿海地区向内陆地区蔓延（郭薇，2007）。民工主要从事的是建筑、服务行业里又脏又累的工作，随着民工劳动力资源越来越稀缺，民工工资趋向进一步上升，这促使青壮年农业劳动者向非农产业转移。在小农经济条件下，在我国经济快速增长情况下，我国农业劳动力资源日益稀缺已是一个无法逆转的趋势，这将带来农产品生产成本的上升。

　　柑橘属于劳动密集型产品，其生产成本的高低与劳动日平均工价及农业生产资料价格密切相关，尤其是前者。上一章已经得出目前我国柑橘出口比较优势较强的结论，但是这种出口比较优势还能不能继续维持呢？这是本章主要讨论的主题。

43.2　假设与分析框架

　　要素禀赋理论认为，产品生产成本的高低由一国的资源要素禀赋决定，一个国家应该生产并出口本国生产要素相对丰裕的产品，进口本国生产要素相对缺乏的产品。如果一国劳动力资源丰裕，应当生产并出口劳动密集型产品。我国人口众多，劳动力资源丰富，自从加入 WTO 以来，劳动密集型农产品一直在我国出口农产品中占据重要地位，与我国劳动力价格相对低廉有关。一国劳动密集型产品在国际市场上是否具备比较优势，最终体现在其出口价格上。只要产品质量符合国际市场上消费者的需求，其出口价格越低，所具备的比较优势也就越强。

产品的出口价格主要由两部分构成，一部分是生产成本，另一部分是流通费用。生产成本对出口价格高低的影响往往是直接而又显著的；流通费用则反映出多方面的信息，如供求双方的状况、一国交通基础设施的完善程度等。邓军蓉和祁春节（2009）从供应链角度分析了我国柑橘物流现状，指出我国柑橘供应链体系不完善，柑橘流通成本高。柑橘鲜果不是生活必需品，在市场上有很多替代品，它的需求价格弹性大。

综上所述，给出如下假设：柑橘出口比较优势的大小主要由柑橘的生产成本决定，但受柑橘流通成本影响。

由以上所作假设，根据柑橘由生产到出口过程中价格形成与利益分配的环节，将本章具体分析内容设定为：国际柑橘出口平均价格与我国柑橘出口价格之差（称做价差1）对柑橘生产成本的弹性测算，称做弹性测算一；我国柑橘出口价格与收购价格之差（称做价差2）对柑橘生产成本的弹性测算，称做弹性测算二；我国柑橘收购价格与生产成本之差（称做价差3）对柑橘生产成本的弹性测算，称做弹性测算三。相关变量见图43-1。之后，使用自回归移动平均模型预测国际柑橘出口平均价格与我国柑橘出口价格之差的短期发展趋势，再从生产成本角度对我国柑橘出口比较优势的可持续性进行长期预测。最后对本章内容进行总结并讨论。

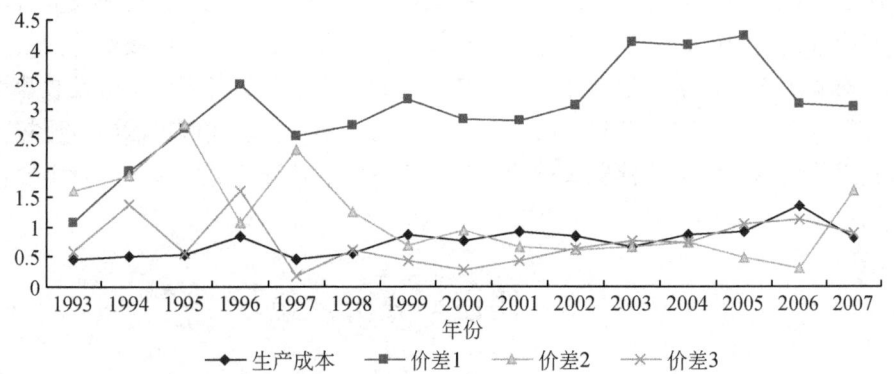

图 43-1　1993～2007 年中国柑橘生产成本与三个价差（单位：元/千克）

注：价差 1 为国际柑橘出口平均价格与我国柑橘出口价格之差；价差 2 为我国柑橘出口价格与收购价格之差；价差 3 为我国柑橘收购价格与生产成本之差；价差数据与生产成本数据的单位均为元/千克，具体数据及来源在将下文一一列出

43.3 弹性测算一

43.3.1 计量模型的设定与数据

用价格度量我国柑橘出口比较优势的大小,可以将其定义为世界柑橘出口平均价格与我国柑橘出口价格之差,所得结果用国内货币单位表示,作为因变量。

为了测算我国柑橘生产成本变化对出口比较优势大小的影响程度,采用双对数线性模型,暂时将其他影响因素纳入残差(张玉,2009),模型初步设定为

$$\ln pricea_t = \beta_0 + \beta_1 \ln cost_t + u_t \qquad (43\text{-}1)$$

式中,$\ln pricea_t$ 表示世界柑橘出口平均价格与我国柑橘出口价格之差的对数值;$\ln cost_t$ 表示我国柑橘单位质量生产成本的对数值;u_t 为方程的残差项。

表 43-1 为估计模型(43-1)时使用的原始数据。以美元为单位的出口价格均经过汇率调整为以人民币为单位。

表 43-1　世界柑橘出口平均价格、中国柑橘出口价格与生产成本数据表

年份	出口价 1	出口价 2	汇率	价差 1	生产成本
1993	0.6496	0.4645	5.7619	1.0663	0.4599
1994	0.6613	0.4357	8.6187	1.9447	0.5224
1995	0.7793	0.4614	8.3507	2.6546	0.5457
1996	0.8359	0.4261	8.3142	3.4070	0.8421
1997	0.6580	0.3530	8.2898	2.5284	0.4678
1998	0.6202	0.2919	8.2791	2.7173	0.5604
1999	0.6212	0.2418	8.2796	3.1406	0.8753
2000	0.5816	0.2404	8.2784	2.8244	0.7558
2001	0.5799	0.2430	8.2770	2.7886	0.9188
2002	0.6218	0.2548	8.2770	3.0375	0.8405
2003	0.7496	0.2533	8.2774	4.1084	0.6534
2004	0.7757	0.2848	8.2768	4.0625	0.8724
2005	0.8104	0.2970	8.1949	4.2077	0.9144
2006	0.7330	0.3480	7.9735	3.0697	1.3659
2007	0.8342	0.4369	7.6071	3.0227	0.8267

注:出口价 1 为世界柑橘出口平均价格,单位为美元/千克,根据联合国粮农组织数据库中除去中国后世界柑橘出口额除以出口量得到;出口价 2 为中国柑橘出口价格,单位为美元/千克,根据联合国粮农数据库中中国柑橘出口额除以出口量得到;汇率来源于中国人民银行统计数据;价差 1 为世界柑橘出口平均价格减去中国柑橘出口价格,单位为元/千克;生产成本根据《全国农产品成本收益资料汇编》中我国柑橘数据调整得到,单位为元/千克

经典回归模型要求变量为平稳变量，否则可能会出现"伪回归"现象。本章先使用增广迪基–富勒（ADF）检验来检验变量是否平稳。对于非平稳变量，进一步进行协整检验。如果存在协整关系，表明变量间存在一种长期的均衡关系，短期对均衡的偏离将会在下一期中得到有效的纠正，因此可以建立误差修正模型（ECM）探索两者间的长期和短期关系。本章采用的计量软件为 Eviews5.0 版。

43.3.2　单位根检验

从图 43-2 可大致判断时间序列 $lnprice_t$ 含有截距项，时间序列 $lncost_t$ 趋势项不明显。单位根检验结果如表 43-2 所示。

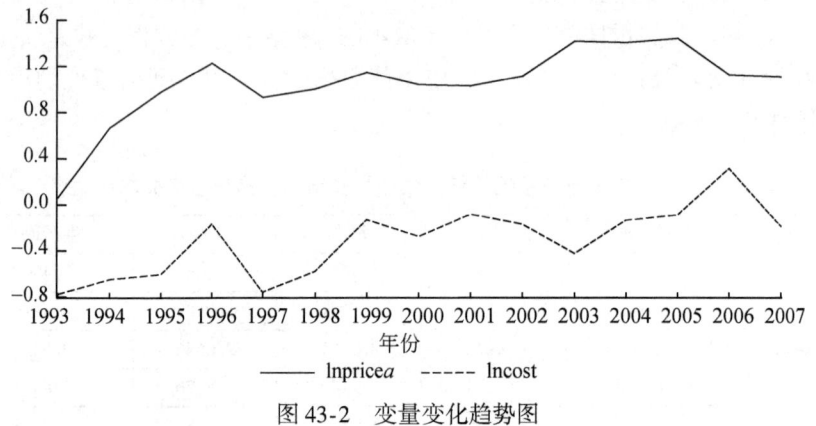

图 43-2　变量变化趋势图

表 43-2　时间序列 $lnprice_t$ 和时间序列 $lncost_t$ 的 ADF 检验结果

变量	ADF 检验	检验类型	滞后阶数	显著水平（临界值）
lnprice	−4.7724 ***	含常数项	0	10%（−2.6904）
lnprice	−3.6399 *	含常数项和趋势项	0	10%（−3.3423）
lnprice	0.1791	不含常数项和趋势项	0	10%（−1.6044）
lncost	−2.5782	含常数项	0	10%（−2.6904）
lncost	−4.3851 **	含常数项和趋势项	0	10%（−3.3423）
lncost	−2.0831 **	不含常数项和趋势项	0	10%（−1.6044）

＊＊＊在1%的置信水平上显著；＊＊在5%的置信水平上显著；＊在10%的置信水平上显著

从表 43-2 的检验结果可以得出结论，$lnprice_t$ 为平稳时间序列，并且单位根检验形式与根据图形的猜测相同，以下是 ADF 模型 1 及其参数估计结果（表 43-3）。

$$\Delta \ln pricea_t = \beta_1 \ln pricea_{t-1} + \beta_0 + u_t \qquad (43\text{-}2)$$

表 43-3　ADF 模型 1 的参数估计

变量	系数	标准误	T 统计量	P 值
$\ln pricea_{t-1}$	$-0.561\ 652$	$0.117\ 668$	$-4.772\ 384$	$0.000\ 5$
b_0	$0.658\ 193$	$0.128\ 614$	$5.117\ 574$	$0.000\ 3$
R-squared	$0.654\ 931$	Akaike info criterion		$-0.842\ 496$
Adjusted R-squared	$0.626\ 175$	Schwarz criterion		$-0.751\ 202$
Log likelihood	$7.897\ 469$	Durbin Watson stat		$1.847\ 348$

可以认为 $\ln cost_t$ 在 5% 的显著性水平上为平稳时间序列。以下是 ADF 模型 2 及其参数估计结果（表 43-4）。

$$\Delta \ln cost_t = \beta_1 \ln cost_{t-1} + u_t \qquad (43\text{-}3)$$

表 43-4　ADF 模型 2 的参数估计

变量	系数	标准误	T 统计量	P 值
$\ln cost_{t-1}$	$-0.357\ 184$	$0.171\ 470$	$-2.083\ 070$	$0.057\ 6$
R-squared	$0.236\ 992$	Akaike info criterion		$0.399\ 623$
Adjusted R-squared	$0.236\ 992$	Schwarz criterion		$0.445\ 270$
Log likelihood	$-1.797\ 359$	Durbin Watson stat		$2.483\ 572$

43.3.3　模型估计结果及解释

因变量 $\ln pricea_t$ 与自变量 $\ln cost_t$ 均为平稳时间序列，那么可以直接对其进行回归分析。模型（43-1）的估计结果如表 43-5 所示。

表 43-5　模型（43-1）的参数估计

变量	系数	标准误	T 统计量	P 值
b_0	$1.256\ 496$	$0.105\ 386$	$11.922\ 84$	$0.000\ 0$
$\ln cost_t$	$0.672\ 418$	$0.243\ 548$	$2.760\ 921$	$0.016\ 2$
R-squared	$0.369\ 626$	Akaike info criterion		$0.405\ 158$
Adjusted R-squared	$0.321\ 136$	Schwarz criterion		$0.499\ 564$
Log likelihood	$-1.038\ 681$	Durbin Watson stat		$1.125\ 416$

以上估计结果显示参数置信水平显著，但需要消除或降低残差序列自相关。

由图 43-3 可以判断，残差为 ARMA（p，q）过程。通过向模型中加入 AR（p）和 MA（q）项来降低模型中的自相关性，经过多次调整，将模型重新设定为如式（43-4）所示的形式，估计结果见表 43-6。

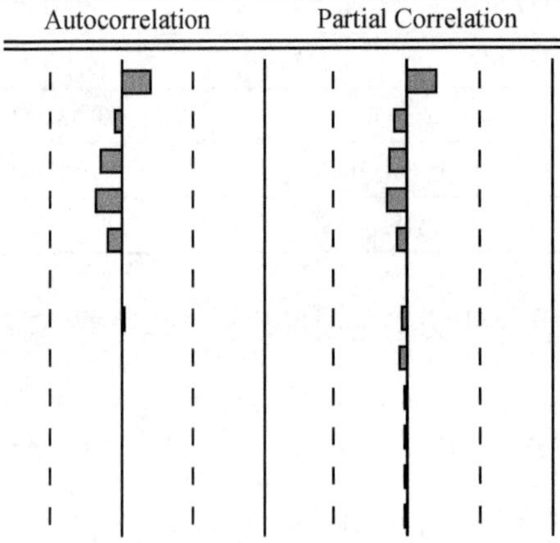

Autocorrelation	Partial Correlation		AC	PAC	Q-Stat	Prob
		1	0.207	0.207	0.7796	0.377
		2	−0.044	−0.091	0.8178	0.664
		3	−0.151	−0.129	1.3034	0.728
		4	−0.192	−0.145	2.1542	0.707
		5	−0.108	−0.061	2.4525	0.784
		6	−0.002	−0.006	2.4526	0.874
		7	0.020	−0.032	2.4652	0.930
		8	0.000	−0.049	2.4652	0.963
		9	0.000	−0.021	2.4652	0.982
		10	0.000	−0.009	2.4652	0.991
		11	0.000	−0.010	2.4652	0.996
		12	0.000	−0.013	2.4652	0.998

图 43-3　残差自相关与偏自相关图

$$\ln price a_t = \beta_0 + \beta_1 \ln cost_t + u_t, \quad u_t = \varphi_1 u_{t-1} + \varepsilon_t \qquad (43\text{-}4)$$

表 43-6　AR（1）模型的参数估计

变量	系数	标准误	T 统计量	P 值
b_0	1.197 529	0.080 810	14.819 05	0.000 0
$\ln cost_t$	0.124 281	0.172 302	0.721 293	0.485 8
AR（1）	0.412 037	0.137 794	2.990 244	0.012 3
R-squared	0.558 437	Akaike info criterion		−0.748 774
Adjusted R-squared	0.478 153	Schwarz criterion		−0.611 833
Log likelihood	8.241 419	Durbin Watson stat		1.819 459

改进后的模型写成如下：

$$\ln price a_t = 1.1975 + 0.1243 \ln cost_t + u_t, \quad u_t = 0.4120 u_{t-1} + \varepsilon_t \qquad (43\text{-}5)$$

由于 $u_t = \ln price a_t - 0.1243 \ln cost_t - 1.1975$，所以，经过整理得到：

$$\ln price a_t = 1.1975 + 0.1243 \ln cost_t + 0.4120$$
$$(\ln price a_{t-1} - 0.1243 \ln cost_{t-1} - 1.1975) + \varepsilon_t$$

$$\ln price a_t = 0.7041 + 0.4120 \ln price a_{t-1} + 0.1243 \ln cost_t - 0.0512 \ln cost_{t-1} + \varepsilon_t$$
$$(43\text{-}6)$$

该模型系数表明，在短期，我国柑橘生产成本上涨 1%，我国柑橘出口价格与国际市场柑橘出口平均价格之差的绝对值就会上升0.12%；在长期，我国柑橘生产成本上升1%，我国柑橘出口价格与国际市场柑橘出口价格之差的绝对值会上升0.07%。

自变量$lncost_t$的系数符号与预期相反，且参数检验并不显著，表明我国柑橘单位质量生产成本变化并不是导致我国柑橘出口价格与国际市场柑橘出口平均价格之差变化的主要因素。主要原因为：尽管我国柑橘种植劳动日平均工价稳步上涨，但橘农可以适当减少单位面积劳动日投入数量来抑制单位面积生产成本的上升，再加上我国柑橘种植过程中存在缓慢的技术进步，使得柑橘单位质量成本基本上保持稳定，没有出现大幅上涨的趋势，对国际柑橘出口价格与我国柑橘出口价格之差的影响目前还不明显；国际柑橘出口市场竞争激烈，而国内柑橘市场状况基本上是供大于求，柑橘生产成本上升产生的影响在柑橘物流过程中被不同的柑橘经营主体吸收掉。

43.4 弹性测算二

43.4.1 计量模型的设定与数据

将我国柑橘出口价格与收购价格之差的对数值作为因变量，记为$lnpriceb_t$，模型设定为

$$lnpriceb_t = \beta_0 + \beta_1 lncost_t + u_t \qquad (43\text{-}7)$$

式中，u_t为残差项。

估计上述模型的原始数据如表43-7所示。

表43-7　中国柑橘出口价格与收购价格　（单位：元/千克）

年份	出口价格	收购价格	价差2	价差3
1993	2.6764	1.0586	1.6178	0.5987
1994	3.7553	1.8924	1.8629	1.3700
1995	3.8531	1.1196	2.7336	0.5739
1996	3.5424	2.4612	1.0812	1.6192
1997	2.9267	0.6340	2.2927	0.1662
1998	2.4170	1.1674	1.2496	0.6071
1999	2.0024	1.3108	0.6916	0.4355
2000	1.9903	1.0440	0.9464	0.2881
2001	2.0111	1.3450	0.6660	0.4263
2002	2.1090	1.4970	0.6120	0.6505

年份	出口价格	收购价格	价差2	价差3
2003	2.0964	1.4257	0.6707	0.7724
2004	2.3574	1.6233	0.7342	0.7508
2005	2.4339	1.9572	0.4767	1.0427
2006	2.7748	2.4804	0.2945	1.1144
2007	3.3235	1.7109	1.6125	0.8843

注：出口价格单位为元/千克，根据表43-1中出口价2乘以汇率得到；收购价格根据《全国农产品成本收益资料汇编》中相关数据整理得到，单位为元/千克；价差2指的是出口价格与收购价格之差，单位为元/千克；价差3指的是收购价格与单位质量生产成本之差，单位为元/千克，单位质量生产成本在表43-1中已经列出。列出价差3是为了方便后面的计算

43.4.2　单位根检验

对时间序列 $\ln price b_t$ 作单位根检验，所得结果如表43-8。

表43-8　时间序列 $\ln price b_t$ 的 ADF 检验

变量	ADF检验	检验类型	滞后阶数	显著水平（临界值）
$\ln price b$	-2.179 464	含常数项	0	10%（-2.690439）
$\ln price b$	-3.900 035 **	含常数项和趋势项	0	10%（-3.342253）
$\ln price b$	-2.255 963 **	不含常数项和趋势项	0	10%（-1.604392）

＊＊在5%的置信水平上显著

从检验结果看出，$\ln price b_t$ 为平稳时间序列。以下是 ADF 模型3及其参数估计结果（表43-9）。

$$\Delta \ln price b_t = \beta_1 \ln price b_{t-1} + u_t \tag{43-8}$$

表43-9　ADF 模型3的参数估计

变量	系数	标准误	T统计量	P值
$\ln price b_{t-1}$	-0.562 390	0.249 290	-2.255 963	0.041 9
R-squared	0.281 346	Akaike info criterion		1.780 394
Adjusted R-squared	0.281 346	Schwarz criterion		1.826 041
Log likelihood	-11.462 7	Durbin Watson stat		1.939 535

43.4.3　模型估计结果及解释

因变量 $\ln price b_t$ 为平稳时间序列，自变量的平稳性已经得到验证，直接估

计模型（43-7）得其结果如表43-10所示。

表43-10　模型（43-7）的参数估计

变量	系数	标准误	T统计量	P值
b_0	−0.563 874	0.130 619	−4.316 922	0.000 8
lncost_t	−1.724 723	0.301 864	−5.713 572	0.000 1
R-squared	0.715 193	Akaike info criterion		0.834 481
Adjusted R-squared	0.693 285	Schwarz criterion		0.928 888
Log likelihood	−4.258 611	Durbin Watson stat		1.257 256

从上面的估计结果可以看出，模型存在残差序列自相关问题。通过向模型中加入 AR（p）和 MA（q）项来降低模型中的自相关性，经过多次调整，将模型重新设定为以下 MA（1）形式，估计结果见表43-11。

$$\text{lnprice}b_t = \beta_0 + \beta_1\text{lncost}_t + u_t,\ u_t = \varepsilon_t + \phi_1\varepsilon_{t-1} \tag{43-9}$$

表43-11　MA（1）模型的参数估计

变量	系数	标准误	T统计量	P值
b_0	−0.519 857	0.179 423	−2.897376	0.013 4
lncost_t	−1.667 571	0.311 708	−5.349 779	0.000 2
MA（1）	0.893 621	0.121 879	7.332 047	0.000 0
R-squared	0.782 731	Akaike info criterion		0.697 139
Adjusted R-squared	0.746 519	Schwarz criterion		0.838 749
Log likelihood	−2.228 544	Durbin Watson stat		2.260 662

改进后的模型写成如下：

$$\text{lnprice}b_t = -0.5199 - 1.6676\text{lncost}_t + u_t,\ u_t = \varepsilon_t + 0.8936\varepsilon_{t-1};$$

$$\text{lnprice}b_t = -0.5199 - 1.6676\text{lncost}_t + \varepsilon_t + 0.8936\varepsilon_{t-1} \tag{43-10}$$

改进后的模型参数检验置信水平显著，残差序列自相关得到控制。模型系数表明，柑橘生产成本每增加1%，出口价格与收购价格之间的差额就会减少1.67%，说明生产成本变化对出口价格与收购价格之差的反向变化影响强烈。产生这种现象的可能原因为，一方面国际出口市场竞争激烈，柑橘出口需求相对稳定，另一方面我国柑橘营销组织的流通成本高，在柑橘供应价值链中占有很大比重，存在很大降低交易费用、压缩利润的空间，柑橘生产成本提高的影响主要被柑橘营销组织所吸收。

43.5　弹性测算三

43.5.1　计量模型的设定与数据

将我国柑橘收购价格与生产成本之差的对数值作为因变量，记为 $\mathrm{lnprice}c_t$，模型设定为

$$\mathrm{lnprice}c_t = \beta_0 + \beta_1 \mathrm{lncost}_t + u_t \qquad (43\text{-}11)$$

估计上述模型的原始数据见表 43-1 和表 43-7。

对时间序列 $\mathrm{lnprice}c_t$ 作单位根检验，所得结果见表 43-12。

表 43-12　时间序列 lnpricec_t 的 ADF 检验

变量	ADF 检验	检验类型	滞后阶数	显著水平（临界值）
lnpricec	−3.581 588**	含常数项	0	10%（−2.690 439）
lnpricec	−3.523 062*	含常数项和趋势项	0	10%（−3.342 253）
lnpricec	−2.632 459**	不含常数项和趋势项	0	10%（−1.604 392）

*在 10% 的置信水平上显著；**在 5% 的置信水平上显著

从检验结果看出，$\mathrm{lnprice}c_t$ 为平稳时间序列，以下是 ADF 模型（43-12）及其参数估计结果（表 43-13）。

$$\Delta\mathrm{lnprice}c_t = \beta_1\mathrm{lnprice}c_{t-1} + u_t \qquad (43\text{-}12)$$

表 43-13　ADF 模型（43-12）的参数估计

变量	系数	标准误	T 统计量	P 值
lnpricec_{t-1}	−0.678 895	0.257 894	−2.632 459	0.0207
R-squared	0.347 015	Akaike info criterion		2.235 643
Adjusted R-squared	0.347 015	Schwarz criterion		2.281 290
Log likelihood	−14.649 50	Durbin Watson stat		2.278 892

43.5.2　模型的估计结果及解释

因变量 $\mathrm{lnprice}c_t$ 为平稳时间序列，自变量的平稳性已经得到验证，直接估计模型（43-11）得到如表 43-14 所示的结果。

表 43-14 模型（43-11）的参数估计

变量	系数	标准误	T 统计量	P 值
b_0	−0. 218 762	0. 218 977	−0. 999 017	0. 336 0
lncost_t	0. 666 043	0. 506 061	1. 316 131	0. 210 9
R-squared	0. 117 579	Akaike info criterion		1. 867 842
Adjusted R-squared	0. 049 701	Schwarz criterion		1. 962 249
Log likelihood	−12. 008 82	Durbin Watson stat		1. 826 359

从上述模型估计结果看出，模型拟合数据的效果较差，参数检验也不显著，需要对模型形式进行调整。经过多次调整，将模型重新设定为以下 ARMA（1，1）形式［式（43-13）］，估计结果见表 43-15。

$$\text{lnprice}c_t = \beta_1 \text{lncost}_t + u_t, \quad u_t = \varphi_1 u_{t-1} + \varepsilon_t + \phi_1 \varepsilon_{t-1} \tag{43-13}$$

表 43-15 ARMA（1，1）模型的参数估计

变量	系数	标准误	T 统计量	P 值
lncost_t	2. 395 878	0. 290 762	8. 240 005	0. 000 0
AR（1）	0. 454 709	0. 140 960	3. 225 801	0. 008 1
MA（1）	−0. 976 471	0. 043 242	−22. 581 69	0. 000 0
R-squared	0. 517 893	Akaike info criterion		1. 492 720
Adjusted R-squared	0. 430 237	Schwarz criterion		1. 629 661
Log likelihood	−7. 449 041	Durbin Watson stat		1. 739 451

改进后的模型写成如下：

$$\text{lnprice}c_t = 2.3959\text{lncost}_t + u_t, \quad u_t = 0.4547u_{t-1} + \varepsilon_t - 0.9765\varepsilon_{t-1} \tag{43-14}$$

由于 $u_t = \text{lnprice}c_t - 2.3959\text{lncost}_t$，所以经过整理可以得到：

$$\text{lnprice}c_t = 0.4547 \text{lnprice}c_{t-1} + 2.3959 \text{lncost}_t - 1.0894\text{lncost}_{t-1} + \varepsilon_t - 0.9765\varepsilon_{t-1} \tag{43-15}$$

该模型系数表明，短期内柑橘生产成本的上升会导致柑橘收购价格与柑橘生产成本之差的扩大，当期柑橘生产成本每增加1%，柑橘收购价格与柑橘生产成本之差会增加2.40%。长期来看，柑橘生产成本每增加1%，柑橘收购价格与柑橘生产成本之差只会增加1.31%。二者对比表明我国柑橘种植者的短期收益波动剧烈，但长期收益相对稳定。

43.6　我国柑橘出口比较优势短期预测

43.6.1　计量模型的选择与数据

依据时间序列数据进行经济预测的方法有多种，自回归移动平均模型就是其中之一。时间序列自回归移动平均模型通过变量的过去预测其未来，"让数据自己说话"，不需要以经济理论作为基础，真正重要的是其解释能力，系数的精确程度和应用估计方程进行预测的可靠性。当变量间的因果关系错综复杂时，使用时间序列自回归移动平均模型预测平稳变量简单而又有效。由于影响我国柑橘出口比较优势大小的因素多种多样，因此本章选择时间序列自回归移动平均模型预测我国柑橘短期出口比较优势。

预测我国柑橘短期出口比较优势，可将历年世界柑橘出口平均价格与我国柑橘出口价格之差作为操作变量，即 price$a$，该变量简洁直观，在短期具有代表性。原始数据见表 43-1 中的价差 1。

43.6.2　单位根检验

使用时间序列自回归移动平均模型进行经济预测要求变量平稳。首先对时间序列 price$a$ 进行单位根检验，结果如表 43-16 所示。

表 43-16　时间序列 pricea_t 的 ADF 检验

变量	ADF 检验	检验类型	滞后阶数	显著水平（临界值）
price$a$	-2.977 198*	含常数项	0	10%（-2.690 439）
price$a$	-2.376 627	含常数项和趋势项	0	10%（-3.342 253）
price$a$	0.170 372	不含常数项和趋势项	0	10%（-1.604 392）
price$a$	-2.462 348	含常数项	1	10%（-2.701 103）
price$a$	-2.731 356	含常数项和趋势项	1	10%（-3.362 984）
price$a$	0.170 372	不含常数项和趋势项	1	10%（-0.019 741）

*在 10% 的置信水平上显著

可以认为，时间序列 price$a$ 在 10% 的显著水平上为平稳序列，以下是 ADF 模型 5 及其参数估计结果（表 43-17）。

$$\Delta price a_t = \beta_0 + \beta_1 price a_{t-1} + u_t \tag{43-16}$$

表 43-17　ADF 模型 5 的参数估计

变量	系数	标准误	T 统计量	P 值
b_0	1.581 105	0.502 134	3.148 771	0.008 4
$price a_{t-1}$	−0.485 567	0.163 095	−2.977 918	0.011 5
R-squared	0.424 839	Akaike info criterion		1.577 305
Adjusted R-squared	0.376 908	Schwarz criterion		1.668 599
Log likelihood	−9.041 133	Durbin Watson stat		1.925 325

43.6.3　建模及估计结果

通过图 43-4 可以看出，选择一阶滞后比较合适。经过反复调整，最终将模型形式设定如下：

$$price a_t = \beta_0 + u_t, \quad u_t = \varphi_1 u_{t-1} + \varepsilon_t + \phi_3 \varepsilon_{t-3} \tag{43-17}$$

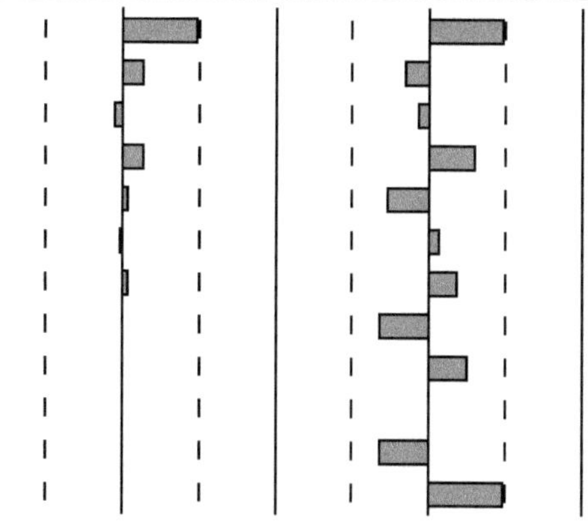

Autocorrelation	Partial Correlation		AC	PAC	Q-Stat	Prob
		1	0.513	0.513	4.7937	0.029
		2	0.147	−0.157	5.2197	0.074
		3	−0.050	−0.079	5.2720	0.153
		4	0.133	0.306	5.6838	0.224
		5	0.027	−0.273	5.7021	0.336
		6	−0.012	0.077	5.7061	0.457
		7	0.030	0.185	5.7350	0.571
		8	0.000	−0.322	5.7350	0.677
		9	0.000	0.261	5.7350	0.766
		10	0.000	−0.000	5.7350	0.837
		11	0.000	−0.324	5.7350	0.890
		12	0.000	0.509	5.7350	0.929

图 43-4　时间序列的自相关与偏自相关图

上述模型估计结果如表 43-18 所示。

表 43-18　模型（5-17）的参数估计

变量	系数	标准误	T 统计量	P 值
b_0	3.232 671	0.160 042	20.198 84	0.000 0
AR（1）	0.553 459	0.179 835	3.077 592	0.010 5
MA（3）	−0.896 483	0.049 811	−17.997 58	0.000 0
R-squared	0.720 101	Akaike info criterion		1.050 643

变量	系数	标准误	T统计量	P值
Adjusted R-squared	0.669 210	Schwarz criterion		1.187 584
Log likelihood	−4.354 503	Durbin Watson stat		1.343 378

模型可以写成如下形式：

$$\text{price}a_t = 3.2327 + u_t, \ u_t = 0.5535u_{t-1} + \varepsilon_t - 0.8965\varepsilon_{t-3} \tag{43-18}$$

由于 $u_t = \text{price}a_t - 3.2327$，所以经过整理最终得到：

$$\text{price}a_t = 1.4434 + 0.5535\text{price}a_{t-1} + \varepsilon_t - 0.8965\varepsilon_{t-3} \tag{43-19}$$

模型的拟合残差如图43-5所示。

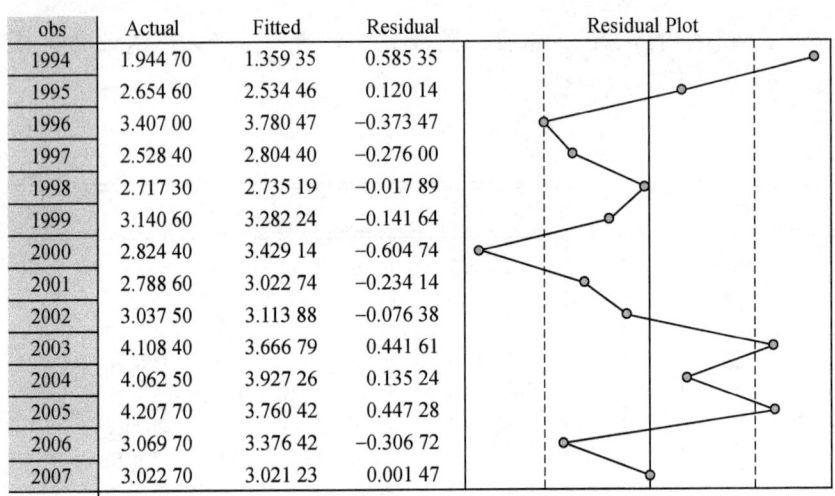

图 43-5　模型的拟合残差

根据以上拟合残差，预测2008年、2009年和2010年世界柑橘出口平均价格与我国柑橘出口价格之差分别为2.7155元、3.2214元和3.2251元。预测结果表明，短期内国际柑橘出口平均价格与我国柑橘出口价格之差不会消失。这是在不考虑近几年汇率明显波动情况下得出的结论，预测数据可能与实际情况有一定的误差。

43.7　我国柑橘出口比较优势长期预测

43.7.1　计量模型的设定与数据来源

从上文的三个弹性测算可以得出推论，我国柑橘的生产成本变化对收购价格有影响，但对出口价格和国际市场均价影响很小。国际柑橘出口平均价格与我国柑橘出口价格之差的短期预测也证明了这一点。实际上，通过时间序列单位根检验表明，国际柑橘出口均价时间序列不但是平稳的，而且国际柑橘出口均价与我国柑橘出口价格之差的时间序列也是平稳的[①]，也就是说，我国柑橘出口价格在实证期内受国际柑橘出口均价影响，柑橘生产成本变化尚未对柑橘出口价格产生刚性影响。从表43-1和表43-7中数据可以看出，2006年在我国柑橘生产成本急剧上升至实证期内历史最高点时，柑橘出口价格与收购价格之差仅为0.2945元/千克，为实证期内历史最低点。

从长期看，在现有生产技术水平下，我国劳动力资源的日益稀缺与农业生产资料价格上涨必将导致柑橘生产成本的刚性上升，达到一定程度时会促使柑橘出口价格刚性上涨，进而打破国际柑橘出口均价对我国柑橘出口价格的影响控制，再进一步会使我国柑橘出口价格接近国际柑橘出口均价。

在影响我国柑橘生产成本的因素之中，劳动日平均工价和农药、肥料等生产资料价格因素十分显著，尤其是劳动日平均工价，因为随着我国经济的快速发展它的上涨是不可逆转的。在我国柑橘生产成本上升过程中，单位面积劳动日投入数量与农药、肥料投入费用之间存在一定程度的替换关系。

由于我国柑橘生产成本变化对收购价格与生产成本之差的弹性影响为正，而对出口价格与收购价格之差的弹性影响为负，为了从生产成本角度对我国柑橘出口比较优势进行长期预测，假定我国柑橘出口价格与收购价格之差忽略不计，并且不考虑汇率波动和生产技术变化等因素的影响。以收购价格代替出口价格作为因变量，记为 sg；考虑到劳动日平均工价与农药、肥料等生产资料投入费用之间存在相关关系，仅以劳动日平均工价作为自变量，记为 w，取其对数值，采用半对数模型。模型方程设定如下：

$$sg_t = \beta_0 + \beta_1 \ln w_t + u_t \qquad (43\text{-}20)$$

实证期为1993～2007年，劳动日平均工价的数据来源于《全国农产品成本收益资料汇编》，在此不单独列出。

43.7.2 模型估计结果及预测

对上述模型进行估计，发现常数项不显著，最终估计结果如表43-20所示。

---

① 读者可根据文中已有数据自行检验。

表 43-19　模型（43-20）的参数估计

变量	系数	标准误	T 统计量	P 值
$\ln w_t$	0.620 693	0.050 634	12.258 50	0.000 0
R-squared	0.137 905	Akaike info criterion		1.443 895
Adjusted R-squared	0.137 905	Schwarz criterion		1.491 089
Log likelihood	-9.829 210	Durbin Watson stat		2.381 230

$$\mathrm{sg}_t = 0.6207\ln w_t + u_t \tag{43-21}$$

　　模型系数表明，劳动日平均工价上升 100%，最终柑橘收购价格每千克会上升 0.6207 元。由于设立模型过程中略去了与劳动日平均工价线性相关的变量，如农药费用、肥料费用等，因此，模型系数实质上是一种综合系数，可以用作预测（Gujarati，2005）。

　　由于国际柑橘出口均价时间序列是平稳的，估计实证期内其平均数值得 5.6569 元/千克。国际柑橘出口均价与我国柑橘出口价格之差的时间序列也是平稳的，已在 5.3 节给出证明，估计实证期内其平均数值得 2.9720 元/千克。存在此平稳价差的可能原因为我国柑橘与其他柑橘出口国的柑橘存在质量方面的差异，目标市场消费者的购买能力差异等。由以上两者得出我国柑橘收购价格的第一临界点为 2.6847 元/千克，此临界点为由于生产成本上涨导致的我国柑橘出口价格摆脱国际柑橘出口均价影响的临界点，出口比较优势开始丧失。第二临界点即为 5.6569 元/千克，为我国柑橘出口价格超过国际柑橘出口均价的临界点，出口比较优势完全丧失。

　　由 41.2 节的分析，可以将 2003 年的收购价格 1.4257 元/千克与 2004 年的劳动日平均工价 18.9208 元/天组合成预测基点 A 点（1.4257，18.9208），当时的人民币兑美元汇率为 8.2768。运用模型估计系数进行预测得到临界点 B 点（2.6847，57.2971），即为第一临界点；得到临界点 C 点（5.6569，147.9013），即第二临界点。上述预测结果表明，在不考虑汇率明显波动和生产技术变化的情况下，当劳动日平均工价上涨到 57.2971 元/天时，我国柑橘出口比较优势开始丧失；当劳动日平均工价上涨到 147.9013 元/天时，我国柑橘出口比较优势完全丧失。

43.8　结论与讨论

　　在产品质量满足消费者需求的前提下，产品生产成本是决定产品出口比较优势的关键因素，同时，产品出口比较优势还受产品流通成本的影响。本章通过弹性测算，发现国际柑橘出口平均价格与我国柑橘出口价格之差对我国柑橘生产成本的弹性系数不明显，我国柑橘出口价格与我国柑橘收购价格之差对生产成本的弹性系数为负值，我国柑橘收购价格与生产成本之差对生产成本的弹性系数波动较大。

尽管我国柑橘种植劳动日平均工价稳步上涨，但由于各种原因目前并未造成柑橘单位质量生产成本大幅上涨的趋势。自回归移动平均模型的预测表明短期内我国柑橘出口比较优势将继续存在。对我国柑橘出口比较优势的长期预测表明，我国柑橘种植劳动日平均工价尚未达到导致出口比较优势完全丧失的临界点。

近几年人民币对美元快速升值，2008 年人民币兑美元汇率为 6.9480，2009 年为 6.8311。对我国柑橘出口比较优势的长期预测如果考虑汇率变动的因素，再加上我国柑橘劳动日平均工价稳步上涨趋势不变的因素，不考虑柑橘国内市场供求关系的冲击，根据模型，估计我国柑橘实际稳定出口价格现在已经达到出口比较优势开始丧失的临界点。

第 44 章
研究结论与对策建议

44.1 研究结论

本篇对我国柑橘生产与出口现状进行了阐述，分析了我国柑橘生产成本构成及其发展变化趋势，对我国柑橘出口比较优势进行了综合评价，并对我国柑橘出口比较优势的可持续性作出了短期与长期预测。我们得到如下结论。

（1）我国柑橘产量的增加主要是依靠种植面积的增加，与国际上其他柑橘种植大国相比单位面积产量低下。但柑橘单位面积产量在渐渐增加，柑橘生产技术进步缓慢。

（2）我国柑橘生产成本主要由用工作价、肥料费用和农药费用三部分构成，三者之和共占生产成本的 80% 左右。2004 年以来，劳动日平均工价已经成为我国柑橘生产成本上升的主导因素，单位面积劳动日投入数量受到柑橘收购价格的强烈影响。

（3）我国主要出口宽皮柑橘，柑橘出口量只占国内柑橘产量的 5% 左右。出口显示性比较优势指数和国际市场占有率指数表明我国柑橘出口具有较强的比较优势，这种比较优势主要来源于价格优势。

（4）目前我国柑橘出口价格受国际柑橘出口平均价格影响，柑橘生产成本尚未对柑橘出口价格上升产生刚性影响。我国柑橘生产成本上升的影响在国内流通过程中被吸收掉。

（5）短期预测表明我国柑橘出口比较优势将继续存在，长期预测表明我国柑橘劳动日平均工价上并未上升到导致出口比较优势完全丧失的第二临界点。如果考虑汇率等因素的影响，估计现在的柑橘劳动日平均工价已经到达致使出口比较优势开始丧失的第一临界点。

44.2 对策建议

44.2.1 农户层面：改善果园管理，降低生产成本

首先，加强经济核算，降低单位产出的耗费。在农户家庭经营的情况下，尤其要注重投入产出的效率，通过加大科技投入，改进生产技术，减少不必要的物质耗费，节约劳动耗费，努力提高物质资料与用工使用效率。其次，提高单产。积极推广种植优质品种，采用先进的种植技术，使用现代化的管理手段，努力提高单产，进而降低单位产品成本。再次，提高自身素质，降低综合成本。树立市场意识，根据市场需求进行生产经营决策，规避市场风险，提高经营收益。努力提高自身科技文化水平，主动采用先进的生产与管理技术，加强吸收运用。最后，提高自身组织化程度。提高组织化程度有利于完善社会化服务水平，降低与市场间的交易成本。

44.2.2 合作组织层面：集约化生产，充分利用规模经济

随着我国柑橘生产成本的逐渐提高，我国柑橘出口比较优势将会逐渐丧失。国内柑橘生产主体应抓住时机实现柑橘的集约化生产方式。我国大部分地区柑橘种植过程中，施肥、喷药、灌溉、除草、整枝、采摘等过程都是采用人工劳作方式，用工作价占我国柑橘生产成本比例大。实行集约化生产，提高柑橘种植机械化水平，节约用工成本，有利于实现规模经济，达到降本增效的目的。集约化生产还能促进先进柑橘种植技术的推广，通过调整投入结构，改变我国目前柑橘种植过程中物质使用效率低下的状况，节约物质投入费用，提高单位面积产量。

44.2.3 企业层面：提高产品质量，实施品牌策略

柑橘品牌是柑橘质量的标志，柑橘质量再好，如果没有品牌，消费者也会不知道，不会出高价钱。柑橘质量包括两个方面，外观品质与内在品质，外观品质指的是果实大小、整齐度、果面光洁度和颜色等，是质量分级的主要依据。建立柑橘著名品牌，确保产品质量，是实现价格比较优势向质量比较优势转化的必由之路。确保产品质量需要对柑橘从田间地头到国外消费者手中进行全程控制与管理，尽可能缩短销售时间。同时，还可以根据需要进行质量认证。

44.2.4 政府层面：加强支持力度，实施降本增效计划

为促进我国柑橘生产及出口，政府应加强对柑橘产业的扶持，实施降本增效计划。政府的扶持体现在以下几个方面：一是对柑橘产业的科技投入。具体表现有培育柑橘新品种，适应栽培地生态环境；研究无病毒苗木繁殖技术，降低柑橘生产成本；与柑橘企业联合进行柑橘病害防治研究工作，推广最新柑橘种植技术等。二是引导支持各种柑橘专业协会的建立。引导建立各种柑橘专业协会，为柑橘种植者提供生产与销售各方面的信息服务，将柑橘在最短时间内卖出，降低交易费用；根据需要向它们推广柑橘种植新技术。三是对农业生产的补贴。由于农户生产的非企业特征，根据机会成本原则对农户适当进行补贴，防止农业生产要素流出农业领域。四是对农业教育的投资。农业现代化需要各种各样的农业专业化人才，加强对农业教育的投资，为我国农业储备高级生产要素越来越紧迫。

参 考 文 献

Gujarati D N. 2005. 计量经济学基础. 费剑平, 孙春霞, 等译. 北京: 中国人民大学出版社.

保罗·克鲁格曼, 茅瑞斯·奥伯斯法尔德. 2002. 国际经济学. 海闻, 蔡荣, 郭秋海, 等译. 北京: 中国人民大学出版社.

蔡荣, 虢佳花, 祁春节. 2009. 农产品流通体制改革: 政策演变与路径分析. 商业研究, (8): 4-7.

陈卫平. 2005. 中国农业国际竞争力: 理论、方法与实证研究. 北京: 中国人民大学出版社.

程瑞芳. 2007. 我国农产品价格形成机制及波动效应分析. 中国流通经济, (3): 22-24.

达摩达尔·N. 古扎拉蒂. 2005. 计量经济学基础. 费剑平, 孙春霞等译. 北京: 中国人民大学出版社.

邓军蓉, 祁春节. 2009. 供应链环境下我国柑橘物流现状分析. 农村经济, (2): 50-52.

方大春. 2008. 后发优势理论与后发优势转化. 生产力研究, (17): 21-23.

方松海, 马晓河, 黄汉权. 2008. 当前农产品价格上涨的原因分析. 农业经济问题, (6): 20-26.

高铁梅. 2006. 计量经济分析方法与建模. 北京: 清华大学出版社.

郭恒, 孙蕾, 祁春节. 2008. 农产品价值链与流通效率浅析——秭归脐橙流通市场实证研究. 经济研究导刊, (16): 33-35.

郭薇. 2007. 中国农村劳动力转移的成本收益分析. 大连: 东北财经大学硕士学位论文.

郭熙保. 2002. 农业剩余劳动力及其转移问题: 理论思考与中国的经验. 世界经济, (12): 25-32.

何劲, 祁春节. 2009. 中国柑橘生产成本和市场价格变动的实证研究. 中国物价, (1): 25-28.

胡靖. 1998. 粮食非对称核算与机会成本补偿. 中国农村观察, (5): 36-41.

黄季焜, 马恒运. 2000. 中国主要农产品生产成本与主要国际竞争者的比较. 中国农村经济, (5): 17-21.

赖永剑. 2007. 我国农村劳动力转移的交易成本研究. 南宁: 广西大学硕士学位论文.

李崇光. 2000. 论中国农产品比较优势因素与比较优势模式. 华中农业大学学报, (1): 1-4.

李崇光, 于爱芝. 2005. 论农产品比较优势与对外贸易结构整合. 理论月刊, (7): 5-10.

李玲娣, 祁春节. 2007. 我国化肥价格体制运行中存在的问题及其对策分析. 价格理论与实践, (12): 29-30.

林毅夫, 李永军. 2003. 比较优势、竞争优势与发展中国家的经济发展. 管理世界, (7): 21-28.

刘春香, 宋玉华. 2004. 农产品比较优势与竞争力研究. 中国农业大学学报, (4): 8-11.

刘颖, 祁春节. 2008. 中国柑橘出口现状及其面临的国际环境分析. 林业经济, (10): 72-75.

聂华林, 杨坚. 2009. 比较优势与后发优势理论的发展与融合. 学术交流, (6), 80-84.

潘伟光.2005. 中韩两国水果业生产成本及价格竞争力的比较——基于苹果、柑橘的分析. 国际贸易问题, (10): 49-53.

彭珏.2000. 农产品成本理论与农业可持续发展. 农业经济问题, (6): 55-57.

彭廷军, 程国强.1999. 中国农产品国内资源成本的估计. 中国农村观察, (1): 9-15.

祁春节.2001. 中国柑橘产业的经济分析与政策研究. 华中农业大学博士学位论文.

祁春节.2006. 中国园艺产业国际竞争力研究. 北京: 中国农业出版社.

祁春节, 蔡荣.2008. 我国农产品流通体制演进回顾及思考. 经济纵横, (10): 45-48.

乔娟.2001. 中国主要家畜肉类产品国际竞争力变动分析. 中国农村经济, 07: 37-43.

秦臻, 祁春节.2009. 全球柑橘贸易双边检验检疫协定探析. 国际经贸, (2): 3.

申琳.2007. 人民币实际汇率问题研究. 上海: 华东师范大学博士学位论文.

谭砚文, 李崇光, 汪晓银, 等.2003. 中美棉花生产成本的比较——方法拟合与实证研究. 农业技术经济, (6): 35-40.

伍小梅.2006. 深加工视角下我国水果业的出口竞争力研究. 长沙: 湖南大学硕士学位论文.

向国成, 韩绍凤.2005. 综合比较优势理论: 比较优势理论的三大转变——超边际经济学的比较优势理论. 财贸经济, (6): 76-81.

于爱芝.2002. 中国农产品比较优势与对外贸易结构整合研究. 武汉: 华中农业大学博士学位论文.

曾铮, 张亚斌.2008. 相对效用价格比——基于不完全竞争市场的比较优势模型. 产业经济研究, (4): 52-59.

张玉.2009. 中国柑橘生产成本变动及其对出口的影响. 武汉: 华中农业大学硕士学位论文.

郑风田, 李茹.2003. 我国柑橘国际竞争力的比较优势分析. 国际贸易问题, (4): 13-17.

钟甫宁, 徐志刚, 傅龙波.2001. 中国粮食生产的地区比较优势及其对结构调整政策的涵义. 南京农业大学学报, 1 (1): 38-51.

钟甫宁, 羊文辉.2000. 中国对欧盟主要农产品比较优势变动分析. 中国农村经济, 02: 68-73.

周琛影, 王宏.2007. 品牌视角下的比较优势原则. 中央财经大学学报, (1): 80-85.

Babool M A, Reed M R. 2007. Food Safety Standers and Export competitiveness in the Food and Processed Food Industries in Asia-Pacific Countries. Paper prepared for presentation at the I Mediterranean Conference of Agro-Food Social Scientists, Barcelona, Spain.

Baldwin R E, Ito T. 2008. Quality Competition versus Price Competition goods: an Empirical Classification. NBER working paper series, September.

Goodwin B K, Piggott N E. 2001. Spatial Market Integration in the Presence of Threshold Effects American Journal of Agricultural Economics, 83 (2): 302-317.